# 商法研究（2017年卷）

Studies on Commercial Law

吕来明◎主编

学术顾问：（以姓氏笔画为序）

王家福　石少侠　刘俊海

李仁玉　赵旭东　谢安平

执行主编：董　彪

中国政法大学出版社

2018·北京

**图书在版编目（CIP）数据**

商法研究. 2017年卷/吕来明主编. —北京：中国政法大学出版社，2018.5
ISBN 978-7-5620-8316-0

Ⅰ.①商… Ⅱ.①吕… Ⅲ.①商法－研究 Ⅳ.①D913.990.4

中国版本图书馆CIP数据核字(2018)第124756号

出版者　中国政法大学出版社
地　　址　北京市海淀区西土城路25号
邮寄地址　北京100088信箱8034分箱　邮编100088
网　　址　http://www.cuplpress.com（网络实名：中国政法大学出版社）
电　　话　010-58908285(总编室)　58908433（编辑部）58908334(邮购部)
承　　印　北京朝阳印刷厂有限责任公司
开　　本　720mm×960mm　1/16
印　　张　22.5
字　　数　360千字
版　　次　2018年5月第1版
印　　次　2018年5月第1次印刷
定　　价　69.00元

# 序

PREFACE

2017年是我国商事法律制度改革攻坚克难和承上启下的一年。首先，商法学者在《民法总则》的制定过程中贡献了智慧与知识，增强了《民法总则》的商法品性。《民法总则》的颁布又翻开了研究与完善商事法律制度的新篇章。民法与商法的关系如何？怎样在未来民法典中安排商事法律规范？商法通则的立法设计是否必要和可能？这些问题成为《民法总则》颁布之后民商法学界关注的重点，在民法典出台之前将被持续关注和研究。

其次，如火如荼的电子商务迫切需要一部专门以电子商务为调整对象的法律。近年来商法学界持续关注电子商务立法，取得了丰硕的成果。经过法学理论和实务界人士的共同努力，《电子商务法（草案）》通过了全国人民代表大会常务委员会二审，为未来规范电子商务行为，引领世界立法潮流提供了基础。如何从立法技术、价值、规范设计等方面完善《电子商务法（草案）》成为下一步商法学研究的重点。

最后，在全面推进依法治国的战略目标下，我国商法法律制度改革取得了显著的成效。市场在资源配置中的决定性作用显现、营商环境持续改善、企业财产权保护的力度增强。如何进一步深化商事制度改革，通过制度设计激发市场活力、引领创新成为新时代商法学研究的新课题。

《商法研究（2017年卷）》主要围绕上述论题展开。本卷继续以弘扬商法理念、反映商法理论和实践成果、促进商法理论研究和制度建设为宗旨，设置民法典体系与商法规范专题、互联网法治专题、企业制度改革、热点问题评析、案例研习、会议综述等栏目。

《商法研究》丛书由北京工商大学法学院和商法研究中心主办。感谢北京工商大学科技处为本卷出版提供资金支持。感谢中国政法大学出版社魏星编辑所付出的辛劳。

商事活动的繁荣以及“互联网+”“大数据”“人工智能”等新型社会现象的出现，为创新商事法律制度带来了前所未有的新机遇。在习近平新时代中国特色社会主义思想的指引下，商事法律制度改革与完善必将取得新的辉煌成绩。躬逢盛世，《商法研究》丛书编辑部愿与各位同仁戮力同心，为商法学理论和实务研究添砖加瓦。

《商法研究》编辑部

2018年3月16日

CONTENTS 目录

## 企业制度改革专题



## 热点问题评析



## 案例研习

## 会议综述

# 民法典体系与商法规范专题

# 民法典的商事涵养
## ——从商事规范立法体系化设计说起

刘经靖　王　佳*

说起民法典的商事涵养，重点自然落在商事规范的基本立法上面。学界针对此问题讨论的观点不论种类多少，其核心一定是结合相关民法典的规则立法，最终达成的学术共识虽具有不同意义，但大抵跟“民商合一”与“民商分立”差不到哪里去，只不过由于见解不同，学者们对于《民法总则》的具体规则设计以及之后的商事立法规则设计作出了针锋相对的价值决断。〔1〕在民法典编纂的背景下探讨商法体系，属于立法技术问题的争论。一部好的民法典若想要时刻准备应对社会复杂性，势必应当将社会的复杂性随时转变为法律系统内部的复杂性并适时更新，保持这一良好转变的前提则是法律内部应当妥善安置各项价值决断及其附属因素，目的在于裁判者方便寻找法律

---

* 刘经靖，烟台大学法学院教授；王佳，烟台大学法学院硕士研究生。

〔1〕 关于该问题的文献，主要有：王利明：“民商合一体例下我国民法典总则的制定”，载《法商研究》2015年第4期；蒋大兴：“论民法典（民法总则）对商行为之调整——透视法观念、法技术与商行为之特殊性”，载《比较法研究》2015年第4期；徐强胜：“民商合一下民法典中商行为规则设置的比较研究”，载《法学杂志》2015年第6期；赵万一、赵吟：“论商法在中国社会主义市场经济法律体系中的地位和作用”，载《现代法学》2012年第4期；赵旭东：“《商法通则》立法的法理基础与现实根据”，载《吉林大学社会科学学报》2008年第2期；王保树：“商事通则：超越民商合一与民商分立”，载《法学研究》2005年第1期。

依据。立法技术没有对错之分，仅有适应性差异之别，一如“民商合一”与“民商分立”的争论，两者均诞生于多重社会历史环境之下，丝毫不存在绝对正误之分，关键在于是否适合中国国情。〔1〕纵观各个基本法律部门，尚没有比民法与商法联系更为紧密、关系纠葛更为特别的两个法律部门，尤其当民法与商法统称为民商法的时候，两者分属还是合二为一的问题相当模糊，无法解答。现如今民法典工程浩荡，商事立法问题自然由此浮出水面，《民法总则》制定时，便产生了诸多“民法总则的商法意义”“民法总则体现商事规范”“商法通则的制定、必要和可行性”等论断。〔2〕商法地位以及《民法总则》出台之后商事法律规范体系的安排等成为立法者审慎思考和学者们高度关注的问题。

## 一、从民商关系看《民法总则》

尽管商法学者对于“民商合一”持不同看法，但当下民法学界乃至最高立法机关都或多或少地偏向该立场。从立法形式上看，我国虽普遍遵循“民商合一”立场，但民商分离的呼声从未熄落，立法者的态度是：“我国民事立法秉持民商合一的传统，通过编纂民法典，完善我国民商事领域的基本规则，为民商事活动提供基本遵循。”〔3〕鲜明可见，《民法总则》是“民商合一”的开篇之作，施行之后的诸多问题都值得注意。从民商关系的角度入手对《民法总则》进行问题阐述，以期为之后的商事立法申述一二。

### （一）关于“民事主体”

《民法总则》中民事主体的基本架构大部分来自于《公司法》以及其它商事主体法。民事主体可被扩大解释为私法主体，由此会包括商事主体，即

---

〔1〕 杨振山：“中国民法典的立法展望”，载《中国法律》2000年第3期。

〔2〕 相关文献研究主要包括：周林彬：“民法总则制定中商法总则内容的加入——以民法总则专家建议稿‘一般规定’条款的修改意见为例”，载《社会科学战线》2015年第12期；李建伟：“民法总则设置商法规范的限度及其理论解释”，载《中国法学》2016年第4期；刘斌：“论我国民法总则对商事规范的抽象限度——以民法总则的立法技术衡量为视角”，载《当代法学》2016年第3期；范健、丁凤玲：“中国商人制度与民事主体立法——写在《民法总则》创立时的思考”，载《南京大学学报（哲学·人文科学·社会科学）》2017年第3期；许中缘：“商法的独特性与民法典总则编纂”，载《中国社会科学》2016年第12期。

〔3〕 值得注意的是，《中华人民共和国民法总则（草案）》“说明部分”已明确指出：“我国民事立法秉持民商合一的传统，通过编纂民法典，完善我国民商事领域的基本规则，为民商事活动提供基本遵循，就是要健全市场秩序，维护交易安全，促进社会主义市场经济健康发展。”

"自然人"一章的个体工商户、"法人"一章的营利法人以及"非法人组织"一章的合伙企业。那么狭义的民事主体与商事主体有何关联？商法学者反对在《民法总则》中引入商事主体的概念，[1]学界通说认为，商事主体可作为特殊民事主体对待，民事主体范围较商事主体更广泛，商事主体设立程序和要求较民事主体更为严格。[2]《民法总则》实施之后，主体问题避免不了一番争论，商法学者似乎认为商事主体并非狭义民事主体，商事主体和狭义民事主体的关系为非此即彼等，略荒谬些。《民法总则》以营利法人与非营利法人来设计法人基本类型，将个人独资企业、合伙企业等规定为非法人组织，实为亮点，营利法人（可等同于企业法人）可视为对《民法通则》的创新和发展，受到学界尤其是商法学者的一致赞颂。由此，商事主体略可看作是商事规范得以适用的法律上的基本连接点。私法主体范围甚广，其是否一定为商事主体标准不甚明确。甚至出现与民事主体相关的模糊概念："商事主体是指那些具有商事权利能力、商事行为能力的私法主体"，此概念完全是民事主体的照本宣科，各项商事权利能力与商事行为能力亦是照葫芦画瓢。诸判断标准：设权性商事登记（如小规模经营业者欲成为商事主体）、商事法律组织形式（资合公司为形式商人，不问其是否从事商业经营行为）等涉及多元，而通常判断的标准在于私法主体从事营业之经营的商事行为。商事主体可在某一类上同时作为狭义的民事主体来进行定义，但绝不能反其道而行将任何民事主体同时定义为商事主体。德国商法理论讲个体工商户是个体商人(Einzelkaufmann)，而在中国，个体工商户却在大多数情况下以个体商人的面貌出现，《民法总则》规定了个体工商户涉及以家庭财产承担责任的情形，但并未明确此时的个体工商户性质如何，个体商人？合伙商人？为民事主体上的自然人？还是非法人组织？如果是个体经营，则势必用个人财产承担责任；若是家庭经营，则可以家庭财产承担，但是家庭经营不仅仅意味着是一个自然人，可能会涉及合伙，应当慎重对待。

再来看农村承包户，它并非商户，与个体工商户相比亦有差别。在法律规定上，农村承包户也是按照《宪法》《物权法》《土地承包法》的相关规定

---

〔1〕 经营者自身概念强调经营行为的营利性。王建文："我国《民法典》中商法核心范畴的立法构想"，载《扬州大学学报（人文社会科学版）》2016 年第 2 期。

〔2〕 范健：《商法》（第三版），高等教育出版社、北京大学出版社 2007 年版，第 31 页。

成立，而与商事法律规范关系不大，是对农村集体所有的农地进行发包、承包的分散经营的形式。在农村集体农用地进行发包、承包之际，只有取得该集体内经济组织成员资格才能够获得经营权。承包合同并非单个运行，即并非是单个成员主体分别签订，承包经营权亦并非由单个成员单独获得，而是将该集体区域组织内部依照血缘关系、共同生活关系结成多个共同体组织，由各个共同体进行承包合同的商榷与签订，继而取得农地承包经营权。各个共同体称之为农村承包户，农村承包经营权由共同体内的成员共同共有。如此一来，既克服了因成员个人原因引发的个人利用土地面积增减的风险，也保障了农村土地利用的秩序，利于农村经济的发展。可见，共同体掌握农地承包经营权，农村承包户实为农林业者，而非工商业者，与个体工商户亦存在根本区别，根本不是商事主体。

（二）关于“契约原则”

契约原则并不是《民法总则》中的明文规定，其由来源自《民法总则》第5条规定：“民事主体从事民事活动，应当遵循自愿原则，按照自己的意思设立、变更、终止民事法律关系。”关于这条规定的理解有众多说法：自愿原则、自由原则、私人自治原则等。民事法律关系必是双方乃至多方的权利义务关系的综合体现，任何一方不能将自己的单方面意思凌驾于另一方之上，任何一方也不能滥用自由法权。只有据此将契约原则突出，不孤立、不片面强调任何一方的意思表示，才可体现私法自治理念。也就是说，在对《民法总则》第5条的理解与适用上，应当强调契约原则，并注重契约原则与自愿原则的关联互通，这也是民法典“民商合一”体现的要求。民事主体经常所为的负担行为、处分行为等均以契约为常态。商事主体从事的经营之营业行为由各项契约组成，而对其经营规模的大小、主副营业务的区别在所不同，仅仅在于经营契约的不同类型。比如商业银行中的主营业务一般是与储户订立存款或贷款契约，再者便是接受某客户代理代为进行商业转账结算则为委托契约抑或是代理商契约；保险公司主营业务是保险代理人与投保人订立保单（保险契约内容），或者是与相应代理人签订各式各类的保单，例如财产保险、人寿保险、保证保险等。

商事交易中的契约是作为交易必须要件进行处分，缺少契约则不完整。而在一个多元的商事交易过程当中，一份契约远远不够，各成分契约之间相互联系，相互作用，同为经济目的最大化，才能显现出契约的根本构成作用。

换言之，商事交易对商事契约存在很大依赖性，另考虑到商业成本中各项操作流程须得规范统一标准的需要，格式条款衍生而出，这对于大众化的交易模式来说显得尤为重要。缺少商事契约便无法理解商事营业的基本构造，无法熟练运用格式条款。强调契约原则另外一个重要的原因在于其不可替代性。与单方行为相比较而言，法律上所允许的单方行为均可以用契约加以取代，但是法律上要求使用契约原则所做出的行为却不可用单方行为替代，除外原则便是当事人自由约定，此为后话。但《民法总则》第 5 条没有提及契约，没有强调契约原则，而在《法国民法典》第 1134 条、《德国民法典》第 305 条和《俄罗斯民法典》第 1 条中对契约作了说明，这起码是法律明文规定，我国在此尚缺乏足够认识。

（三）关于“代理”

这里的代理主要指“消极代理”和“职务代理”。《民法总则》中关于代理的规定主要指第 161 条第 1 款：“民事主体可以通过代理人实施民事法律行为。”该条规定所说代理仅指主动、积极代理，代理人代为意思表示，为被代理人做成法律行为，并没有提及消极代理的有关内容。

消极代理一般指相对人对被代理人作出一个意思表示，被代理人通过其代理人去受领该意思表示。《民法总则》以及我国其他法律并没有明文规定消极代理，将之放在商业实践中无法完全重合，存在一定问题。例如，合伙组织内部多个合伙人对内共同执行合伙事务，对外共同代理的情况下（商业实践中有此情况），消极代理仅需一个合伙人行为即可，但是消极代理并未存在明确法律规定，处理此问题甚为棘手。

另外便是《民法总则》第 170 条规定的职务代理，早先江平教授在《民法通则》问世之后，将其中的第 43 条作为职务代埋的法律根据。如今《民法总则》在“委托代理”之下规定职务代理，指出职务代理的本质实为意定代理，并且不限于企业法人，非法人组织当中也可存在。

## 二、民商事立法体系化

一国民法典的制定、出台不可能凭空出现，必定会与当时独特的经济、历史、文化条件有着极为密切的关系。立法者所要做的便是从众多混乱复杂的社会关系中总结经验，挑选并归纳出客观科学性的规则依据，再去响应社会条件。[1]

（一）《民法总则》中民商法体系化不足

民法典最终出现的形式不得而知，但是都必须借此从根本上处理好民法与商法的关系，完成民商法体系化工作，法典化本身就是对于法律体系的升华，是实现私法系统化的方法。《民法总则》作为民法典的开篇之作，势必要坚持体系化的趋向。体系化意味着：整合所有经过分析的逻辑清晰、相得益彰的法学命题，使其成为原则上没有漏洞的规则体系。这样的体系要求所有可以预见的事实状况全都合乎逻辑地涵括于某一规范之下，以免事实的秩序缺乏法律的保障。从反向上看，体系化的任务是通过逻辑的手段，让各种得到承认适用的法的规则，结合成为抽象的法律原则的一种本身毫无矛盾的相互联系，并使之理性化。[2]商事规范并不具备严密的逻辑体系，《民法总则》虽带有稍许商法规范，但是各主体、客体、法律行为制度等依旧是在传统民法的范围内展开，并没有完成民法与商法提取公因式的立法任务[3]。

（二）考虑商法规则的特殊性

我国一直未对民法与商法进行法典立法，民商事立法也采取着单行法的立法方式，即就着民法和商法的各个具体制度进行单独立法，学理上的“民商合一”“民商分立”仅是论断之争，商法大多作为民法的特别法存在，两者在基本原理、基本制度等多个方面比较相通。而目前民法典的编纂工程的启动，无可避免地将我国民商事立法带到了一个必须选择的立场。王轶教授在2011年国务院白皮书发布之后谈到：“民法与商法不必水火不容，商法应当遵循民法基本原则，但同时应当贯彻商法本身的基本原则，譬如商事自由、等价交换、交易便捷的市场经济精神。商事主体在市场经济的运行中承担着诸多角色，也推动着民事规则的发展。关于商事登记进入《民法总则》等问题，应当归类于立法技术，交由商法学界处理。”[4]民法典立法应当根据商事活动

---

〔1〕苏永钦：“现代民法典的体系定位与建构规则——为中国大陆的民法典工程进一言”，载《交大法学》2010年第1期。

〔2〕［德］马克斯·韦伯：《经济与社会》（下卷），林荣远译，商务印书馆1997年版，第18页。

〔3〕赵磊：“民法典编纂中的立法模式悖论——基于商法规范如何安排的视角”，载《北方法学》2017年第3期。

〔4〕王轶：“中国民法典：技术框架、民族特色与时代使命”，载浙江大学光华法学院网站，http://www.ghlS.zju.edu.cn/chinese/redir.php?catalog_id=54675&odject_id=297156，最后访问日期：2017年12月5日。

的整体需要，实现民法与商法相得益彰的体系化，而这必须由商法规则的特殊性决定。

商法的适用范围具备特殊性。商法不仅仅适用于在市场经济社会叱咤的商人群体，它更是调整整个商业活动的法律，涉及商事纠纷的司法裁判也包括在内，甚至加入了民商分合之争。商事经营之营业行为的首要特征便是其营利性，这较民事规则是更具备效率性的卓越表现之一。商事主体规则具备特殊性，早期德国商法一直持有的论调便是商法即商人法，商法规则仅仅适用于商事主体之间的商事营业活动，对商主体适用。但是，如今仅针对某类主体的法律规则明显不合时宜并且落后，又不能将民事主体等同于商事主体，营业行为必须符合法定条件、履行法律程序，民事主体无法轻易为之。商事主体相较于民事主体具备极大特殊性。商事规则具备特殊性，一般民事法律行为会以相对人意思表示为核心，注重意思表示真实性，行为结果也跟意思表示的效力息息相关。商事主体身处瞬息万变的市场经济环境当中，追求交易的大众化、效率化成为常态，注重商事行为外观，注重盈利目的等，核心代表是票据行为。商事主体承担责任具备特殊性。民事法律倡导平等、诚实守信，一般来讲与自身相关，即“种瓜得瓜，种豆得豆”“自己行为自己负责”的行为规范模式。商法规则不同于此，典型代表是“有限责任”，并且商主体种类繁多，公司股东、个体工商户、商事合伙人等，不同的主体责任规则亦有不同，比如商事合伙中区分普通合伙与有限合伙，普通合伙人要承担无限责任，而有限合伙人便只承担有限责任。

我国将构建法治经济纳入市场经济发展战略中来，“具备合理完善的法律制度是市场有效发挥作用的前提，法律的调整范围包括社会经济活动中各个主体的权利与义务，拥有明确的规范和严整的秩序才能保障市场经济的正常运行”。[1]商法独特的营利性质更注重对商事经营活动的确认和保护，因而形成了商法特殊的商事法律原则和法律机制，确认和保护营利、促进交易简便快捷、维护交易公平、保障交易安全、主体法定、公式主义、外观主义与严格责任等串联、映照并高度契合市场经济活动，服务于经济发展。可见，市场经济的法治化发展必须依靠商事立法和商事法治。“计划经济向市场经济转

〔1〕 赵万一、赵吟：“论商法在中国社会主义市场经济法律体系中的地位和作用”，载《现代法学》2012 年第 4 期。

轨的过程中，中国商法与其近代西方前辈一样，扮演着先锋与冲刺者的角色，其对当代中国司法发展所做出的贡献并不逊色于民事立法，其重要性不应当被忽视或者低估”。[1]

（三）商事法律规范应与时俱进

商事经营活动日新月异，各式各样的商事组织、商主体如雨后春笋般聚集而上，与此同时，各商事法规亦顺势而出、推陈出新，通过近来电子商务与网络金融的发展可见一斑。但是，法制更新的速度根本无法企及商业模式发展的速度，事实上，市场经济的发展不仅推进商事组织的多元化，也促使商业模式推陈出新。人工智能、移动互联网、工业 4.0 等新概念的出现，新事物、新能源、新技术前赴后继进入大众视野，影响社会生活，这不仅预示着社会经济的大变样，也冲击了传统商业模式根基，[2]迫使商业经营不断吐故纳新。例如，人工智能的火爆，谷歌提供的服务中已有超过 2700 项使用人工智能引擎，云计算明显降低了网络的运算成本，自动驾驶的商业应用近在眼前。因互联网技术出现的新兴领域——“互联网金融”，即第三方支付平台融合众筹融资、小额信贷、网络货币等，真正实现了“互联网+”。这些新型的互联网营销模式能够降低传统银行贷款所必须投入的成本，可以发挥零散资金的最大优势，故而被具备前瞻性的商事主体看中，改革传统商业模式，带来发展机遇。

不可否认，迎合商事新兴领域需求而发展出的经营模式，会带来法律无法预料到的纠纷以及文本形式，商事合同、商事组织等新的商事形态会超出民法原本的预设规定和司法审判的预想境地，量体适合的商事法律规范隐隐跃出。如果依靠民法规定，适用一般性规则，不免会对商事经营带来限制，阻碍市场创新发展。因此，以商事单行法为代表的商事法律规范应当与时俱进、推陈出新。我国台湾地区有例：因商业主体多元化态势发展，故而在传统公司形态之外通过“有限合伙法”“公司法”等商事新规定，明文提供多样化的商业组织可能性；通过“电子支付机构管理条例”作为第三方支付规

---

〔1〕 王建文：“中国现行商法体系的缺陷及其补救思路”，载《南京社会科学》2009 年第 3 期。

〔2〕 以传统媒体举例，2017 年继《京华时报》《东方早报》停刊之后，一波一波的传统媒体集中倒在互联网新闻的冲击之下。

范成为电子商务法律发展之里程碑。[1]而目前大部分的情况是，商事法律制度在我国的法律体系中最为短缺和不足，较之民法，商事法律的缺陷尤其明显。我国民法典编纂已经启动，《民法总则》统领整个民事法律。而商法却是各个单行商事法大行其道，“总纲性法律极为欠缺，无法形成合理的体系，缺少一部类似于民法总则的系统性法律文件，商事部门法因为总纲性商法规范的缺失而无法形成有效的商法理念与原则，从而未能在商法中形成有效的弥补成文法漏洞的法律机制”。[2]整个商事立法处于极度零散碎片化的状态，不符合我国部门法体系化、科学化的制度要求。我国社会主义法律体系已经基本建成，各个主要的法律部门已经具备了建成、完善相应法律的前提，有个别的法律有待制定，而总纲性的商事立法尤为迫切，对比民法、刑法、诉讼法等几大并立的部门法，商法的确缺少统领性的一般立法。因此，为加强市场经济法律制度建设，实现民法典编纂的根本初衷和立法目的，应当对商事立法给予特别的重视和科学的布局安排。

## 三、商事规范立法体系设计

### （一）未来我国商法结构的品格展现

有学者曾经指出：民法与商法根植于相同且现实的社会经济条件，随之进化过程当中，二者得到了明确的独立区分定位……对于坚持民商合一的学者来说，退守商法的阵地也是务实之举。[3]商法体系的构建应当以社会需要和社会现实为基准，而不是以理论为据，更非学界臆想。以往我们各种部门法的制定乃至逐项法律的出台等，莫不是以所谓时机成熟为考量标准，早先民法典试图编纂时，就争论过“民法典的编纂时机是否成熟”。然而，民法典编纂克尽诸多障碍实施开来，摒弃以往“成熟后制定”中立法凝重滞后的缺陷，更加强调法律创制的与时俱进与前瞻性，更加注重法律的引导与塑造功能。从立法技术上看，准确把握超前立法度量，使立法建立在科学、客观的前瞻性基础上，采用以法律原则为主导的柔性相对大的规范，以便为将来法

〔1〕 王文宇：“从商法特色论民法典编纂——兼论台湾地区民商合一法制”，载《清华法学》2015年第6期。

〔2〕 王建文：“中国现行商法体系的缺陷及其补救思路”，载《南京社会科学》2009年第3期。

〔3〕 刘道远：“中国商法制度体系构建的现实性和超越性——基于共同进化特征的考察”，载《政法论坛》2009年第5期。

律发展与实践留下余地。[1]我国长期以来，民法对商法的大包大揽渐渐消弭商法自身的商事品格，体现在商事法律规范中商事化气息衰微，再者便是商事法律关系与民事法律关系纠葛不明，前文所述商法独立性的考虑，二者各自的商户本质内涵已经被模糊甚至趋于遗忘，商事纠纷的司法裁判存在适用性法律空白，无法保证衡平各方利益，无法保证公平的实现。目前，商事司法裁判中存在的法律适用性困境主要有“无法可用”“有法但不宜用”“有法完全不好用”三种。[2]出现的问题有“发起人效力的起止时间”“民间借贷合同的法律效力”“虚假广告代言人的法律责任承担”“违反安全保障义务的侵权责任如何承担”等，针对各问题的表现，我国商法未来的基本品格应当具备以下几个方面：

1. 社会现实性

拒绝假大空立法模式，现行民法典制定中，立法者虽倾向于民商合一编纂体例，但绝不能因此自暴自弃，要秉持对该立法体例的科学批判；决不能以民法的视角来看待商事规范，如果抛弃自身的现实依托，就容易脱离商法调整市场经济关系的根本目的，迷失商事法律关系的效益方向。市场经济须得依托于商事法律进行商事秩序的高效合理运行，不仅要考虑国内本土市场的现实情况，也需要考察外国商事情况以供借鉴。

2. 前瞻开放性

这意味着法律开始具备预估的功能，商事法律规范的设计需要考虑市场经济的复杂性，尤其在海量民法典中求得一席之地更需要具有一定程度上的开放性。现代法律体系的一个鲜明特征是，它不再是公私泾渭分明的“二元结构”，不再是板块式的死板拼接和拼盘式的构造，而是一种立体渗透的构造。[3]以商法为代表的私法体系建设应当与公法部门在动态平衡中协调发展。

3. 协调并存性

商法虽具备应然的独立性，但若进入民法典中必须要协调好与民法的关系，这不仅能够脱离长期令人诟病的“寄生地位”，自身也会得到合理特色发展。此外，公法的品性也应当使得商法进行自身的改造，市场经济情况中难

---

〔1〕王春婕：“商法重构：在全球化背景下的思考”，载《法商研究》2002年第6期。

〔2〕王建文：“中国现行商法体系的缺陷及其补救思路”，载《南京社会科学》2009年第3期。

〔3〕王源扩：“法律部门划分理论再探讨——兼论经济法的地位问题”，载《安徽大学法律评论》2001年。

免会有国家、政府等公权力的干预，更加不能“硬碰硬”，商法产生并服务于市场经济，公法强制性的属性是其应该预料并采取合理措施应对的境地，包括商法在内的各个法律部门、各项实体法律、程序法律之间都得相互协调，构建一个有机整体。体现在商法中，公司成立、破产清算、商主体准入准出、商事交易、债务清偿、商事担保执行等规则以及与此相关的裁判法律、仲裁、劳动保障等众多法律，都应由商法进行分配。在具体的实施环节，包括商事贸易投资、企业设立并运营、跨地区间货物买卖交易服务、钱款往来、人员流入流出、相关产品专利等知识产权的保护，以及吸引外资流入等。

（二）单一民法典下商事立法设计

民法典目前的定位基准为私法的基本法——所有私人关系的处理都应当并且能够在民法典中找到相对应的法律依据，该法律依据应当具备非具体化、较大普遍适用性等基本特征，商法在民法典中的内容体现应当是以下几点：

1. 商法基本理念

民法和商法的主要区别之一就在于各种立法理念的不同，然其亦是商法独立存在价值的体现。“民商合一”的立法体制下，商法固然受制于民法，尤其是商事法律的营利、效益导向须让道于民法“高贵的”公平导向，但在市场经济发展的条件下，社会经济关系需要商法进行补足，甚至是主导调控，从而实现全方位调整。在这其中，商法的基本理念体现有二：第一，营利效益理念。主要目的在于契合市场经济观念，即社会财富的循环增加和资源的有效利用；第二，利益均衡理念。主要目的在于平衡各商事主体之间的利益冲突，尤其是经济利益。需要明确的是，民法的调整对象并不能涵括商事属性极其浓厚的市场经济关系，民法的公平原则一直优先并领导多项原则。

2. 商法基本原则

独立的商法自然拥有其独立的商法原则，这是统领整个具体商法制度的精髓所在，同时也是与其他部门法进行根本区分的有效观念载体，尤其是在与民法的比较区分方面。立法者倾向于民法典使用“民商合一”的体制，思及商法诸项基本原则，无外乎吸纳、改造和摒弃三种编制方式。可吸纳交易安全原则（民法基本原则当中并无与其相类似观念），适当改造最大诚信原则，商主体的设立及其经营活动都要遵守诚实信用原则，比如注册登记时的认缴制度，登记人不可故意申请不符合公司实际资产的注册资本，要求证券行为等特殊商事行为遵守最大诚信要求、适当改造营业自由原则，尊重商主体意思自治，尊重商主体自主经营性权利，将之与民法中的意思自治原则合并，从而节省法律资源，使法律逻辑体系合理化；摒弃商行为效力外观原则（与民法中公示公信原则含义大致相似）、行为独立性原则（与民法中民事主体依法独立承担民事责任等制度相类似）等。

3. 商法具体制度

民法典涵括商事法律的具体制度，应当着重秉持“重大、基本且普遍”的三原则依据。民法典内部尽可能地将商法中具备普遍性且一定程度上与民法具备较大兼容性的商事制度规定进来。比如企业制度（可考虑融合进入法人制度）、商事主体资格取得制度（可考虑融合进入登记制度）、商事代理制度（可考虑融合进入代理制度，对其作出特别规定）、商事担保制度（可考虑融合进入担保制度，对其作出特别规定）等。同时，需注意民法典自身体量的兼容性，上述列举的商法制度应当进行压缩或仅将相关重要内容融入既有条文当中。

## 四、结语

迄今，民法典编纂的目的清晰可见，不仅在于弥补市场经济法律体系的缺失与不足，更在于利用其海纳百川的胸襟来包容并吸纳与之相关的法律规范，而商法则是其中的重要部分。“商神不死，他像一个幽灵，洋溢着自治的精神，带着日新月异的技术，走出中世纪，走到今天，走出欧洲，走到中国。他唤醒了沉睡已久的社会，为之注入新鲜的活力。他注定要把中国作为他新世纪的居留地，为此还挂上了自己的图腾——寄居蟹。”[1]商法基本理念、原则和具体制度与民法典的融会贯通，势必会为商事立法体系化设计提供助力。

---

〔1〕 张谷：“商法，这只寄居蟹——兼论商法的独立性及其特点”，载《清华法治论衡》2005年第2期。

# 私法体系化视角下利益第三人合同规则探讨

董　彪*

利益第三人合同（contracts for the benefits of third parties），又称利他合同，是指合同双方当事人约定，由一方当事人向第三人进行给付的合同。依据第三人对债务人是否享有独立的请求权和诉权，利益第三人合同有广义和狭义之分。〔1〕近现代大陆法系国家的民法典以及英美法系国家的判例都对利益第三人合同进行了相应规制。我国《合同法》第64条也作出了相应的规定。〔2〕围绕该规则，学者就利益第三人合同的理论基础、比较法借鉴、司法实践等问题进行了广泛而深入的探讨，但仍存在一些理论上的困惑，需要澄清。其中，保险合同、信托合同、运输合同等商事合同中的受益人是否属于利益第三人合同中的第三人以及相关规则如何协调的问题尤为突出。制定民法典分编需要重构利益第三人合同规则体系，协调合同法一般规则与规制特殊类型的合同（如保险合同、信托合同、运输合同）规则之间的关系。

## 一、利益第三人合同一般规则缺失：难以涵盖部分商事合同的受益人

合同法总则是对各种具体类型合同共有特征提取公因式的结果，应当具有高度的抽象性和涵摄力。我国合同法总则虽然规定了规范利益第三人合同行为的规则，但是，该规则仅仅是对作为履行方式的利益第三人合同的规定，

---

* 董彪，北京工商大学法学院副教授。

〔1〕狭义的利益第三人合同指第三人直接对债务人享有给付请求权和独立诉权的合同；而广义的利益第三人合同对第三人的法律地位没有这一限制。

〔2〕《合同法》第64条规定："当事人约定由债务人向第三人履行债务的，债务人未向第三人履行债务或者履行债务不符合约定，应当向债权人承担违约责任。"

无法涵盖保险、信托等领域的利益第三人合同，缺乏一般规则应当具有的高度概括性，存在缺陷。

（一）以履行方式为中心的规则设计涵摄力不足

我国《合同法》第64条的规定具有明确的实用主义导向，旨在简化连环交易的程序，降低交易成本，实现效率价值目标。具体而言，商品经济的发展增强了社会生活中主体之间的联系，合同当事人以外的第三人直接参与到合同履行中，打破了封闭、孤立的履行模式。

这一规定在解决部分现实问题的同时，也存在体系性缺失。我国《合同法》第64条规定在“合同的履行”一章，是关于履行方式的规定，调整的是“经由被指令人而为交付”的履行方式。至于“第三人直接享有权利”的利益第三人合同类型，如保险、信托领域的利益第三人合同并非我国《合同法》第64条的调整对象。正因为如此，不少学者否定我国《合同法》第64条是关于利益第三人合同的规定，认为它是关于类似利益第三人合同的规则。暂且不论我国《合同法》第64条调整的对象是否为真正利益第三人合同，单就保险、信托领域的利益第三人合同被排除在我国《合同法》第64条的调整范围外而言，就能发现该规则存在涵摄力不足的弊端，其无力作为利益第三人合同的一般规则。

（二）将《合同法》第64条作为利益第三人合同的一般规则并绝对化导致错误推论

司法实践中，部分法官基于我国《合同法》第64条以及《合同法司法解释（二）》第16条的规定，认为利益第三人合同中的第三人不享有独立的请求权和诉权属于一般规则，进而运用演绎推理的方法，推论除法律另有规定外，具体类型的利益第三人合同中的第三人不享有独立的请求权和诉权。逻辑三段论推理思路为：大前提是利益第三人合同中的第三人不享有独立的请求权和诉权；小前提是具体类型的利益第三人合同属于利益第三人合同的一种；得出结论是具体类型的利益第三人合同中的第三人不享有独立的请求权和诉权。形式逻辑表面并无瑕疵，但是，逻辑推理大前提的妥适性不无疑问。

首先，将《合同法》第64条作为利益第三人合同的一般规则欠缺妥适性。如前所述，《合同法》第64条的调整对象是作为履行方式的利益第三人合同，旨在降低履约成本、提高履约效率，并未将社会生活中不同类型的利益第三人合同作为其考察对象，存在涵摄力不足的缺陷，不足以作为规制利益第三人合同的一般规则。以特殊类型的利益第三人合同为对象进行不完全归纳形成的法律规则适用于未被作为考察对象的具体类型利益第三人合同，一定程度上混淆了具体与抽象的关系，缺乏理论上的正当性与合理性。

其次，将《合同法》第64条的规定抽象概括为利益第三人合同的第三人绝对不能享有独立的请求权和诉权过于极端。虽然就我国《合同法》第64条是否排除了第三人独立的请求权和诉权存在争议，但是从法律条文的文字表述以及立法史考察，至少可以得出我国《合同法》第64条并未直接赋予第三人独立请求权和诉权的结论。有学者将这一结论推向极端，认为我国《合同法》第64条的规定排除了第三人享有独立请求权和诉权的可能，并认为《合同法司法解释（二）》对此进行了确认，这一结论值得商榷。一方面，我国《合同法》第64条并未明文排除第三人可以享有独立请求权，我国《合同法》制定过程中，相关草案曾明确规定“第三人可以向债务人请求履行，”[1]而正式颁布的法律删除了这一规定。这一变化过程隐含着立法者对法律直接规定特定情境中第三人享有独立请求权作出了否定性判断，却未一概否定第三人享有独立请求权的可能性。另一方面，《合同法司法解释（二）》规定，人民法院可以将《合同法》第64条中的第三人列为无独立请求权的第三人，而不能依职权将其列为有独立请求权的第三人，这并不意味着第三人的诉讼法律地位只能是无独立请求权的第三人，并进而推论第三人在实体权利方面不能享有独立的请求权。[2]人民法院不能依职权将第三人列为有独立请求权的第三人或被告，是当事人诉权对人民法院审判权进行限制的结果，不是第三人不享有独立请求权的结果。极端化的法律解释不适当地限缩了第三人的类型。

## 二、利益第三人合同构成要件分析：以基础关系的民商事属性为中心

利益第三人合同的构成要件是对不同类型的利益第三人合同进行抽象的结果，是形成一般规则的基础。构成要件规定得过于宽泛，会将无关的合同类型涵盖其中，增加设计一般规则的难度并对其适用造成困难；而构成要件

〔1〕 参见《合同法草案》第3次审议稿和第4次审议稿第64条第2款。

〔2〕《合同法司法解释（二）》第16条规定：“人民法院根据具体案情可以将合同法第64条、第65条规定的第三人列为无独立请求权的第三人，但不得依职权将其列为该合同诉讼案件的被告或者有独立请求权的第三人。”

规定地过窄，会将部分利益第三人合同类型排斥在调整范围外，降低一般规则的涵摄力。

(一) 我国《合同法》第64条关于利益第三人合同构成要件的解读：兼评“约定第一受益人”案

根据我国《合同法》第64条的规定，债务人承担违约责任的对象为债权人而非第三人，债权人享有请求债务人向第三人履行债务的请求权并不意味着此时第三人享有独立地请求债务人向自己履行的权利。债务人违反关于履行方式的约定，无需向第三人承担违约责任，第三人不直接享有请求权。有学者主张我国《合同法》第64条涵盖了第三人享有独立请求权和第三人不享有独立请求权两种类型。理由是否定我国《合同法》第64条赋予第三人独立的请求权，则该法条会形同虚设。〔1〕这一结论并非法律解释的结果，而是在应然视角进行分析的结论，附加了学者主观期待的色彩。

倘若将我国《合同法》第64条理解为关于利益第三人合同的一般规则，就会产生一种误解，利益第三人合同以第三人不享有对债务人独立的请求权为构成要件。该狭义的理解将社会生活中诸多类型的利益第三人合同排斥在外，出现概念内涵明显小于外延的现象，影响司法实践作出适当判断。

福建省厦门市海事法院审理“约定第一受益人”案时，〔2〕依据《合同法》第64条和《合同法司法解释（二）》第16条，不同意以有独立请求权的第三人追加农村信用社参与诉讼。该案主审法官认为，利他合同中的第三人只是债权人的履行辅助人，除单行法另有规定外，通常不享有独立请求权。法律并未对财产保险合同中的受益人进行明确规定，应当根据《合同法》第

〔1〕 参见韩世远：“试论向第三人履行的合同——对我国《合同法》第64条的解释”，载《法律科学》2004年第6期。

〔2〕 参见福建省厦门市海事法院［2013］厦海法商初字第255号调解书。2011年4月16日，华洋公司以“鑫源顺6”轮为标的物与北海人保公司签订一份保险合同，保险期限12个月，保险金额为1800万元。2012年2月18日，“鑫源顺6”轮发生事故而沉没。事故发生后，华洋公司多次请求北海人保公司理赔，均遭到拒绝。2013年6月4日，华洋公司向人民法院提起诉讼，请求判令北海人保公司向其支付保险赔偿金1800万元。2013年6月24日，农村信用社向人民法院申请以独立请求权第三人身份参加诉讼，诉称：2009年4月15日，华洋公司与农村信用社签订了一份借款合同，华洋公司向农村信用社借款1200万元，并以“鑫源顺6”轮为抵押。借款合同明确约定，华洋公司需为“鑫源顺6”投保，并指定农村信用社作为第一受益人。而华洋公司与北海人保公司签订的船舶保险合同中也明确约定农村信用社为第一受益人。华洋公司逾期未清偿贷款，且“鑫源顺6”轮已沉没的情况下，人民法院应当判令北海人保公司向其支付贷款本息对应数额的保险赔偿金。

64 条的规定确定农村信用社的法律地位，认定其为无独立请求权的第三人。[1]该判决逻辑中隐含着两个基本的认识：一是《合同法》第 64 条限制了利他合同第三人独立的请求权；二是《合同法司法解释（二）》否认利他合同第三人具有独立请求权的诉讼地位。司法实践中的这一做法一定程度上是将第三人不享有独立请求权作为利益第三人合同的构成要件。其基本的逻辑思路是，“约定第一受益人”是利益第三人合同的一种类型，而根据我国《合同法》第 64 条关于利益第三人合同的一般规则，第三人不享有独立请求权。

我们认为，以我国《合同法》第 64 条的规定为依据得出利益第三人合同中第三人不得享有独立请求权的结论，继而将社会生活中复杂的合同结构进行简化，得出法律规定外一切利益第三人合同的第三人均不享有独立请求权的结论，缺乏理论和逻辑上的正当性。合同当事人有权对第三人享有的权利范围以及第三人与合同当事人之间的关系结构进行约定。当契约自由与第三人利益保护两者并行不悖时，应当尊重合同当事人的自主选择。

### （二）事实上受益与法律上受益：民事关系与商事关系关注重心的差异

利益第三人合同以第三人受有利益为必要构成要件。受有利益分为事实上受益与法律上受益。事实上受益是指依据合同约定，第三人的财产事实上有所增加；法律上受益是指依据合同约定，第三人享有法律上的权利而受有利益。

依据《合同法》第 64 条的规定，第三人是接受履行的对象，履行行为的结果事实上能够增加第三人的财富。这类似于德国民法中作为债务履行特殊方式的“经由被指令人而交付”（Geheissperson）。第三人仅能消极受领给付，并不具有直接请求债务人为给付的权利。在法律关系的层面，债务人与第三人之间并不存在直接的请求权，第三人消极受领给付并无增进其利益的效果。第三人基于消极受领给付客观上使得其财产权益有所增进，属于事实层面的受益。例如，甲同学在花店购买了一束鲜花并指定花店将鲜花送给乙同学。花店作为债务人负有履行交付鲜花的义务是基于债权人甲同学的指令，乙同学仅因该履行行为在事实上受益，并不享有法律上的给付请求权，属于事实上受益。

---

〔1〕 陈亚、梅贤明：“船舶保险合同中第一受益人条款的效力”，载《人民司法》2014 年第 8 期。

与之不同，大陆法系国家民法典，如《德国民法典》第 328 条，规定的利益第三人合同中的第三人享有独立的给付请求权。1859 年发生在美国纽约的劳伦斯诉福克斯案被认为是英美契约法上承认第三人诉权的首例。1859 年 Lawrence v. Fox 一案中，法院承认利益第三人合同中第三人享有独立的权利。上述利益第三人合同中的第三人不再是被动地接受履行的主体，他们直接享有法律上的给付请求权，属于法律上受益。例如，人身保险合同以及信托合同中的受益人，虽然并非订立合同的主体，但是并非被动接受给付，而是享有独立的给付请求权。〔1〕

区分法律层面受益与事实层面受益是理解我国《合同法》第 64 条与现代社会多数大陆法系国家民法典关于涉及第三人利益合同规定的差异以及区分“真正利益第三人合同”与“不真正利益第三人合同”“不纯正的向第三人给付契约”等法律概念的关键，也是未来利益第三人合同一般规则设计的前提。将法律层面受益与事实层面受益的情形都纳入利益第三人合同一般规则的调整范围还是仅调整其中之一，影响着一般规则的设计以及该一般规则与具体类型的涉及第三人利益合同规则的关系。

通常而言，民事关系侧重事实层面受益，而商事关系侧重法律层面受益。原因在于民事关系中涉及第三人利益的情形具有偶发性特征，主体之间行为定型化程度偏低，行为目标取向于安全和公平等价值；而商事关系中涉及第三人利益的情形具有频发特征，主体之间行为定型化程度较高，行为目标更取向于效率价值。当然，这一结论不可绝对化。我国《合同法》第 64 条的规定难以满足调整交易结构复杂的定型化商事关系的需要，故而保险合同、信托合同、运输合同中的受益人都被认为是该规定的例外情形。

## 三、私法内在连贯性视角下利益第三人合同与合同相对性的关系

### （一）合同相对性排除当事人为第三人设定权利或义务

私法领域，意思自治原则具有不证自明的正当性，而合同相对性是意思自治原则的必然结果。主体不得通过合同的方式为合同以外的第三人设定权

〔1〕《保险法》第 18 条第 3 款：“受益人是指人身保险合同中由被保险人或投保人指定的享有保险金请求权的人。”《信托法》第 44 条：“受益人自信托生效之日起享有信托受益权。”《信托法》第 49 条：“受益人可以行使本法第 20 条至第 23 条规定的委托人享有的权利……”

利或义务，否则有强加个人意志于他人之嫌。“不得为他人缔约”的债法原理为古罗马法所奉行。“不得为他人缔约”在实体权利层面体现为第三人与合同当事人之间不存在直接的履行请求权；在程序权利层面体现为第三人与合同当事人之间不存在独立的诉权。

《法国民法典》第1165条和《德国民法典》第241条确立了合同相对性规则。英美法系国家同样遵循合同相对性原理。阿蒂亚认为：“合同规定的权利和义务仅仅对合同的各方当事人才有约束力，而且，只有他们才能行使合同规定的权利。”〔1〕1845年Edmondson v. Penny案，吉布森法官认为：“原告获得赔偿，必须同时将允诺和对价集于一身。”1861年Tweddle v. Atkins案〔2〕将合同相对性确立为英美法的审判规则。1915年Dun Lop Pneumatic Type v. Secfridge案，哈丁法官认为：“在英国法中，有些原则是基础性的，其中之一就是合同的当事人才能就合同提起诉讼。我们的法律不知道什么是因合同产生的第三人的权利。”1871年Exchange Bank v. Rice案，格雷法官否定了未提供合同对价的第三人主张独立诉权的主张。我国《合同法》第8条、第121条间接确立了合同相对性原则。〔3〕

合同相对性是古典契约理论建构的基石之一，与“自由意志”的观点相一致，保持着私法体系内部的连贯性。在合同相对性原则的框架体系中，合同正义的基础为意志自由与意思自治。当这一合同正义被破坏时，合同当事人之间通过违约责任的矫正机制恢复合同正义。而合同效力扩张及于合同当事人以外的第三人，使得以意思自治为基础的私法体系内部正当性丧失，合同当事人之间的违约责任矫正机制不足以救济第三人的权利。强调合同相对性原则的根本原因在于扩张合同效力的适用对象可能损害合同主体之外第三人的利益。合同相对性原则的例外必须具有正当的法律理由，并被限定在一定的范围内。此外，完全否定合同相对性原则必然模糊合同之债与侵权之债的界限，造成债法体系的崩塌。

---

〔1〕［美］P. S. 阿蒂亚：《合同法概论》，程正康译，法律出版社1982年版，第262页。

〔2〕 Tweddle打算娶Atkins的女儿为妻。Atkins答应Tweddle的父亲，他会给Tweddle一笔嫁资。后Atkins并未给Tweddle嫁资，引发诉讼。法官认为，Tweddle并非合同的当事人，无权主张Atkins履行其与Tweddle之父签订的合同。这就将合同相对性确立为司法审判的规则。

〔3〕 参见朱岩：“利于第三人合同研究”，载《法律科学》2005年第5期；韩世远：《合同法总论》（第三版），法律出版社2011年版，第13页。

（二）利益第三人合同属于合同相对性的例外吗？

利益第三人合同的出现和发展与商品经济发展密切相关。商业活动范围扩大以及交易关系复杂化使得履约对象被限定于合同当事人之间的规则不再适应社会生活的需要。换言之，商业活动便利化需要调试或修正既有的规则体系，将利益第三人合同纳入法律的调整范围。“如果墨守合同只在当事人之间有效的成规，则某些与合同有关又非合同当事人的关系人的权利就不能得到保障。这一现象不仅出现在海商法领域，在当今的国际交往中趋于普遍。”〔1〕

利益第三人合同的效力影响到合同主体以外第三人的利益，表面上看似乎有悖于“不得为第三人缔约”的法谚，不符合合同相对性的要求。因此，不少学者将涉他合同包括利益第三人合同纳入合同相对性例外的情形。这一观点值得商榷，存在不当理解“不得为第三人缔约”中“不得”之嫌。

合同相对性原则要求合同当事人不得为第三人缔约，并非禁止合同当事人在合同中引入第三人，而是不得将合同当事人的意愿强加于第三人并使其受到合同效力的拘束。这里的“不得”是规范层面而非事实层面的要求，是从第三人受到合同拘束的法律效果的角度而言的。换言之，考察利益第三人合同是否违反合同相对性原则的重心并非合同当事人是否在合同中约定了第三人，而在于第三人是否受到合同效力的拘束以及该拘束是否来源于合同当事人的意思表示。合同虽然涉及第三人，但第三人并不受到合同效力的拘束的情形不存在违背合同相对性原则的问题。我国《合同法》第64条规定的利益第三人合同虽然涉及合同以外第三人的利益，却并未突破合同相对性原则。因为，第三人参与履行的合同效力被限定在当事人之间，并未扩张及于合同以外的第三人，而第三人只是当事人为履行合同而借助的媒介或工具。

第三人对债务人享有独立请求权和诉讼法律地位的利益第三人合同是否属于合同相对性的例外？这就需要对利益第三人合同的结构以及第三人权利来源的正当性进行分析。

1. 利益第三人合同结构分析

在法国民法理论体系中，利益第三人条款是一种依附性的存在，属于合同当事人之间订立合同的“附加条件”。所谓利益第三人契约，实质上是基础

〔1〕 张丽英：“涉及第三方效力的合同的法律问题”，载《政法论坛》1999年第3期。

合同如买卖、赠与、信托、保险契约的附加条款。[1]否定利益第三人条款的独立性，使得涉他契约的基本观念在法国民法理论体系中无法形成。[2]德国民法典区分当事人为设定某种利益的合同和第三人取得权利的合同，将二者分离，视为相对独立的法律行为，并在此基础上发展出相对系统的涉他契约理论。“涉他契约是一种特殊的法律抽象，是人为地将交易中关涉第三人利益之特定事项与其他事项予以分离后所进行的法律描绘。”[3]如人身保险合同设定了保险金给付请求权，而受益人取得保险金给付请求权的依据则是投保人与保险人之间订立的利益第三人合同。投保人与保险人就受益人相关事宜达成一致意见，第三人进入人身保险法律关系中，依据法律规定以及合同约定享有权利。设定人身保险金给付请求权的合同是利益第三人合同存在的基础。

单一结构视角下利益第三人合同被视为一个整体，合同当事人与参与人通常被理解为从属关系，即合同当事人享有合同权利、履行合同义务，合同参与人通常起到辅助合同目的实现的附属作用。双重结构视角下利益第三人合同被分解为合同当事人之间的权利义务关系和与第三人相关的权利义务。即利益第三人合同可以细分为两个相对独立的法律行为，一是确定合同当事人之间权利义务关系的合同，二是为第三人介入提供连接点的合同。第三人的权利和义务因第三人介入合同的方式有所差异，包括两种类型，即意思表示的方式创设（明示的方式和默示的方式）和引致法律关系的方式创设。

2. 区分抽象权利与具体权利考察合同相对性

利益第三人合同中的第三人享有权利的状态不是一成不变的，不同阶段存在差异。纯粹利益第三人合同法律关系层面，第三人享有的权利是合同当事人合意与法律规定的结果。这一阶段并无利益第三人自由意志的参与，其权利是法律价值直接判断的结果。基于利益第三人合同对第三人为有益的法律价值判断，第三人以“类存在”的方式被纳入合同法律关系中享有权利。这种权利是一种推定权利，为作为单个个体存在的第三人享有权利提供了可能性。

---

〔1〕 王泽鉴：《民法学说与判例研究（第7册）》，中国政法大学出版社1998年版，第151页。

〔2〕 参见尹田：“论涉他契约——兼评合同法第64条、65条之规定”，载《法学研究》2001年第1期。

〔3〕 参见尹田：“论涉他契约——兼评合同法第64条、65条之规定”，载《法学研究》2001年第1期。

合同当事人以合意的方式赋予第三人权利，第三人享有独立请求权和诉权的正当性源于诚信义务的要求。合同当事人自主选择赋予第三人权利，应当受到其意思表示的约束，基于诚实信用的要求履行承诺。法定主义调整方式下赋予第三人权利，如保险受益人作为合同当事人以外的第三人享有独立请求权和诉权的正当性，源于行为方式和交易结构固定化而产生的各方主体稳定的财产权预期，尤其是对第三人信赖利益进行保护。〔1〕

作为单个个体存在的第三人是否现实享有权利取决于第三人的意思表示。第三人以明示或默示方式表示接受的，第三人可能享有的权利转变为现实的权利。其中，合同当事人合意赋予第三人独立请求权的，第三人需以明示的方式作出同意的意思表示，否则视为拒绝；而法定主义调整方式下赋予第三人独立请求权的，第三人不以明示方式作出拒绝的意思表示，则视为同意。理论上往往基于“创设权利并不损害第三人的利益”或“权利可得放弃的属性”等理由将单个个体可能享有的权利与现实享有的权利相等同。第三人受到合同效力拘束的前提条件被忽视。

应当区分可能享有的抽象权利与现实享有的具体权利，分别分析第三人享有独立请求权和诉权的正当理由。可能享有的抽象权利存在的正当性基础在于利益第三人合同当事人的合意或法律直接规定；而现实享有的具体权利存在的正当性基础在于第三人同意的意思表示。

通过对利益第三人合同结构以及第三人取得权利的正当性进行分析，利益第三人合同是否符合合同相对性的要求不可一概而论。从抽象权利的角度而言，它是合同当事人在法律的框架内约定的结果，作为一项可能的期待权，在尚未得到第三人认可的情况处于不确定状态。换言之，抽象的权利不能拘束第三人的行为。该权利的产生是合同当事人之间合意的结果，符合合同相

---

〔1〕法定主义调整方式中的类型：①人身保险合同中的受益人。②责任保险中的受害人。《保险法》第65条规定：“保险人对责任保险的被保险人给第三者造成的损害，可以依照法律的规定或者合同的约定，直接向该第三者赔偿保险金。责任保险的被保险人给第三者造成损害，被保险人对第三者应负的赔偿责任确定的，根据被保险人的请求，保险人应当直接向该第三者赔偿保险金。被保险人怠于请求的，第三者有权就其应获赔偿部分直接向保险人请求赔偿保险金。责任保险的被保险人给第三者造成损害，被保险人未向该第三者赔偿的，保险人不得向被保险人赔偿保险金。责任保险是指以被保险人对第三者依法应负的赔偿责任为保险标的的保险。”根据该规定，责任保险中的受害人对保险人享有独立的请求权，且该请求权优先于被保险人对保险人享有的请求权。③信托合同中的受益人。④运输合同。

对性的要求。而第三人现实享有的具体权利是依据法律规定或第三人为同意的意思表示产生的。唯有如此，才能避免将他人的意志强加于第三人，哪怕这种强加的意思客观上有利于第三人也不可。在第三人为同意的意思表示的情形产生具体权利显然符合合同相对性的要求。只有在具体权利是法律规定的情况下，才能突破合同的相对性，使得第三人直接享有权利。

## 四、利益第三人合同一般规则的完善

我国《合同法》第64条是对合同履行情形利益第三人合同进行的规定。该规定与保险法、信托法以及合同法分则关于货物运输方面的规定并不是普通法与特别法的关系。《合同法》第64条的规定无法涵摄单行法的规定，单行法也不是该条文的例外。需要对利益第三人合同一般规则进行体系性续造。

### （一）利益第三人合同一般规则的调整对象

利益第三人合同是债务履行的一种特别方式还是一种特殊的契约？各国或地区立法上有所差异。我国台湾地区“民法典”在债编总则“债的效力”第3款“契约”中规定了“利他契约”。日本民法典作类似规定。《德国民法典》在“契约所生之债”中设专节规定利益第三人合同。《法国民法典》在“契约或合意之债”中“契约有效成立的要件”对其加以规定。而“我国合同法第64、65条既不是对‘为第三人利益订立的合同’所作的规定，也不是对涉他契约的规定，而是对合同履行中‘经由被指令人而为交付’的规定。”[1]债权人与债务人违约责任的设计，在一定程度上忽视了第三人的合法权益，降低了民商事活动的效率。

事实上受益和法律上受益在第三人受益方面存在共性，可以进行统一的抽象性规定，增强法律规范的体系化效果。也就是说，在利益第三人合同一般规则设计方面，应当综合考虑事实上受益与法律上受益两种情形。但是，两者之间又存在明显差异。第三人仅在事实上受益的情形，合同关系的法律效力仅及于合同当事人，第三人作为被动接受履行的主体并不享有独立的权利或义务。作为合同参与人的第三人在合同法律关系中具有主体客体化的特征，即作为履行行为的对象无需表达任何意志，主体的理性色彩被淡化。例

〔1〕尹田：“论涉他契约——兼评合同法第64条、65条之规定”，载《法学研究》2001年第1期。

如，甲在乙餐馆预订了一份午餐，指令乙餐馆将午餐送给丙。丙作为合同参与人以主体的身份出现，但在该履行行为中与指定在特定场所交付并无差异。第三人在法律上受益的情形，合同法律效力直接及于第三人，使其享有相对独立的权利或义务，不再仅仅是一种被动性的存在。这就不再是单纯的合同履行的问题，而是复杂合同结构形态下的特殊合同效力的问题。事实上受益抑或法律上受益，应当依据合同目的、交易习惯、当事人的特别约定以及特别法规定综合判断，不可一概而论。法律规范的设计应当考虑上述共性与个性特征。

### （二）第三人取得独立债权的时间点

关于第三人对债务人直接请求给付权利的发生时间，各国或地区规定不尽一致。根据《德国民法典》第328条第1项的规定，第三人的权利自合同当事人达成合意时产生，无需第三人为意思表示。第三人为拒绝的意思表示，具有溯及力。而根据《日本民法典》第537条第2项的规定，第三人的权利于其向债务人发出享受利益的意思表示时发生。该权利自发生之时起，合同当事人无权进行变更或消灭。

学理上对第三人取得独立债权的时间点也存在争议。“第三人意思表示说”认为，只有当第三人作出受益的意思表示时，第三人才取得独立债权。“基础合同生效说”认为，产生第三人权利的基础合同生效，第三人即取得独立债权，其无需为接收的意思表示。理由是，第三人纯粹获益无须其同意，否则违背利益第三人合同的本质。[1]

利益第三人合同是合同当事人之间意思表示一致的结果，并无第三人意思参与，因而，第三人对债务人直接请求给付权利的产生需要有一个连接点。通常，第三人作出受益的意思表示前，所谓的第三人权利只是一种可能的权利，利益第三人合同利他部分的效力仍处于不确定的状态。此时，合同当事人有权变更或撤销利益第三人合同。一旦第三人作出受益的意思表示，则可能的权利转化为既得权。基于信赖，合同当事人通常不能再变更或撤销利益第三人合同。但是，这一原则性存在例外。第三人对债务人直接请求给付权利的基础是利益第三人合同，作为该合同的当事人有权在订立合同时对第三

---

〔1〕参见朱岩：“利于第三人合同研究”，载《法律科学》2005年第5期；冉昊：“论涉他合同”，载《山东法学》1999年第4期。

人权利的发生时间进行特别约定。

（三）利益第三人合同中的权利与义务

合同债权是以请求权为中心的权利束。请求权是合同债权的核心，但合同债权并不局限于请求权。围绕请求权的实现衍生出抗辩权、撤销权、代位权等其他权利。利益第三人合同是合同当事人的权利与义务也主要围绕上述权利展开。

债权人享有请求债务人向第三人履行的请求权。“债权人仅有权请求债务人向第三人为给付，但无权请求债务人向自己为给付。只有当向第三人给付之契约因第三人拒绝受益而丧失效力时，债权人方可依据其与债务人之间的基本行为（原因行为）而请求债务人向自己为给付。”[1]基于债权人与债务人之间的利益第三人合同，债权人享有违约损害赔偿请求权。

债务人负有直接向第三人承担给付的义务。无论是第三人事实上受益的合同还是法律上受益的合同，债务人都需要承担该义务。债务人对债权人享有的抗辩权，如先履行抗辩权、同时履行抗辩权、不安抗辩权，效力及于第三人。两者的区别在于承担义务的对象即权利主体不同，第三人事实上受益的合同虽然给付对象为第三人，但权利主体仍为债权人；而第三人法律上受益的合同给付对象与权利主体同为第三人。

法律上受益的第三人享有独立的给付请求权和诉讼地位。即便是不真正利他合同中，第三人也并非无任何权利可言，只是该权利具有依附于合同当事人的特征。第三人受领履行时至少享有抗辩的防御性权利。例如，债务人为不适当或不完全履行时，第三人有权拒绝受领。但作为合同参与人的第三人永远无法享有“完整的合同权利”。专属于合同当事人的合同撤销权与解除权不能由第三人行使。“皮之不存，毛将焉附”。第三人行使权利的基础是合同关系的成立并有效，合同关系人不能动摇合同关系存在的基础。利益第三人合同并不意味着第三人不负担任何法律上的义务。第三人在合同履行过程中负有附随义务，如协助给付、纳税等义务。

## 五、具体法律条文设计建议

未来民法典的合同编就利益第三人合同的具体条文设计应当涵盖民事合

〔1〕尹田：“论涉他契约——兼评合同法第64条、65条之规定”，载《法学研究》2001年第1期。

同与商事合同的共性，同时考虑其差异。具体而言，可以进行如下规定：

第 N 条，合同当事人可以约定向第三人给付。第三人是否基于该约定享有独立债权应当依据法律规定或合同约定；法律未规定且合同未约定的，根据民商事交易习惯、合同目的进行判断。

第 N+1 条，合同当事人约定向第三人给付的合同效力自第三人为同意的意思表示时始及于第三人。第三人知悉而未作出否定的意思表示视为同意。第三人为同意的意思表示后，除法律另有规定或当事人另有约定外，合同当事人不得变更第三人。

# 互联网法治专题

# "互联网+"背景下我国法律电商发展的困境与对策

张世君　刘　源*

## 一、背景与问题

法律电商，依托以数据为支撑的互联网技术，使参与双方基于网络运营商提供的浏览交互平台进行法律服务交易活动，是法律行业深化运营的电子商务模式。[1]法律电商发端于20世纪90年代的美国，当时互联网技术开始逐渐向其他行业渗透并与之融合（包括法律行业）。1999年，法律电商"LegalZoom"率先在美国成立，它专注于为中小企业和公民个人提供简便、高效、廉价的在线法律服务。其通过智能交互系统帮助用户在线自助制作简易法律文书（如公司章程、商标申请书、合同文书、遗嘱等），或利用网络平台提供长期的一揽子法律服务，迄今已发展成为拥有360万名顾客并布局全球的在线法律服务商。随后，法律电商的热潮在全美范围内开始迅速传播，又诞生了"Rocket Lawyer"等诸多法律电商企业。

在我国，法律电商起步较晚，但发展迅速。随着近几年国内互联网行业

---

* 张世君，首都经济贸易大学法学院教授；刘源，首都经济贸易大学法学院硕士研究生。

〔1〕 李远方："法律电商'法大大'成功切入互联网+"，载《中国商报》2015年9月11日，第10版。

的迅猛发展，诸多法律电商企业如雨后春笋般陆续成立，代表者如“易法通”“绿狗网”“无讼”等。2015年的《政府工作报告》明确把“互联网+”正式纳入国家战略，十八届五中全会更是在“十三五”规划建议中明确提出实施互联网计划，发展分享经济，促进互联网和经济社会融合发展。前述种种有利政策进一步释放了制度红利，诸多法律电商顺势而为，将行业发展推向一个新的高潮。2015年11月，“易法通”取得新三板挂牌函，成为首家新三板上市的法律电商；2016年12月4日，法律电商“无讼”宣布获得B轮1.2亿巨额融资，顿时成为业界焦点。

伴随国内外法律电商的兴起，学术界也开始关注这一新生事物。如Richard Susskind从互联网功能的角度出发，提出了法律服务演进五阶段的观点；〔1〕曹磊以杭州市为例简单分析了法律电商的行业模式；〔2〕曹冬冬探讨了律师业电子商务发展现状与问题；〔3〕张竞博、蔡华东以天同律师事务所为例研究了法律电商的路径选择；〔4〕叶剑根据法律电商的产品分析了国内法律电商的创业模式等。〔5〕这些研究虽然具有积极的参考价值，但大量文献多为经济界、实业界人士撰写并见诸报端，法学界尚未有系统、深入的学术文献出现。而法律电商恰恰是互联网与法律服务业相结合的产物，对其展开研究不能就网络谈网络，尤其是不能脱离对我国法治环境以及法律行业的整体把握。因此，本文将在“互联网+”的背景下，结合法律服务业的特殊性，对我国法律电商的法治意义、发展现状、存在问题进行剖析总结，并提出科学的合理化建议，以期能对该行业的成长有所助益。

## 二、“互联网+”背景下我国发展法律电商的法治意义

“互联网+”代表一种新的经济形态，即充分发挥互联网在生产要素配置中的优化和集成作用，将互联网的创新成果深度融合于经济社会各领域之中。

---

〔1〕 Richard Susskind, *Tomorrow's lawyers: an introduction to your future*, Peking University Press, 2015.

〔2〕 曹磊：《互联网+：产业风口》，机械工业出版社2015年版，第234~242页。

〔3〕 董冬冬：“律师业电子商务发展现状与问题分析”，载《中国律师》2013年第7期。

〔4〕 张竞博、蔡华东：“法律电商路径选择之探求——以天同律师事务所电子商务模式为例”，载《法制与社会》2016年第16期。

〔5〕 叶剑：“信息、工具、服务：互联网法律还能怎么玩”，载网易科技频道网，http://tech.163.com/16/0127/10/BEB3EC0H00094P40.html，最后访问日期：2017年3月21日。

法律电商就是在这样的背景下诞生的，它通过促进以大数据为代表的新一代信息技术与传统法律服务业的融合，发展壮大新兴的在线法律服务业态，促进传统法律服务业提质增效和升级转型。这既顺应了“互联网+”的发展趋势和传统法律服务行业“+互联网”的客观需求，也迎合了人们对于智能化、便捷化法律服务的主观需要。在建设社会主义法治国家的关键时期，在各行业积极推进“互联网+”的背景下，我国发展法律电商具有重大的法治意义。

（一）降低法律服务成本

法律电商通过对企业注册、商标申请、财税记账、合同撰写、遗嘱起草等传统法律服务项目的标准化和在线化处理，有效降低了法律服务的交易成本，较好地满足了初创企业和公民个人的法律服务需求。例如，有数据表明，美国2011年的平均律师费用超过318美元每小时，而“LegalZoom”提供类似服务的收费约为传统律师收费的1/10到1/5，甚至更低。[1]在中国，诸如“易法通”“绿狗网”等法律电商为中小企业以及公民个人提供专业化、标准化、便捷化的法律风险管理外包服务，收费仅为传统律师事务所的1/5，甚至更低。再比如，那些服务标准化、评价在线化、收费透明化的律师查找系统也使得客户能够便捷地找到合适的律师，有效减少了在寻求法律服务资源过程中的成本投入。另外，在异地取证和办案时，合适的异地合作律师可以通过电商平台被迅速找到，降低了律师在交通成本和时间成本上的投入，当事人的花费也因此得以降低。

（二）提升法律服务质量

在法律电商平台上，智能法律信息检索系统可以帮助用户于最短的时间内检索到较为完善的法律资料，大数据和人工智能的发展甚至可以通过分析大量以往相似判例，进而推断出主审法官的个人偏好，据以预测案件裁判的胜负走势。这些法律电商提供的新型产品极大地提升了法律服务的质量。还比如，以往针对律师服务的评价，主要依赖于客户的口碑，不具有公示公信力，也无法对律师形成客观的制约。而在电商平台上，通过最终的评分反映律师服务质量的高低，不仅能够对其他客户提供决策参考，还有利于促进律师的优胜劣汰，保证法律服务质量。同时，得益于信息技术的发展和便捷的

---

〔1〕 小蚊子：“Legalzoom.com 路演报告 PPT 注解”，载雪球网，https://xueqiu.com/2724720882/22041067，最后访问日期：2017年4月1日。

网络平台，专于某一领域的律师将拥有广阔的发展空间，推动律师服务专业化的形成，带动相关行业整体法律服务质量的提升。

（三）推动法律行业的升级转型

历史经验证明，每次工业革命或者技术革新的发生，都会带来原有行业的升级转型。“互联网+”这一新型推动力的出现以及法律电商的兴起，也必将推动法律服务行业的创新。例如，许多传统的律师事务所积极接纳法律电商，深挖个人、家庭和中小企业法律服务的广阔市场。不仅律师们纷纷“上网”，不少律所也尝试构建自己的法律电商，如天同律师事务所创建的“无讼”、盈科律师事务所创建的“律云网”、金杜律师事务所创建的“理脉”等。法律电商极大地突破了地理上的营业限制，跨区域律师合作的实现，促进了专业律师团队的规模化，有利于律师行业组织模式的变革。可以说，法律电商改变着传统法律行业的服务方式和工作方法，一场法律服务行业的变革已悄然发生。对此，英国首席大法官信息技术顾问 Richard Susskind 提出了法律服务演进五阶段的说法，对新兴的法律行业作出了大胆预测，认为将产生包括在线法律指导、法律社区、智能法律信息检索、大数据和基于人工智能的纠纷解决等在内的至少 13 种颠覆性法律技术，同时诞生包括跨学科法律人才、在线纠纷解决师、法律知识工程师等至少 8 种新型法律职业人。[1]

（四）提高法律资源配置效率

我国传统的法律服务资源存在着地理区域、业务领域的不平衡。东部发达地区集中了大多数的法律服务人才，西部地区则比较稀缺；高端业务领域集中了大量的法律服务资源，但与普通民众和中小企业密切相关的业务领域则比较匮乏。在律师与客户之间，也存在着供需失衡，全国十三亿多人口仅拥有不到 30 万的执业律师，导致社会公众大量日常法律服务需求得不到有效满足。还比如，我国每年都产生大量的判决和裁定，但是由于信息不对称，法律工作者在搜集资料时面临着检索难的问题。法律电商的出现和发展，使得一切和法律相关的信息可以通过互联网进行连接和共享，任何地区的个人、家庭及中小企业可以通过互联网和移动互联网平台，便捷地享受专业而全方位的法律服务，包括法律咨询、法律文书制作、律师查找、判例分析和数据

---

〔1〕 Richard Susskind, *Tomorrow's lawyers: an introduction to your future*, Peking University Press, 2015.

整理等。法律服务的在线化、标准化、智能化，打破了信息不对称的局面，法律服务的资源配置效率得以提升。

### （五）助力法治国家建设

党的十八届四中全会《关于全面推进依法治国若干重大问题的决定》明确提出“建设完备的法律服务体系”“加强法律服务队伍建设”“推动全社会树立法治意识”。当前，我国人民群众的法治意识不断觉醒，对法律知识和法律服务的需求日益增长，而我国处于社会主义初级阶段的现实，导致法治建设的软硬件基础均比较薄弱，人民群众的客观需求难以得到满足。从这一点上看，实现依法治国目标的一大关键，就在于如何构建一个物美价廉的法律服务体系。当互联网和大数据使得法律资源唾手可得，人工智能使法律文书更容易制作的时候，无论是政府机构、企业公司还是普通民众以及法律专业工作者，都能在法律电商的帮助下作出更好的法律决策。当全社会对法律服务的需求不断满足后，法治信念才能不断深入人心，国家法治水平才能逐步提高，依法治国进程才能由此得以推动向前。

## 三、我国法律电商的发展现状与市场分析

### （一）我国法律电商的历史发展

以历史的眼光观察，我国法律电商是实践发展的产物，而非理论推演的结果，但这并不妨碍法律电商所蕴含的理性精神，也不妨碍我们从学术的角度对其发展分期进行界定。

第一阶段，从20世纪末到21世纪初，是我国法律电商的初创阶段。此阶段的法律电商以提供法律咨询和法律信息检索服务为主，通过构建法律、法规、案例等资料与信息的检索系统，以“B2C”模式售卖在线法律信息检索服务，“万律网”“律师联讯”“北大法宝”等为典型代表。此类法律电商，是当下数量最多的法律电商，虽然至今其基本的发展模式并没有多少变化，但基于数据库建设对法律行业知识管理的重要性，以及这类企业强大的法律数据积累和分析挖掘能力，其在法律电商中仍占有非常重要的地位。

第二阶段，21世纪初期至2015年左右，是法律电商快速发展的阶段。一方面，得益于新浪、百度、淘宝等网站宝贵的运营经验，一批专注于投放律师广告、撮合律师和客户交易的在线法律服务网站应运而生；另一方面，伴随美国“LegalZoom”的成功，国内创业者有了可效仿的商业模式（标准化法

律文件服务主要在于能够提供一个完备的合同数据库，容易模仿），加之行业壁垒较小，国内法律电商纷纷设立。这些网站定位大部分是“O2O”电商，目标客户集中在企业，产品和服务相同或类似。

第三阶段，2015年后法律电商开始了新的探索，伴随着云计算、大数据的兴起，部分传统法律电商开始创新性地专注于案例整理、法规分析等深度研究，如以法律大数据挖掘分析为特征的“理脉”、以法律新媒体和案例检索服务为切入点的“无讼”等。同时，部分法律电商开始尝试线下（律所、律师）和线上（法律电商平台）有机融合的一体化经营。一方面客户可以通过动态的在线流程，线上自主制作互动式法律文件；另一方面，平台与线下的律所、律师合作，打造线下服务产品，将那些有进一步法律服务需求的线上客户提供给线下，将线上客户引导至线下的律所、律师。这种模式，以客户需求为导向，融合线上平台和线下律所律师的服务，突破了平台线下服务能力不足的障碍，是在线法律服务与律师营销的新探索。

### （二）我国法律电商行业的市场现状分析

#### 1. 市场结构分析

（1）市场集中度。在法律电商进入法律服务市场之前，以往的法律服务多是通过律师事务所来完成。自从法律电商进入法律服务市场后，人们使用法律电商寻求法律服务的活跃度不断提升。当前我国的法律电商业仍处于成长期，大量法律电商并存，并未形成一家独大或者数家争霸的现象，而且新的电商企业还在不断进入，市场集中度处于低水平状态。

（2）产品差异化程度。目前，我国法律电商的发展模式已开始分化，同一类型下的法律电商业务侧重也有所不同。2017年3月，企业服务汇网站综合考查了8家国内主要法律电商（易法通、快法务、找法网、法海网、华律网、绿狗网、律云、中国快律），发布了《国内主流在线法律顾问服务专业评测》，[1]结果显示8家法律电商在线服务的内容、专业度、费用及保障上还是存在一定的差异性。但具体到某一款法律产品上，鉴于互联网的开放性和法律电商产品的易复制性，“你有我有大家有”的产品现状是行业常态。因此，

---

〔1〕“国内主流在线法律顾问服务专业评测”，载企业服务汇网，http://www.chiefmore.com/falvzixun/743.jhtml；jsessionid=0B3E2162C985DFC79DAD7F1FFED6B435，最后访问日期：2017年4月5日。

虽然法律电商在某些指标上可能存在一定差异，但总体上看，其所提供产品的差异化程度并不高。

（3）市场进入壁垒。这里所指的进入壁垒是新的法律电商进入市场所遇到的各种障碍，主要表现为：政策性壁垒、技术性壁垒、资金壁垒等。传统的法律服务，多借助律师和律所来完成。而成为执业律师，需要通过严格的法律职业资格考试，并要遵循相关律师职业规范。至于成立律师事务所，限制则更多，要求也更高。但针对法律电商，政府目前还未出台专门的政策和立法，实践中参照一般企业标准即可设立，因此法律电商业尚不存在政策性壁垒。虽然以大数据和人工智能为支撑的新一代互联网技术方兴未艾，但当前法律电商主要依赖的仍是传统的互联网信息技术，资产模式也是以轻资产为主，技术壁垒和资金壁垒相对较低。因此，我国法律电商行业的市场准入门槛不高。

2. 市场行为分析

（1）价格竞争。相比于传统律师事务所，价格是法律电商的天然优势。“易法通”“绿狗网”等法律电商为中小企业以及公民个人提供专业化、标准化、便捷化的法律风险管理外包服务，收费仅为传统律师事务所的1/5，甚至更低。一些法律电商对用户免费开放部分标准化法律文本的查找和生成服务，如“知果果”甚至可以帮助客户免费注册商标。针对用户多样化、差别化的法律需求，部分法律电商更是推出了不同价格等级的法律服务，价格竞争初现端倪。

（2）规模扩张。互联网平台只有具备足够多的法律资源，才能吸引更多的客户；同样，只有具备足够多的客户，才能吸引更多的法律资源。客户数量的增加将提高客户的效用水平，最终增加客户对该法律资源的需求和对该平台的黏度。因此，规模扩张是法律电商发展的内在要求。具体而言，资本扩张、用户扩张、市场扩张、整合法律资源等，是最为常见的手段。未来法律电商的竞争甚至不会仅局限于用户规模和市场占有率的前端竞争，更将发展为整个法律服务产业链的全面竞争。

（3）产品研发。法律电商竞争主要体现在平台服务差异化以及不断研发新产品。从平台服务差异化来看，更全面的信息、更多的交易保障、更高的检索效率、全天24小时服务等，都是平台差异化竞争的主要手段。例如，“律云网”开始构建实时监控的质量保障机制，客户可随时查询所委托法律事务的进展，产生异议可向客服人员咨询和投诉，对于不满意的服务可以叫停，服务结束并满意后，再把律师费由平台转给律师。法律电商“无讼”目前已收录超过3000万份判决文书，打造了精确、易用、高效的案例检索工具，为客户提供了优质的案例搜索体验。同时通过解构、整理中国大部分执业律师的多维数据，构建律师能力模型，建设客观评价体系，依据越来越精密的数据体系为客户选择合作律师提供精准服务。从产品的研发来看，一些新兴的法律电商不再定位于大而全的法律电商，而是转向某一专门业务领域或者开拓新业务领域。如专注于免费商标注册以及完善的知识产权产业链服务的“知果果”、专于电子合同的“法大大”、以法律大数据分析为特征的“理脉”等。不断研发新产品，实施差异化竞争是企业摆脱低成本复制、提高企业竞争力和扩大市场占有率的主要方式，对于法律电商而言，这将是行业发展的必然趋势。

（4）技术创新。科学技术是第一生产力，以大数据和人工智能为支撑的新一代互联网技术的崛起，在法律电商领域同样引起了巨大的变革。法律大数据、法律服务智能化的概念应运而生，一批专注于案例挖掘和技术研究的新兴法律电商大放异彩。例如，2016年10月15日，法律电商“无讼”推出国内首款法律机器人“法小淘”，这是一款人工智能与法律检索结合的产品。12月4日，其在国内发布了一款面向律师的“无讼APP”，通过应用大数据和云计算技术，为律师提供知识获取、案例检索、客户管理等一系列功能和服务。可以说，随着大数据和人工智能时代的到来，法律电商将面临一场全新的变革，同时也迎来了一次新的发展机遇。

3. 市场绩效分析

（1）市场的资源配置作用初现。法律电商的出现和发展，使得一切和法律相关的信息通过互联网得以连接和共享，部分法律服务已经实现了在线化、流程化、标准化，信息不对称的局面在一定程度上得以打破。由于在线法律服务价格仅为传统律师服务的1/5，甚至更低，法律服务成本被极大地降低。新设法律电商数量不断增加，吸引了一定的投资者，市场的资源配置效率得以初步显现。

（2）产业的规模效应逐步提升。法律电商已经布局全国，寻求更大范围内的合作律所和律师。例如，“无讼”连接了全国三十多万名法律工作者，15万律师；“绿狗网”在2014年7月成立上海分公司，发展江浙沪市场，同时发展了全国上千家合作律所和上万名律师入驻。客户规模扩张将带来平台规模的进一步扩张，以增加平台对客户的吸引力和黏度，最终也将导致产业的规模效应逐步提升。

（3）技术进步明显。法律电商的出现推动了相关互联网技术的进步，尤其是在法律大数据挖掘方面。目前，“无讼”等法律大数据平台已能做到通过搜索关键词查找到同一类型的大量案件，可以检索到该律师所参与的所有已被收录的案件以及胜负统计，进而为自己诉讼准备提供指引。特别是“无讼APP”的推出，不仅使得用户可以随时随地用手机、Ipad等移动设备搜索法律大数据，还对接了移动支付和移动社交等移动互联网发展的新方向。

（4）经济效益逐年增加。电商行业规模的不断扩大，带来了营业收入的逐年增长，经济效益亦逐年增加。行业中的不少佼佼者均实现了营业收入的连年增长。为响应大数据和云计算的发展，政府势必放开许多公共行业数据，对于法律电商行业而言，深度挖掘蓝海，横向联合其他产业，就可以创造巨大的经济价值。

## 四、我国法律电商发展的主要困境

### （一）法律服务难以标准化导致法律电商经营范围狭窄

法律服务一般包括案情沟通、案件信息采集、法律关系梳理、法律事实认定与法律规范适用等几个部分。但由于个案的不同，不同法律部门所对应的法律服务标准往往也不一样，不同阶段的法律服务也有所不同，因此法律服务的个性化程度很高。而法律电商要求法律服务尽可能标准化，但法律服务恰恰因其知识密集度高、个性化与专业性极强，从中提取出适合互联网运用的标准化数据的技术，难度很大。在这个意义上，法律服务的特质和法律电商的基因是相冲突的。目前，法律电商多聚焦于诸如公司注册、合同起草、离婚协议、遗嘱拟定、赔偿计算等相对容易标准化的法律业务，立足的法律服务市场相对低端。诉讼业务和相对复杂的非诉业务，因为个案区别较大和复杂程度较高，标准化、在线化难以实现，仍然处于法律电商的服务范围之外，从而使得法律电商经营范围普遍比较狭窄。

### （二）监管评价体系不完善导致法律电商未被广泛接受

良好的监管与评价体系既可保障法律服务的质量，也能提升民众对法律电商的信任水平。尤其是现阶段，在对法律电商的监管主体还未明确界定，网络法制建设仍不够完善的情况下，建立健全完善的监管评价体系显得非常困难。例如，当前对法律资源的检索服务，因评价机制的缺失，鱼龙混杂的现象非常突出，许多检索结果的专业性较差。还比如，由于法律服务好坏的标准因人而异，因此对电商平台所提供的法律服务进行客观评价比较困难。部分引入律师服务质量监督机制的法律电商，也只是采用案件费用托管的形式，有关律师服务质量监督机制的尝试并无任何新意。此外，监管的缺失导致法律电商普遍存在平台与用户法律责任分配不明晰的情况，法律风险和法律责任多数情况下被转嫁到客户身上。对此，天同律师事务所首席合伙人蒋勇认为，所有“互联网+法律”的创新行为，本质上应该能够形成一个封闭的环，即“服务资源提供——数据信息反馈——评价机制建立”，但这尚停留在理论阶段，并未得到实施。

（三）创新能力较弱导致法律电商的发展后劲不足

目前，国内法律电商虽然开始呈现出细分市场、各有侧重的趋势，但行业整体上差异化程度仍然不高。长此以往，当各平台度过规模扩张和产品多样化的发展期后，行业内可能出现各法律电商严重同质化的局面，价格战的恶性竞争将不可避免，不利于企业打造其核心竞争力，也不利于法律服务行业的稳定和创新发展。在营销上，国内法律电商基本上仍沿用效率低下的传统手段，即以平台为主导的广播式、控制式营销。而移动互联网时代，消费者的个体力量得以成功释放，营销不再是个体行为，而是一个网络行为。所有用户参与营销过程。而当前法律电商依靠网站和微信、微博公众号发布信息的传统营销模式，不能有效调动用户参与，很难在用户之间产生相互影响。若不能有效地细分客户，就不能针对不同的客户进行精准营销，经营效果大打折扣。

法律电商作为互联网项目，同样具有很难在短期内实现盈利的特点，因此必须依赖持续性的资本注入。当前，法律电商的启动资本多是自筹或者来自风险投资。由于风险资本不仅提供发展资金，投资人还可以提供非常宝贵的创业经验和公司治理经验，甚至提供人力资源、交易资源和战略资源的支持，所以风险资本的青睐对于法律电商的发展最为重要。但我国的法律电商长期多以粗放的用户量和市场前景等指标吸引风险投资，在发展模式、产品创新多年来并未有新突破的前提下，投资者对法律电商多持观望态度，导致法律电商缺乏大量资本的支持。纵然“无讼”获得了高达 1.2 亿人民币的 B 轮融资，但更大多数法律电商并没有像“无讼”一样幸运。在投资者多持观望态度的当下，创新发展模式和产品类型，对于法律电商而言是一个迫在眉睫的难题。

### （四）传统文化惯性导致法律电商发展环境难以优化

费孝通先生在《乡土中国》中指出，中国传统社会是一个礼治社会，是一个熟人社会而不是法治社会，这导致了中国法治文化的长久缺失。即使在改革开放以后，中国社会虽一直朝着建设社会主义法治社会的方向努力，但对诉讼、对法治的传统认识依然坚固地存留于民间社会之中。具体来说，大多数中国人不喜欢诉讼，甚至是厌诉。在他们看来，通过法律途径解决问题相比通过私下协商更麻烦，而且效果也不一定更好。即使选择了诉讼，大家也更倾向于寻求熟人圈子里的律师。因此，在法律电商发展模式单一、监管评价机制缺失、不能保证服务质量的情况下，社会公众在短期内迅速接受通过法律电商来解决法律争议和纠纷的心理难度较大。更遑论培养国人像西方发达国家民众那样的预防性法律咨询习惯，这就导致了法律电商主营的中小企业、公民个人法律服务发展缓慢。此外，由于法律服务是一个偶发性、低频度的事情，社会组织和公众参与的热情度不高，这也是导致风险资本长期观望、迟迟不愿大举投资的重要原因。

## 五、我国法律电商发展的对策建议

### （一）积极深化大数据与法律电商的融合

2008年金融危机后，美国律师界尝试运用大数据从海量信息中挖掘出最有价值的证据和数据，完成过去需要大量律师人工承担的工作，不仅质量高，而且大大降低了费用。[1]由于效果显著，这一探索开始在法律领域得到更多的应用，法律界传统的思维方式和运作模式发生革命性的变化。例如，对于传统法律论证中的“因果关系”分析，正在因为大数据的运用而开始被“相关性”的概念所取代，这将有助于拓展法律产品标准化的新思路。通过相关性的数据分析，未来的法律产品就能够像数学中提取公因式那样进行标准化的解构和建构。又比如，通过从海量数据中寻找相关性数据以实现自然语言、机器语言和法律语言之间的自由切换，就有可能让计算系统自己回答简单的法律问题，辅助作出法律决策。可以说，法律大数据和人工智能对于法律电

〔1〕 张力行、沈家欧：“大数据时代给法律界带来的机遇与挑战”，载《中国远洋航务》2016年第3期。

商具有重要的工具价值，在“互联网+”的背景下，我国法律电商必须积极探索大数据的运用，将那些基于互联网连接而沉淀的海量法律数据激活，实现法律产品质的飞跃。否则，大量的法律电商将只能停留在咨询平台的初级阶段，当事人、律师、法官、企业、政府等相关法律主体对法律电商的认可度就难以提升。可以相信，随着法律大数据挖掘、整理、计算的日臻完善，将带给法律电商新的突破。

（二）构建完善的法律服务评价与监管体系

前文已述，当前阻碍法律电商发展的一个主要困难，在于对法律电商平台的监管和评价比较困难。因此，推进法律电商的大发展，需要积极探索对法律电商的监管以及对其相关法律服务评价的方法。这一工作目前仍在进行，但没有成熟固定的模式。在监管方面，本研究建议应尽快明确法律电商平台的监管主体和法律责任，加强对客户利益的保护。应强化电商平台对律师的甄别、管理以及对服务全程监督的义务。此外，应要求各平台在网站明显位置和服务合同中明确服务风险的具体分配，鼓励平台积极承担更多的法律责任。就平台提供的服务和产品的评价而言，主要的困难点在于评价指标的选定。以律师服务评价为例，当前的评价指标无外乎执业年限、胜诉率、专业领域、客户好评度、教育和工作背景信息等指标。但是本文认为，选择评价指标，首先应符合评价体系的目标导向，律师评价体系不仅仅是为律师定级，更是为了更好地配置法律行业内的资源。[1]只有适合的才是最好的，“匹配”才是好律师的标准。因此，像服务价格、服务意愿等在传统评价标准之外，但有助于配置法律资源的指标，也应该被纳入参考体系。

（三）不断创新法律电商业务模式和法律产品

法律电商离不开律师的参与，在法律电商难以企及的诉讼业务和复杂的非诉讼业务领域，律师更具有不可替代的核心地位，所以，Richard Susskind认为法律服务的未来，将是律师行业在充分吸收新兴技术和组织模式后，形成由律师主导的多元化法律服务市场。因此，法律服务市场将由传统的以律师为中心，转变为以客户需求为导向，反向匹配律师事务所律师资源。因此，未来的法律电商将成为市场前端，以客户需求为中心，承担起法律产品设计、

〔1〕 蒋勇：“大数据能为律师行业带来什么?”，载36氪网，http://36kr.com/p/5051068.html，最后访问日期：2017年5月17日。

品牌传播、服务标准制定、服务流程监督的职能，而律所律师将成为匹配客户需求的法律提供商。在这一背景下，我国未来的法律电商应立足细分市场，构建核心竞争力，避免同质化带来的恶性竞争。比如，当前中小企业占据国内企业总数的90%以上，在经营过程中比个人更需要法律服务，因此法律电商应着重发展针对企业的长期法律服务。针对个人而言，应着重建立以用户为主导的互动式法律服务体系，将“用户为主导”融入产品设计的每个环节，不断提升用户体验，采用大数据精准营销、定向化的社群营销和有影响力的内容营销。

（四）大力培育我国的法治文化环境

法律电商的诞生和发展，是国家法治文化日渐昌盛的必然产物，也是社会力量支持的结果。在国家大力推进法治建设的背景下，培养民众预防性法律咨询的习惯、面对法律争端时信仰法治的意识，将有助于法律电商市场的拓展。此外，法律电商融合了互联网与法律，对相关从业人才也提出了更高要求，该行业不仅需要互联网、计算机、营销、管理等方面的专业人才，更需要懂网络的复合型法律人才，应鼓励此方面的专业化人才培养，这也是培育法治文化环境的重要工作。

## 六、结论

在“互联网+”的背景下，各产业都在积极对接互联网，尤以“互联网+交通”“互联网+教育”等为代表的诸多探索取得了巨大的成功，对其他传统产业对接互联网起了重要的示范作用。然而，传统的法律服务具有特殊的专业性和难以标准化等特征，导致法律电商发展远不如其他“互联网+”项目成效显著。因此，法律电商在中国尚处于探索阶段，仍需要学界的持续关注。本研究结合对法律电商行业长期的观察和思考，通过案例分析和市场分析，认为我国发展法律电商具有积极的法治意义。但由于我国现有文化、经济状况、法治意识的制约，我国的法律电商业内生态系统尚未成型，还面临诸多发展中的困境，而这些问题既反映出了该行业的某些自身特性，也体现出了问题的中国元素。因此，法律电商的发展，需要我国在大力培养法治环境的基础上，在法律电商的监管评价机制、大数据运用、模式与产品创新等方面有所作为。但无论法律电商面临怎样的困境，传统法律服务对接“互联网+”的时代潮流不会改变，只有顺应这一时代潮流，我国的法律服务行业才能实现跨越式发展。

# 大数据背景下商业贿赂犯罪新探

谢安平　阮宇婷[*]

## 一、问题的提出

商业贿赂行为，是指为了获得市场交易机会，排除其他竞争对手，使自己在销售商品或者提供服务等业务活动中获得优势，而暗中向交易相对人或者其他能够影响交易的相关人员提供或者许诺提供金钱或其他形式的“好处”的一种不正当竞争行为。随着互联网经济的蓬勃发展，商业贿赂违法犯罪已经渗透进互联网商务和电子商务领域。互联网商务和电子商务是一种主要依靠网络技术手段的新型商业活动模式，具有网络化、信息化、电子化等特征。目前，我国电子商务平台存在市场准入门槛较低、行业标准不明确、相关主体法律责任模糊等缺陷。相对于传统的商业模式，互联网领域发生的商业贿赂违法犯罪具有技术性和高度隐蔽性的特征。这些给打击商业贿赂违法犯罪行为带来了新的挑战。本文在梳理互联网经济发展中出现的商业贿赂违法犯罪行为新形式及其多发领域的基础上，对此类违法犯罪行为的监管、立法规制和调查取证方法提出一些建议。

## 二、互联网经济中商业贿赂行为的新形式和多发领域

### （一）互联网经济中商业贿赂行为的新形式

传统的商业贿赂行为一般表现为三种形式：第一，直接赠送现金或物品；第二，收受干股或以委托请托人投资证券、期货或者以其他委托理财的名义

* 谢安平，北京工商大学法学院教授；阮宇婷，北京工商大学法学院硕士研究生。

收受贿赂；第三，提供其他利益或机会。互联网经济的不断发展，第三方支付手段、电子商务平台的涌现，为商业贿赂提供了新的违法犯罪行为模式。这些模式主要有三种：第一，向受贿者或者其亲属提供微信红包；第二，赠送电商平台礼品券；第三，赠送电商平台代金券等有价证券。微信红包可以直接领取。电子礼品卡和电子代金券，购买后使用人只需要输入验证码即可激活使用，不需要任何身份证明，即可通过二手交易市场卖出或者进行网银交易，十分方便快捷。这些新型网络交易手段相对于传统手段既方便快捷又更具有隐蔽性，便于经营者规避被查处的风险。

### （二）互联网经济中商业贿赂违法犯罪行为的多发领域

随着互联网技术深入社会生活的方方面面，商业贿赂行为逐渐渗透进电商销售、网络团购、非法网络公关等领域。

#### 1. 电商销售中的商业贿赂

电商销售中的商业贿赂行为，是指经营者为了达到吸引消费者、排挤竞争对手的目的，在宣传广告和交易过程中向单位消费者代理人提供赠品，其形式可以是实物、现金或者代金券等，交易附赠的内容的价值有时甚至超过了交易产品本身的价值，是典型的商业贿赂行为。

#### 2. 网络团购中的商业贿赂

网络团购作为电子商务活动的一种模式，消费者往往是通过商户在电子商务平台提供的商品信息、其他用户的历史评价、电商平台的准入门槛以及商户信用评级等信息，来了解经营者信用情况和商品服务的质量情况，从而判断是否与之发生交易行为。某些经营者往往通过贿赂任职于电子商务平台或网络信息服务提供商的具有权限的管理员，来降低参与团购的准入门槛以获取签约资格，或是虚假提高商户信用等级操控信用评价、修改用户的负面评论、修改商品历史信息数据，如销量和历史价格等，从而达到影响消费者选择、排挤竞争对手的目的。

#### 3. 网络公关行为背后的商业贿赂

网络公关行为背后的商业贿赂，主要与“网络水军”“删帖公司”有关。“网络水军”，是指一群被雇佣在网络中针对特定内容发布特定信息的网络写手。他们通常活跃在电子商务网站、论坛、微博等社交网络平台中，伪装成普通网民或消费者，通过发布、回复和传播博文等对正常用户产生影响。“删帖公司”，也称为网络危机公关公司，是以消除负面信息为主的公司，需要在网上删除别人发布的不利信息。一些经营者经常贿赂非法网络公关组织。这些非法公关组织和供职于信息网络服务提供方的具有管理权限的删帖人之间又存在非法金钱交易，通过这些有权限的管理员来删除负面舆论或发表虚假评论、虚假广告，设立虚假账户进行恶意炒作、刷屏“灌水”进行虚假宣传，以达到误导互联网用户、掩盖事实、排挤竞争对手的目的。

## 三、治理新型商业贿赂的构想

### （一）创新监管方式

#### 1. 规范虚拟商业预付卡的使用

近几年，提供第三方支付手段的许多网络信息服务提供方已经限制了转账、红包等支付方式的单笔限额和日限额，从而限制了通过第三方支付渠道进行商业贿赂的操作空间。《单用途商业预付卡管理办法（试行）》（以下简称《办法》）也对实名购卡、非现金购卡、限额购卡进行了细化，并对约定购卡协议、信息保密制度、退货与退卡等实践中产生的普遍问题作出了具体规定。但是，对于电子礼品卡、代金券等网络虚拟电子礼品卡仍然没有作出详细规定，也没有明确能否纳入该《办法》调整的范围。[1]为了打击电子礼品卡等虚拟商业预付卡类支付手段的新型商业贿赂的行为，提供该项服务的电子商务平台应当尽快出台相应的管理规范，例如，要求电子礼品卡的购买人和使用人为同一个人，不得虚开发票，延长保留相关交易证据等。商务部也应当及时在行政规章中对虚拟商业预付卡进行补充规定。

#### 2. 建立信用监管制度

大数据背景下的电子商务活动在我国已经蔚然成风，但是由于是新型经济模式，并且发展迅速，因此存在着三个方面的不足：第一，法律法规监管滞后；第二，电子商务平台和相关网络信息服务提供商的自身管理也存在许多漏洞；第三，市场准入门槛较低、行业标准不规范、有关主体的法律责任模糊。这些问题导致了一些电子商务平台经营者以及部分在其平台上设立个人网店的经营者，利用这些“灰色地带”进行商业贿赂以谋取不正当的商业利益。因此，为了打击互联网经济领域中滋生的商业贿赂行为，保障互联网

---

〔1〕“‘隐形贿赂’滋生：电子礼品卡催生灰色产业链”，载腾讯网，http://new.qq.com/cmsn/20140118004532，最后访问日期：2017 年 12 月 10 日。

经济的顺利发展，必须加强对互联网经济的监督管理，建立信用监管制度：第一，对经营者信用、商户信息、商品信息和促销活动进行严格审查。第二，严格把控对用户评价的管理权限，同时规范审查批准流程，减少其中的人为因素和这些“灰色地带”中的可操作空间。第三，建立污点登记制度。电子商务平台和信息网络服务提供方一旦发现内部管理人员有违规操作行为，应当及时将有关信息和证据上传至有关管理部门，有关部门予以登记，并且该登记信息经过审批程序，有关各方可以共享，从而通过加强各方的沟通协调，形成有效的监督体系。第四，建立举报制度。调动商户和消费者积极举报，对举报重大的失信行为并且查证属实的相关人员和经营者给予奖励。第五，建立失信警示制度。有关部门经过审查后对违规的商户和违规人员进行失信警示，及时向社会公开披露失信信息。第六，加强力度培养网络市场监督管理人员，建设高效专业的行政执法队伍。

### （二）完善法律法规

#### 1. 明确规定网店等是商业贿赂犯罪的主体

商业贿赂犯罪涉及刑法规定的以下八种罪名：①非国家工作人员受贿罪；②对非国家工作人员行贿罪；③受贿罪；④单位受贿罪；⑤行贿罪；⑥对单位行贿罪；⑦介绍贿赂罪；⑧单位行贿罪。[1]根据《刑法修正案（七）》《刑法修正案（九）》的规定，商业贿赂犯罪还涉及刑法规定的利用影响力受贿罪和对有影响力的人行贿罪。10种犯罪中，对非国家工作人员行贿罪、对有影响力的人行贿罪犯罪主体可以是单位，单位受贿罪、单位行贿罪犯罪主体只能是单位。但是，刑法及相关司法解释并未明确规定电商平台上的网店能够成为商业贿赂犯罪的犯罪主体。立法和司法解释的滞后，导致电子商务领域发生的许多商业贿赂行为仍不能被刑法规制，经营者的违法成本较低，于是商业贿赂行为屡禁不止，造成电子商务交易环境秩序混乱。因此，应当及时通过立法或者司法解释明确规定，电子商务领域中的网店、电商平台等也可以是商业贿赂犯罪的主体。

#### 2. 明确规定电子商务平台经营主体等从业人员的法律责任

电子商务平台经营者、信息网络服务提供者等主体的从业人员作为管理

---

〔1〕《最高人民法院、最高人民检察院关于办理商业贿赂刑事案件适用法律若干问题的意见》第1条。

者或者具有影响交易活动能力的人员，收受贿赂或者与贿赂犯罪一方共谋实施贿赂犯罪，应当承担刑事责任。但是，若经营者和服务提供者的从业人员没有直接参与商业贿赂犯罪，而是贿赂犯罪的行为人利用其平台或者网络实施犯罪行为，那么能否追究经营者和服务提供者的从业人员的刑事责任呢?有学者认为，电子商务服务商的行为必然会给法律所保护的社会利益带来风险。[1]因此，笔者认为，如果电子商务平台经营者和网络信息服务提供者的从业人员应当意识到其平台内发生的商业贿赂行为具有扰乱市场秩序的极大可能性却没有意识到，或者已经意识到但轻信能够避免的，应当承担监督过失责任。将监督过失责任入刑，以过失犯罪来督促电子商务平台的经营者和网络信息服务提供者履行监管职责，有利于互联网经济的健康有序发展。

3. 明确规定“谋利”要件为实际谋利或者承诺谋利

在涉及商业贿赂犯罪的10种犯罪中，对非国家工作人员行贿罪、行贿罪、对单位行贿罪、单位行贿罪、利用影响力受贿罪、对有影响力的人行贿罪的犯罪构成主观方面要件之一是“为谋取不正当利益”；非国家工作人员受贿罪、受贿罪、单位受贿罪的犯罪构成主观要件之一是“为他人谋取利益”；[2]介绍贿赂罪，主观方面构成要件是故意，没有谋取利益或者不正当利益的要求。鉴于互联网经济背景下的商业贿赂犯罪相对于传统的商业贿赂犯罪具有更高的隐蔽性和技术性，因此刑法所规定的商业贿赂犯罪构成的谋利要件往往难以查证，如果不能证明行为人主观上存在目的性，即同时具有收受贿赂和谋取利益或者不正当利益的故意，案件就无法达到起诉和定罪标准。因此，笔者建议，只要在受贿、索贿或者行贿过程中，双方有明示或暗示“谋利”的承诺行为，就应当认定为具有谋利的目的。也就是说，商业贿赂犯罪的“谋利”包括实际谋利和承诺谋利，其中实际谋利是指发生了谋利的行为，承诺谋利包括明示和默示两种行为。

（三）准确运用电子数据打击商业贿赂犯罪

1. 延长保留电子数据和相关记录的年限

互联网商务领域商业贿赂犯罪证据绝大多数是电子数据。电子数据具有

---

〔1〕 江泓、陆旭：“论电子商务中商业贿赂犯罪的规制——以司法实践为视角”，载《中共银川市委党校学报》2013年第5期。

〔2〕《刑法》第388条规定的受贿罪主观要件之一是“为请托人谋取不正当利益”。

技术性高、隐蔽强和容易删改消失的特点。因此，大数据背景下的商业贿赂犯罪，存在着发现难、取证难、保存难的问题。解决发现难的问题，可以从以下两个方面着手：第一，侦查机关在侦查此类犯罪行为时，不仅要注重对受贿犯罪行为的调查，也要注重对行贿犯罪行为的调查；第二，要借助社会力量，鼓励平台自身监督和社会监督，在掌握初步证据后，联合相关部门进行调查取证。另外，电子商务领域的违法犯罪行为具有相当高的技术性，犯罪手段非常隐蔽，因此为了高效侦查此类犯罪行为，侦查机关需要进一步提高信息化技术运用水平。针对电子数据更新速度非常快，某些可能是关键性证据的电子数据往往会灭失，存在着保存困难的问题，应当用立法的形式明确要求电子商务平台的经营者和网络信息服务提供者延长保留电子数据和相关记录的年限。

2. 扣押、封存电子数据原始存储介质

为了准确打击互联网商业贿赂犯罪，必须规范有关商业贿赂犯罪中电子数据的收集、提取程序。最高人民法院、最高人民检察院、公安部联合发布《关于办理刑事案件收集提取和审查判断电子数据若干问题的规定》（以下简称《规定》）规定，收集、提取电子数据，能够扣押电子数据原始存储介质的，应当扣押、封存原始存储介质。并且，封存电子数据原始存储介质，应当保证在不解除封存状态的情况下，无法增加、删除、修改电子数据。封存前后应当拍摄被封存原始存储介质的照片，清晰反映封口或者张贴封条处的状况；封存手机等具有无线通信功能的存储介质，应当采取信号屏蔽、信号阻断或者切断电源等措施。必要时候，经过法定程序可以对电子数据予以冻结。

3. 运用电子数据准确认定犯罪嫌疑人、被告人的身份

大数据背景下商业贿赂犯罪嫌疑人的网络用名与真实姓名多数情况下不相同。这就给司法实践中准确认定犯罪嫌疑人、被告人的身份造成了一定的困难。根据《规定》第25条的规定，认定犯罪嫌疑人、被告人的网络身份与现实身份的同一性，可以通过核查相关IP地址、网络活动记录、上网终端归属、相关证人证言以及犯罪嫌疑人、被告人供述和辩解等进行综合判断。同时，可以通过核查相关证人证言以及犯罪嫌疑人、被告人供述和辩解等证据，判断、认定犯罪嫌疑人、被告人与存储介质的关联性。

# 大数据时代个人信息权的保护

俞　亮　贾秋颖*

现代信息技术及互联网经济的发展催生了数据规模的爆炸式增长，世界已经进入"互联网+"及大数据时代，人们开始以大数据思维与视角看待社会与生活。大数据不是一种新技术，而是一种信息处理的能力，即在极短的时间里筛选、分类、访问大量的数据信息，并对其进行专业化处理与加工。由于大量数据背后隐藏着巨大的经济与政治利益，容易催生个人数据信息被非法收集、超范围使用和泄露等问题，给个人信息的安全带来了新的威胁，如何解决大数据时代下个人信息安全保障问题是大数据持续健康发展的关键环节。本文将在大数据语境下界定个人信息安全涵义的基础上，分析个人信息安全面临的各类风险，并探索个人信息保护的新思路及具体的法治保护路径。

## 一、个人信息权的基本理论

### （一）个人信息的范围

界定个人信息的范围是讨论保护个人信息安全的前提条件，因此无论是理论界，还是立法部门等相关机构都曾试图对其进行准确的界定，其中 1995 年欧盟制定的《个人数据保护指令》对个人信息的定义比较有代表性和权威性，其第 2 条（a）款规定"个人信息是指有关一个被识别或可识别的自然人的任何信息"，并进一步说明，"可以识别的自然人是指通过身份证号码或身体、生理、精神、经济、文化、社会身份等一个或多个因素可直接或间接确定的特定的自然人"。相比之下，国内对个人信息的研究起步相对较晚，直到

---

* 俞亮，北京工商大学法学院副教授；贾秋颖，北京工商大学法学院硕士研究生。

21世纪才开始出现了较为集中的讨论。其中，代表性的观点有齐爱民教授认为的“个人信息是直接或者间接识别特定个人的所有信息”，[1]王利明教授认为的“个人信息是指与特定个人相关联的、反映个体特征的具有可识别性的符号系统”等。[2]此外，有关机构也从行业发展的角度提出了对个人信息的界定，比较有代表性的有中国科学技术法学会及北京大学互联网法律中心于2014年3月15日联合发布的《互联网企业个人信息保护测评标准》中的规定，个人信息是指能够切实可行地单独或通过与其他信息结合识别特定用户身份的信息或信息集合，如姓名、出生日期、身份证件号码、住址、电话号码、账号、密码等。[3]总体来看，中外对个人信息范围的界定方式虽有一定的差别，如有的采用抽象的定义，有的列举了一些属于个人信息的具体情形，但本质上都强调，判断是否属于个人信息应当遵循以下几个方面的标准：①目前所讨论的“个人”仅限于自然人；②个人信息必须是能够用来识别或特定化个人的信息，即能够将特定的个人与其他个人区别开的信息；③不要求单个信息本身就能够完成识别特定个人的任务，如果通过多个信息的组合而足以识别出特定的个人，则该组合中所包含的每个信息都属于个人信息；④个人信息在外在表现形式和种类上不受任何限制。随着人类技术水平，尤其是大数据技术的发展，能够反映特定个人特征的信息表现形式越来越多，[4]并且将原有无关信息进行组合、加工、分析、推理后锁定特定个人的能力越来越强，[5]未来个人信息的范围将越来越大，列举方式只能有助于识别最常见的个人信息种类，但不能轻易否定任何没有被列举的个人信息形式。

### （二）个人信息权的范围

个人信息权，是指个人对能够识别出自己身份的信息，即个人信息所享有的相关权利。由于个人信息在本质上是依附于每个特定自然人的独有人格特征，因此，法律应当赋予每个自然人对其个人信息享有一定的权利，以体

[1] 齐爱民：《电子商务法原论》，武汉大学出版社2010年版，第192页。

[2] 王利明：《人格权法研究》，中国人民大学出版社2012年版，第608页。

[3] 周伟良、李亚平：“有限实名网络环境中的个人信息保护”，载《华东经济管理》2016年第5期。

[4] 如DNA、声纹、虹膜等能够确定个人身份的特征。

[5] 如有关生活作息、活动范围、社会交往对象等方面的信息。

现对每个自然人人格尊严的尊重，个人信息权应当属于人格权的重要形式之一。甚至有些重要的个人信息权还可以被单独加以规定，例如，由于容貌是区别个人身份最主要、最方便，也是最显著的个人信息之一，因此法律才赋予了每个自然人都拥有肖像权。个人信息权的客体范围显然应当限于法律所认可的个人信息范围，而其内容则会涉及从对个人信息的提取到对该信息的存储、使用和保护等各个方面和环节，是个人信息所有者对其信息所享有的各项权利的总和，大体上可以被分为信息处分权、信息知情权、信息更正权、信息删除权、获得救济权等。其中信息处分权是指除法律有特别规定外，个人信息所有者决定特定个人信息是否能够被获取、使用、处理以及以何种目的、方式、范围被获取、使用和处理的权利。个人信息处分权是个人信息权中最根本性的权利，其他相关权利往往以该权利为基础，并以充分实现该权利为目标。信息知情权，是指信息所有者对于其个人信息被加工利用的客观事实所知悉的权利，其目的是保障个人信息权利，充分、准确了解其个人信息处分权是否被他人所使用或者被侵犯。此外，由于个人信息代表了特定的人格特征，而自然人本身又会不断地成长、变化，因此相关的个人信息内容也会随时发生一定的变化。为了体现对自然人人格及其自主决定权的尊重，法律还应当赋予个人在发现他人处理、使用其个人信息时存在不正确、不完整的情形时，应当有权要求信息的处理者、使用者对被提出异议的信息进行修改、补充的权利，即信息更正权。由于信息与其他实体财物相比具有可以被无限复制、永久保存等方面的特征，因此，为了进一步体现对个人自决权的尊重，我国的一些相关规定中还特别规定了信息删除权，即当出现法定或约定事由时，信息所有者有权请求信息处理者将其个人信息删除，如《信息安全技术公共及商用服务信息系统个人信息保护指南》第 5.5.1 条就明确规定：“个人信息主体有正当理由要求删除其个人信息时，及时删除信息。删除个人信息可能会影响执法机构调查取证时，采取适当的存储和屏蔽措施。”当然，个人信息权中还包括获得救济权，即在个人的以上各项权利受到侵犯时，能够通过相关的渠道和手段依法获得保护、救济、补偿的权利。随着大数据时代的来临，对个人信息安全的保护既要注重对本源权利的保障，又要重视其他派生权利的保护，同时兼顾事先预防与事后救济，只有做好每一个基础环节的信息保护工作，才能有效实现信息权的全方位保护。

## 二、大数据时代个人信息面临的风险

在大数据时代，具有相应能力的部分主体能够借助云计算、物联网、移动互联网等技术对其获取的大量基础信息数据进行二次深加工，从而形成新的信息产品以谋取利益。在此过程中，作为大数据基础信息权的所有者与运用大数据对基础个人信息进行加工、储存、编辑、使用的其他人之间无疑会发生权利上的冲突。由于大数据技术的运行必须依赖于海量基础信息的获取，因此大数据技术运用者所享有的权利显然应当是基础信息相关权利之基础上产生的派生权利，如其不能通过正当方式获得基础信息权利主体的授权，则其运行大数据的行为极有可能侵犯基础信息数据权利人的合法权利。当前，大数据技术给个人信息权造成的威胁主要来源于两方面：一是信息技术的进步使得个人信息来源和类型日趋多元化，而且对个人信息的挖掘与加工处理能力显著增强，个人信息权利在自身内容不断扩张的同时，也带来了权利被侵犯机会的增加；二是大数据技术对个人信息的加工、利用往往超出了普通个人的认识和理解能力，被侵犯权利的个人无论在技术能力上，还是在经济实力上，都越来越难以仅仅依靠自身的力量来发现自身权利被侵犯的事实，并与使用大数据的侵权者进行对抗。目前，大数据使用者对个人信息权的侵犯明显具有以下特征：一方面，个人信息权被侵犯的方式具有高度隐蔽性。大数据技术的使用超出了传统依赖人工手段对信息获取、存储和使用的方式，计算机技术的应用使得机器几乎可以随时、随地记录下与其接触的个人相关信息。例如，Cookie 技术的广泛应用为互联网上的广大用户带来了极大便利，它能够允许用户在不重新键入信息的情况下，就能够再次登录访问特定站点。但与此同时，Cookie 技术的运用离不可对用户 IP 地址的自动记录，用户在不经意间就将 IP 地址这一个人信息留给了互联网运营服务商。由于绝大多数互联网用户并不特别了解 Cookie 技术的运行原理，甚至不清楚 IP 地址是否属于个人信息的范围，用户对互联网运营服务商运用 Cookie 来自动获取、记录、保存、应用用户 IP 地址的行为是否已经侵犯了自己的个人信息权并不清楚。以目前普遍存在的“广告的精准投放”这一新型的市场营销方式为例，互联网公司通过用户留下的信息痕迹，从海量信息中分辨出所需要的消费者个人信息，并进一步推断其消费需求后精确推送广告。互联网公司利用用户的个人信息获取了巨大的广告收益，但作为信息提供者的个人用户却对此毫不知情，不但无法分享因个人信息被利用所带来的收益，而且还可能因此失去了自由浏览网页的自主选择权。另一方面，个人信息权遭受侵犯的风险在不断扩大。在传统数据时代，个人存储信息泄露事件的规模相对较小，通常由存储个人信息的硬件遭遇不法侵犯所导致。但在数据作为生产要素的信息时代，大数据应用需求急速上涨，结构化与非结构化数据量的增长等因素导致传统的存储系统难以满足时代需求，数据存储呈现出虚拟化、存储容量扩展的特征，个人存储信息被大规模泄露逐渐成为可能。此外，大量用户从降低成本角度出发，在对个人敏感信息的存储过程中并没有被区别对待，如采用加密技术进行特殊保护，这在很大程度上增加了个人敏感信息被泄露的风险。由于数据被大量聚集在网络空间里，黑客会最大限度地收集社交网络、邮件、微博等方面的有用信息，从而使其攻击目标变得更加精准。可怕的是，面对数据泄露的风险，很多情形下数据库的运营者都未将有关情况告知用户，致使他们无法及时采取措施防止侵害进一步扩大，最终造成“二次伤害”。[1]

## 三、个人信息权的保护路径

### （一）加强个人信息安全立法

加强对个人信息权的立法保障是目前国际社会普遍采取的措施。1977年，德国通过制定以一般人格权与信息自决权为请求权基础的《联邦数据保护法》来提供对个人数据信息的统一保护，为我国的信息保护立法提供了有益的参考方向。与之对应的是美国模式，即以部门立法为主、强调维护个人数据的正常使用与注重行业自律与民事救济的立法模式。[2]虽然美国没有专门的立法保护公民个人信息数据，但是通过众多分散的立法文件确立了以隐私权为基础的个人资料保护法律制度，并明确了资料隐私权和自决隐私权，[3]实际上也达到了对个人信息进行充分保护的效果。无论采用哪一种立法模式，大数据应用带来的个人信息风险，以及数据对于互联网信息系统的高度依赖，对于目前尚不健全的个人信息保护体系和信息应用市场秩序提出了新的挑战。

---

〔1〕 张茂月：“大数据时代个人信息数据安全的新威胁及其保护”，载《中国科技论坛》2015年第7期。

〔2〕 齐爱民：《大数据时代个人信息保护法国际比较研究》，法律出版社2015年版，第158~176页。

〔3〕 张楚：《电子商务法教程》（第2版），清华大学出版社2011年版，第219~223页。

为更好地加强对于个人信息主体信息权益的保护，兼顾数据各方主体利益的平衡，从而更好地发挥数据的应用价值，我国有必要在借鉴国外关于个人信息保护立法模式基础上，结合我国的实际情况，尽快在以下几个方面先行：①明确个人信息的数据权属，保护交易安全。在对个人信息数据进行基础数据与增值数据划分的基础上，明确各自的权属定性。基础数据是最本源的数据，理应由用户本人拥有对基础数据的所有权，而数据处理者有权享有经个人数据主体同意基于基础数据进行加工、整合、分析而产生的增值数据的所有权。当然，承认数据处理者享有增值数据所有权，并不否认数据主体享有的基础数据所有权。②对个人信息加以分层保护，即根据与个人身份识别的密切程度不同将信息划分为不同的层级，并给予不同的保护方式。其中，第一层为紧密层，该层的个人信息范围与隐私基本重合，通常为公民不愿向他人公开的个人信息，且通过这类信息可直接识别个人身份。对于此类信息，信息控制者必须做好去身份化的处理，来保证该类个人信息的收集、使用和转移不会侵害公民的合法权益。对于部分敏感信息应加强监管，并采取技术措施予以加密。第二层为一般层，该层的个人信息是除紧密层以外的其他的个人信息。此类信息应当允许信息控制者在合理的范围内利用，当公民合法权益受到侵害的情况发生时，赋予公民提起诉讼并获得相应民事赔偿的权利。③完善救济措施，提高违法违规成本，加强问责和处罚力度。遵循妥善保管原则，明确侵权责任，以便于督促首次使用者和二次传播者共同保护个人信息，防患于未然。此外，对于侵犯个人信息权的案件应确立灵活的举证责任分配规则，要求使用大数据一方的当事人来承担证明其对基础大数据的使用符合相关法律规定的责任，而对于个人则只需承担证明有关基础数据属于个人信息范围即可。

## （二）探索建立“用户授权+平台授权+用户授权”的三重授权模式

保护个人信息是实现大数据良性利用的基础，在涉及个人信息的情况下，用户明确、清晰的授权具有必要性和强制性，因此有必要建立对于个人信息使用的“三重授权模式”。“三重授权模式”基于充分而全方位保护用户权利而设计，将用户个人授权落到了大数据利用可能发生的主要阶段。首先，互联网企业在获取用户个人信息前，应征得用户授权，并且不能超出用户授权的范围而获取。其次，第三方获得用户个人信息应当通过信息平台获取，而不能通过非法手段获得。同时，当平台向第三方提供信息时，同样需要用户的再次授权，而且用户的同意必须是具体、清晰且自愿的，包括有权决定是否允许第三方获取、使用以及以何种方式使用等各个方面，这是在充分保障用户知情权前提下实施的。最后，平台方也应负有严格的监管责任。信息提供方在将用户数据信息作为竞争优势来加以保护时，应当坚持合法性、必要性、最小损害原则，将保护用户个人信息作为企业的一项社会责任而予以高度重视，并采取配套的技术措施提升相应权限的控制，确保在侵权行为发生时，及时向用户发出示警。在用户享有向第三方追责权利的情况下，平台方也应当依据当初与侵权方签订的使用协议向侵权方追究责任。

（三）加强行业自律

行业自律模式是一种行业内部自行制定的约束性体制，旨在通过行业内部成员的相互监督，实现特定行业自我束缚与管理，是市场经济体制的必然产物。一方面，自律规范因能为该领域内多数人所认可而更容易发挥作用；另一方面，自律保护模式能够较为有效地弥补政府监管缺陷。因此，有必要通过强化大数据产业的行业自律来加强对个人信息的保护。首先，鼓励企业制定行业内部的标准或规范，加强行业自律的约束力。行规和行约是行业内部自我管理、自我约束的一种措施。行规和行约的制定和执行对会员无疑起到一种自我监督的作用，这可以在很大程度上补充法律保护的不足，从而促进对个人信息安全的保护。[1]建议对个人信息采集、处理和使用的经营主体实行一定的行业准入限制，如准入登记制度等。其次，各行业应根据自身特点进行行业自律，并对违反相关准则的企业根据其具体情节处以不同程度的行政处罚。再次，建议行业自律组织成立个人信息保护安全认证组织，制定个人信息保护的基本考量准则，许可通过认证的个人信息利用主体使用认证机构标识，并同时要求其遵守相应的行为规则及接受监督与管理。最后，建立有效的评估机制。对个人信息保护合格的企业，颁发认证标识，对企业的可信赖度进行评级并定期公示评级结果。行业协会和会员企业还应当建立个人信息保护申诉机制，设立申诉机构并规定申诉处理程序，以完善的司法救济机制为个人信息安全保驾护航。

---

〔1〕 薛毅："加强行业自律和企业诚信，保障食品添加剂的安全生产与使用"，载《中国食品添加剂》2010年第4期。

# “大数据”背景下个人信息的法律保护

## ——以“微博诉脉脉案”和“领英案”为例

马擎宇　刘芃铄*

大数据背景下，互联网技术的发展促进了个人信息资源的研发与利用，但也使得个人信息面临着被外泄和被滥用的风险，个人信息安全受到了新的挑战。一方面是个人信息安全保障问题愈发严重，另一方面是关于个人信息的利益冲突愈发明显。如何加强个人信息安全法律保护，已成为保障市场经济发展和科学技术进步亟须解决的问题。针对信息外泄和滥用等问题愈发严重的情况，当前全球已有九十多个国家颁布并实施了《个人信息保护法》，确立了个人信息权，并通过法律制度为个人信息安全提供保障。个人信息安全要求个人信息处于保密、完整、可控制的状态，然而通过“微博诉脉脉案”可以看出我国现行的个人信息保护措施，在大数据背景下的运用出现了许多问题，折射出我国当前个人信息安全法律保护方面存在的缺陷和不足。

针对当前个人信息安全保护所存在的问题，笔者认为我国目前保障个人信息安全的措施应聚焦于：明确个人信息的权属，加重数据使用者的数据保护责任，构建多元监管机制，借鉴他国立法经验制定《个人信息保护法》，加强大数据背景下的个人信息的法律保护。

### 一、大数据背景下个人信息安全保护问题的提出

#### （一）“大数据”对个人信息安全提出新的挑战

新世纪以来，社会发展最大标志之一便是“互联网+”时代的到来，信息技术的发展变革不仅为经济发展注入了新的活力，同时也时刻影响着我们的

* 马擎宇，北京工商大学法学院讲师；刘芃铄，北京工商大学法学院硕士研究生。

日常生活。大数据、云计算、云存储、电商平台、社交软件等技术的出现，使我们的生活愈加便利，但是在享受科技进步带来的便捷的同时，人们也面临着个人信息安全引发的诸多问题。

一方面，以大数据为例，随着信息技术的发展，大数据对如今商业发展的重要性日益凸显，我们在使用电脑软件、手机软件（APP）时也会将个人信息显现其中。数据平台为深入了解客户需求，会有意识地收集软件使用者的真实信息，并通过对收集到的信息进行分类整理、剖析内容、预测偏好等方式模拟用户的需求选择，从而有针对性地对用户进行商品推荐。例如，早在2012年，阿里巴巴集团便设置了“首席数据官”职位，全方位推进“数据分享平台”企业战略，以期建立涵盖所有与消费有关的数据平台，包括实体类、服务类商品消费数据、金融经济数据等，最终实现以阿里平台为中心建立数据交易中心的目标；腾讯公司于同年制定了“大数据，大营销”的企业战略，通过旗下多个跨领域平台，如网站、微博、腾讯视频等，完整地记录用户在互联网上的行为数据并对数据进行二次利用，根据用户的喜好与需求，向其推荐最适合的内容。以上这些都是大数据技术对用户的浏览记录、搜索记录、交易记录等分析后的结果，这种数据分析服务对于用户而言，大大提升了便利性，可以第一时间了解自己需求的目标信息，但是同时也极易造成个人信息的泄露，给现有的个人隐私法律保护制度带来挑战。

另一方面，在大数据背景下，数据数量的大量性、信息的集中性以及后台计算的高速处理性，使得个人信息的收集与利用变得空前便利；加之各行业对个人信息都有着强烈的需求，例如，政府征信与公共政策的制定、企业营销与经营战略的制定等都离不开大量的信息与数据分析，政府机构和商业主体利用大量的个人数据信息并加以计算处理，建立起较为完整的个人信息档案，使得个人信息安全受到极大的冲击，个人信息安全保护问题日益严重，由此产生的利益冲突也愈加凸显，传统的隐私权保护在大数据背景下显得岌岌可危，既有的法律模式已经无法满足社会对于个人信息安全保障的需求，从而给我国的个人信息法律保护带来极大的挑战。

### (二)“微博诉脉脉案”[1]与“领英(LinkedIn)案”[2]

“微博诉脉脉案”是我国由大数据引发的个人信息保护第一案,案情如下:微梦公司与淘友公司签订《开发者协议》,约定新浪微博作为脉脉软件的第三方登录平台。合作过程中,微梦公司发现淘友公司不当抓取新浪微博用户信息,遂终止合作。其后,微梦公司主张淘友公司在与其合作期间以及合作终止后,不当使用新浪微博用户信息,导致用户信息泄露和商业竞争利益受损,构成不正当竞争行为向法院提起诉讼。经审理,二审法院认定淘友公司未经用户允许和微博授权,非法抓取、使用新浪微博的用户信息,非法获取并使用脉脉注册用户手机通讯录联系人与微博用户的对应关系,构成不正当竞争。

无独有偶,在大洋彼岸的美国也发生过因抓取数据而引发的诉讼,即“领英案”。案件起因是,领英公司禁止 hiQ 公司通过技术手段获取其网站上公开的用户信息,hiQ 以不正当竞争为由起诉领英公司。与“微博诉脉脉案”不同的是,美国联邦地方法庭法官认为领英公司禁止 hiQ 公司抓取数据不合法,要求领英(LinkedIn)必须在法庭禁令颁布后 24 小时内取消对 hiQ 数据抓取的技术阻拦措施。

“领英案”与“微博诉脉脉案”的案情虽然十分相似,都是两家数据企业之间关于抓取用户信息的反不正当竞争纠纷,但是中美两国的法院判决却截然相反。在“微博诉脉脉案”中,法院认为脉脉未经授权同意,获取使用新浪用户的个人信息的行为,侵犯了用户的知情权、隐私权和选择权。个人的职业信息属于隐私权范畴,受民法保护,用户一次授权给微博后,其他平台若想取得相关资料,应当告知用户并且取得其同意。然而在“领英案”中,法官认为互联网是开放性的,hiQ 只是获取经公众同意在网络上公开的个人信息,法官不认为“公开的个人信息”是隐私,故美国联邦法庭判决领英需取消技术阻挡。

上述两则案例揭示了大数据背景下,无论是中国还是美国,面对个人信息保护都还没有固定的法律保护标准,也凸显了两国法官在用户信息保护方

---

[1] 参见许可:“数据保护的三重进路——评新浪微博诉脉脉不正当竞争案”,载《上海大学学报(社会科学版)》2017 年第 6 期。

[2] 参见曾雄:“以 hiQ 诉 LinkedIn 案谈数据竞争法律问题”,载《互联网天地》2017 年第 8 期。

面的不同思路。可见，大数据背景下的用户信息权属、互联网用户公开信息的保护等问题，在不同的国家都还是有待解决的棘手问题。

大数据的迅速发展给我国现有法律制度带来了巨大的冲击，传统隐私权保护制度已经难以充分保障个人信息安全，隐私与个人信息范围的界定在学界尚存争议，虽然针对个人信息的法律保护已经引起不少学者的关注，[1] 但是将其置于大数据背景下的研究更值得深入。

## 二、大数据背景下个人信息权保护面临的困境

### （一）现有策略难以保护个人信息

随着技术的发展，数据采集和存储十分简易，各个数据平台都以用户信息为竞争的主要资源。在传统互联网背景下，个人信息就已经出现了安全保障问题。那么，在“互联网+”背景下，个人信息安全问题是单纯变得更加严重，还是已经改变了问题的性质呢？若只是问题愈加严重，那说明我们目前所采用的保护手段和法律法规依然是有作用的，只是需要进一步完善而已。但从我国现行的个人信息保护措施来看，事实并非如此。

首先是个人许可模式。各国几乎都在执行“个人许可或许可协议”的隐私保护模式，但是这种保护方式在大数据时代却变得难以适用。我们通常使用 APP 时，注册或使用账户都需要同意平台制定的协议，不同意则不能使用平台服务。问题在于此类协议都有一个共通特点——字体小、篇幅冗长，用户使用时极少有人会仔细阅读，多数用户不假思索地直接选择同意，而对协议的内容则很少有人关心。例如，阿里巴巴公司淘宝 APP 用户使用协议曾规定“本协议终止后，阿里巴巴公司有权继续保留信息，但没有义务以任何形式向您提供该信息，您不可撤销地授予阿里巴巴公司及其关联公司下列权利：对于使用许可软件时提供的资料及数据信息，授予阿里巴巴公司及其关联公司独家的、通用的、永久的、免费的许可使用权利（并有权在多个层面对该

[1] 参见齐爱民：“个人信息保护法研究”，载《河北法学》2008 年第 4 期；张吉豫：“大数据时代中国司法面临的主要挑战与机遇——兼论大数据时代司法对法学研究及人才培养的需求”，载《法制与社会发展》2016 年第 6 期；范为：“大数据时代个人信息保护的路径重构”，载《环球法律评论》2016 年第 5 期；王学辉、赵昕：“隐私权之公私法整合保护探索——以大数据时代个人信息隐私为分析观点”，载《河北法学》2015 年第 5 期。

权利进行再授权）”。[1] 其中“独家、通用、永久和免费性的许可”对用户而言极为不公，而“在多个层面对用户资料与信息的再授权”已涉嫌侵犯个人信息。从个人信息保护角度看，对于协议中隐私条款的用户信息获取范围规定是一个重要问题，换言之，对于获取用户隐私、重要的个人信息是否只需要一次授权，以后的使用是否需要再次授权；《许可协议》效力如何，用户同意方式如何规范；以及用户信息的归属是本人还是网络平台等都是值得关注的问题。

其次是信息模糊化。国内外一些网络平台，意图使用技术手段对用户的个人资料进行模糊化处理，借以达到保护个人信息的目的。例如，Google 地图的街景服务，涉及大量个人住所或标志，为应对民众隐私权被侵犯的抗议，Google 在其街景服务中将这些可能涉及的个人信息予以模糊化处理。[2] 而在我国使用率较高的百度地图街景服务中，对建筑、住宅等还都是正常拍摄，仅对人脸、汽车牌号等进行了模糊化处理。即便如此，面对大数据强大的信息抓取与数据分析能力，这种信息模糊化处理的保护方式效果并不理想。这是由于所有的信息都已经录入数据库，即使将其模糊化，通过大量的数据对比，还是可以推理并具象出个人的具体信息。在世界许多国家，如美国、英国、德国等，民众已经在为其隐私权受到侵犯而担忧，而印度更是对类似的街景服务予以官方禁止。

最后是关键信息隐藏。在传统网络发展时期，个人信息安全保护一个常用做法就是将关键信息进行隐藏处理，即把所有能显示个人隐私的信息都用符号代替，比如：生日、手机号、身份证号等，这样就能够解决在使用企业用户资料时侵犯到个人隐私的困扰。然而，与信息模糊化类似，这种方法在大数据时代也只能做到保护个人基本隐私，对于保护个人信息则难以达到期待的效果。之所以将其称之为大数据时代，是因为如今数据数量、种类、范围都远远多于传统网络时代，数据分析能力提高，技术进步直接促进了数据内容的交叉检验，人们可以利用现有的数据将片面化的个人信息加以补充甚至还原。

---

〔1〕 参见“阿里巴巴服务条款”，载 1688 阿里规则网，https://rule.1688.com/rule/detail/1253.htm?spm=a26go.7662372.0.0.FnCJD9，最后访问日期：2018 年 1 月 8 日。

〔2〕 参见侯富强：“大数据时代个人信息保护问题与法律对策”，载《西南民族大学学报（人文社科版）》2015 年第 6 期。

### （二）个人信息保护缺少专门立法

在立法方面，我国《宪法》第38条，以及《民法总则》第111条的相关规定确认了“自然人的个人信息受法律保护”，这已经是在个人信息保护领域的一大进步，但是并没有改变关于个人信息保护的法律条文分散在各个部门法之中、适用范围有限、不能解决上述提到的全部问题的现状。专门保护立法的欠缺，不仅使个人信息安全保障缺乏法律层面的连贯性与完整性，而且使有关个人信息权属以及基本范畴没有明确的规定，导致在实务上的法律适用困难。例如，《消费者权益保护法》第29条规定经营者要依法收集、合理使用消费者的个人信息，但是收集个人信息的具体行为规范、用户信息具体保护范围、用户在网络上公开的信息是否受保护等法律中并没有涉及。此外，从承担侵权责任的角度看，我国法律没有详细规定责任如何承担，没有明确承担责任的形式和责任分配问题。立法上的不完善对个人信息的保护产生了较大困扰。因此，缺少个人信息保护的专门立法，是如今大数据时代我国个人信息安全保护在法律层面存在的最主要问题。

### （三）法律救济途径单一不畅

就目前而言，我们的个人信息受到侵害后，唯一的法律救济途径就是向法院提起民事诉讼，救济途径单一，而且诉讼的时间和经济成本很高，加之大数据时代个人信息侵权的特殊性，使得救济面临困境。[1]一是掌握数据信息的平台诸多，当个人信息被泄露或者滥用时，普通民众凭借常识难以确定是哪一主体行为造成侵权，无法确定责任主体；二是按照“谁主张谁举证”的原则，加大了民众举证负担，大量个人信息多数通过网络传播，民众获取网络证据极其不易，举证责任远远超出了普通民众的举证能力。可见通过目前法律途径救济，会给民众维权带来较大负担，受害人很可能综合考虑维权成本与风险后，放弃通过诉讼维权。这不仅会造成个人信息安全问题日益严重，而且在很大程度上损害了司法权威。

### （四）个人信息保护观念欠缺

由于个人信息的保护缺乏专门的立法，现有法律规定尚不完备，造成个人信息保护在法律宣传上有所欠缺。无论是作为个人信息主体的民众，还是收集个人信息的数据平台管理者都普遍存在个人信息安全法律观念欠缺问题。

---

〔1〕 徐明：“大数据时代的隐私危机及其侵权法应对”，载《中国法学》2017年第1期。

一是民众在使用互联网、APP 软件的过程中，没有对个人信息加以保护的安全意识。一方面，用户对在网站或是注册相关 APP 账号时所添加的个人信息没有足够的关注，对于许可、授权平台收集用户信息的范围也没有任何的疑虑，甚至从未关注过相关事项。另一方面，即使用户发现了个人信息存在安全隐患，可能会被不法使用或是已经出现侵权行为，但在没有经济损失或损失不大的情况下，大多数人都会避免麻烦而放弃追究，秉持“多一事不如少一事”的心态，缺乏法律维权观念；二是数据平台管理者对用户信息的保护意识不强，缺乏保护用户信息的责任感，没有对用户信息采取技术手段保护或保护不完善，或是在个人信息商业价值逐步凸显的今天，数据平台出于企业利益的需要忽略甚至牺牲用户利益，更有甚者会将平台掌握的个人信息当作商业交易的筹码。

综上所述，我国个人信息安全保护缺乏专门立法，法律规定存在不系统、不完备的缺陷；现有个人信息保护策略在大数据时代并无明显效果，似乎变得不再可行；法律救济渠道单一，举证困难导致个人信息维权受到很大影响；而作为信息主体的个人及数据平台在个人信息安全保护上缺乏法律意识，进一步加大了个人信息保护问题的严重性与困难程度。正是因为我国个人信息安全保护仍然存在上述问题，在大数据时代，有必要采取针对性措施，使我国个人信息安全得到充分有效保护。

## 三、大数据时代个人信息安全保护的建议

### （一）个人信息差别化处理，加强数据使用者责任

美国学者丹尼尔·沙勒夫，在其专著《隐私不保的年代》中提到“作为隐私的个人信息并不是非黑即白，对于大多数人而言他们希望自己的隐私既不是绝对秘密，也不是完全的公开，因此个人信息保护的根本是控制个人信息的合理使用，哪些人可以进行二次利用以及个人信息保护的具体路径等”。[1] 由此可见，个人信息安全的法律保护着力点不应当在于信息主体小心防范，而是在于信息的使用方面，应当加强数据使用者的责任，将保护个人信息的责任重心由用户个人转移到数据使用者身上。

---

〔1〕［美］丹尼尔·沙勒夫：《隐私不保的年代》，林铮顗译，江苏人民出版社 2011 年版，第 68 页。

数据使用者承担的责任不仅是指侵权责任。侵权损害赔偿不是个人信息法律保护的目的，只是一种救济手段，将责任重心转移到数据使用者身上是指建立一个事前区分加事后保护的责任体系。就目前情况而言，多数用户对自己的个人信息被利用、如何利用并不了解，只有数据使用者清楚他们对用户个人信息二次利用的途径，所以数据使用者应当对个人信息的安全保护承担起责任。数据平台在利用数据前需要对个人信息的用途加以区分，若该行为不会危及个人信息安全，则可以直接使用；若使用行为会对信息安全造成困扰，则应对该用户信息采取比普通保护更高级的技术手段规避潜在风险，如若数据使用者不履行义务，敷衍行事，或是保护手段不符合法律规定最低程度，导致用户个人信息受到侵害，此时数据使用者就要为此结果承担法律责任，并对用户所受到的损害进行赔偿。

将责任转移到数据平台。一方面，根据因果关系与责任自负两大原则，因损害行为导致的危害结果，行为实施者应当为自己所实行的行为承担法律责任。在个人信息安全保护方面，数据平台是使用用户信息的主体，若实施了危害个人信息安全的行为，则其应当承担由此产生的法律后果。另一方面，加强数据使用者的信息保护责任，更有利于促进企业平台完善对用户个人信息的保护措施。个人信息的商业价值大多体现在对信息的内容剖析与二次利用上，数据平台对用户信息数据的利用途径十分清楚，因此，建立事前区分和事后赔偿制度，由数据平台根据使用用途将用户信息加以区分保护，可以准确划分危害等级。平台为避免承担责任，也会完善数据保护的技术措施，防范相应的风险，使个人信息安全保障更加完备。

### （二）建立多元化监管模式

根据大数据的时代特点以及当下我国个人信息保护的基本情况，笔者建议，应当在加强政府部门监督管理的同时，强化行业的自律作用、数据平台的自我监管和消费者协会监督维权功能，逐渐形成多元化个人信息保护监管模式。

强化行业自律作用和数据平台自治功能是我国市场改革的一项重要内容，随着各类行业协会的发展，行业自律意识和自律能力也在逐步提高，应当充分重视、强化行业自律功能，充分发挥行业组织的监管职能。此外，对于已经成熟发展的数据平台，例如阿里巴巴，管理着数以万计的站内经营者，其内部治理规则也十分完备，有效体现出数据平台的自我监管功能。政府有关部门应遵循市场的发展需求，紧追时代步伐，更新行业监督管理的理念，完善监督管理体系，充分发掘和发挥行业组织和数据平台的监管作用。

在多元化的监管体系中，政府监管部门的职责重点应在于制度、政策的制定，保障个人信息安全，根据监管范围和职责权限采取措施，制裁违法行为；[1]相关行业组织的主要职责是，依照其章程提供服务并约束其成员的行为，促进行业规范发展，加强行业自律，对数据平台忽视或侵犯个人信息安全的行为进行监督，并根据章程予以查处通报，建立行业信用体系；数据平台通过制定和实施平台规则和信用管理制度，实现平台及站内经营者自我管理和约束；消费者协会主要职责是维护消费者个人信息保护的权益，并举行以“消费者个人信息安全法律保护”为主题的宣传教育活动，提高民众对个人信息的自我保护意识、法律维权意识等法治观念，使消费者学会用法律的武器维护自己的权益。

（三）加强个人信息保护立法

建立个人信息保护制度，其核心在于将个人信息权作为具体的人格权加以保护，并制定专门的个人信息保护法。[2]在立法中，应该准确定义个人信息的概念，确认个人信息权在法律属性上是一种独立人格权的地位，[3]将个人隐私与个人信息区分界定，如王利明教授所言“个人信息权应当单独规定，而非附属于隐私权之下”。[4]

一是需要明确信息收集的方式与范围。首先要建立信息获取的法律授权许可原则，禁止任何企业机构或个人，在没有获得政府部门授权许可的情况下抓取个人信息。目前，各国的个人信息保护模式几乎都是采“许可与告知”模式，但是在大数据背景下这种模式容易出现上文所述“永久使用、全部许可”等不公平协议，因为大数据的价值更多源于它的二次利用，数据平台为方便日后收集利用工作，在设计使用协议时往往将个人信息许可范围设置最大化，用户为使用软件只有同意，别无他法，这实质上是对个人信息权的一

〔1〕参见孙平：“政府巨型数据库时代的公民隐私权保护”，载《法学》2007年第7期。

〔2〕参见王利明：“论个人信息权的法律保护——以个人信息权与隐私权的界分为中心”，载《现代法学》2013年第4期。

〔3〕参见张里安、韩旭至：“大数据时代下个人信息权的私法属性”，载《法学论坛》2016年第3期。

〔4〕参见王利明：“隐私权概念的再界定”，载《法学家》2012年第1期。

种侵害。因此，面对大数据所带来的挑战，我国应当对个人信息进行保护的现有措施进行完善，制定更加严格的规范。《民法总则》第111条已经对信息保护作出初步规定，明确信息获得者对信息的严格保护义务以及要依法合理使用。数据平台或者APP管理者，应当事前就信息获取的方式、内容、获取对象等报请政府部门审批，用户许可协议等格式合同要上报行政管理部门批准使用。其次要明确信息的获取或使用，应当获得信息主体的许可。数据使用者应在显著位置标明采集信息的范围以及使用方向，使得用户充分了解。此外，在使用信息的环节，不能超出用户许可的使用范围，不得侵犯用户的个人利益，若确实需要超范围使用则需要获得用户的二次授权许可，方可使用。最后应当针对信息获取的范围加以规定。法律应当限定数据平台对信息的采集范围，即数据平台只能在法律限定范围内采集信息。从一般意义上讲，平台征得用户授权的范围只能小于法律限定范围，若要扩大范围则应当报有关部门审批通过。

二是需要明确侵权构成要素与举证责任。对于个人信息侵权的法律规定，可以适用我国侵权责任法中的一般侵权规定。在举证责任上，因为涉及大数据、互联网等高科技事物，证明信息使用者存在侵权行为超出了受害人的举证能力范围，"谁主张谁举证"原则在大数据背景下有失公平，为了维护公平正义，可以适用"举证责任倒置原则"和"过错推定原则"，[1]数据平台若不能证明自己没有过错，则认为侵权成立。

三是需要明确用户信息所有权的归属。对于用户在使用软件过程中留下的个人信息所有权归属问题，笔者认为，数据平台对所拥有的用户个人信息只有占有、使用的权利，没有所有权，信息的所有权应当归属信息主体。既然使用权与所有权分属不同主体，则对于个人信息涉及的权利和义务问题，个人信息保护法需要加以明确，这也是个人信息保护立法的核心环节，如数据使用者有义务合理使用、妥善保管个人信息等。

## 四、结语

随着社会步入大数据时代，市场经济进入了新的发展阶段，企业以及个人都意识到数据信息潜在的经济价值，但由于法律不完善、公民法律保护意

---

〔1〕 参见徐明："大数据时代的隐私危机及其侵权法应对"，载《中国法学》2017年第1期。

识欠缺、监管混乱等问题，个人信息侵害问题日益严重，围绕个人信息产生的利益纠纷逐渐增多。因此有必要加强对个人信息安全的法律保护，在个人信息安全保护和个人信息利用两者之间找到平衡点，在保障个人信息不受侵害情况下，充分发挥信息利用功能，为社会经济的发展服务。在大数据背景下，我国应当根据现有个人信息安全保护存在的问题，加快制定个人信息保护的专门立法，构建政府、行业协会和数据平台的多元监管机制，加强数据使用者对信息安全的保护责任，采用过错推定的归责原则，逐步完善我国个人信息安全保护制度。

# 首都地区互联网保险市场法律规制研究

秦小寒*

随着时代的进步与发展，互联网在社会生活中扮演着越来越重要的角色。互联网技术与不同领域的交流、融合使“互联网+”成为不可逆转的时代潮流。互联网保险作为互联网技术与保险行业融合的产物，顺应了“互联网+”的时代背景，在短时间内从无到有并迅速扩张，成为保险业的新生支柱力量。传统的保险公司纷纷探索和开展互联网保险业务，通过自营网络平台、第三方网络平台等互联网介质拓展保险业务，增加保费收入，提高行业影响力。互联网保险的迅速发展在提高保险产品交易效率、提升经济效益、增加保费收入以及拓展交易范围等方面发挥了极大的积极作用。但是，互联网保险法律规制的滞后性、互联网本身存在技术风险、交易中的道德风险等一系列问题使互联网保险的发展存在隐患，不可忽视。互联网保险的健康发展需要完备的法律规制和监管体系，法律规制的健全和完善成为当前的首要任务。

首都地区作为全国的政治、文化中心，经济发展势头强劲，具有较强的经济活力，各项技术手段都处于领先地位。作为我国的首都，对国家的各项方针政策的贯彻落实较全面，能够迅速、敏锐地掌握一些细微的政策调整和发展趋势，具有代表性和典型性。同时，北京作为国际化的大都市，开放程度较高，外来人口较多。城市的包容度使首都地区拥有来自不同地区、不同阶层的大量人口，这使首都地区的社会环境具有其他地区不可比拟的复杂性。

---

* 秦小寒，北京工商大学法学院硕士研究生。本文系北京市法学会2017年市级法学研究青年项目“首都地区互联网保险市场法律规制研究”，项目编号：BLS（2017）C010的阶段性成果。“互联网保险市场风险防范与控制研究”，合同编号：2017313的阶段性成果。

因此，首都地区互联网保险市场的法律规制状况，对比我国其他地区而言，是具有引领性、先进性和代表性的，但同时又是复杂的、特殊的。

## 一、首都地区互联网保险市场法律规制现状

### （一）首都地区特殊性分析

1. 首都地区政策及潮流趋势敏感度较高

首都地区作为全国政治中心，中央政府办公机构所在地，具有最灵敏的“政治嗅觉”，对政策调整和潮流趋势的敏感度较高。“互联网+”作为时代潮流，它与不同领域的融合必将伴随着新的政策的出台和调整，首都地区位于“天子脚下”，能够尽早地对政策调整进行把握和贯彻落实。互联网保险作为“互联网+”时代下保险业的新生力量，作为社会保障和财产管理的中坚力量，新政策的出台和调整都对其产生指引和约束作用。首都地区的互联网保险市场恰好能借助有利的政治地位以及优势的地理位置对相关政策进行把握和理解，在较为严格的监管体制下落实政策的变化和调整。因此，首都地区的互联网保险市场，基于其高度的政策敏感度和趋势把控能力，在相对严格的社会监管体系下，相比全国其他地区，市场的发展和监管规制都是领先的、有优势的。

2. 首都地区经济实力强劲，经济活力较高

首都地区作为国家中心城市、超大城市，经济实力强劲，经济活跃。首都地区的经济发展速度、经济实力和经济活力，除上海、深圳等一线经济重镇外，其他地区几乎难以超越。强大而活跃的经济为首都地区的互联网保险的发展提供了一片沃土。保险作为一种保障机制，从经济角度看，最初是分摊意外事故损失的一种财务安排，是市场经济条件下风险管理的基本手段。保险最终目的的实现，需要一定的经济实力为前提。消费者只有在有一定经济基础的情况下才能负担保费的支出，保险公司和社会也需要一定的经济实力来实现对保险消费者的保障。“互联网+”时代背景下，互联网保险同样具有这样的特征，在强大的经济实力和较高的经济活跃度的支持下，首都地区的互联网保险市场表现出较高的市场活力，保费收入较高，交易频繁，市场主体参与度普遍较高。

3. 首都地区科技发展迅速，技术先进

首都地区是全国科技创新中心，科学技术发展迅速，技术先进。互联网

保险作为互联网技术与保险业融合的产物，它的发展和进步依赖于互联网技术的发展和革新。首都地区作为全国科技创新中心，诸多高、精、尖的技术汇聚于此，为互联网保险的发展提供了技术支持和保障。互联网保险从产品研发、宣传到销售理、赔等各个环节，都需要先进的互联网技术支持；同时，先进的技术经验，安全可靠的技术手段也为规避互联网保险的技术风险提供了保障。强大的科技创新能力和先进的科学技术，为首都地区互联网保险市场的发展提供了便利条件。“互联网+”的时代背景下，掌握先进的互联网技术使首都地区的互联网保险市场可以毫无后顾之忧，稳步前进。

首都地区强大的科技创新能力使人们对于新鲜事物的接受程度普遍较高。北京作为全国科技创新中心，社会生活中的诸多发展和变化都是科技创新的结果。科技创新必然伴随着新鲜事物的产生，在此生活居住的人们逐渐适应了首都地区日新月异的变化，对新鲜事物的接受程度较高。互联网保险作为“互联网+”时代的新生事物，较早在首都地区得到了普遍的认可和接受。诸多互联网保险产品以及相应的监管政策最早在首都地区试行，在取得良好效果时再向其他地区推广。这也是首都地区的互联网保险市场具有更高的公众参与度和引领性、先进性的原因。

4. 首都地区社会包容度高，外来人口众多

首都地区作为国家中心城市、全国政治文化中心、国际交往中心，经济发展迅速，经济实力强劲，能够为个人发展提供平台、资源以及更广阔的发展空间，吸引了来自全国及世界各地的人。大量外来人口来北京谋生存、发展使首都地区拥有极高的社会包容度，不论种族、国家、地区、阶层、信仰和民族，人们都能在北京得到生存和发展的空间。较高的社会包容度和大量的外来人口，使首都地区的互联网保险市场具有其他地区不可比拟的复杂性。市场主体可能来自不同国家、不同地区，拥有不同的民族及宗教信仰，具有较高的复杂性。流动人口数量较大，流动性明显，互联网保险市场的监管难度较高。

（二）首都地区特殊的互联网保险市场的法律规制

首都地区互联网保险市场的特殊环境，要求特殊的法律规范进行规制。2012 年，北京保险行业协会和北京保险中介行业协会制定了《北京人身保险销售从业人员销售行为警示信息管理暂行办法》，加强对北京保险销售从业人员的诚信管理，强化行业和社会监督，努力营造诚实守信、依法合规的行业

氛围，塑造行业良好形象，促进北京保险行业持续健康发展。2014 年，北京保监局发布了《北京地区人身保险经营行为管理办法》（以下简称《办法》），结合北京市场实际情况对人身保险经营行为进行规范，维护投保人、被保险人和社会公众利益。同时，该《办法》对销售从业人员通过互联网宣传保险行为进行了规制，要求保险公司对互联网宣传销售保险产品的行为进行监督管理，对行为合法性、合规性负责。要求明确服务区域为北京，避免异地展业。同时要求各人身保险公司设专人管理，定期登录互联网检查管理本公司产品内容，进行清理规范。2014 年，中国保监会北京监管局印发了《北京地区机动车辆商业保险电子保单管理试点办法》，在北京地区开展机动车辆商业保险电子保单的试点工作。2016 年，北京保监局与北京公安局公共交通管理局研究决定，实施交强险电子保单试点，全面实现车险保单电子化。

除此之外，北京保险行业协会组织内部还形成了协会内的自律文件，包括《北京地区保险销售强调语及新单回访基础用语》《北京保险合同纠纷调解自律公约》等，同样适用于首都地区的互联网保险市场。

## 二、首都地区互联网保险市场法律规制存在的问题

### （一）法律规制体系不完整，缺乏适应性与协调性

问题导向型的监管模式使互联网保险市场的法律规制体系不完整，缺乏适应性与协调性。互联网保险作为“互联网+”时代下的新兴产物，对传统保险市场的监管制度和法律规制提出了新的挑战。对于互联网保险市场的监管和法律规制，目前多采用的是问题导向型的监管模式，即在互联网保险的发展和市场运行过程中发现问题，然后通过制度和规范的确立解决问题。通过这种模式确立的互联网保险市场的监管制度和法律规范必然存在很多问题。

首先，没有明确的立法目的和总体框架的约束，难以形成完整的法律规制体系。没有明确的立法目的的指引，单纯针对出现的问题进行规制的模式，会使一些领域的法律规制冗杂，缺乏协调性，甚至彼此矛盾，难以适用。没有总体框架的约束和指导，使得一些问题在尚未显现或不够突出的领域内，立法空白，缺乏相应规制。监管和立法上的不平衡使互联网保险市场难以形成规范的、完整的法律规制体系，缺乏整体上的协调性。其次，此种模式下的法律规制缺乏前瞻性，突出了法律滞后性的缺陷，缺乏适应性。互联网保险作为一个新兴的领域，法律和政策的规制应当具备一定的前瞻性，作出预

先的判断和准备，弥补法律的滞后性，适应互联网保险快速、复杂、多变的发展特点。问题导向型的规制模式显然忽视了这一方面，出现了问题才进行规制的监管和立法模式，难以适应互联网保险市场的发展和变革。[1]

(二) 市场准入与退出机制不完善

互联网保险市场的准入与退出机制并不完善，一些领域甚至处于法律空白的状态。《互联网保险业务监管暂行办法》作为目前互联网保险市场具有指导地位的规范性文件，对互联网保险机构的市场准入条件并没有具体的规定。在市场退出制度上，第 24 条和第 25 条对互联网保险机构责令整改的情形和第三方网络平台禁止合作的清单进行了规定。此外，目前互联网保险市场的法律规制并没有专门针对互联网保险机构市场准入与退出条件的限制。

《保险法》作为保险领域的基本法，对保险公司设立的条件、审查办法、保险公司退出市场的条件、情形、程序等进行了规定，按照保监会确定的“线上线下一直监管”的原则，《保险法》确定的市场准入与退出制度应当适用于互联网保险机构。互联网保险机构虽然没有脱离传统保险机构的根本属性，但是其与互联网技术的紧密衔接使传统保险机构的准入与退出条件无法完全适用。互联网保险机构在进入和退出市场的过程中，除了公司组织形式、资信状况、从业人员资格等传统因素，还要对互联网技术能力、互联网风险防范和控制机制、互联网技术人员资质等新的关键因素进行考量。互联网保险市场准入与退出机制的漏洞，也是当前难以对互联网保险市场实现有效监管的原因之一。

(三) 消费者权益保护机制缺失

“互联网+”的时代背景下，对于互联网保险消费者的权益保护主要包括知情权、隐私权和公平交易权三个方面。[2]

1. 互联网保险消费者的知情权保护

基于互联网保险“无纸化、数据化、格式化和迅捷性”[3]的特点，互联网保险消费者与保险机构之间信息不对称、不平衡的问题更加严重。互联网

---

〔1〕 梁俊菊：“我国互联网保险法律监管制度研究”，山东大学 2016 年硕士学位论文。

〔2〕 徐继响：“互联网保险业务中消费者权益保护问题研究”，载《浙江省 2011 年保险法学学术年会论文集》2011 年 10 月。

〔3〕 贾林青、贾辰歌：“互联网金融与保险监管制度规则的博弈——以保险监管制度的制度创设为视角”，载《社会科学辑刊》2014 年第 4 期。

保险消费者有了解保险机构和保险产品相关信息的权利，保护互联网保险消费者的知情权对互联网保险机构进行信息披露提出了更高的要求。互联网保险公司在产品销售的过程中，为了吸引消费者，通常会出现夸大利益、隐瞒风险进行宣传的现象。这些问题都是不全面的信息披露导致的，是对互联网保险消费者知情权的侵害。

2. 互联网保险消费者的金融隐私权保护

隐私权是指“自然人享有的对其个人的、与公共利益无关的个人信息、私人活动和私有领域进行支配的一种人格权”，[1]经过时代的发展和演化，拓展为当前的金融隐私权，金融隐私权“不仅体现它本身的隐私价值，更多地体现为一种对行使自由和自决的权利”。[2]互联网保险在投保过程中，要求投保人履行如实告知义务，其中包括姓名、性别、家庭住址、联系方式以及证件号码、银行账号等关键信息，具有极高的经济利用价值，需要法律对其进行特殊的保护。当前互联网保险市场运行过程中，对于消费者金融隐私权的侵害多种多样，屡禁不止。《消费者权益保护法》和《保险法》主要是通过对传统侵权行为的规制来保护消费者的合法权益，尚不足以完全满足互联网保险的发展和规制需要。

3. 互联网保险消费者的自主选择权和公平交易权保护

互联网保险消费者公平交易和自主选择的权利需要得到保护。互联网保险的销售渠道除了互联网保险经营者通过官网自主经营、专业互联网保险公司等方式外，还有部分通过第三方网络平台进行销售，其中包括与其他电商平台合作搭售的方式，例如携程网、12306 官网等。互联网保险的消费者在交易过程中，有决定是否购买保险产品以及购买何种保险产品的自由。但是，部分电商平台在销售火车票、机票等其他商品时强制性搭售相关保险产品，或者虽然设置了可取消选项，但是默认选择购买，以及只有购买保险才能享受优惠等，这些行为严重侵害了保险消费者自主选择和公平交易的权利。[3]

（四）风险预警与防范机制不成熟

互联网保险依托互联网技术可能产生新的风险，与传统保险相比风险更

---

〔1〕 王利明主编：《人格权法新论》，吉林人民出版社 1994 年版，第 187 页。

〔2〕 熊进光：《现代金融服务法制研究》，法律出版社 2012 年版，第 115 页。

〔3〕 参见徐梦堃：“第三方网络平台从事保险业务的法律规制”，载《保险理论与实践》2017 年第 7 期。

高，需要特殊的风险预警和防范机制进行规制。互联网保险市场存在的风险包括传统保险风险在互联网保险领域的体现和互联网保险需要应对的新风险。"互联网理财型保险产品收益不确定、保费等各类费用的网上扣付、退保申请和生效等问题相较于传统理财保险其风险更大。"[1]此外，互联网保险对互联网技术的依赖性，使它相较于传统保险而言，容易因技术缺陷而导致新的风险。"例如病毒感染、资料遭篡改或被窃、账户被盗用等"。[2]这些风险因素成为影响互联网保险发展和市场秩序的潜在原因，互联网保险市场想要稳定有序发展，必须提前预防和降低风险发生的可能性，建立完善的风险预警和防范机制。但是，就目前的互联网保险市场而言，传统的风险管理制度难以应对互联网时代高强度、新形式的保险风险，极易导致市场混乱，损害保险消费者的合法权益和社会公共利益。

## 三、首都地区互联网保险市场法律规制完善建议

### （一）构建完善的互联网保险市场法律规制体系

互联网保险存在规制漏洞，部分领域法律规制空白的现状亟须建立完善的互联网保险法律体系加以改善。"立法部门应当根据互联网保险的特点，重新审视我国现有保险法的法律框架，尽快完善互联网保险法律体系。"[3]目前，互联网保险领域采用问题导向型的立法模式，只针对领域内的突出问题进行政策和法律的规制，没有明确的立法目的的指引。这样的立法模式使互联网保险市场的法律规制缺乏整体性、适应性与协调性。

首先，明确互联网保险领域的立法目的和基本原则。在立法目的和基本原则的指引下进行系统、全面的立法活动，增强法律规制间的协调性。其次，合理划分立法层次，出台互联网保险法律细则。[4]目前互联网保险领域的法律规制缺乏实践中的可操作性，出台法律细则有利于法律的适用和实际问题的解决，合理划分立法层次也是建立规范的法律规制体系的基本手段。最后，预判互联网保险发展可能出现的新问题，弥补法律规制的滞后性。对互联网保险市场的发展规律和发展方向进行预先的分析和判断，提前做好法律准备，

[1] 施建祥：《中国保险制度创新研究》，中国金融出版社 2006 年版，第 35 页。
[2] 吴嘉生：《电子商务法导论》，学林文化事业有限公司 2003 年版，第 328 页。
[3] 梁俊菊："我国互联网保险法律监管制度研究"，山东大学 2016 年硕士学位论文。
[4] 梁俊菊："我国互联网保险法律监管制度研究"，山东大学 2016 年硕士学位论文。

缓解法律制度的滞后性，防止出现“无法可依”的现象，从根本上保护保险消费者的合法权益，维护互联网保险市场的秩序和发展。

### （二）完善互联网保险市场准入与退出机制

#### 1. 严格互联网保险市场的准入制度

严格互联网保险市场的准入标准是维护市场稳定，促进互联网保险和谐发展的前提。目前，对互联网保险市场准入的规制，主要依靠传统保险法的相关规定和部分零散的监管规则，监管难度大大增加。同时，适用传统保险法规忽视了互联网保险依托于互联网技术的突出特征，难以真正适应互联网保险发展的规制需求。

建立完善的市场准入制度，应当从互联网保险市场的参与者入手，主要包括互联网保险机构、互联网保险从业人员以及互联网保险产品三个方面。首先，提高互联网保险机构的市场准入标准。互联网保险机构进入互联网保险市场时，除了资产状况、人员配置、信用状况、规章制度、经营场所等传统的入市标准外，应当符合市场对于互联网技术能力、技术风险防范和控制能力以及互联网技术人员配置的要求。其次，严格互联网保险从业人员的资格认证。互联网保险从业人员除了应当具备保险从业资格外，还应当具备一定的互联网技术的专业知识。在一些有特殊要求的工作岗位，工作人员除了保险从业资格外，还应当具备计算机操作的专业知识和计算机从业资格。这样才能满足互联网保险经营对于互联网技术运用的基本要求。最后，实行互联网保险产品备案制度。互联网保险在鼓励创新的政策支持下，出现的各种各样的新型保险产品，例如中秋赏月险、恋爱险等。这些新型的互联网保险产品使保险的娱乐性大大增加，产品本身的合法性难以确认，给互联网保险的监管造成了很大的困扰。建立互联网保险产品备案制度，能够及时了解互联网保险市场的产品状况，实现有效监管。〔1〕

#### 2. 完善互联网保险市场的退出机制

应建立统一的互联网保险市场的退出标准。《互联网保险业务监管暂行办法》只简单地列举了保险公司和第三方网络平台退出市场时应当符合的情形，没有具体制度和程序的支撑，难以应用于实践。为了互联网保险市场优质、

---

〔1〕 参见贾林青、贾辰歌：“互联网金融与保险监管制度规则的博弈——以保险监管制度的制度创设为视角”，载《社会科学辑刊》2014 年第 4 期。

有序的发展，建立统一的互联网保险市场的退出标准是十分必要的。此外，明确市场退出程序和具体实施细则，保障法律制度能够有效地应用于实践。通过严格市场退出机制对互联网保险发展和市场运行过程中出现的不和谐音符予以剔除，维护市场健康有序发展。

（三）强调保护消费者合法权益，完善互联网保险责任制度

互联网保险的发展需要重视对保险消费者合法权益的保护，建立完善健全的互联网保险责任制度。首先，完善信息披露制度。在互联网保险交易过程中，交易双方存在信息不对称的特点，需要对互联网保险机构、保险产品的相关信息予以全面、充分、规范的披露，使保险消费者对相关信息有基本的了解，保障互联网保险消费者的知情权。其次，强化互联网保险经营者的保密义务，维护消费者的金融隐私权。金融隐私权在当今的互联网经济活动中占据着十分重要的地位，关系着巨大的经济利益。互联网保险经营者，应当重视对消费者金融隐私权的保护，不断完善立法和制度措施，防止信息泄露、滥用。第三，完善法律规则和监管制度，保障消费者公平交易和自主选择的权利。互联网保险市场应当注重对违法搭售、不公平的交易条件等侵害保险消费者自主选择权、公平交易权的违法行为的规制，通过完善法律制度实现对此类违法现象的有效监管和规制，保障消费者的合法权益。最后，互联网保险市场的法律规制体系应当形成合理规范的责任体系。法律制度的有效适用不仅需要规则、程序的确立，还需要明确、健全的责任体系的约束。形成合理规范的责任体系，使市场各个参与者明确侵权成本，能够从源头上遏制和约束侵权行为的发生。

（四）鼓励创新与防范风险并重，构建风险预警机制

互联网保险领域鼓励创新的政策导向和互联网技术本身的不稳定性，使互联网保险的发展面临诸多风险。坚持鼓励创新与防范风险并重的基本原则，构建互联网保险市场专项风险预警机制，能够有效地规避风险，防止风险造成经济损失，损害消费者权益和社会公共利益。互联网保险经营主体应当在各自内部建立有效的风险控制和风险管理制度，及时收集互联网保险市场运行和发展的信息、数据，进行科学的分析和判断，以此制定合理、恰当的风险管理方案，并严格执行。此外，互联网保险监管机构应当根据市场发展的状况和特点，建立完善的风险预警机制，对互联网保险经营和发展过程中可能出现的风险预先地进行判断和了解，制定全面、系统的监管方案和监管措

施，对互联网保险发展中可能出现的风险进行宏观上的调控和把握。互联网保险机构内部的风险管控机制和互联网保险市场宏观上的风险预警机制相结合，在鼓励创新与防范风险并重的原则指引下，才能实现对风险的控制和防范，保障互联网保险市场的稳定发展。[1]

## 四、结语

“互联网+”的时代背景下，互联网保险作为新时代保险领域的新兴支柱力量，带来了巨大的经济利益。但互联网保险的发展也伴随着诸多问题，例如法律规制漏洞与空白、市场准入与退出机制不健全、消费者权益得不到保护、风险难以控制和管理等，应当引起足够的重视。在推动互联网保险快速发展的同时，实现相关配套制度措施、法律规制的确立和完善，才能实现互联网保险市场的和谐稳定，保护消费者的合法权益和社会公共利益，推动社会经济的进步和发展。

---

〔1〕 贾林青、贾辰歌：“互联网金融与保险监管制度规则的博弈——以保险监管制度的制度创设为视角”，载《社会科学辑刊》2014 年第 4 期。

# 消费者信息权的互联网保护

## ——以支付宝年账单案件为例

张　龙　姚思婧*

随着大数据时代的到来，互联网企业对消费者信息的利用与消费者信息权保护之间的冲突呈现愈演愈烈之势。本文以支付宝年账单案件为例，对案件的法律属性、争议焦点和争议法条进行分析，提出支付宝默认勾选协议行为涉嫌欺诈消费者，并且侵犯了消费者的隐私权、知情权、自主选择权和公平交易权等权利。携程 APP 通过默认勾选服务进行了不合理的搭售行为，分析可以看出，在互联网模式下消费者的信息权遭到严重侵害。最后通过对互联网企业与消费者信息权的冲突进行法理分析并且提出完善互联网领域消费者信息权保护的法律制度构建。

2018 年 1 月 1 日，支付宝（中国）网络技术有限公司（以下简称支付宝）发布了 2017 年度账单，消费者可以通过年度账单查询自己一年来通过支付宝平台购买各类商品和服务的统计记录，包括消费者线上和线下的消费纪录。然而，支付宝却因为 2017 年度账单中的一个默认勾选协议引起了轩然大波，招致消费者对于个人信息被泄露和被捆绑授权行为的普遍质疑。消费者在初次查看 2017 年支付宝年账单时，首页授权界面上有一个“我同意《芝麻服务协议》”的默认选项，已经被默认勾选了同意，而且字体很小，极易被用户忽略。《芝麻服务协议》是芝麻信用管理有限公司（以下简称芝麻信用）与消费者为明确服务内容及双方权利义务等内容而签订的合同。消费者同意《芝麻服务协议》意味着授权支付宝可以查询用户在芝麻信用中使用和保存的

---

* 张龙，北京工商大学法学院副教授；姚思婧，北京工商大学法学院硕士研究生。

个人信息以及第三方保存的用户信息。[1]经笔者查询，支付宝和芝麻信用是蚂蚁金融服务集团旗下的相互独立的两家公司，所以支付宝在调用芝麻信用的数据时，必须明示并且经过用户本人授权，但支付宝的行为非但没有明示消费者，反倒剥夺了消费者的自由选择权，即消费者被强制或被欺骗而授权支付宝获取了用户信息。另外，支付宝年度账单的查看和是否同意《芝麻服务协议》没有关联性，用户不同意《芝麻服务协议》也能够看到年度账单。由此可见，支付宝的上述行为属于欺诈消费者的行为，并且侵犯了消费者的知情权、自主选择权、公平交易权等权利。下面，笔者将对支付宝年账单的争议焦点和争议法条进行分析，并将其和相关案例进行比较，从而提出在互联网中加强消费者信息权保护的立法建议。

## 一、支付宝年度账单事件的焦点法律问题

### （一）默认勾选协议行为的法律性质认定

笔者认为支付宝在年度账单首页默认勾选同意《芝麻服务协议》的行为属于欺诈行为。我国《合同法》第52条、第54条对因欺诈订立的合同作了规定，第52条规定一方以欺诈、胁迫的手段订立合同，损害国家利益的合同无效；第54条规定一方以欺诈、胁迫手段或者乘人之危，使对方在违背真实意思的情况下订立的合同，受损害方有权请求人民法院或者仲裁机构变更或者撤销。我国最高人民法院发布的《民通意见》第68条对欺诈行为进行了解释：一方当事人故意告知对方虚假情况，或者故意隐瞒真实情况，诱使对方当事人作出错误意思表示的，可以认定为欺诈行为。对于消费者相关数据的第一次收集和使用，正确做法应该是遵循默认拒绝原则，即默认不勾选，而支付宝在年度账单界面上默认勾选同意的做法是故意向消费者隐瞒了真实情况，也没有就授权支付宝使用用户的芝麻信用信息对消费者进行明示告知并获得消费者同意。一方面，这使得消费者或者在完全在不了解勾选同意《芝麻服务协议》含义的情况下“同意”对方无偿、任意地使用自己的个人信息，另一方面，消费者也可能因为误解不勾选同意就无法查看自己的年度账单而“选择”了授权同意。我国《消费者权益保护法》第29条规定：经营者收集、

[1] 龚雯、桑彤、周琳：“年度账单成新年第一‘坑’用户授权岂能‘默认勾选’”，载中国新闻网，http://www.chinanews.com/sh/2018/01-05/8417068.shtml，最后访问日期：2018年2月5日。

使用消费者个人信息，应当遵循合法、正当、必要的原则，明示收集、使用信息的目的、方式和范围，并经消费者同意。我国《征信业管理条例》第 13 条也规定：采集个人信息应当经信息主体本人同意，未经本人同意不得采集。第 18 条规定向征信机构查询个人信息的，应当取得信息主体本人的书面同意并约定用途。我国《网络交易管理办法》第 17 条规定：网络商品经营者、有关服务经营者在经营活动中使用合同格式条款的，应当符合法律、法规、规章的规定，按照公平原则确定交易双方的权利与义务，采用显著的方式提请消费者注意与消费者有重大利害关系的条款，并按照消费者的要求予以说明。而支付宝既没有采用明示的方式，也并未经信息主体本人同意就使消费者被授权了《芝麻服务协议》，所以默认勾选协议行为属于因欺诈而订立的合同，又因为这一行为使消费者产生了误解从而作出错误的的意思表示，损害了消费者的知情权。但鉴于该行为没有直接损害国家利益，所以笔者认为，默认勾选协议的行为属于不涉及国家利益的因欺诈订立的、可撤销的个人合同。

### （二）默认勾选协议行为侵害了消费者的知情权、自主选择权等消费者权利

我国《消费者权益保护法》第 8 条、第 9 条对消费者的知情权和自主选择权作了规定。第 8 条规定：消费者享有知悉其购买、使用的商品或者接受的服务的真实情况的权利。第 9 条规定消费者享有自主选择商品或者服务的权利。消费者有权自主选择提供商品或者服务的经营者，自主选择商品品种或者服务方式，自主决定购买或者不购买任何一种商品、接受或者不接受任何一项服务。通过第 8 条和第 9 条的规定可以看出消费者在勾选《芝麻服务协议》之前有权知悉芝麻服务的真实情况，并且有权自主决定是否同意《芝麻服务协议》，这也是消费者行使授权支付宝查询其芝麻信用信息的权利即同意权。消费者行使同意权的前提是用户对相应信息全方面了解并对自己行为的法律后果充分理解，知晓这一切的权利为知情权。《消费者权益保护法》规定的知情权是同意权的前提，同意权是知情权的保障，要保障同意权，就要使用户的授权真正出于本人意愿；要保障知情权，就要让用户对信息采集的各方面充分知晓。消费者默认被同意了《芝麻服务协议》，既无法保障消费者的同意权，也无法保障知情权和自主选择权。

我国不但在《消费者权益保护法》中对此进行了规定，在《网络安全法》《征信业管理条例》等专项立法中也对网络消费者的信息权作了规定。

《征信业管理条例》第13条规定：采集个人信息应当经信息主体本人同意，未经本人同意不得采集。第18条规定：向征信机构查询个人信息的，应当取得信息主体本人的书面同意并约定用途。《网络安全法》第41条规定：网络运营者收集、使用个人信息，应当遵循合法、正当、必要的原则，公开收集、使用规则，明示收集、使用信息的目的、方式和范围，并经被收集者同意。由此可见，无论是征信机构收集消费者信息还是授权第三方查询消费者的征信信息，均要通过明示方式，并要让消费者知悉信息的使用目的、适用范围并且经信息主体本人书面同意，保障消费者的知情权、同意权和自主选择权，而绝不能像支付宝一样在没有任何书面通知的前提下使消费者默认同意《芝麻服务协议》。

（三）《芝麻服务协议》侵犯了消费者的知情权、公平交易权等消费者权利

笔者在授权页面中点开了《芝麻服务协议》了解其内容，用户同意芝麻服务协议即同意芝麻信用向消费者提供征信及其他服务，同意芝麻信用对用户进行信息的保存、整理、分析、比对、演算、归纳及加工等各项操作。经阅读后，我们发现《芝麻服务协议》中不乏霸王条款、免除芝麻信用法律责任的格式条款等不合理条款，严重侵害了消费者的知情权和公平交易权等权利。

首先，用户同意《芝麻服务协议》的方式侵犯了消费者的知情权和自主选择权。《芝麻服务协议》中规定：您点击“开通芝麻信用”或类似文字的按钮，或者实际使用芝麻服务即代表您接受本协议的内容。这项条款违反了《网络安全法》第22条的规定：网络产品、服务具有收集用户信息功能的，其提供者应当向用户明示并取得同意，和《消费者权益保护法》第29条的规定：经营者收集、使用消费者个人信息，应当遵循合法、正当、必要的原则，明示收集、使用信息的目的、方式和范围，并经消费者同意。芝麻信用没有向消费者明示《芝麻服务协议》，也未征得消费者同意就使消费者接受协议，这一做法侵犯了消费者的知情权和自主选择权。

其次，芝麻信用的授权模式可能会侵犯消费者的隐私权。用户使用芝麻信用的前提是同意《芝麻服务协议》，协议中含有授权芝麻信用采集个人信息的条款，所以消费者若要接受芝麻信用的服务，就必须授权其采集信用信息。但芝麻信用的服务并不仅限于征信服务，《芝麻服务协议》中对此并未列明。

消费者如果不选择征信服务，他选择接受的服务不需要个人信息，那么他不必授权芝麻信用对他的信息进行采集。但实际情况是消费者若想用芝麻信用，不管是否需要个人信息，都需要先授权，如此一来，会造成在没有必要的情况下违背信息主体的意愿采集个人信息，侵犯消费者的隐私权。

最后，《芝麻服务协议》中的格式条款免除芝麻信用方的责任并且排除消费者的主要权利。《芝麻服务协议》中第 2 条第 4 款规定：您同意我们可将您的全部信息进行分析并将结果推送给我们的合作或服务的机构，您同意上述分析结果的输出无需另行获得您的授权。这一格式条款明显违反了《征信业管理条例》第 20 条规定：信息使用者应当按照与个人信息主体约定的用途使用个人信息，不得用作约定以外的用途，不得未经个人信息主体同意向第三方提供，并且侵害了消费者的知情权和公平交易权。《芝麻服务协议》第 3 条第 5 款规定：您同意在服务终止后，我们仍可继续保留您使用我们的服务期间形成的信息和数据；第 4 条规定：充分理解并同意我们无须就下述情况（停机维护、故障、自然灾害等）所导致服务无法正常提供时给您造成的各种影响或损失承担责任；第 5 条规定：如因您主动授权第三方查询您的信息，从而导致第三方拒绝向您提供服务……您同意我们无需就此承担责任或赔偿。芝麻信用在《芝麻服务协议》中通过格式条款单方面免除了己方的责任，同时消费者即使不使用芝麻信用仍然无法删除使用服务时的信息，这进一步侵犯了消费者的隐私权和知情权。

## 二、互联网领域消费者权利保护的困境

支付宝年度账单案件一经曝光，在网上引起轩然大波，支付宝方在 2018 年 1 月 3 日即对年度账单中默认勾选协议的行为进行了改正。芝麻信用发布情况说明，承认默认勾选的事情做错了，并提出本意是希望充分尊重用户知情权，只有在用户同意的情况下，才能看到年度账单里信用免押内容，初衷没错但用了“愚蠢至极”的方式。目前，支付宝已经调整了页面，取消了首页默认勾选“同意《芝麻服务协议》”的选项，并将选项“同意《芝麻服务协议》”变更为“在年账单中查询并提示你的信用信息”。若用户希望在自己的年度账单中看到信用免押的内容，可以手动勾选。同时对之前的服务协议的内容作出相应变更，更改后的内容为“为了供你了解这一年的信用成就，你授权支付宝查询你的芝麻分及信用履约记录等信息，以用于在年度账单中

向你展示。此外，对于并不想在年度账单里展示自己的信用免押内容，但又已经被默认勾选的用户，可在支付宝客户端取消授权。”

虽然支付宝做出了较为及时的回应和改正，但是支付宝年度账单案件仍然应引起我们的充分的反思和重视，因为此类现象在目前的互联网领域中屡见不鲜，此类现象的发生绝非偶然。随着大数据时代的来临，网络消费者的信息安全问题日益凸显。由于采用大数据技术进行信息存储和处理的成本非常低廉，金融机构保存着越来越多的消费者信息，并且有能力通过大数据分析处理获得更多的二次信息。鉴于网络消费者的个人信息具有极其重要的商业价值，为了获得更多的个人信息，互联网企业往往倾向于通过不合理的授权或者强制消费者同意不合法的格式合同，侵犯消费者的合法权益，实现自身权益的最大化。我国现行的《消费者权益保护法》更多地侧重于对传统交易模式的保护，而在互联网模式下，当消费者的知情权、求偿权、隐私权、公平交易权等权益受到侵害时，《消费者权益保护法》等现有法律常会力所不逮。如果传统的法律无法满足大数据时代的发展要求，如果消费者相应的权益无法得到保障，消费者对电子商务的信任感就会越来越低，这必将阻碍电子商务的长远发展。

以默认勾选协议为例，很多网络消费者都在不知情的情况下被默认过各种行为，例如默认开通行为。随着支付方式日益多样化，一些支付功能被默认开启，例如，发卡行往往将“小额免密免签”功能与“闪付”一并设置为默认开通，很多用户表示对此并不知情。又如默认发布行为，一些 APP 会在用户不知情的情况下，自动向外发送短信。2017 年 11 月，工信部曾公布 31 款应用软件，涉及违规收集使用用户个人信息、恶意“吸费”、强行捆绑推广其他应用软件等问题。这些默认行为都严重地侵犯了消费者的知情权、公平交易权等权利。比如默认搭售行为，以携程为代表的互联网服务平台，不止一次被指不合理搭售，即用户需要手动取消一些隐藏在订票信息下的选项，比如保险产品、接送机券等。2017 年 4 月上旬，一名消费者在使用携程 APP 购买从深圳到石家庄的机票时，发现最终结算价格比主页报价高出不少，随后查询发现，在支付机票费用的同时，页面默认勾选了“航空保险”“贵宾休息室”和“酒店超值券”。随后中国消费者协会在官网发布声明称，已于 2017 年 4 月 17 日致函携程网，对其中涉及的消费者权益问题启动调查。中国消费者协会表示，携程网在消费者不知情的情况下，勾选“航空保险”等付费项目，涉嫌侵犯消费者自主选择权等权益。对此携程回复称，设计相关产品的初衷，是为了抓住消费者日益变化的旅行消费趋势，如个性化、精细化，为消费者提供“一站式”服务。经笔者调查发现，不止携程 APP 默认消费者勾选协议，消费者在飞猪旅行上订机票时也被默认勾选了购买航空意外险。由此可见，消费者被默认勾选协议的现象绝非偶然，消费者的隐私权、知情权、自主选择权等权利也在一次次的默认勾选中被“消费”得荡然无存。在当前大数据产业的快速发展下，企业非法获取消费者个人信息的违法成本低、追查难度大，使得很多互联网企业采取非法授权等方式获取用户信息，或者采取“打擦边球”的方式，先使得消费者默认勾选协议，一经曝光则马上整改，这些行为都涉嫌侵犯了消费者的一系列合法权利。所以，在电子商务以及其他互联网领域加强对消费者权利的保护已经成为当务之急。

## 三、在互联网领域完善对消费者权益的法律保护机制

### （一）明确互联网领域消费者信息权的法理基础

在我国当前的互联网发展中，互联网企业与消费者之间存在着一定的矛盾：企业希望尽可能多地获取用户信息来进行商业利用，消费者希望其信息不被或者尽量少地被企业使用。以芝麻信用为例，芝麻信用通过收集消费者的网上交易数据、社交信息、个人信息等大量碎片化的信息，运用大数据及云计算技术将消费者的互联网行为信息进行整理、计算得出信用评分。通过信用评分，消费者可以通过芝麻信用平台享受分期付款、现金借贷、租赁免押金等服务，消费者的个人信息越全面才能享受更好的芝麻信用服务。但是，芝麻信用在信用收集、使用方面可能会侵犯消费者的知情权和隐私权，例如，未经信息主体授权收集信息、过度收集个人信息、违规查询消费者的信用报告等。

从法的价值的角度考量，互联网企业与消费者关于个人信息使用的冲突，其实质是公平与效率之间的矛盾。互联网企业更看重和强调信息利用，虽然实现了信息的流通价值，也使得消费者能享受到更为便捷的服务，但消费者的信息权等权利极易遭到侵害；如果个人信息保护尺度过严，虽然追求了公平价值，但会大大限制信息的流通，抑制互联网企业的创新，影响互联网的高效发展。我们认为，应当对被法律保护的利益进行层次划分与位阶排序，具有可共享性与受益主体广泛性等特征的公共利益相较于私益更应当得到保

护，消费者的前提性和根本性权益相较于其他的消费者权益更应得到保护。具体到消费者个人信息领域，消费者的人格权益属于常常关涉公共利益的前提性权利，其较之互联网企业信息开发利用等具体利益应处于优位保护的地位。根据自然法学派代表人物罗尔斯的观点，公平与正义是实现与维持效率的前提，制度的设计者只有在确保公平后方能实现效率。[1]通过域外法律的考察，美国、德国都将个人信息保护纳入宪法保护的范畴，欧盟通过的《数据保护一般规定》首条就确立了保护个人信息的基本权利及自由的立法宗旨。我们认为，在当下我国网络消费者信息权的保护没有法律明文规定的情况下，应该坚持公平优先、兼顾效率的原则，在保护互联网消费者信息权的基础上，兼顾对个人信息进行必要而合理的开发利用。

（二）完善互联网消费者信息权的法律保护机制

1. 改变对消费者信息的概括性授权

取消目前通过传统的格式合同一次性取得信息主体对互联网企业的概括性授权，采用消费者信息的采集性授权，在互联网个人信息授权合同中详细列举出具体的授权事项。当情况发生改变，需要采集的信息超出用户同意的授权事项时，就应该重新询问消费者，这样可以使用户的知情权和自主选择权得到保护，防止个人信息因范围不明确而被过度采集，避免信息的不当使用或未经授权就被提供给第三方的情况一再发生。

2. 合理采集消费者个人信息

信息采集应以采集最小化为原则，互联网企业采集消费者信息时要坚持“最少够用”原则：只处理与处理目的有关的最少信息，达到处理目的后，在最短时间内删除个人信息。通过法律规定互联网商家在采集数据时，消费者对非关键数据享有隐私信息排除权，如果不愿意某种个人信息被采集用以评估和分析可以向互联网商家明示排除。[2]

3. 推动消费公益诉讼制度，保护互联网消费者权利

2013年修订的《消费者权益保护法》第47条规定：“对侵害众多消费者合法权益的行为，中国消费者协会以及在省、自治区、直辖市设立的消费者

[1] 张继红：“论我国金融消费者信息权保护的立法完善——基于大数据时代金融信息流动的负面风险分析”，载《法学论坛》2016年第6期。

[2] 吴凤君、陈昕瑶：“互联网征信中个人信息法律保护——以芝麻信用为例”，载《西南金融》2017年第9期。

协会，可以向人民法院提起诉讼。”面对互联网商家采用默认勾选协议等方式侵犯广大消费者权利的现象，消费者协会可以提出消费公益诉讼。这不但有利于保护处于分散状态的消费者、市民等弱势群体的合法权益，并且对于互联网消费者权利的保护具有深远的影响。这必将提高消费者对于个人信息权的保护意识，有效遏制违法收集、使用消费者个人信息的不法行为，从而维护社会公共利益。针对百度公司涉嫌违法获取消费者个人信息等相关问题，江苏省消费者权益保护委员会已于 2017 年 12 月提起了消费民事公益诉讼，2018 年 1 月 2 日南京市中级法院已正式立案。江苏省消费权益保护委员会对百度提起民事公益诉讼，在一定程度上有助于改变消费者与互联网企业之间地位严重不对等的现状，对于消费者信息权的保护意义重大。我国应从法律制度上进一步完善消费公益诉讼制度，鼓励消费者协会就互联网商家侵犯消费者信息权、知情权的不法行为提起消费公益诉讼。

综上，我们建议以支付宝年度账单事件的发生与处理为契机，明确在互联网领域对公民信息权等合法权益的保护原理，加强相关法律制度的完善，这必将有力地促进我国互联网经济的理性发展和不断繁荣。

# 与网络有关的不正当竞争行为规制分析

熊　英*

修改后的《反不正当竞争法》第6条和第12条具体规定了与网络有关的不正当竞争行为表现，第17条、第18条、第24条则规定了与网络有关的不正当行为的民事法律责任和行政法律责任。本文认为，利用网络平台进行不正当竞争行为和网络环境外的不正当竞争行为，如利用网络进行虚假宣传与在实体店进行虚假宣传或在销售商品说明书上进行虚假宣传应有区别，因为利用网络平台实施不正当竞争行为，影响或后果可能更为严重。因此，有必要单独规定利用网络平台的不正当竞争行为。另外与网络有关的不当竞争行为的民事法律责任和行政法律责任的规定，也有待进一步完善。

## 一、修改后的《反不正当竞争法》涉及互联网不正当竞争行为

修改后的《反不正当竞争法》涉及互联网不正当竞争行为的规定，体现在第6条和第12条，下面分别简要介绍。

### （一）擅自使用他人有一定影响的域名主体部分、网站名称、网页等不正当竞争行为

《反不正当竞争法》第6条规定的是通过不同的混淆行为进行不正当竞争的情形。其中情形之一是：经营者“擅自使用他人有一定影响的域名主体部分、网站名称、网页等”不正当竞争行为。这种不正当竞争行为虽然不是利用网络技术，但是必须在网络环境下进行。

一般来说，企业如果要将自己的经营活动延伸至网络空间，就得有自己

* 熊英，北京工商大学法学院教授。

的网页、网站名称和网络域名等。而为了搭便车，误导消费者，有的企业便会擅自使用他人有一定影响的域名主体部分、网站名称、网页等，在网络环境下进行不正当竞争的经营活动，损害竞争对手的利益和消费者的合法权益。

例如，在“株式会社御木本与北京市国网信息有限责任公司侵害商标权纠纷一案”中，原告株式会社御木本于1949年5月25日在日本注册成立，经营范围包括珍珠的养殖及加工，珍珠、宝石类装饰品、美术品、工艺品的制造、销售及进出口等。1984年12月15日，株式会社御木本经中华人民共和国国家工商行政管理总局商标局核准，在第14类商品上注册了第216948号“MIKIMOTO”商标（作者注：“MIKIMOTO”为“御木本”的日语发音），核定使用商品包括贵重金属及其合金、珠宝、宝石等，该商标仍在有效期内。

1997年5月2日，株式会社御木本注册域名为“mikimoto. com”的网站，用以宣传介绍其“MIKIMOTO”品牌的相关产品、历史、荣誉等，该网站持续使用至今。

被告北京市国网信息有限责任公司于1999年5月5日注册mikimoto. com. cn域名；2003年3月17日，又注册mikimoto. cn域名。涉案域名的主要部分“mikimoto”与涉案“MIKIMOTO”商标、商号内容一致，仅大小写不同；而与“mikimoto. com”域名的主要识别部分完全一致，足以造成相关公众的误认。

北京市朝阳区人民法院一审审理后判决：①被告北京市国网信息有限公司于本判决生效之日起将涉案域名“mikimoto. com. cn”和“mikimoto. cn”转移给原告株式会社御木本所有，由原告株式会社御木本注册使用；②被告北京市国网信息有限公司于本判决生效之日起10日内赔偿原告株式会社御木本经济损失及合理费用共计18万元。〔1〕

与传统的不正当竞争之混淆行为相比，“擅自使用他人有一定影响的域名主体部分、网站名称、网页等”不正当竞争之混淆行为是一种网络空间中的行为。所谓网络空间，只是传统的市场竞争范围的延伸，而且现在不少企业将传统的市场与网络空间结合进行经营活动，消费者也往往是将传统市场上的商品与网络空间中的商品进行比较以选择消费。显然，这类不当竞争行为

〔1〕“无讼案例 | 无讼法规-法律人的智能检索工具”，载无讼网，https://www. itslaw. com/search，最后访问日期：2017年12月13日。

离不开网络，将其归入与网络有关的不正当竞争行为是恰当的。

（二）未经其他经营者同意，在其合法提供的网络产品或者服务中，插入链接、强制进行目标跳转的不正当竞争行为

经营者将经营范围延伸至网络空间已成为常态，而有些经营者则利用网络技术，通过“插入链接、强制进行目标跳转”等，妨碍、破坏其他经营者合法提供的网络产品或者服务的正常运行。通过互联网技术“插入链接、强制进行目标跳转”往往将消费者需要的信息跳开，按照不当竞争行为人的指引，强制消费者进入不当竞争者的网站或网页浏览选择其商品或服务信息。

例如，载和公司是“帮 5 买”购物助手的域名注册人及经营者。受载和公司的委托，载信公司开发软件并提供技术支持。证据显示，网络经营者只要装上“帮 5 买”插件登录淘宝网和天猫商城时，淘宝、天猫网就会被自动嵌入“帮 5 买”标识，商品详情页还会被插入“现金立减”或“帮 5 买扫一扫立减 1 元”等减价按钮，网络消费者只要点击该按钮，网页就会跳转到“帮 5 买”网站，消费者实际上是在该网站下单，款项也便即时进入载和公司账户。

2015 年 10 月，淘宝、天猫公司以上述行为构成不正当竞争为由向上海浦东法院申请诉前禁令，后又起诉。[1]

原告认为，被告以修改页面代码的方式在淘宝、天猫网各层级页面中嵌入多种标识，使得被告的信息及推荐的商品在原告页面中得到免费展示，直接造成原告巨额的在线营销服务费的损失；同时还会降低原告网站广告位的价值，间接导致在线营销服务费的损失。

原告认为，两被告通过搭便车的方式，将大量原打算在原告网站交易的用户引至被告网站或其他第三方网站，导致原告网站成交量大幅减少；被告的行为还严重影响了原告网站的用户体验。

据此，原告认为，两被告的行为构成不正当竞争，请求法院判令立即停止不正当竞争行为；分别赔偿两原告经济损失各 1000 万元及合理费用各 15 万元；刊登声明消除影响。

上海浦东法院审理后认为：原被告双方的用户存在较大程度重合；二者

〔1〕“上海审结首例购物助手不正当竞争纠纷”，载法制网，http://www.legaldaily.com.cn/locality/content/2017-04/11/content_7103039.htm，最后访问日期：2017 年 12 月 16 日。

的服务内容虽不完全相同，但被告的购物助手依附于购物网站而生，存在极为紧密的联系。因此，双方存在竞争关系。原告依托其商业模式，通过多年经营所获取的在购物网站行业的竞争优势，属于应受反不正当竞争法保护的合法权益。而被告通过“帮5淘”购物助手在原告页面中插入相应标识，并以减价标识引导用户至“帮5买”网站购物的行为，会降低原告网站的用户粘性，给原告造成损害，上述行为违反了诚实信用原则和购物助手这一领域公认的商业道德，具有不正当性。因此，该行为构成不正当竞争。

最后，审理法院结合两被告的关系、“帮5买”网站上的介绍及两被告在“帮5淘”购物助手中所具体实施的行为等事实，认定两被告在运营“帮5买”网站及“帮5淘”购物助手的过程中存在分工合作，共同实施了涉案侵权行为，应承担连带责任。

“未经其他经营者同意，在其合法提供的网络产品或者服务中，插入链接、强制进行目标跳转”的不正当竞争行为，离不开网络，更离不开网络技术。因此，这类不正当竞争行为者，不仅有网络经营者，还有提供网络技术支撑的软件开发商，构成共同侵权。

（三）利用互联网技术，误导、欺骗、强迫用户修改、关闭、卸载其他经营者合法提供的网络产品或者服务的不正当竞争行为

通过互联网技术，“误导、欺骗、强迫用户修改、关闭、卸载其他经营者合法提供的网络产品或者服务”的不正当竞争行为，也是利用网络技术排挤竞争对手的网络商品或服务。与前述（二）相比，具有一定的共性，即利用网络技术对网络消费者进行误导，进行不正当竞争。不同的是前者是通过网络技术链接或跳转进行误导，后者是引导或强迫网络消费者修改、关闭、卸载其他经营者合法提供的网络产品或者服务，达到不正当竞争的目的。

例如，在“搜狗诉腾讯”案件中，搜狗公司认为，“QQ拼音输入法”软件在安装中，通过个性化设置界面，诱导用户倾向于不选择已有的搜狗输入法，据此搜狗公司诉至法院。[1]

北京市第二中级人民法院经审理认为：腾讯多次使用最高级词汇形容自家输入法的性能。输入法在技术上并非如操作系统软件般必然相互排斥，而

---

〔1〕“北京二中院知识产权日公布五大网络不正当竞争案”，载凤凰网，http://tech.ifeng.com/internet/detail_2012_04/26/14164807_0.shtml，最后访问日期：2017年12月16日。

是完全可以在计算机中同时存在且同时运行，经营者间的竞争应通过提升软件的性能和完善服务来实现，而不能通过不正当竞争。而软件安装中的诱导也致使用户计算机中已有的搜狗输入法软件的快捷方式被删除，已构成不正当竞争。据此，法院依法判决腾讯公司停止涉案行为，刊登声明致歉并赔偿原告损失23.1万元。

### （四）利用互联网技术，恶意对其他经营者合法提供的网络产品或者服务实施不兼容的不正当竞争行为

在网络普及的今天，人们的生活越来越离不开网络，网络产品或服务市场也越来越丰富多彩。可以说，网络成为一些企业的主要经营市场，也是主要的消费市场。而为了占领网络市场获取网络经营利益，一些企业利用网络技术，排挤竞争对手的网络产品或服务，恶意对其他经营者合法提供的网络产品或者服务实施不兼容。

例如，在网络用户安装“猎豹WIFI”产品后，则无法正常使用“360WIFI”产品。于是，“360WIFI”产品的开发者奇虎360起诉金山安全软件有限公司和金山网络科技有限公司，要求其承担相应的法律责任。[1]

2014年6月30日，北京市海淀法院开庭审理此案。

原告律师称，奇虎360公司于2013年6月推出“360WIFI”产品，这是一款造型迷你、操作简便的无线路由器，用户只需把360随身WIFI插到一台可以上网的电脑上，不用任何设置，就能把连接有线网络的电脑转变成接入端，实现与其他无线终端的网络共享。

但是，由金山安全软件有限公司和金山网络科技有限公司推出并分销的“猎豹WIFI”软件，阻碍用户安装使用“360WIFI”产品，这种要求用户二选一的行为造成用户在安装“猎豹WIFI”软件后，无法正常使用“360WIFI”产品。金山安全软件有限公司和金山网络科技有限公司的行为，阻碍了奇虎360向用户正常提供产品服务，破坏了“360WIFI”产品的正常功能，已经构成不正当竞争行为，应当承担相应的法律责任。

在本案中，被告就是利用网络技术使得原告的网络产品“360WIFI”不能与被告的网络产品“猎豹WIFI”同时使用，也就是相互不兼容。而不兼容的

---

[1] “安装‘猎豹WIFI’二选一，360诉其不正当竞争”，载和讯新闻网，http://news.hexun.com/2014-07-01/166213732.html，最后访问日期：2017年12月18日。

原因是被告刻意针对360的WIFI硬件发布了特殊的驱动程序，以阻碍奇虎360向用户正常提供产品服务，破坏“360WIFI”产品的正常功能行为。

（五）利用互联网技术，进行其他妨碍、破坏其他经营者合法提供的网络产品或者服务正常运行的行为

当今世界，网络技术发展之快，上述（二）、（三）、（四）列举的几种情形在实践中已有发生。而未来还会出现哪些情形，难以具体确定，本“兜底条款”的目的，就是为了适应网络技术未来发展的需要。

## 二、修改后的《反不正当竞争法》涉及互联网不正当竞争行为规定不足

（一）没有规定利用网络平台进行不正当竞争行为

传统的不正当竞争行为，不涉及网络。但由于网络的普及，传统的市场已经延伸至网络空间，如经营者通过网络销售商品时，在网络销售的产品介绍的网页上，“擅自使用与他人有一定影响的商品名称、包装、装潢等相同或者近似的标识”，显然这是一种不正当竞争行为。

但与通过实体店销售商品时，“擅自使用与他人有一定影响的商品名称、包装、装潢等相同或者近似的标识”行为相比，通过网络进行的不正当竞争行为影响与后果应该更大。再如，在网络上进行虚假宣传或商业诋毁，其不正当竞争行为的影响与后果，也远远大于经营者通过产品销售或传统的途径进行虚假宣传、商业诋毁等不正当竞争行为的影响与后果。

因此建议单独规定利用网络平台进行不正当竞争行为及其法律责任的承担。

（二）法定最高赔偿额规定没有扩大适用于《反不正当竞争法》第12条规定的不正当竞争行为

与网络有关的不正当竞争行为集中规定在《反不正当竞争法》第6条和第12条。尽管以上两条规定的不正当竞争行为涉及网络，但在民事责任承担方面，进行了区别规定，具体表现为：

《反不正当竞争法》第17条第4款将第6条规定的“假冒混淆”与第9条规定的“侵犯商业秘密”的不正当竞争行为的民事责任，作了相同的规定，即“经营者违反本法第六条、第九条规定，权利人因被侵权所受到的实际损失、侵权人因侵权所获得的利益难以确定的，由人民法院根据侵权行为的情节判决给予权利人三百万元以下的赔偿”。

而对于第 12 条规定的利用网络技术进行不正当竞争行为与其他不正当竞争行为作了相同规定，即《反不正当竞争法》第 17 条第 3 款规定："因不正当竞争行为受到损害的经营者的赔偿数额，按照其因被侵权所受到的实际损失确定；实际损失难以计算的，按照侵权人因侵权所获得的利益确定。赔偿数额还应当包括经营者为制止侵权行为所支付的合理开支。"

利用网络技术进行不正当竞争行为，往往是行为影响和后果都比较严重，而且更多的情况下，也是"权利人因被侵权所受到的实际损失、侵权人因侵权所获得的利益难以确定的"。因此，针对《反不正当竞争法》第 12 条规定的不正当竞争行为的民事法律责任，更有必要适用"三百万元"法定最高赔偿额规定。

（三）行政法律责任的承担不应区别规定、分别适用于《反不正当竞争法》第 6 条和第 12 条规定的不正当竞争行为

关于民事法律责任特别规定，针对《反不正当竞争法》第 6 条和第 12 条规定的不正当竞争行为，《反不正当竞争法》第 17 条作了区别规定。同样，关于行政法律责任的承担，也作了不合理的区别规定。

即《反不正当竞争法》第 18 条规定："经营者违反本法第六条规定实施混淆行为的，由监督检查部门责令停止违法行为，没收违法商品。违法经营额五万元以上的，可以并处违法经营额五倍以下的罚款；没有违法经营额或者违法经营额不足五万元的，可以并处二十五万元以下的罚款。情节严重的，吊销营业执照。经营者登记的企业名称违反本法第六条规定的，应当及时办理名称变更登记；名称变更前，由原企业登记机关以统一社会信用代码代替其名称。"

《反不正当竞争法》第 24 条规定："经营者违反本法第十二条规定妨碍、破坏其他经营者合法提供的网络产品或者服务正常运行的，由监督检查部门责令停止违法行为，处十万元以上五十万元以下的罚款；情节严重的，处五十万元以上三百万元以下的罚款。"

事实上，利用网络技术进行不正当竞争，也有实际的违法经营额；利用网络技术进行不正当竞争的经营者也应有相应的营业执照。因此，针对《反不正当竞争法》第 12 条规定的不正当竞争行为，也有必要规定"处违法经营额多少倍以下的罚款""吊销营业执照"等。同样，"假冒混淆"不正当竞争行为，也有情节严重者，也应适用"处五十万元以上三百万元以下的罚款"。

## 三、《反不正当竞争法》涉及互联网不正当竞争行为规定的完善

### （一）增加规定利用网络平台进行不正当竞争行为

事实上，除已规定的与网络有关的不正当竞争行为外，其他不正当竞争行为大都可以同时通过网络来完成，如通过网络“擅自使用他人有一定影响的企业名称（包括简称、字号等）、社会组织名称（包括简称等）、姓名（包括笔名、艺名、译名等）”，通过网络进行“不当的有奖销售”“虚假宣传”“商业诋毁”“商业秘密的泄露”等。而通过网络进行不正当竞争行为的影响和后果往往更严重，因此有必要单独规定利用网络平台进行不正当竞争行为和相应的法律责任。

### （二）扩大民事法律责任承担时法定最高赔偿额适用于《反不正当竞争法》第12条规定的不正当竞争行为

从具体的规定来看，《反不正当竞争法》第17条之所以特别规定“假冒混淆”与“侵犯商业秘密”两种不正当竞争行为的民事责任承担，适用法定最高赔偿额规定，主要理由在于：这两类不正当竞争行为往往涉及权利人的知识产权。关于法定最高赔偿额，在《商标法》《专利法》和《著作权法》中都有相应的规定。因此，《反不正当竞争法》参考相关知识产权法的规定，在第17条作了特别的规定。

其实，利用网络技术进行的不正当竞争行为往往涉及权利人的知识产权，同时，利用网络技术进行的不正当竞争行为给权利人造成的实际损失、侵权人因侵权所获得的利益更是难以确定，具有与“假冒混淆”“侵犯商业秘密”两种不正当竞争行为侵害对象或侵权后果的相同性。

因此，建议将法定最高赔偿额规定适用范围扩大至利用网络技术的不正当竞争行为。

### （三）同等规定《反不正当竞争法》第6条和第12条规定的不正当竞争行为的行政法律责任

《反不正当竞争法》第6条和第12条规定的不正当竞争行为，具有一些相似性，如网络性和可能涉及他人的知识产权等。因此，在民事法律责任适用规定一致的同时，有关行政法律责任规定也有必要统一。

因此，建议将行政法律责任综合规定，具体的适用则由行政部门根据个案选择适用。如此这般，既可以节约立法资源，也便于行政执法的灵活性。

综合以上的分析，有必要进行以下完善规定：

（1）在第二章最后增加一条：经营者不得利用网络平台进行不正当竞争。

（2）将第四章第 17 条第 4 款修改为：经营者违反本法实施不正当竞争行为，权利人因被侵权所受到的实际损失、侵权人因侵权所获得的利益难以确定的，由人民法院根据侵权行为的情节判决给予权利人三百万元以下的赔偿。

（3）将第四章第 18 条~第 24 条合并修改为：经营者违反本法进行不正当竞争行为的，由监督检查部门责令停止违法行为，消除影响，没收违法商品。违法经营额五万元以上的，可以并处违法经营额五倍以下的罚款；没有违法经营额或者违法经营额不足五万元的，可以并处二十五万元以下的罚款。情节严重的，吊销营业执照，处十万元以上三百万元以下的罚款。

与网络有关的不正当竞争行为，还要依法通过网络途径，赔礼道歉。

经营者登记的企业名称违反本法第 6 条规定的，应当及时办理名称变更登记；名称变更前，由原企业登记机关以统一社会信用代码代替其名称。

经营者违反本法第 8 条规定，属于发布虚假广告的，依照《中华人民共和国广告法》的规定处罚。

随着网络技术的发展，相信与网络有关的不正当竞争行为会越来越多样化、复杂化。如何正当地利用网络进行经营，合理地规制网络经营行为，保护网络市场中经营者和消费者的权益，研究与网络有关的不正当竞争行为及其法律规制，具有十分重要的现实意义。

# 在线短租行业监管问题研究

高传杰　罗　琛*

在线短租作为拥有很大发展潜力的共享经济典型行业，在目前发展关键时期，政府监管态度是影响在线短租行业在我国顺利发展的关键环节。若政府监管仅从宏观角度对在线短租行业调控，不易对行业内具体事项把控，因此易滋生影响短租行业的负面因素并造成政府监管真空。政府部门监管是影响在线短租行业发展的重要因素，政府部门监管力度的大小同时影响着在线短租行业商业模式的选择、内部结构的调整和行为方式的改变。如何在鼓励支持在线短租行业创新的同时平衡政府监管力度与在线短租行业发展水平间的关系，是考量政府行政水平的重要因素。

## 一、在线短租行业监管困境

在线短租市场的监管可分为对行业内部规范和外部市场竞争的监管，行业内部规范监管又分为对线上交易和线下住宿的监管。从本质上看，将在线短租市场各类被监管对象加以区别，与传统网络行业监管和酒店行业、旅店行业监管差异不大，都是对盈利机构行业行为规范和行业市场竞争的监管。[1]但是，由于互联网与短租行业的结合，使得法律关系更为复杂，监管区域更为广阔、违法行为更为隐秘，因而给在线短租行业监管带来新的困境。

第一，法律规范不统一。在线短租行业目前在我国仍未取得合法身份，

* 高传杰，新星出版社编辑；罗琛，北京市丰台区人民法院法官助理。

〔1〕 参见耿启幸、俞逸飞等：“在线短租平台的法律困境及监管设想”，载《发展改革理论与实践》2018 年第 1 期。

属于“黑户”，国家还未出台相关法律规范对在线短租在我国的法律身份进行认定。在线短租行业在我国的市场规模逐年扩大，处于快速发展时期，国家部委和部分地方政府相继出台部门规章和地方性法规推动在线短租行业发展。但是这些部门规章和地方性法规大都为表示政府对在线短租行业支持和鼓励的态度，对在线短租行业在其辖区范围内的发展进行抽象性引导。[1]此外，这些部门规章与地方性法规都未具体规制在线短租行业监管机制、纠纷解决机制等。现阶段对在线短租行业的监管法律依据来自于不同层级、不同部门的法律规范，由不同的监管机构针对在线短租行业细分内容进行监管。由于法律主体地位不明、立法层级不高、各地情况不一、平台模式差异等，易出现多头监管、监管主体不明、监管无法可依等监管问题。

第二，网络技术要求高。由于互联网技术加入，对在线短租平台监管需要依托网络技术协助，具有很强的专业性与技术性。在线短租平台为房主和房客提供交易机会、创建交易环境以及保存客户个人信息和交易记录都需要运用网络技术，看似简单的操作背后需要依托复杂的计算机程序。行政监管机构对在线短租行业监管需要专业的网络技术队伍和相应技术工具，提高了行政机构监管成本。此外，个人征信系统尚未建立完全给行政监管机构工作增加难度，短租市场现有征信系统分为公安部门公民身份验证系统认证、银行客户身份信息认证和第三方个人信用评级机构支付宝芝麻信用积分三个部分，在一定程度能协助监管。但三个机构征信系统单独成体系，彼此间未完全形成互联，无法对行政监管机构提供更有力的助力。

第三，房源分布零散。在线短租交易发生在线上，入住房屋的实际履行发生在线下。由于房主进入在线短租市场门槛较低，大量房主涌入给行政机构监管也带来很大困难。C2C 商业模式的在线短租的房源都来自个人房主，房屋分布范围广，房主数量庞大且增长迅速是这种商业模式的突出特点。由于通过在线短租平台招租的房租分布零散，行政机构难以定期逐间对短租房源进行检查，只能不定期地通过抽样调查方式对某一家在线短租平台的房源排查，但容易导致部分在线短租平台监管不力，短租房房主浑水摸鱼，致使房客的合法权益受到侵害。

---

〔1〕 凌超、张赞：“‘分享经济’在中国的发展路径研究——以在线短租为例”，载《现代管理科学》2014 年第 10 期。

第四，平台商业模式区别。国内在线短租市场存在 C2C、B2C、C2B2C 三种商业模式，不同商业模式在线短租在主体、交易结构、支付方式、房屋标准等方面都存在差异。行政监管机构需要消耗成本，针对不同商业模式的在线短租交易制定不同的行业标准、监管方式和处罚措施，对在线短租行业监管的行政监管主体都需为此划分为三个机构，增加监管主体组织负担。并且在线短租行业处于高速发展时期，商业模式随着市场行情变化同样发生改变，监管机构也需顺应在线短租市场商业模式的改变及时调整监管方式。

## 二、国外在线短租行业监管经验

在线短租在国内仍处于“身份不明”的境况，但其在国外的发展已成规模，但作为共享经济的典型代表行业，在线短租在任何地方快速发展的同时都会伴随争议产生。国外学者对在线短租政府监管问题探讨较多，政府对在线短租的监管也几经摸索拥有一定经验。我国如何对在线短租这一新兴行业进行规制？可否以传统网络交易平台监管方式对在线短租平台监管？政府监管部门对在线短租监管力度如何抉择？这些问题都值得去研究，我国目前对在线短租无专门法律规范，学术界对在线短租监管问题的讨论更是寥寥无几，有必要借鉴国外在线短租监管经验，构建符合我国国情的在线短租行业监管体系。

### （一）美国在线短租行业监管经验

从爱彼迎开始在纽约州运营初始，就引来不断地争议。2014 年 10 月，纽约州一名检察官出具一份由爱彼迎提供的报告。报告中数据显示，从 2010 年至 2014 年，纽约州有 72%在爱彼迎短租平台将自有房屋上线招租的房主都因房屋出租少于 30 日而违反《纽约州合租法》（New York State Multiple Dwelling Law）。该检察官还认为，爱彼迎在税费缴纳方面不符合联邦与纽约州税收政策规定，还欠缴至少 330 万美元税款。爱彼迎盈利是依靠提供网络平台服务技术，向房主和房客分别收取一定比例佣金。在纽约州，爱彼迎的很大一部分盈利都来自于房主缴纳的佣金，虽然在线短租行业的兴起能盘活社会闲置资源，具有普惠大众的意义，但爱彼迎在纽约州的收入却是基于违反法律基础之上所得，不益于在线短租长期发展和维护社会公众福祉。2015 年，纽约州检察长再次向爱彼迎发难，认为其在税款缴纳方面问题使得纽约州政府税收损益严重。爱彼迎不得以公开平台房源、交易记录信息，个别用户存在违法行为时，平台将公布其个人信息，以降低违法现象产生，迎合政府监管态度。

在线短租租赁期限限定。纽约州《违反酒店法》规定：不允许房主将自有个人房屋用作少于29天的房屋租赁。《纽约州合租法》规定：房主不得将个人房屋用作少于30天的房屋租赁。2016年10月，美国纽约州州长签署了一项法案，规定禁止房主为少于30天的房屋出租进行广告宣传，违者可能面临7500美元的高额罚款。爱彼迎创始于加利福尼亚州旧金山市，在线短租平台的房主在这里同样受到禁止将个人房屋用于少于30天的房屋租赁的限制。旧金山市与俄勒冈州的波兰特市对每自然年度房主对房屋出租期限设定限制，要求房主在每自然年度出租个人房屋不得超过90天，但旧金山法律规定房主若跟房客合住，房屋出租将不受到时间的限制。波兰特要求房主用于出租的房屋限制一套或是一套房屋中房间的1/4。[1]

在线短租房主登记系统建立。2016年6月，旧金山政府监事委员会规定，通过爱彼迎在线短租平台上线为个人房租招租的房主必须在政府相关部门登记，只要存在未登记的房主，爱彼迎在线短租平台将面临每天1000美元罚款。据统计，规定之时旧金山市爱彼迎在线短租平台仅有20%房主在相关部门登记，规定已经生效，爱彼迎每日在旧金山市都会面临巨额罚款。爱彼迎将旧金山政府告上法庭，2017年5月，双方达成和解。爱彼迎着手搭建用户在线注册系统，协助政府建立短租房主在线登记系统。房主若想通过爱彼迎在线短租平台对其个人房屋上线招租，必须在系统注册登记。波兰特政府同样要求在线短租房主注册登记，若房主想利用个人住房上线招租，必须首先到当地发展服务局注册登记并获得许可后才允许将房屋用于租赁，并且每两年需对租赁许可进行更新。

短租房屋性质限定。在线短租房屋性质认定在华盛顿州、爱荷华州与俄勒冈州都引起过纠纷，不同法院对于司法辖区内什么样房屋可用于短租的见解不一。爱荷华州最高法院认为住宅应包括家庭住房、永久住房及其他适合家庭居住的地方，不包括出租给租客的住宅。华盛顿最高法院认为相比商业性房屋，租客在旅行时利用房主的个人房租日常居住，这是对住宅性房屋正

---

〔1〕 Matthew Rosendahl, iTenant, "How The Law Should Treat Rental Relationships In The Sharing Economy", *William & Mary Law Review*, 59 (2015), 742.

常使用并非商业性利用，所以不应对此作出任何的时间限制。类似于爱荷华州最高法院意见，华盛顿法院定义“住宅”用作短租使用是宽是严，取决于房主的做法是否违反司法辖区内法律条款的限制。俄勒冈州最高法院对于住宅使用的定义模糊做出了回应，使用严格的建筑结构去主张限制的住宅财产必须专门用于住宅或非商业企业，不限制在住宅上短租。

从美国不同州市对在线短租监管态度来看，政府主要监管目标首先在于防止在线短租行业因税收、租赁期限等优势，给传统酒店行业带来损失。其次在于防止短租平台房主利用法律漏洞。不同州市对可用于短租房屋规定不同，若房主利用禁止短租房屋开展短租业务，第一可能会对房价较高地区的租房市场造成冲击；第二可能会对房屋附近居民相邻权造成侵犯；第三可能会造成政府税收收入的流失。

### （二）其他国家在线短租行业监管经验

德国柏林市政府在 2016 年 5 月 1 日颁布法规，禁止当地居民将个人居住用房改装成短租公寓。为此，仅就爱彼迎一个短租平台在柏林市便下线接近两万套房源，给柏林在线短租行业带来不小损失。此外，柏林市禁止房主通过在线短租平台出租整套房屋，并对房主出租房间数量进行限制，因为当地政府监管部门认为，共享经济即使对闲置资源利用产生收益，若不对房主出租房屋的数量进行限制，可能会使得不少房主成为专职化房主，为赚取更多的租金盈利使得他们购入大量房屋用于出租，在理论上就违背共享经济本质，实践上会造成当地房源紧缺，以至于房屋价格和房屋租金价格的飙升。甚至对在线短租市场都产生一定影响。

加拿大温哥华市要求短租房主招租前必须在政府部门登记并取得经营许可证，房主出租的房屋必须用于房客个人的居住而不能另做他用。温哥华政府也将对在线短租行业征收酒店税等费用，以减轻对传统酒店行业的冲击。

法国巴黎政府与在线短租平台经营者采取对话机制，要求在线短租行业在行政区域内需设有办事处。巴黎政府认为，在线短租行业作为新兴行业在快速发展时，需要加强与政府间的常规对话。因为不同国家不同地区，在线短租在巴黎的发展与其他国家和地区也应有所区别，在线短租行业与政府之间可以通过沟通协调化解诸如税收、房屋性质限制等一系列的矛盾，寻求合作共赢的途径。

在线短租税款征收方面，全球很多城市选择制定针对在线短租行业的税收政策，美国23个州和特区可通过向在线短租行业收取占用税，在线短租平台经营者需按法律规定在一定期限内向政府部门缴纳占用税。在印度、法国大部分地区，荷兰阿姆斯特丹市、葡萄牙里斯本市都出台法律规定，允许政府部门向在线短租平台经营者收取和汇缴占用税。[1]

## 三、在线短租行业监管措施

我国目前已初步建成网络交易平台监管系统，该系统的建立致力于对国内网络交易平台实施监管。针对在线短租行业，监管部门利用该系统可及时发现在线短租平台经营者违法经营问题。对在线短租行业具有预警和提示的作用，引导在线短租平台经营者合法经营，防止部分在线短租平台经营者从事非法经营，逃避法律责任，并可对短租交易中监管对象遭遇法律问题进行解答。发生纠纷后，系统针对在线短租监管形成的数据可作为证据。国家通过构建网络监管平台，能有效从宏观层面对在线短租行业进行规制。但是，仅通过网络平台运行的监管系统管理，难以解决在线短租行业复杂的准入标准和住宿体验问题，需要区分不同商业模式监管，政府部门需要对监管职权下沉，通过同行业协会合作，在线短租平台自我监管，形成系统的现实监管机制，保障在线短租行业在我国发展的稳定。

### （一）区分商业模式监管

在线短租市场拥有C2C、B2C、C2B2C三种不同商业模式，三种商业模式在线短租在主体、主体间法律关系、房屋来源等方面有诸多差异。政府监管部门应区分不同商业模式在线短租易产生的问题。例如，在C2C商业模式下，由个人房主提供房源，因在线短租平台不对线下房源实地审核，造成短租平台房源质量参差不齐，房主为房客提供服务的质量标准不统一，故而在C2C商业模式下，在线短租易出现房屋质量不达标、房客入住存在安全隐患、卫生条件无保障等问题。B2C和C2B2C商业模式在线短租，由于B端与房客直接交易，双方签订格式合同容易出现霸王条款、捆绑式提供附随性服务等问题。

政府监管部门监督在线短租平台时，可区别房源提供者属于提供批量房

[1] 参见熊俐："从房屋在线短租行业看分享经济的监管对策"，载《安徽电子信息职业技术学院学报》2016年第6期。

屋的营利性企业法人，还是属于出租闲置房屋赚取收入的个人房主。双方由于对在线短租市场资金投入差异，所面临的风险高低与承担责任的大小区别较大，法律应对房屋来源不同的两种在线短租模式区别规制，政府监管部门对两种不同模式在线短租态度也应作区分。个人房主利用闲置房屋招租获取生活额外收入，符合共享经济规律，盘活社会闲置资源，有利于社会资源再整合。相比于B2C商业模式给在线短租平台提供成批房屋投资盈利的企业法人，不应提升C2C和C2B2C商业模式在线短租房主仅提供个人房屋所需承担的法律风险。相应提升规制等级的是房屋来源于房地产公司、物业公司、中介公司等企业法人的B2C商业模式在线短租，其运营模式违反共享经济利用闲置资源提高个人收入的理念，并可能同其他模式短租行业乃至整个住宿行业产生不当竞争。我国政府监管部门对在线短租行业监管时，应对房源提供者不同的在线短租区分监管，相对于个人房主提供房源模式的在线短租，监管部分应提高对企业法人提供房屋模式的在线短租监管力度，对其房屋质量与安全、卫生设定更高的标准，对住宿行业许可审批、注册登记、定期审查等方面也应作出相应要求。

当然，政府监管是有成本的，对不同商业模式在线短租监管，政府所消耗成本差别巨大。在B2C商业模式下，在线短租由于房源由企业法人成批量提供，房源较为集中，方便监管部门审查，发现存在不达标的问题由B端短租平台统一整改。这种模式在线短租易管理，监管成本较低。C2C和C2B2C商业模式在线短租平台房源来自个人房主，房源量大且分散，逐一监管难度大。现阶段监管部门仅能通过抽样调查的方式对两种模式下上线房屋审核，无法落实到户，难以排除质量、安全、卫生不达标的短租房屋。监管部门应将监管权力下沉，提高在线短租平台应负的法律责任，敦促在线短租平台发挥市场监督作用，形成逐层监管。政府监管发现问题，在线短租平台须负监管不力责任。

### （二）鼓励行业自律监管

优胜劣汰的市场竞争机制使在线短租平台不断调整自身商业模式和行为方式，改进在运营中出现的缺陷，提升自身在在线短租市场竞争力。国内在线短租市场，在线短租平台会为用户制定保障计划，用以防范风险、吸引用户和增加市场竞争力。例如，爱彼迎为每一个房主提供房主保障险计划的同时，也提供上限为500万人民币的房主保障金计划。途家网则对每一位房客提供1000万人民币的“安心租”先行赔付业务。

在线短租兴起立足于国外开放的思维模式和分享的社交理念，人们愿意接纳旅行者入住家中，体验不同的文化差异。在我国，传统家文化的熏陶使中国人潜意识认为家是极其私密的场所，属于家庭的私人空间，他人的入住会带来家庭生活中诸多不便，不同的生活习惯会影响家人正常的起居生活。自在线短租行业登陆我国起，其自身调节机制在发展中也日渐完善。在线短租行业逐渐开始适应中国复杂的国情，在C2C商业模式在线短租的基础之上，衍生出B2C与C2B2C商业模式在线短租，开始利用平台介入线下房屋质量，不少C2C商业模式在线短租平台也开始对线下房源实地审核，以提高短租平台房源质量。国内各大在线短租平台都将第三方征信系统支付宝中的芝麻个人信用积分制度引入，成为在线短租交易中房主和房客双方互相产生信任的工具之一。用户通过对对方芝麻信用的了解，可以初步判定对方的信用程度和支付能力，有利于保证线上交易的效率和安全性。

残酷的市场竞争中，在线短租平台不断弥补自身缺陷和拓展优势以在短租市场寻求生存与发展。[1]部分商业模式的拓展可能偏离共享经济的轨道，但是，在复杂环境下对于新兴行业发展无疑有着启发和引领作用。从国内在线短租行业发展情况看，良性市场竞争有益促进在线短租平台的更新与完善。在线短租平台自我调节、自我监管不仅对增加平台竞争优势，对整个行业服务水平提升和对政府监管成本降低都是有很重要的作用，应充分鼓励在线短租平台发挥自律监管作用。

（三）推进短租征信系统完善

在线短租市场容易出现用户利用互联网交易，线下操作不文明，甚至出现侵害他人权益的违法问题。自上海“野蛮租客”事件的发生在短租市场闹得沸沸扬扬后，诸如用户随意取消订单、违反入住规则等现象多有发生，使得在线短租在用户心中形象一度下跌。同时，交易中信息不对称和信用信息缺失所带来的交易风险和逆向选择增加短租交易成本，降低交易效率，使得在线短租难以得到推广。B2C与C2B2C商业模式在线短租平台中，交易关系相对简单，但仅能针对已在平台有不良记录的用户。C2C商业模式短租平台牵涉三方关系，不仅造成交易双方的不信任，甚至造成交易双方对短租平台

[1] 钱瑾：“‘分享经济’的监管思路——以在线短租为视角”，载《金融法苑》2016年第1期。

不再信任。

共享经济“共享”的核心在于信息共享。个人征信系统的完善有利于提升社会违法成本，降低交易成本，有利于促进在线交易量增长。国内短租市场C2C运营模式下现有的信用体系大体分为公安部门公民身份验证系统认证、银行客户身份信息认证、第三方信用评级和平台自有信用评级体制四个部分，在一定程度上能解决房主和房客之间的信任问题。但目前四个机构各自的信用体系单独成型，彼此之间却没有完全形成互联，不足以形成违约、侵权问题的预防机制，问题纠纷出现后也不能通过征信系统进行完善的解决。

B2C与C2B2C商业模式的在线短租，因线上住宿交易关系的主体为商业端与房客，征信系统的建立较C2C运营模式而言相对简单。在这两种运营模式下，交易相对透明，平台能直接、清晰地了解房客在入住前后的相关行为，对用户建立个人诚信档案，形成相关问题预警机制，对于“野蛮房客”，短租平台可以列入入住黑名单。但单方征信系统的建立相对容易，要实现多方征信系统网络的建立需要披露用户的个人诚信记录，用户诚信记录在性质上属于个人隐私与商业信息，如何在国内市场的短租平台间搭建用户诚信记录分享机制需进一步突破商业界限。

征信系统不发达不利推动短租行业发展。目前，国内在线短租市场用户征信依靠公安居民身份验证、银行客户身份验证、第三方支付信用和短租平台征信档案四个部分构成。虽然能够依托多方征信系统追究责任，但不同机构征信体系相对独立，无法形成相关问题预警机制。建议联合公安、银行和第三方个人信用评级机构三方数据，打破各方个人信用考核主体的信息壁垒，各方综合考核后对公民个人信用进行评价，排除从单方面对公民进行的片面考核，提升个人信用考察的完整程度。由公安部门对第三方个人信用评级机构得出结果进行汇总分析，结合个人各方面行为信用考评后得出权威数据进行共享。在线短租行业引入个人信用分数后进行量化管理，房主和房客在进入在线短租市场时根据其信用额度给予定额积分，根据其是否发生侵权行为进行扣分，当分数低于额定标准时需要提供金钱担保，考核标准越低按比例提供的担保金额越高，担保额度到达最高值时禁止其进入在线短租市场。

短租征信系统的完善有利于提升社会违法成本，降低交易成本，促进在线交易量增长。但商业信息、个人隐私和个人信息披露之间本身就存在矛盾与冲突，如何权衡双方之间的利弊取舍是立法者制定法律时需要对隐私权保护程度和消费者利益保护考虑之后决定的。应在保障商业、个人隐私的基础之上，充分遵循在线短租行业的发展规律，严格征信系统保密政策，适时适量的披露个人信用信息。在保证隐私权的同时，促进多方信息之间流转与沟通，以信息共享为基石推进在线短租行业的发展。

# 公司经营者激励机制：问题与出路

段　威　林　杉*

学者曾正确指出，“任何行为都需要不断地被激励，这种激励可以是物质的奖励、他人的认可，也可以是自我的认可，重要的是一个人必须感到其努力能带来自身福利的变化，为了激励行为者，必须让其能够获得自身劳动的果实，这是市场经济的一个基本点。”〔1〕公司经营者与公司所有者理论上属于相互分离的两个群体，具有不同的利益诉求，故对其亦须给予适当激励，以促使其尽心尽职行使公司经营管理权力，实现公司和全体股东利益最大化目标。本文拟就我国公司经营者激励机制建立的重要性、现存主要问题、基本原则等问题展开探讨，以期对相关问题的解决有所裨益。

## 一、建立我国公司经营者激励机制的重要意义

公司经营者在公司中的特殊地位与重要作用，以及公司经营者在公司中独立的利益追求，决定了建立相应的公司经营者激励机制具有重要意义。

---

* 段威，中央民族大学法学院教授；林杉，中央民族大学法学院硕士研究生。

〔1〕［美］斯密德：《财产、权力和公共选择》，黄祖辉等译，上海人民出版社1999年版，第2页。

1. 公司经营者激励机制源于公司经营者在公司业务运营发展中的重要性

建立公司经营者激励机制的事实基础在于其在公司业务运营发展中的重要性，这主要表现在两方面：

其一，公司经营者在公司业务运营发展中的不可或缺性。现代公司股东人数众多、地域分散、欠缺公司经营管理专门技能等先天性特点，决定了其并不适合公司经营者的角色。而且，随着现代商业社会的快速发展，在公司内部，公司规模日益扩大化，内部结构日益复杂化，经营决策日益专业化；在公司外部，经济节奏不断加快，生存竞争日趋残酷，经营影响日益深远，这些都决定了公司经营管理权力不可能交给公司股东，必须交给一些专门型人员行使。专业性的公司经营者于是应运而生，他们扮演公司的经营管理角色，并且享有独立、充实的公司经营管理权力。

其二，公司经营者在公司业务运营发展中的地位关键性。不可否认，资金、机器、设备、厂房等物质资本对公司的设立与发展具有重要的基础与前提意义。但同样不可否认的是，公司经营者往往接受经济、财务、技术、法律等方面的高等教育，历经商业活动、技术研究等领域的锤炼与考验，其专业性经营管理才能所体现出来的智力资本，在公司经营发展中具有同样重要的地位，甚至发挥更重要的、关键性的作用。首先，公司经营者的经营管理发挥着协调、整合这些物质资本的作用。离开公司经营者的经营管理，这些物质资本或许只能是一堆不能有效运转的破铜烂铁，不仅不能带来利润，相反甚至可能招致磨损、折旧及储存等成本。通过公司经营者的经营管理，可以使这些物质资本有机地结合起来，协同地发挥作用以创造利润。其次，公司经营者的经营管理发挥着迅速决策、及时把握商机的作用。在高速运转、竞争残酷的现代商业社会，每个公司都时刻面临着各种虚虚实实、真真假假的商业信息与机会，机会中利润与风险共存，且机会稍纵即逝，及时把握固然获益甚巨，一旦错过则劳而无获甚至招致致命打击。公司经营者可借助其专业技能迅速进行分析与决策，及时把握商机。最后，公司经营者的经营管理发挥着公司宏观引导的作用。公司的经营管理不仅仅是既有物质资本的协调与整合，更重要的在于根据对国家经济政策、市场发展趋向及人们消费观念等方面的判断与预测，对公司的经营规模、扩张地域、产业方向、产品类型、技术研发等诸多宏观事项进行正确决策。

有劳即应有所获，收益与贡献成正比是市场经济应该坚持的一个基本原则，公司经营者在公司业务运营发展中的重要作用，决定了必须对其给予相应的激励，唯有如此，才与公司经营者对公司事业发展的贡献相符，也唯有如此，才能促使公司经营者进一步做出更多的贡献。

2. 公司经营者激励机制源于杜绝公司经营者怠职行为的必要性

有学者曾正确指出，“你可以买到一个人的时间，你可以雇到一个人到指定的工作岗位，你也可以买到按时或按日计算的技术操作，但你买不到热情，你买不到创造性，你买不到全身心地投入，你不得不设法争取这些。”〔1〕

公司经营者利用自己在公司中的特殊地位，或与公司控制股东相互勾结，或自行通过各种手段从事侵害公司及其他股东合法权益的行为，自然对公司危害极大。但是，一方面，这种行为的手段与后果往往具有相当的激烈性与明显性，容易识别；另一方面，公司经营者的法律义务等控制机制也可以对这种行为进行相当有效的事先防御和事后惩治。与此恰恰相反，因为公司经营者既不享受公司经营成功的全部成果，也不承担公司经营失败的全部损失，他们与股东在利益追求上具有相当程度的不一致性，这导致了公司经营者或者不思进取，不求有功但求无过，或者偷奸耍滑，懈怠偷懒。尤其复杂的是，公司经营者这种怠职行为往往具有相当的潜在性和隐蔽性，既不容易识别，也不容易通过法律途径解决。

公司经营者激励机制的合理设计，为杜绝公司经营者的怠职行为提供了对症的良药。公司经营者怠职行为之根源，即在于他们的利益所得与他们在公司经营管理中付出的劳动及这种劳动给公司及全体股东带来的利益相互分离。通过把对公司经营者的激励与其在公司经营管理活动中的付出并最终与公司及全体股东的利益所得捆绑在一起，可以使公司经营者深切地感受到，他们为公司经营管理付出的努力，以及为公司及全体股东利益最大化做出的贡献，并没有归于消灭，而是在他们的利益所得中得到了真真切切的体现。这样，就会激发公司经营者的热情与激情，促使公司经营者创造性和积极性的进一步迸发，促使他们全身心地投入到公司的经营管理活动中，全身心地为公司及全体股东利益最大化的目标服务。

---

〔1〕 刘正周：《管理激励》，上海财经大学出版社 1999 年版，第 29 页。

## 二、我国现行公司经营者激励机制的主要问题

认清我国公司经营者激励机制的现存问题，是有针对性地建立我国合理的公司经营者激励机制的必要前提。概言之，我国现行公司经营者激励机制的主要问题就在于市场化程度不高，具体主要表现在以下几个方面：

（1）激励机制与公司经营者个人经营能力及贡献脱钩，缺乏衡量公司经营者工作业绩的市场化客观标准，缺乏构建合理激励机制的前提基础。我国特殊的公司股权结构、特殊的公司经营者人才政策及特殊的国有资产管理观念，导致我国公司经营者的任免与其个人经营才能没有必然的、直接的联系，公司经营者个人经营业绩的评估缺乏一个客观标准，公司经营者个人奖惩与其对公司的经营贡献并非完全挂钩。

对公司经营者之任免，国有股东或者国有资产监督管理机构表现出了异乎寻常的热情，如根据国务院 2011 年 1 月 8 日发布的《企业国有资产监督管理暂行条例》第 17 条规定，国有资产监督管理机构依照有关规定，任免或者建议任免所出资企业的企业负责人。另据中国企业家调查系统之《中国企业家成长与发展专题调查报告》数据表明，就我国全部企业而言，企业家由主管部门任命的占 75.1%，在国有企业中更是高达 90.9%，而由社会人才市场配置的仅占 0.3%。[1]

对公司经营者之业绩评估与奖惩，国有股东或者国有资产监督管理机构至少在表面上大权稳握，根据国务院《企业国有资产监督管理暂行条例》第 13 条规定，国有资产监督管理机构的主要职责之（四）即为，依照法定程序对所出资企业的企业负责人进行任免、考核，并根据考核结果对其进行奖惩。可见，一方面，国有股东掌握着公司经营者的生杀大权，对公司经营者而言，其只需对国有股东表现出应有的“忠诚度”即可，作为国有股东意志的代言人，其在公司经营管理中无需也基本没有自己个人意志的独立运作空间。同时，其奖惩激励制度与其行政级别紧密相关，而其行政级别的确定则建立在其对国有股东的“忠诚度”基础上。另一方面，我国公司一般都占据着各种各样的垄断地位，掌握着各种各样的经营特权，公司的“发展”主要依靠这

〔1〕 中国企业家调查系统：“素质与培训：变革时代的中国企业经营管理者——1998 年中国企业经营管理者成长与发展专题调查报告”，载《管理世界》1998 年第 4 期。

些垄断地位和经营特权，公司经营者的“经营才能”主要体现在，如何向上级争取更多的垄断优势、财政支持和经营特权。在这种情况下，试图对公司经营者个人经营才能及其对公司的贡献作出客观地衡量，实属困难。

公司股东，包括国有股东，对公司经营者的任免、业绩评估及奖惩表现出应有的热情与关注乃属天经地义，法律赋予其在公司诸多方面与其所占公司股份相当的表决权也属理所应当。但是，自由竞争、优胜劣汰是公司世界中最真实、最简单、最合理的规则，公司经营者之任免与激励亦应同样遵守。标准很简单：公司经营者之任免须视其经营管理能力的有无与大小而任人为才，公司经营者之激励须视其经营管理能力对公司的贡献而奖惩有度。公司经营者之任免权完全掌握在个别股东如国有股东手中，没有引入竞争与淘汰机制，已属不正常；公司经营者之任免与激励并非以其经营管理能力对公司的贡献这一市场化标准进行，完全凭个别股东如国有股东一己之政治“忠诚度”、行政级别为标准进行，更属不正常，必将造成严重的不利后果。

（2）激励手段僵化单一，根本不能发挥应有的激励作用。我国现行公司经营者激励手段主要包括基本工资和年度奖金。虽然工资和奖金制度能够对公司经营者发挥一定的激励作用，但该作用是极其有限的。首先，工资和奖金的支付数额是否和公司经营者的工作业绩或者对公司的贡献成正比，很难确定；其次，工资和奖金只是对公司经营者以往工作业绩的肯定和奖赏，但能否激励公司经营者全身心地投入公司经营管理，不无疑问；最后，即使工资和奖金能对公司经营者起到一定的激励作用，但该作用的发挥也仅限于激励公司经营者对公司短期经营业绩的关注，而不会使公司经营者放长眼光，注重公司长期健康发展。

公司经营激励机制的合理设计，必须将公司经营者的报酬与其对公司的工作业绩或经营贡献直接挂钩。唯有如此，才能纠正工资和奖金制度仅激励公司经营者关注公司短期经营业绩的弊端，才能使对公司经营者的长期激励与短期激励合理平衡，才能使公司经营者与公司所有者利益有效结合。因此，各国实践均在工资和奖金基础上发展出了激励股票期权（Incentive Stock Options）、股票持有计划（Stock Ownership Plan）、受限股票计划（Restricted Stock Plan）、虚拟股票计划（Phantom Stock Plan）、股票增值权（Stock Appreciation Rights）等多种激励手段，强调公司经营者对建立在其经营业绩基础上的公司股东收益的参与分配，将公司经营者的切身利益与公司的短期效益与长期发展紧密联系在一起，合理平衡激励机制的短期激励功能与长期激励功能，最终促进公司经营者与公司股东利益的共同发展。

（3）公司经营者待遇状况不公开，既不利于发挥应有的激励作用，又可能诱使公司经营者滥用权力为自己提供过高福利待遇。我国公司经营者收入呈现给他人的是少得可怜的基本工资，以至于其能否满足社会上普通人的正常生活需要都值得怀疑，更不用说公司经营者的实际生活水平。于是，人们包括公司经营者似乎也“心安理得”地接受这样一种事实：除基本工资以外，公司经营者享受着各种福利待遇。

但问题是：其一，公司经营者享受的福利待遇，从按级别配备的高级轿车、高档住宅、高等办公环境，到定期提供的出国旅游、继续深造、专业培训，再到免费提供的个人电脑、餐费甚至生活用品等，基本上都是按照公司经营者的行政级别进行分配，与公司经营者的个人经营管理能力及其对公司的经营业绩没有必然的联系。公司经营业绩好时，公司经营者的福利待遇自然只增不降，公司经营业绩差时，公司经营者的福利待遇也基本不变，至多有量上的差别，绝对没有质的改变。进言之，这些激励手段由于和公司经营者对公司的贡献及公司的经营业绩脱钩，根本不能发挥应有的激励作用。

其二，公司经营者享受着基本工资以外的诸多福利待遇，尽管似乎已是众所周知，但该诸多福利待遇的具体情况，从来就处于封闭状态而没有对外详细披露，人们由于缺乏了解亦无法予以监督，这无疑为公司经营者提供了滥用权力，为自己谋求过高福利待遇，从而侵害公司及股东利益的机会。以中国航油（新加坡）股份有限公司从事投机行为亏损 5.54 亿美元的事件为例，因该事件引发的该公司总裁陈久霖年薪达 2350 万元人民币的事情，一经在国内披露，立即引起各界人士的口诛笔伐。笔者这里无意探讨陈久霖年薪的高低与否，但不能不产生一些疑问：①该公司的经营业绩是客观存在的，但同样客观存在的是，该公司所享有的对国内民航公司销售航空用油的垄断地位，对其经营业绩无疑发挥了巨大的促进作用，在此过程中，公司经营者个人经营管理才能到底发挥了多大作用？其对公司经营业绩的个人贡献是否得到了客观、准确的评估？②陈久霖 2002 年的年薪就已高达 490 万新元（约合人民币 1600 万元），其被新加坡人称为“打工皇帝”，而在国内，关于陈久霖年薪的事实为什么直到该公司从事投机行为发生重大亏损时才被披露？现行的公司经营者报酬披露机制是否存在相当严重的问题？

## 三、建立我国合理的公司经营者激励机制的基本原则

公司经营者激励机制必须建立，原因已如前述。但是，对公司经营者的激励并非是一味的、毫无原则的。公司经营者激励机制只有合理设计，才能发挥其应有的功能。在此过程中，必须坚持如下一些基本原则：

1. 公司所有者与公司经营者利益兼顾的原则

马克思曾指出，“人们奋斗所争取的一切，都同他们的利益有关。”〔1〕公司经营者专司公司经营管理之职，对公司业务的正常运营与发展壮大发挥着至关重要的作用，他们如此行为自然有其利益追求，对其进行一定的激励自属应当。但是，公司毕竟是股东的营利性工具，公司中所有人员的行为都应以公司及全体股东利益最大化为首要初衷与最终目标。因此，一方面不能仅以公司及全体股东的利益为唯一目标，而置公司经营者的利益追求于不顾；另一方面也不能过分注重公司经营者的激励，而置公司及全体股东利益最大化这一最终目标于不顾。正确的处理办法是，公司所有者与公司经营者不同的利益追求必须得以兼顾，这主要需满足以下两个要求：

（1）公司经营者激励与公司所有者利益所得紧密挂钩的要求。尽管 Perry 及 Zenner 指出，CEO 若持股过高，在将酬劳给付与营运表现划上等号之同时，将导致反风险之 CEO 要求更高之报酬。〔2〕这可能使得持股比例较高的公司经营者对股价变动反应特别敏锐，一方面未必肯作出具有风险性之投资决定，另一方面对资讯公开也可能有所阻碍。但股份选择权设计之本旨是使公司表现与负责作出公司决策，及实际担任管理经营之董事及中高阶经理人之表现划上等号。亦即若决策及管理得宜，则公司表现理应良好，董事及经理人将可因股份选择权之行使而获得更多回报。〔3〕股东投资于公司的目的在于获取利润回报，或者说，追求全体股东的利益最大化是公司承载的先天使命，公司中所有各方尤其是公司经营者必须为这一使命而奋斗，其收益也必须与

---

〔1〕 中共中央马克思恩格斯列宁斯大林著作编译局编：《马克思恩格斯选集》（第 1 卷），人民出版社 1972 年版，第 82 页。

〔2〕 Tod Perry and Marc Zenner, “CEO Compensation in the 1990s: Shareholder Alignment or Shareholder Expropriation?”, *35 Wake Forest L. R.*, 2000, pp. 133~134.

〔3〕 曾宛如：“股份有限公司经营者报酬结构之分析”，载《台大法学论丛》2001 年第 30 卷第 2 期。

股东的收益紧密结合，公司经营者不得在追求公司及全体股东利益之外其他目标的同时，从公司有所收益，更不得为追求自身的丰厚收益而损害公司及全体股东的合法权益。

（2）公司经营者激励须符合“少劳少得、多劳多得”的合理性要求。收益与贡献成正比是市场经济的一个基本原则，这也符合社会正义。正如学者所指出，股东关心的是公司对经营者所为给付之总额是否合理，而非其名目为何。不论是报酬或酬劳，其实皆是公司对董事之给付，也就是给予董事之全部对价（包含劳务给付及经营风险）（total package）的概念，因此，不论名义为何，重点应该在于何机关适合为此决定，而权限划分之政策决定包括衡量报酬（包括酬劳）之专业能力、利害回避及充分资讯揭露间方法的设计，绝非将给付内容分类后即可解决。[1]公司经营者之所得必须建立在其“劳动”或“付出”的基础上，必须建立在其“劳动”或“付出”对公司及全体股东收益的贡献基础上。无论“少劳多得”还是“多劳少得”，都将或者侵害公司及全体股东的合法权益，或者损害公司经营者的创业热情与敬业精神。

2. 公司经营者长期激励与短期激励并重的原则

公司经营者激励机制包括长期激励机制和短期激励机制，前者把公司经营者收益状况与公司长期经营状况紧密联系在一起，主要表现为股份期权等激励形式，后者则把公司经营者的收益状况建立于公司短期经营状况之上，主要表现为基本工资与奖金等激励形式。

一方面，公司经营短期激励机制根据公司经营者经营管理活动为公司带来的经济利润，给公司经营者支付相应的工资和奖金，使公司经营者得到真真切切的经济收入，从而公司经营者在生活上有了稳定感，在心理上有了成就感。这有利于公司经营者摆脱不稳定生活为其安心工作所可能带来的羁绊，有利于公司经营者为追求切实的经济收入而全身心地为公司创造利润。但是，另一方面，短期激励机制毕竟只是把公司经营者经济收入与公司短期经营状况联系起来，其并不能鼓励公司经营者将视野放长放宽，立足于公司的长久健康发展，相反甚至可能为获取短期收益而放弃长期发展机会。

公司经营长期激励机制将公司经营者收益状况与公司长期经营状况紧密

---

〔1〕（台）曾宛如：“2010年公司与证券交易法发展回顾”，载《台大法学论丛》2011年第40卷特刊。

联系在一起，如果公司长期经营状况良好，公司经营者将得到远比短期激励丰厚的经济收益，从而使公司经营者在工作上有稳定感，在经济上有期待感。这有利于刺激公司经营者立足于公司长期发展规划，有利于公司的长久健康发展，最终有利于公司及全体股东的经济利益。但是，长期激励机制仅关注公司经营者经济收入与公司长期经营状况的联系，并不能给公司经营者带来眼前的经济收入、生活改观和心理成就感，不利于调动公司经营者的创业热情与激情，不利于公司经营者发挥其积极性与创造性。

鉴于长期激励机制和短期激励机制各自的利与弊，正确的办法是将长期激励机制与短期激励机制并用，使二者有机结合，“各取其所长，互补其所短”，合理安排二者在公司经营者激励中的比例，使得公司经营者激励机制既能为其带来短期的、切实的客观经济收入与主观成就心理，又能鼓励其充分发挥其聪明才智，致力于公司的长期稳定发展。

3. 公司经营者激励与惩罚并举的原则

“一个有效的报酬制度应该是理性地实施软硬两手（combine the carrot with the stick）：对突出业绩给予丰厚的、可预期的回报与对经营失败施加切实的、可预期的惩罚或解任（penalties or dismissal）。”[1]对公司经营者给予相应的激励固属正确，但仅一味地对成功给予激励而缺乏对失败给予相应的惩罚，无法给公司经营者施加应有的压力，也不利于要求其以足够的勤勉与注意从事公司经营管理活动。因此，在对公司经营者经营管理公司中的成功进行激励的同时，也必须对公司经营者经营管理公司中的失败给予一定的惩罚。

道理固然显而易见，但真正实施则困难重重：

其一，公司营业的天然高风险性决定了不宜仅因公司经营失败即对公司经营者给予惩罚。追逐利润是商业的本质，公司营业先天地具有利润与风险共存的特性，商业信息杂乱充斥，真假难辨，公司业务日益繁重，头绪万千，经营决策纷繁复杂，要求迅捷，足见公司经营管理绝非一个轻松惬意的美差，尤其随着现代社会商业经营规模日益庞大，渗透范围日益拓宽，流转速度日益增快，动辄要求公司经营者为公司经营失败接受惩罚，确属有失公平。而且，因公司经营成功为公司经营者进行激励自然简单易行，而因公司经营失

〔1〕 Aleta G. Estreicher, “Beyond Agency Costs: Managing the Corporation for the Long Term”, 45 *Rutgers L. Rev.*, 45 (1993), 542.

败给公司经营者施加惩罚则相当困难，毕竟不能因为公司经营失败即扣减公司经营者的现有经济报酬。

其二，因公司经营失败将公司经营者解任，似乎是一个惩罚公司经营者的有效办法。但是，有事例表明，即使一个经营业绩很差公司的管理者，他所面临的免职的可能性依然很小。[1]“资料显示总经理几乎不承担被其董事会免职的风险。在我们的抽样调查中，在这13年抽样调查期间离职的总经理在离开公司之前保有他们工作的年限平均超过10年，并且大多数仅因为达到正式退休年龄而离开公司。”[2]公司股东因各种原因不愿过多介入公司事务，公司经营者解任机制似乎并没有发挥其应有的作用。但至少理论上讲，因公司经营失败将公司经营者解任仍构成一种有效的威慑与惩罚手段，重要的是如何将这种潜在的威慑力量在适当时机转变为切实的惩罚手段。

其三，现行的解任机制不仅未发挥惩罚功能，而且起到相反的作用。学者指出，一个流行的看法是当公司的股价上涨时，一般高级管理人员有可观的报酬，但当股票的价值下跌时，却不怎么承担不利的后果。其中的一个原因是对离职高级管理人员的补偿。许多公司好像已经通过在一段时间的股价表现不佳后给离职的高级管理人员大量付款而“奖励失败”。如鲍勃·霍顿先生，1992年在石油和天然气巨人英国石油公司的利润大幅下降后而被赶走的首席执行官，在其离职时得到了估计为150万英镑的付款。[3]对于公司经营者离职补偿，应谨慎行事，尤其当存在正当理由时，将无能或有过错的公司经营者解雇，甚至可以向其主张赔偿公司损失，巨额离职补偿费自然不应支付。

4. 公司自治为主、司法审查为辅的原则

学者曾正确指出，公司会因应不同情形自我调整，规范者实无必要强行介入为其选择给付形态。[4]不同的产业环境、不同的公司行业、不同的企业

---

〔1〕 LA Bebchuk, “Federalism and the Corporation: The Desirable Limits on State Competition in Corporate Law”, *Harvard law Review*, 1992, pp. 1462~1467. ［澳大利亚］殷·瑞莫塞（Ian M. RamSay）：“董事和高级职员的报酬：法律的作用”，史晨霞译，载《商事法论集》2000年版。

〔2〕 M. C. Jensen and K. J. Murphy, “Performance Pay and Top-Management Incentives”, *Journal of Political Economy*, 98 (1990), 240.

〔3〕 ［加拿大］布莱恩 R. 柴芬斯：《公司法：理论、结构和运作》，林华伟、魏旻译，法律出版社2001年版，第709页。

〔4〕 曾宛如：“股份有限公司经营者报酬结构之分析”，载《台大法学论丛》2001年第30卷第2期。

背景、不同的公司经营者及其不同的利益追求，决定了只有公司及其经营者和股东自己最清楚各自的实际情况、利益追求及讨价还价的筹码，经营者报酬问题的最好解决者就是公司及其经营者和股东自己。政府也好，法院也罢，都不适合也没有能力或者事先制定一个普遍适用的统一标准，或者根据每个公司的具体情况制订不同的报酬计划。

但是，或者因为公司股东不愿意或无能力参与公司经营者报酬决定过程，或者因为公司经营者权力过大，完全自行决定自己的报酬，或者因为公司经营者与控制股东相互勾结，滥用权力优势，导致实践中公司经营者报酬过高，公平尺度失衡的现象相当严重。此时，作为公平正义最后防线的司法审查必须介入。如德国莱比锡法院在1916年作出的一个判决认为，控制股东操纵下的股东大会决议决定由公司给付经营者的高额报酬与其工作业绩、公司收益状态均不相称，损害了小股东利益，违反了《德国民法典》第138条有关善良风俗的规定，遂宣布该股东大会决议无效。[1]在美国Rogers v. Hill一案[2]中，美国烟草公司董事长1930年的报酬为：薪水为16.8万美元，奖金为84万美元，“特别现金贷款”为27万美元，另外还包括以低于市场价格购买公司股票的选择权。支付这样的报酬的根据是公司章程细则。1912年该公司通过的章程细则规定董事长的年度奖金为公司利润的2.5%，五位副总裁各为1.5%。股东提起诉讼的理由是这一报酬过高。联邦第二巡回法院裁定：支持原告请求。这一报酬支付是机械地运用“过时的公式”（Outmoded Formulas）所得出的结果，而并不是目前董事会或多数股东有意识的决定。美国学者克拉克认为，法院的裁定与当时的大萧条经济环境相联系，同时这一判例也反映，即使董事报酬是根据章程或事先约定而支付，这种约定也不能完全排除司法审查。法律的终极价值当然是公正。[3]

可见，在确定公司经营者报酬的过程中，公司自治是我们首先需要坚持的原则，因为公司及其经营者和股东是自我利益的最佳判断者与追求者，任何其他人或机构都不能在这一问题上完全替代他们。同时，司法审查不应因此而被完全抛弃，司法审查的价值也不能因此而被完全否定，保留司法审查

---

〔1〕 刘俊海：《股份有限公司股东权的保护》，法律出版社2004年版，第512页。

〔2〕 Rogers v. Hill, 289 U.S. 582, 1933.

〔3〕 R. C. Clark, *Corporate Law*, Little Brown and CO., 1986, pp. 197~199.

可能进行的对报酬决定过程是否公正、报酬决定结果是否合理的适当介入，有助于杜绝不公正现象的出现。

公司经营者属于公司中具有自身利益追求的独立群体，鉴于其在公司中的特殊地位与重要作用，公司经营者激励问题应值得更多关注。我们相信，随着我国新公司法为此预留了诸多制度空间，[1]并作了相应的限制性规定，[2]适合我国公司的合理的、灵活多样的公司经营者激励机制将不断出现。

---

〔1〕 如我国《公司法》第142条为公司实施激励股票期权提供了制度依据，公司可以依法收购本公司股份以将其奖励给本公司职工。

〔2〕 如根据我国《公司法》第117条规定，公司应定期向股东披露董事、监事、高级管理人员从公司获得报酬的情况。

# 论上市公司私有化的法律规制
## ——以中小股东权益保护为视角

恽力达　常　健*

近期上市公司控制股东为使公司股权分布比例不符合上市要求而达到退市的目的，以要约收购或合并等方式获得中小股东股权的行为多有发生，被称之为"上市公司私有化"。在私有化交易的过程中，中小股东在信息获取和控制权方面与控制股东存在较大差异，其很可能受到不公平对待。我国证券市场上出现的私有化案例，暴露出了上市公司控制方内幕交易、操纵股价、侵害中小股东权益等问题，引发了社会对于上市公司私有化交易公平性的关注。本文以分析现行法律法规和我国上市公司私有化实践案例为基础，以国外的立法状况和司法实践经验作为比较研究的依据，探讨如何构建适合我国国情的上市公司私有化法律制度体系，通过法律途径有效监管私有化交易，以充分保护中小股东的合法权益。

"上市公司私有化"是国外证券市场上一种常用的公司整合运作手段。由于我国相关法律法规和配套制度的不健全，一段时间内在我国资本市场上很少被采用。直到中石油、中石化等公司在证券市场上进行的一系列旨在收购旗下上市公司流通股股权，使之不符合上市要求的交易，"上市公司私有化"这一概念才进入广大学者和投资者的视界，并随之引发了一系列思考。我国一般民众观念中的"私有化"，往往指的是在国有企业改革过程中，民营资本取代国有股东，取得其在企业中的股权；与之相区别，证券市场上所言的"私有化"（Going Private）则指上市公司的大股东收购公众股东的流通股份，使公众股东退出公司，从而使上市公司不再具有公众公司性质。

* 恽力达，华中师范大学法学院研究人员；常健，华中师范大学法学院教授。

上市公司私有化作为一种常见又特殊的资本运作方式，最初出现于英美法系国家的资本市场。在域外较为成熟的资本市场已存在并发展较长时间。我国证券市场起步较晚，公司上市发行证券带有浓厚的计划性和行政性，虽然经历了从审批制到核准制的转变，行政审批权力有所弱化，发行过程透明度也有所提高，但上市公司质量和数量受证券监管部门严格把控，股票发行与市场化要求还相去甚远，这都导致“壳资源”变得十分稀缺。另外，公司上市后随之而来的巨大经济效益，也赋予了“壳资源”较高的经济价值。因此我国上市公司很少会选择通过私有化交易实现退市，截至目前，两市仅有35家上市公司通过私有化交易退市。尽管在交易的动因、方式上，我国上市公司的私有化与域外一般私有化案例有所不同，在数量上无法与域外资本市场相比，[1]但究其性质，也是上市公司控制股东及关联人为实现对目标公司的完全控制而发起的交易行为。随着《关于改革完善并严格实施上市公司退市制度的若干意见》的出台，“健全上市公司主动退市制度”成为证券市场改革的一个热点。加之近年来股票发行注册制改革的呼声日趋高涨，相信在不久的将来，公司上市成本会越来越低，上市公司也会日渐增多，以经济利益为导向的私有化浪潮也将在我国证券市场涌动。[2]私有化交易方式存在一定的天然缺陷，会对中小股东的利益构成侵害，我国现行法律体系对于私有化交易缺乏专门、具体的规定，这对于我国建立健全证券市场的法律体系、保护中小股东权益带来了一定困扰。

## 一、上市公司私有化的交易方式和监管重点：理论的分析

### （一）私有化交易的基本方式：合并或股权收购

一般而言，上市公司私有化交易主要有四种基本方式，分别是：要约收购（Tender Offer）、吸收合并（Merger）、资产出售（Asset Sale）和股份反向分割（Reverse Stock Spilit）。从美国证券交易委员会规定来看，上市公司私有

---

〔1〕 1995年至2012年17年中，美国纽交所有3052家上市公司退市，纳斯达克有7975家公司退市，其中多数为主动退市。如2003年至2007年，纽交所年退市率约为6%，其中近一半是主动退市，纳斯达克年均退市率8%，2/3为主动退市。数据来源于中国证监会：“关于就《关于改革完善并严格实施上市公司退市制度的若干意见（征求意见稿）》公开征求意见的通知。”

〔2〕 陈羽桃、冯建：“股票发行注册制改革对壳资源价值的影响”，载《会计之友》2015年第6期。

化主要通过三种交易行为完成：其一，外部的公司或个人对该公司所有或者绝大多数公众股东发起要约收购；其二，该公司与其他公司合并，或将全部资产出售给该公司；其三，该公司发布公告，将通过股份反向分割减少登记的股东数量。

资产出售模式下的私有化，根据公司解散和进行资产出售的先后顺序分两种情形：一是上市公司先将资产出售给第三方，随后解散该公司；二是上市公司先行解散，之后再将资产出售给第三方。资产出售决议须以股东大会多数决的方式作出，上市公司一般会向私有化发起方即控制股东成立的新公司出售资产，[1]随后向原上市公司股东分配其出售资产所得，分配完成后公司宣告解散。上市公司先解散后再出售资产这一行为也需获得股东大会多数同意，公司在解散后，以信托方式赋予董事会销售公司资产的权力，董事会一般会选择将资产销售给私有化发起方即控制股东成立的新公司。[2]一般而言，在该类型的交易中，双方地位相对平等，不存在一方利用优势地位控制交易的情况，与一般的公司收购、合并几乎无差别。

股份反向分割（或称股票合并），指上市公司发行新股换回旧股将小股合并成为大股的行为。即一个或数个持股较多的股东实际控制公司时，公司发行面值较大的新股去兑换之前面值较小的旧股，持有旧股较少（特别是所持旧股加起来甚至无法兑换一股新股）的公众股东被迫选择接受以现金方式收购其股份而非兑换新股，这种交易行为会引发上市公司公众股东人数锐减。当在籍股东人数低于上市要求的最低股东人数要求时，私有化交易完成，公司不再具有上市资格。在这个过程中，公司资本总额不变，仅仅是公司的股数和股票面值发生变化。一般只有一些规模较小的上市公司采用这种交易方式，在资本市场发达的国家尚不多见，我国证券市场至今未出现一例。[3]

在以要约收购方式进行的私有化交易中，上市公司的控制股东及其关联人，对该公司所有股东持有的全部股份进行要约收购。需要指出的是，在此种情形下，控制股东若在要约收购期限结束之时尚未获得所有股权，则还须采取吸收合并方式来实现交易目标。在合并行为开始前，目标公司已经进行

---

〔1〕 See 8 Del. Code Ann. 271（2002）.

〔2〕 See 8 Del. Code Ann. 275（2002）.

〔3〕 结合目前域外上市公司私有化的案例和我国有限的私有化实践经验，本文将要约收购和吸收合并作为研究重点来进行讨论。

了要约收购行为，该公司不再满足上市要求，最终该公司作为非上市公司来完成吸收合并。[1]而且，根据我国《证券法》的规定，A股市场的上市公司如果想通过要约收购来完成退市，则在收购期限届满时，未接受要约的余股股东持股比例须低于上市资格中最低公众持股比例的要求，即股本总额超过4亿元的公司，公众持股比例应低于10%，股本总额不超过4亿元的公司，公众持股比例应低于25%。[2]

在以吸收合并进行私有化交易中，上市公司的关联方要么自身参与交易，要么通过操控其独资设立子公司参与交易，以现金、债券、股权等作为对价收购公众股东的股权，使得关联方自身或其设立的子公司与目标公司合并。通过这种方式，上市公司的关联方通过掌控存续公司的方式最终获得原公司的全部财产，而原上市公司则注销工商登记，不复存在。迄今为止，我国证券市场上发生的吸收合并退市案例，均采用换股合并方式，原上市公司的公众股东得到新上市公司股份。[3]

### （二）私有化交易的监管重点：中小股东权益保护

中小股东即少数股东（Minority Shareholders），与控制股东即多数股东（Majority Shareholders）二者之间是相对存在的概念，意为凭借其股份上的表决权无法控制公司的一类股东。[4]简言之，是否具有控制该公司的能力是划分中小股东与控股股东的标准。这种控制能力是多方面的，是指在公司的决策、经营管理、人事任免等方面具有绝对的话语权。上市公司的中小股东则通常是那些持有公司公开发行股票的公众股东。

虽然上市公司私有化交易的主要内容也是股权转让，但其与一般的并购存在显著差异。在一般的并购交易中，要约者主要是目标公司之外的主体，其目的在于通过取得一定数量的股权而取得公司的控制权，并购交易使得公司控股股东发生变化，但公司上市状态并未改变。而在私有化交易中，其发起人多来源于公司内部，希望获得公司的全部控制权并使之退市。在这种情

---

〔1〕汪晨："上市公司私有化后转板再上市之路——私有化新策略PPP模式的应用与监管"，载《证券法苑》2012年第2期。

〔2〕参见我国《证券法》第50条规定。

〔3〕郑人玮、刘晶："我国上市公司私有化过程中的小股东权益保护"，载《金融服务法评论》2015年第00期。

〔4〕殷召良：《公司控制权法律问题研究》，法律出版社2001年版，第268页。

况下，一方是在信息和控制权方面都处于劣势的中小股东，另一方是掌握内幕信息和公司控制权的控股股东，中小股东的利益较之一般的并购交易更具有被侵害的潜在可能。

1. 证券市场法律监管的现实需要：中小股东处于弱势地位

按照国际证监会组织的纲领性文件——《证券监管的目标与原则》提出的分类标准，上市公司的股东分为两类，即发起人与投资者。该文件认为，投资者通常来自公司外部，且多为中小股东，在利益获取方面无法与来自公司内部的发起人相提并论。发起人大股东及其他内部人往往会利用这种优势地位对处于弱势地位的中小股东权益进行侵害。中小股东自身实力有限，而且存在分布广泛、难于组织的特点，很难进行有效的自我保护，因此需要有关监管部门协助，给予中小股东特殊保护。基于上述原因，国际证监会组织确立起三项证券市场监督的目标，分别是：保护投资者，确保市场公平、有效和透明，降低证券市场的系统性风险。[1]在我国，中小股东相对弱势的地位的成因主要源自以下四点：

（1）信息占有不对称。在市场交易环节，双方掌握信息的差异性导致了交易中地位的不平等，对信息的掌握较为全面的一方处于优势地位。一般而言，相对于买方，卖方更全面、准确地了解商品的有关信息，其主动披露的信息往往不全面，甚至带有一定欺骗性，这会增大买方利益受损的可能性。

上市公司虽然要实施回购行为，但实际上在发行证券之初处在卖方地位，对自身的财务状况、信用能力、实际盈利水平等均有着深入了解，而这些信息均对证券质量有着重大意义，可以说上市公司一方掌握了私有化交易中全面准确的信息。上市公司的控制股东能直接参与公司的管理决策，其了解和掌握的信息较为准确、全面。中小股东作为公众投资者，处于公司外部，上市公司发布的信息披露文件是其了解公司私有化交易信息的仅有途径。中小股东获取信息的真实性、准确性、完整性、及时性均无法与上市公司及其控制股东相比，难以帮助投资者正确判断证券价值。特别是在 PPP 模式（Public-Private-Public）中，如果中小股东了解到公司在完成私有化交易退市后，会选择转板再上市，为了使自身利益最大化，他们可能会看好公司的发展前景而选择继续持有公司股权以分享长期收益。纵使中小股东愿意出售股

〔1〕 参见张育军：《投资者保护法研究》，人民出版社 2007 年版，第 675~676 页。

权，他们也会希望了解公司再上市计划，以期获得更高的收购价格。

（2）经济实力不对等。中小股东的经济实力较之控制股东特别是其中的机构股东、法人股东要逊色很多，控制股东凭借其雄厚的经济实力在私有化交易中左右逢源，具有绝对的话语权，而因为经济实力的原因，中小股东则在资本的博弈中毫无还手之力。因为中小股东人数众多、分布广泛，集体维权行动成本高昂、实践难度大（如维权的组织工作难以开展、维权意识和维权策略存在差异、“搭便车”心理、中小股东之间的相互猜忌和不团结、控制股东采取分化瓦解中小股东阵营的策略），均导致了在私有化交易中遭遇侵害时维权的艰难境地。

（3）公司经营成本外部化程度高。控制股东或管理层可以高举其控制下的“公司”面具，可以采用多种手段旷日持久地与中小股东展开斗争，如委托律师展开“马拉松式”的诉讼。不管中小股东是否维权成功，控制股东或管理层总有办法将与中小股东博弈所产生的费用纳入公司的经营成本中去，最终转嫁给中小股东。随着政府依法行政进程的不断推进，行政干预介入公司治理的现象会逐步减少，寄希望于通过政府行政权的介入来解决公司与中小股东之间矛盾，也变得越来越不可能。在这种背景下，越来越多私有化进程中的纠纷必将通过司法途径解决，公司控制股东或管理层利用经营成本外部化的特性，摊薄诉讼成本，在侵害中小股东权益方面可能更加有恃无恐。中小股东维权成本高昂而控制股东或管理层违法成本低廉，这有违实质公平的理念。

（4）股东需先行向公司注入股权投资。及时且足额支付认购的股权价款，是投资人依法取得上市公司股东资格的先决条件。从投资或消费活动一般规律的角度来看，一旦向商家、投资者转移了自己合法拥有的物权、债权、股权或其他财产，消费者就丧失了直接管理、支配和控制这些财产的能力。股东支付价款获得股权，实际上就是牺牲了自己的物权，换回了债权，债权不是支配权，而是请求权。作为“被代理人”的债权人、投资者也是如此，他们一旦丧失了对财富的直接支配权，就变成了弱者。控制产生利益，产生权力，被控制的一方显然处于弱势地位。

2. 现代资本市场法治的理性选择：向中小股东适度倾斜

提高效率与投资者保护是证券监管的两大价值目标，在对资本形成的干扰最小化的同时，将投资者保护最大化，做到公平价值引导下的投资者保护和理性限度内的效率，这符合现代证券监管和证券法的目标要求。〔1〕通过在私有化交易的过程中对中小股东适度倾斜保护的制度设计，来平衡控制股东与中小股东之间巨大的保护能力差异，从而促进和谐股权文化的构建，体现了现代资本市场法治的理性选择。

第一，实现实质公平的需要。从形式公平的角度看，国家作为公权力的执掌者应当以不偏不倚的态度介入市场活动，无论是强势群体还是弱势群体都应一视同仁，给予平等保护。中小股东与控制股东之间是弱者与强者的关系，如果对二者给予形式上平等的保护，则并不能改变二者之间的强弱对比，极易带来强者对弱者的掠夺。因此，在实践中帮助弱者恢复一定的平等待遇，给予其适度的倾斜性保护，不仅没有违反平等原则，恰恰是坚持与发展了该原则，充分体现了实质公平的要求。

第二，证券市场稳定发展的要求。上市公司通过证券市场向投资者融资，其股票交易、并购、重组等行为均须依托于投资者的参与。投资者为上市公司提供资金，是证券市场的核心要素，通过加强对证券市场的监管，防范并制裁违法行为，及时有效地保护投资者权益，才能提高其对证券市场的信心与安全感，加大其证券投资的参与度。这对于降低市场风险、提高市场资源配置效率有着积极作用。

我国证券市场长期受“效率优先、兼顾公平”这一观念影响，证券监管部门为实现市场短期快速发展的目标，偏重于效率价值，一定程度上漠视了公平价值。在这样的发展观的支配下，强势一方利用监管部门这一价值偏好，大量且无节制地从弱势一方手中攫取财富，弱势一方利益受损但缺乏有效的法律救济途径。长此以往，公众投资者的信心大打折扣。证券市场要保持健康稳定的发展态势，就必须树立公平与效率并重的发展观，通过国家公权力和全社会的力量，来弥补证券市场的利益失衡，重塑公众投资者的市场信心和安全感。

第三，维护社会公共利益的要求。从我国证券市场的情况来看，中小股东人数众多且分布广泛，因此其合法权益不仅属于私权的范畴，同时也涉及社会权与社会公益领域。如果不加强证券市场监管，特别是加强对公众投资者权益的保护，一旦违法侵权事件发生，波及面广、涉及公众股东人数多，极有可能引发大量社会纠纷乃至引发社会动荡。因此，在进行私有化交易的

〔1〕参见李文莉：“上市公司私有化的监管逻辑与路径选择”，载《中国法学》2016年第1期。

法律制度设计时，给予弱势一方适度的倾斜性保护，不仅能充分保护其合法权益，更能起到捍卫社会公共利益的效果，有利于构建良好的资本市场秩序。

## 二、我国上市公司私有化交易：法律规制现状与存在问题

尽管境外证券市场上私有化交易屡见不鲜，特别是近年来面对股价持续低迷的态势，美股市场上的中概股公司掀起一股私有化交易的浪潮，但由于我国上市条件较为严苛、上市公司壳资源稀缺，我国上市公司私有化交易的比例要远低于国外成熟证券市场。但在 A 股市场中发生以中石油、中石化、中国铝业针对旗下子公司发起的私有化交易中，暴露出诸多利用现行法律短板损害中小股东利益的情况。

### （一）我国上市公司私有化交易的立法现状

目前而言，我国尚无专门的法律法规来规制私有化交易。从我国的案例实践来看，多把上市公司私有化看作是公司收购的一种特殊形式，依照公司收购的相关规定来进行规制的。因而，我国《公司法》和《证券法》以及其他有关法律法规的一般规定均适用于私有化交易。

#### 1. 股权收购方面的规定

我国《上市公司收购管理办法》（以下简称《办法》）规定，私有化交易的股权收购环节分为两步：一是收购人向广大公众股东发出全面要约收购一定比例的股份，使得目标公司不再符合上市条件；二是成立一个新的公司并与目标公司合并，从而使目标公司法人资格注销。我国采用要约收购方式进行私有化的具体操作如下：

首先是要约收购报告书的编制及公告。《办法》在第 28、29 条中对要约收购书的编制及具体内容、公告方式及相关程序作了规定。明确要求收购人在进行要约收购时应编制报告书，还应聘请财务顾问对该报告书进行审查并提出专业意见。收购人应及时通知目标公司，并对报告书的摘要作提示性公告。如果收购须经相关部门审批，还应在报告书摘要中作特别提示，待审批通过后对报告书进行公告。[1]

---

〔1〕 中国证券监督管理委员会：《上市公司收购管理办法》，载中国证券监督管理委员会网，http://www.csrc.gov.cn/pub/newsite/ssgsjgb/ssbssgsjgfgzc/jgfg/201505/t20150508_276474.html，最后访问日期：2017 年 11 月 5 日。

其次是目标公司公布董事会报告及独立财务顾问意见。《办法》第 32 条赋予了目标公司董事会对要约收购的审查权和对公司股东的建议权。根据规定，目标公司董事会应严格分析收购要约的条件，认真审查收购人的主体资格、收购意图及资信状况。同时聘请财务顾问提出专业意见，在结合审查情况进行全面考虑的基础上，董事会就是否接受收购要约向股东提出建议。收购要约发生变更，董事会及其聘请的财务顾问还须重新考虑相关情况，向股东提出针对收购要约的补充意见。

再次是收购要约的预受和预受股份的购买。收购要约一般会规定生效条件，即在收购期限届满时预受股份的数量达到使目标公司不具备维持上市的标准。《办法》第 42、43 条规定，预受股东应委托证券公司办理预受要约的手续，收购人则向证券登记结算机构提出申请，由该机构临时保管预受股东登记的股票。在要约收购期限内，该部分股票不得流通转让，直到收购期限届满，由收购人按要约规定的收购条件予以全部收购。

最后是终止上市地位及余股收购。根据《证券法》第 97 条以及《办法》第 44 条的规定，一旦上市公司股权收购完成，在股权分布比例上不再符合上市条件，就应向证券交易所提出申请，终止其股票的上市资格。公司上市资格终止后，余股股东有权要求收购人以相同条件收购其持有的全部股票，收购人不得拒绝。[1]区别于美国私有化交易，简式合并需要目标公司董事会单方面同意，在第二步吸收合并中，根据我国现行《公司法》第 103 条的规定，合并决议必须经出席股东大会的股东所持表决权的 2/3 以上通过。[2]虽然《公司法》对我国私有化交易中的吸收合并环节作出了较高的决议要求规定，但因为此时目标公司已经依法变更为非上市公司了，在表决中控股股东不再受相关上市公司条款的限制，无需进行表决回避，所以合并决议可轻易通过。

2. 公司合并方面的规定

现行《公司法》和证券交易所的《股票上市规则》也对采取合并方式的私有化交易进行了规制。以合并方式进行私有化操作的具体步骤如下：

首先，收购人、目标公司双方董事会均应通过合并决议，并公告合并方案。《公司法》第 46 条、第 108 条规定，公司合并方案的制订由董事会负责。

〔1〕 参见《中华人民共和国证券法》第 97 条，《上市公司收购管理办法》第 44 条。

〔2〕 参见《中华人民共和国公司法》第 103 条。

如果是涉及控制股东与上市公司之间的合并，则构成《公司法》第216条第4项中所规定的关联关系，关联董事需要在表决中回避。在董事会决议制订的涉及私有化交易的合并方案中，合并方式一般主要为吸收合并，即收购公司吸收合并目标公司，目标公司法人资格消灭而收购公司得以存续。

其次，收购公司、目标公司双方股东大会批准合并方案。根据现行《公司法》规定，在收购公司和目标公司双方董事会提出并公告合并方案后，双方股东大会应就该方案进行表决，且该决议为特别决议，需由参会股东2/3以上表决通过。收购公司与目标公司双方均应就该合并方案召开股东大会，如果目标公司控制股东作为收购方，则属于前文所述的关联关系，控制股东应在股东大会表决中回避。

再次，合并方案需经相关部门批准。我国须经证券部门批准的私有化案例，主要通过换股合并的方式进行，在此类合并中，涉及收购公司股票公开发行并上市及股权分置改革等诸多问题，监管部门需行使审慎监管的职责。如果采取的是现金方式进行的吸收合并，则无须经监管部门审核，因为此种方式与上市公司的一般收购行为无异，只需按照收购的一般规则进行即可。

最后，合并方案的执行。我国现行《公司法》在第172条、第173条、第174条和第179条中对上市公司合并的具体执行方案进行了规制。合并方案的执行只要包括四个方面：①债权人公告与债务处理；②股东对价的支付；③公司终止上市；④上市公司主体资格的注销。完成以上四个步骤之后，上市公司私有化交易得以最终完成。

3. 信息披露方面的规定

上市公司在经营过程中全面、及时、有效地向社会公众履行信息披露义务，对于中小股东准确了解公司信息、研判市场风险，有着重大意义，我国现行法律体系对于上市公司信息披露方面也进行了系统的规制。

首先是部门法层面。针对上市公司未尽职履行信息披露义务造成严重损害结果的行为，《刑法》规定了相应的刑事责任，主要包括内幕交易（泄露内幕信息罪和证券、期货内幕交易罪）、披露虚假信息（不披露或违规披露重要信息罪和欺诈发行股票、债券罪）、传播虚假信息的刑事责任（编造并传播证券、期货交易虚假信息罪）。现行《证券法》规定了上市公司及其负有信息披露义务的相关人员应全面、及时、有效披露信息，禁止内幕交易、操纵市场及证券欺诈。《证券法》明确规定发行人、上市公司没有履行信息披露义务造成投资者损失的，应承担赔偿责任；内幕交易行为致使投资者利益受损的，内幕交易的行为人承担赔偿责任；媒体工作者、国家机关工作人员、其他相关人员禁止编造和传播虚假信息，证券监管机构、行业协会及其工作人员与证券公司、证券交易所、证券服务机构、证券登记结算机构及其从业人员，禁止信息误导或虚假陈述，各种大众传播媒介必须真实、客观地传播证券市场信息。[1]《证券法》对于相关主体违反信息披露义务采用过错责任的归责原则，明确了违法主体的民事赔偿责任，为中小股东依法维权提供了依据。

其次是行政法规层面。基于对规制上市公司的信息披露义务的重视，中国证券监督管理委员会发布了大量涉及强制性信息披露的法规，其中《上市公司信息披露管理办法》发挥了重要作用。该办法为提高信息披露质量，对上市公司的信息披露义务进行了细化要求。2006 年国家财政部对我国会计、审计准则进行修订，要求切实提高企业会计、审计信息质量，与国际财务报告准则接轨，这些准则的出台，间接促使上市公司改善和提高履行信息披露义务的质量，为中小股东提供了更为有力的保护。

最后是证券交易所的相关规定。上海证券交易所于 2012 年出台了《关于完善上海证券交易所上市公司退市制度的方案（征求意见稿）》，对退市问题作了新的制度设计，特别是针对上市公司信息披露作出了一系列规定，主要通过完善信息披露内容、加强和改进信息披露管理方式和提高披露频率三大方面来建立健全退市风险预警机制，以将上市公司存在的退市风险及时、充分地展现给投资者。

### （二）我国上市公司私有化交易的制度缺陷：中小股东的权益保护的漠视

#### 1. 董事会在私有化交易中缺乏独立性

董事会作为上市公司管理层，在私有化交易中与中小股东存在的利益冲突主要体现在三方面：一是控制股东控制董事会，其只能按照控制股东意志来行使对公司的经营管理权，无法保证作出的决策是站在公司利益最大化的立场上，更难以保证其决策对中小股东负责；二是在管理层收购（MBO）的

〔1〕 参见《中华人民共和国证券法》第 78 条。

情形下，董事会实际作为交易双方中的一方，与中小股东之间存在直接的利益冲突，出于使自身利益最大化的考虑，董事会极有可能违背信义义务损害中小股东利益；三是在由外部第三方发起的私有化交易中，一般而言这种情况下要约收购价格相对公平合理，中小股东也愿意选择接受收购价格，而董事会成员面临在交易完成后被更换的风险，会采取相应措施为交易增加额外阻力，一定程度上也构成对中小股东权益的侵害。这些广泛存在于董事会和中小股东之间的利益冲突，使董事会难以站在中立的角度对私有化方案进行审查评估，维护中小股东权益。

"独董不独"一直是我国上市公司治理中需要破解的难题，《上市公司治理准则》也只对独立董事制度作了原则性规定。现实中独立董事的任命往往由控制股东任命，其薪酬也由上市公司支付，对于其权利和义务，均无明确的法律规定，独立董事制度所起的监管作用难以实现。

2. 信息披露缺乏真实性与完整性

随着我国证券市场规模的扩大，其信息披露质量在政府监管部门、证券市场自律组织的监管和有关各方的共同努力下取得了一定成绩，上市公司信息披露质量逐年提高。如表 2.1 所示，1998 年~2000 年，上市公司年度财务报告中非标准报告的比例居高不下，充分说明了我国证券市场发展初期，在缺乏有效监管情况下，上市公司信息披露质量不高，存在较多财务舞弊的现象。2001 年~2010 年，上市公司非标准报告比例总体呈现下降趋势，这一定程度上反映出上市公司信息披露质量有所提高。[1]尽管上市公司信息披露质量总体上呈现上升态势，但仍然存在许多问题，如表 2.2 所示，从中国证监会 2002 年~2006 年对上市公司及相关机构的处罚情况看，信息披露违规情况仍然比较严重，其中虚假陈述占了较大比例。

〔1〕 参见孙旭：《美国证券市场信息披露制度研究》，吉林大学出版社 2011 年版，第 99~100 页。

**表 2.1　1998~2010 年境内上市公司非标准审计报告数量的变化趋势**〔1〕

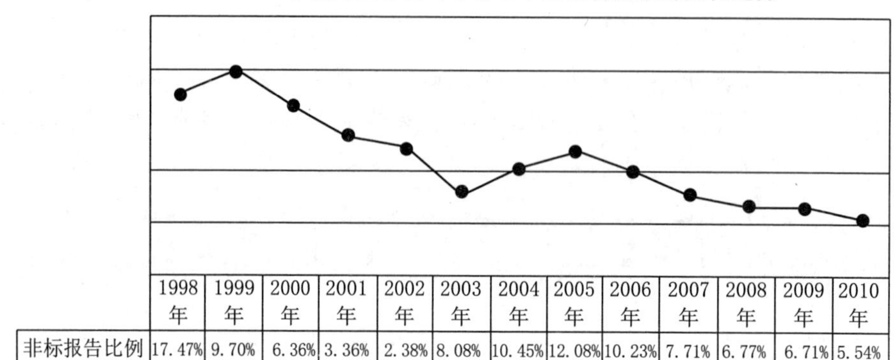


**表 2.2　2002~2006 年中国证监会处罚情况一览表**〔2〕

| 年度 | 处罚总数 | 披露违规 | 未及时披露 | 虚假陈述 | 重大遗漏 | 假漏兼有 |
|---|---|---|---|---|---|---|
| 2002 | 17 | 6 | 0 | 5 | 4 | 3 |
| 2003 | 35 | 17 | 8 | 11 | 9 | 5 |
| 2004 | 49 | 26 | 18 | 14 | 14 | 8 |
| 2005 | 43 | 14 | 10 | 8 | 9 | 5 |
| 2006 | 23 | 13 | 12 | 5 | 8 | 4 |
| 合计 | 167 | 76 | 48 | 43 | 44 | 25 |

首先，根据现行法律制度，私有化的信息披露要求与一般的收购行为相同，无法保证中小投资者获得充足信息。我国现行《上市公司收购管理办法》只要求私有化收购方披露较少的信息，目标公司董事会和并购方披露的信息极为有限，提出的建议也不会给中小股东带来实际的帮助。

其次，控制股东操控信息披露会降低上市公司的合理估值。上市公司的控制股东作为公司的实际控制人，掌握了大量真实的公司内部信息，可以通过操控信息披露，发布虚假不实信息或选择性地发布片面信息来误导中小股东对公司价值的判断。在私有化交易中，公司在证券市场上每股估值越低，公司控制股东获得收益就越多，中小股东的损失也越大。我国私有化交易的

〔1〕 孙旭：《美国证券市场信息披露制度研究》，吉林大学出版社 2011 年版，第 100 页。

〔2〕 徐京耀："上市公司会计信息披露公开处罚分析"，载《会计之友》2007 年第 4 期。

现实案例中，中石油收购吉林化工的过程中，吉林化工多次通过披露不利的市场信息影响中小投资者，使得公司股价大幅下降，公司价值被严重低估。

最后，控制股东通过财务处理方式操纵上市公司业绩，影响信息披露真实性。上市公司的经营业绩可以直观反映在其财务报表上，上市公司的控制股东往往通过降低上市公司净资产、净利润来改变公司的财务状况，影响公众投资者对公司真实价值的判断，拉低公司股价，以节约私有化收购成本。在中石油、中石化的私有案例中，多家上市公司在私有化交易之前其业绩均发生巨大变化，在较短时间内由绩优转为亏损，不免令人产生合理怀疑。我国现行法律中没有要求进行私有化交易的上市公司提交的业绩审计表须经过审计，这不能保证其披露公司业绩的真实性，给控制股东操纵上市公司业绩，影响市场判断提供了可乘之机。

3. 中小股东对私有化交易的决策权极度弱化

从中小股东权益保障的相关调研结果来看，将董事、监事提名、重大事项表决、股东代理投票等作为重要测评指标，我国2010年、2011年上市公司中小股东参与权平均得分分别仅为42.13分和38.69分（测评满分为100分）。[1]在公司的日常经营管理中，中小股东的参与权尚且得不到保护，在上市公司、控制股东等与中小股东存在明确利益冲突的私有化交易中，中小股东的参与权则存在更大的受侵害可能。我国现行法律中并未明确将私有化交易作为“重大情形”纳入需要股东大会多数决的范畴，我国私有化的实践中，往往由董事会决议通过私有化方案，中小股东没有行使其表决权的机会，只能被动地接受收购价格。在收购价格的确定方面也没有相关的标准和程序。

即使在不久的将来，将私有化交易明确纳入需要股东多数决的范畴，按照目前规定的股东大会表决比例为“出席会议的股东所持表决权的2/3以上”，考虑到我国上市公司股权较为集中的现象普遍存在，“一股独大”的情况长期得不到改善，控制股东及其关联人在该规则之下通过控制股东大会决议中的投票权轻易即可达到这一表决权要求。

---

〔1〕 参见中国社会科学院公司治理中心课题组：“2010年中小股东权益保障评价报告”，载《资本市场》2011年第1期；中国社会科学院公司治理研究中心、香港浸会大学商学院：“2011年中小股东权益保护评价”，载《资本市场》2012年第3期。

4. 异议股东缺乏有效的救济途径

目前我国对私有化交易中异议股东的救济存在法律规定不够细致完善、行使权利成本过高等问题，中小股东权益救济难以落到实处。

以要约收购为主要方式进行的私有化交易，在完成要约收购之后，控制股东多会设立一家壳公司来吸收合并目标公司。因为目标公司在上市资格丧失后，不再适用上市公司相关规则，控制股东通过壳公司进行关联交易时，无须采取回避表决的方式，显然，这时吸收合并的决议一定会被由控制股东操控的股东大会通过。之前对私有化交易持异议态度的中小股东在此时只能选择接受先前的要约收购价格，出卖股票，或者选择在目标公司被壳公司吸收合并后接受壳公司支付的现金对价，放弃持有的股份。

在以吸收合并为主要方式进行的私有化交易中，合并方案须经股东大会以多数决的方式通过，之后目标公司及合并方通过股份回购的形式注销目标公司股票。对此合并方案持异议的股东可以行使股权回购请求权，但我国法律并未对异议股东行使股权回购请求权的时间、期限及回购价格作具体规定。在私有化实践中，异议股东一般也只能以合并方案中提出的收购价格来要求公司回购其股票，对于收购价格的确定，没有主动定价的权利，也不可能与收购方进行磋商确定价格。异议股东对收购价格不满，只能通过行使诉权的方式解决。中小股东具有人数众多、持股数量较少、分布广泛的特点，个体诉讼对于股东而言成本巨大，集团诉讼则又受“集体行动困境”影响，难以组织。

## 三、我国上市公司私有化交易法律规则构建：以中小股东的权益保护为视角

上市公司无论采取哪一种方式进行私有化退市，其交易行为都必须置于法律制度的监管之下。我国现行的法律体系中真正涉及规范上市公司私有化交易并且保护中小股东权益的规则少之又少，且为数不多的条款散见于不同层次、不同部门的法律法规中，这不利于形成规范私有化交易、保护中小股东权益的统一要求。在已有的法律框架下，如何构建系统的上市公司私有化交易法律规则，是我国证券市场发展无可回避的问题。具体而言，笔者认为应从以下四方面展开：

### （一）上市公司私有化交易法律规则建构的基本理念

#### 1. 对上市公司私有化交易进行多层次立法

从美国的立法经验来看，其存在多层次的法律制度来规制私有化交易行为，各个规范之间既各司其职又存在较强关联性。美国关于私有化的立法较为细致，做到了具体问题具体分析，无论上市公司在私有化交易中采取何种具体方式，都有专门的法律规范与之一一对应。[1]因此，为应对未来可能发生在我国证券市场上的私有化浪潮，我国在构建私有化交易法律规则体系时，也可以借鉴这种多层次立法模式，一方面完善《公司法》《证券法》中针对不同私有化交易方式所适用的法律规定；另一方面由证监会制定专门针对私有化交易的部门规章，加强监管。《公司法》《证券法》强调私有化交易的程序，证监会部门规章则侧重于私有化交易的信息披露，从而形成针对性强、严格细致的法律监管体系。

#### 2. 提高效率、促进竞争与倾斜性保护并重

一方面，私有化交易的公平存在不确定性，可能危及中小股东利益；另一方面，私有化交易可能提高社会效益，促进资源合理配置和资本市场健康发展。[2]我们在进行私有化交易的法律制度设计时，既要考虑到我国证券市场目前正处于高速发展的快车道，在对之进行审慎监管时要确保金融效率，又要保护金融消费者的权益。[3]

国家应尽快建立多层次的资本市场，完善证券市场退市制度，明确私有化退市的相关规则，鼓励企业基于自身发展战略选择进行私有化交易。同时为上市公司私有化创造有利的制度环境，例如减少上市公司发行债券的限制，提高其融资进行私有化交易的效率，鼓励更多金融机构参与进来，为私有化交易提供杠杆资金，为优化证券市场资源配置添砖加瓦。

在提高私有化交易效率，促进证券市场资源配置的同时，也要注重对中小股东的保护。从国外立法和司法实践看，上市公司私有化无论采取何种方式，都无法改变其排挤性的特点，即私有化交易有可能侵犯中小股东权益，必须对其进行有效监管。私有化交易的具体方式纷繁复杂，各国证券市场的

---

〔1〕翟浩："上市公司私有化退市：路径、特征与立法建议"，载《人民论坛》2013年第5期。

〔2〕李文莉："上市公司私有化的监管逻辑与路径选择"，载《中国法学》2016年第1期。

〔3〕陈胜、李凤雨："国际金融消费者权益保护趋势"，载《中国金融》2013年第3期。

法律制度也各不相同，但在对中小股东进行倾斜性保护这一基本原则都能达成共识，这主要通过规制控制股东及管理层权力、严格履行信息披露义务、增强中小股东话语权等方式来实现。

（二）上市公司私有化交易的事前规制

1. 强化控制股东对上市公司和其他股东的信义义务

为有效保护中小股东权益，英美法系国家和大陆法系国家均在规制控制股东权力方面进行了积极探索。美、德两国分别通过司法判例和扩大解释民法诚实信用原则，赋予控制股东诚实信用义务以约束其行为。在我国的私有化实践中，也出现过控制股东选择在股价低迷时进行私有化交易或披露不利信息拉低股价来损害中小股东利益的现象。[1]

私有化交易中控制股东的信义义务，就是要始终把诚实信用原则作为行为准则，不得利用其支配地位和控制权来损害中小股东的合法权益。在控制股东履行信息义务的行为标准方面，可借鉴美国司法经验，在认定控制股东对公司、中小股东、债权人负有诚实信用义务的前提下，要求其在进行私有化交易过程中，应及时有效地公布相关信息、履行公平的授权程序、遵守公平的交易条件，否则应承担未充分履行信义义务造成的损害赔偿责任。[2]我国应在法律中明确私有化交易中控制股东的信义义务，防止控制股东滥用权力。同时，应建立健全违反信义义务的追责机制，以落实控制股东违反信义义务情况下对于中小股东的赔偿责任。

2. 强化股东大会在私有化交易中的决议权

英国金融行为监管局（FCA）制定的上市规则中明确要求：私有化退市决议必须由股东大会通过且须由具有表决权股东的75%以上同意方可生效。我国现行的《公司法》和《证券法》均未对股东大会享有私有化决议权进行明确规定。公司通过私有化交易退市，显然属于公司经营发展中的重大事项，交由股东大会以多数决的方式进行表决，有利于充分保障中小股东的参与决策权、知情权和质询权。另外，由于股权结构较为集中的现象在我国上市公司中普遍存在，为了避免控制股东操纵上市公司股东大会，应引入控制股东表决回避制度，明确要求控制股东及其关联人在私有化决议表决时进行回避。

---

〔1〕 李德林："操纵私有化：中石油中石化案例剖析"，载《证券市场周刊》2006年第3期。

〔2〕 习龙生："论控制股东的私益交易及其公平交易义务"，载《中外法学》2005年第4期。

同时，改变原有的“出席会议的代表2/3表决权的股东通过”，进一步明确涉及私有化交易的表决应由“代表2/3表决权的非管理股东通过”，减少公司控制股东及其操纵的管理层对股东大会的影响。为了提高股东大会的决议效率，为中小股东行使参与决策权提供便利，在加强监管、保障真实性、公平性的前提下，可以适度引入现代通讯技术、网络媒体工具等帮助缺席股东进行表决，通过科学技术减少中小股东“搭便车”这一心理现象，从而达到破解“集体行动困境”的目的。

### （三）上市公司私有化交易的事中监管

#### 1. 构建私有化交易独立委员会制度

上市公司董事的忠诚义务主要表现为：为使公司利益最大化，应在职责范围内保持独立与理性。在私有化交易的过程中，因控制股东实际掌握对目标公司的控制权，目标公司董事多由控制股东任命，其独立性和对公司的忠诚义务都无法得到保障。在美国，根据法律要求，目标公司董事如果与控制股东具有关联关系，就必须在私有化交易中进行回避，通过目标公司董事会任命独立董事及外部专业人士组成独立的委员会与控制股东谈判来替代董事会的工作。美国证券交易委员会（SEC）的13e-3表格中也就独立委员会制度对上市公司提出了两项信息披露要求：一是私有化交易是否得到独立委员会同意；二是独立委员会是否代表中小股东利益。

在以要约收购方式进行的私有化交易中，因收购行为在证券市场上完成，无须设立独立委员会。但在以合并方式进行的私有化交易中，控制股东与目标公司实际上作为交易的双方存在，为了保证交易的公平性，任命独立委员会和控制股东进行谈判有利于消除目标公司董事会代表缺乏独立性而带来的不良影响。

独立委员会设立的目的就在于规避私有化交易中目标公司董事会代表控制股东利益的现象。为了充分保证独立委员会的中立态度，要建立健全科学的提名和选聘制度，选聘外部人士和独董参与其中。笔者认为，上市公司独董本身具有独立性，可直接参与到独立委员会中来，外部专业人士的选聘，可以采取社会公开招聘和中小股东提名相结合的方式，从具备金融、审计、法律等专业能力和经验的人士中产生。为了保障独立委员会依法行使职权，切实发挥作用，应当明确其权利和义务。可以从以下几方面着手进行制度设计：第一，独立委员会代表目标公司与私有化交易发起方进行谈判，有权对私有化交易方案进行全面评估和审查；第二，独立委员会在法律和财务方面处于相对独立的地位；第三，独立委员会基于专业性判断有权向目标公司董事会和中小股东提出关于该交易方案的建议；第四，独立委员会应采取一切与其职责相关的行动维护目标公司及其中小股东的合法权益。独立委员会作为解决私有化交易中利益冲突的重要方式，只有充分保障其独立性和专业性，才能使其职能得到充分发挥。

2. 加强私有化交易中的信息披露

我国目前尚无专门的法律法规来规制私有化交易的信息披露，只是在证监会《关于改革完善并严格实施上市公司退市制度的若干意见》和沪深两市的股票上市规则中对退市信息披露作了规定。根据相关要求，在发布通知召开股东大会前，上市公司应就退市方案和原因、退市后的计划等作先行披露，同时还应披露独董、财务顾问和律师的专业意见。上述原则性规定未对披露要求进行具体、细致的规定；仅涉及私有化交易的决策环节，并未涉及私有化交易的其他重要环节；未规定违反信息披露义务所承担的法律责任。针对我国私有化交易信息披露制度存在的不足，笔者认为可以从以下几个方面来完善：

首先是制定专门的私有化信息披露规则，完善多层级监管。经过多年的制度建设，在上市公司信息披露的监管方面，我国已经初步建立起多层次监管体系，即《证券法》《公司法》《会计法》等基本法律，《股票发行与交易管理暂行条例》等行政法规，中国证监会制定的《上市公司信息披露管理办法》等部门规章，沪深证券交易所的《上市指引》《上市公司信息披露事务管理制度指引》等自律规则。但是在信息披露的监管和违规行为的处罚方面，各部门之间缺乏协同。法律赋予证券交易所的监管权和处罚权太小，虽然处于监管第一线，但其对上市公司违规信息披露不能进行有效监管，处罚也难以达到威慑效果。有必要根据金融混合化、主体扁平化与职能综合化要求，提高多层级监管水平。应当在《证券法》、证监会发布的《上市公司信息披露管理办法》和沪深两市的交易所规则中均增加关于上市公司私有化交易信息披露的相应规定，明确私有化交易属于上市公司的“重大情形”之一，构建起一个涵盖私有化交易全过程的信息披露法律制度。[1]特别是证券交易所，可以

---

〔1〕 张宗新：《上市公司信息披露质量与投资者保护研究》，中国金融出版社 2009 年版，第 193 页。

充分借鉴美国13e-3表格的经验，尽快制订并发布相关指引性文件，明确私有化信息披露的时间要求、具体内容、格式要求、披露方式、具体流程、法律责任等，此外还要对上市公司私有化退市后需要披露的相关信息作出规定。

其次是切实提高私有化信息披露效率，及时更新退市信息。在私有化退市过程中，较之中小股东，上市公司或其控制股东能更为及时、全面、准确地获取相关信息，他们往往会利用信息的不对称性，在制度所允许的范围内采取各种手段，以最快的速度完成退市。[1]为了充分保障中小股东的知情权，有必要进一步提高私有化交易信息的披露频率。具体而言，上市公司在私有化决策阶段应及时公布董事会决议信息、股东大会召开之前私有化交易的进展情况、股东的异议、股东大会召开和决议的情况等；在私有化交易的要约收购环节，上市公司应及时公布要约收购的具体方案、进展情况等；在申请撤销上市资格的阶段，上市公司应及时披露证券交易所受理退市申请的情况及给予反馈的情况。

再次是加强对私有化信息披露的监管。只有采取行之有效的监管措施，严格监控私有化交易的各个环节，才能保障信息披露规则的良性运转。监管机构应将投资者保护作为一项重要职责目标，密切关注私有化交易信息披露对中小股东的影响和中小股东的反馈。要明确私有化退市信息披露不实的法律责任，明确信息披露的义务人及其相关的法定义务。同时，应该建立完善的追责机制，严厉打击虚假陈述、内幕交易、操纵市场、证券欺诈等违法行为。通过及时有效地惩治上市公司违反信息披露义务的行为来实现对中小股东的权利救济。

最后是对公司是否有再上市计划作特别披露。随着PPP模式（Public-Private-Public）被广泛运用，私有化交易不再独立存在，而是作为公司转板再上市的中间环节。可以在要求披露的信息中加入一项内容，即对公司是否有再上市计划作特别披露，包括再上市的时间、市场的选择等，这样就能使中小股东在作出决策时掌握充分、及时的信息，有利于作出使自己利益最大化的选择。公司的经营活动往往随着市场行情的变化而变化，可能在作出私有化决策时并未有再上市计划；也有可能为了以更低廉的价格、更高的效率

---

〔1〕 皮海洲："主动退市公司如何保护投资者利益"，载《证券时报》2013年12月10日，第5版。

完成私有化交易选择隐瞒再上市的计划。这对于证券监管部门提出了更高的监管要求，也对投资者对于现有信息的研判能力提出了很大挑战。

（四）上市公司私有化交易的事后救济

1. 明确私有化交易中异议股东回购请求权适用情形

在对待私有化交易中常见的余股问题，国际上普遍采用的是余股强制挤出制度，即赋予收购方以余股强制挤出权，一旦收购方的持股比例超过 90%（含关联方超过 95%）时，则其可根据要约条件行使该项权力，强制排挤出剩余股东。在这种制度框架下，主要通过对中小股东的退出救济来实现交易的公平性。余股挤出制度体现了“效率优先、兼顾公平”的立法理念，试图在促进市场资源的有效配置和保护中小股东利益二者之间寻求平衡。但引入该制度是否与我国国情相适，值得商榷。我国证券市场起步较晚且带有浓厚的行政色彩，目前仍未建立起多层次的资本市场，上市公司私有化后，中小股东持有的股票流动性受到严重影响，即便是余股可以进入代办股份转让系统，其市场价值也会严重贬损，基于此，中小股东要求公司以合理价格回购其股票不失为一种不错的选择，中小股东可回笼资金进行其他投资。

我国《公司法》第 142 条采取“原则禁止、例外允许”的模式，实际确立起了异议股东回购请求权制度，但其中只包含了公司合并、分立两种情形，对公司私有化退市这一情形并未作出规制。我国《证券法》第 97 条规定，在收购期限届满，目标公司不符合上市条件而被证券交易所依法终止上市资格后，余股股东可要求收购人按照要约所规定的相同价格收购其股票，收购人不得拒绝。我国通过这样的制度设计赋予了余股股东强制收购请求权。应当通过修改《公司法》第 142 条，增加私有化交易这一情形，使之与《证券法》中的强制收购请求权相呼应，建立起私有化交易中异议股东的回购请求权制度。同时在《证券法》的相关条款中进一步细化此类规定，通过确定合理的回购价格，达到充分补偿异议股东的目的。可以将交易所牌价作为低价与通过评估确定的每一股真实价值进行比较，取一高值作为收购价格；也可以私有化方案公布前一定期限内（6 个月）的平均股价作为收购价格。

2. 构建异议股东股权回购评估体系

国外许多证券交易所均在其规则中明确规定，为保证中小股东在退市中权益不被侵害，私有化退市的公司应以公平的价格回购中小股东的股票。在私有化交易的实践中，中小股东不能以一个公平的价格出售股票的情况依然存在。虽然私有化决议需股东大会作出，但私有化交易的发起人一般为公司控制股东，他们可以利用其在股东大会中的绝对优势地位，设定使自身利益最大化的交易条件。私有化后股票流动性会降低，中小股东即便对收购价格存在异议，但考虑到股票流动性问题带来的隐患，也只能选择接受交易价格。此时，股价评估请求权则为不愿接受收购价格的中小股东提供了行之有效的法律救济途径。

私有化交易中的异议股东股价评估请求权，是指当公司股东对收购价格持不同意见时，有权要求法院对公司股份的真实价值进行评估，上市公司或其控制股东应以评估价格回购其持有股份的权利。基于此项权利，中小股东可以要求上市公司或私有化发起人按公平价格进行给付，如果上市公司或私有化发起人支付的价格不能充分体现公平性，则中小股东可向法院提起诉讼，请求法院审查确定股份的公平价格。在私有化交易中，一旦控制股东以不合理收购价格排挤中小股东，中小股东可以依据股价评估请求权制度得到相对公平的价格补偿。同时，引入该制度还有利于避免因部分股东恶意阻挠而使私有化交易陷入僵局，保证了市场资源配置的效率。另外，股价评估请求权制度也能为监管私有化交易行为提供新的途径，即司法介入审查交易的公平性，从而实现对私有化交易行为监督的目的。

我国在进行股价评估请求权制度设计时，应明确私有化交易中的股东拥有该项权利。鉴于我国目前法院案件较多、法官专业能力可能难以适应私有化交易纷繁复杂的局面，笔者认为可以在中小股东依据股价评估请求权向法院提起诉讼之前，设置一道前置程序，由专业的评估机构来负责评估股价，该评估机构可以设置在证券监管部门内，也可以授权给证券行业自律组织或者独立的财务审计评估机构设置，由证券监管部门向其授予评估资质并负责资格审核。这样既保证了股价评估的专业性和公正性，也能使中小股东避免讼累。

3. 健全证券民事索赔体系

再完善的制度设计也不能保证私有化交易中不再出现控制股东侵害中小股东权益的情况，此时就需要司法机关为权益遭受侵害的中小股东提供司法救济，充分发挥司法权的最后防线作用。私有化交易中，控制股东和中小股东之间实力不对等，二者掌握的信息也不对称。适度的司法介入，有利于扭转上市公司私有化交易利益冲突这种私域中的力量失衡局面，以司法裁判的形式弥补公司自治领域的局限性。[1]我国现行《证券法》分别在第69条、第76条、第77条、第79条中对上市公司虚假陈述、内幕交易、操纵市场、欺诈客户情况下，对遭受损失的投资人应承担的赔偿责任进行了规定；我国《公司法》第20条第2款对公司股东的赔偿责任作出规定，要求其在滥用股东权利情形下，应对公司或其他股东的利益损失承担相应的赔偿责任。法院应充分发挥司法能动性，根据《证券法》和《公司法》中的相关内容，在司法解释中对上市公司私有化进行明确规定，当私有化交易存在不公平的情况时，如交易方案存在胁迫效果、控制股东操纵股东大会决议、信息披露存在不实情况、交易价格有失公允等，中小股东可向法院提起诉讼，法院可依法判决私有化交易无效或要求控制股东及其关联人等责任主体赔偿中小股东所受损失。法院应提高私有化交易案件审理的专业性，由专门的审判庭负责审理，同时多组织专家进行研讨论证，为作出科学公正的裁判提供专业意见。

私有化交易的诉讼多由股东行使评估请求权引发，私有化交易中的收购价格是否合理，是原被告矛盾的焦点所在，法院在对价格的公正性进行审查时，应当充分参考证券监管部门和专业评估机构的意见，从目标公司股票市场价格、资产净值、商业信誉、发展前景等多方面入手综合考量。我国目前公益诉讼制度还处于试点阶段，尚未触及证券领域，异议股东认为交易行为不合法或者收购价格不合理而向法院提起诉讼所付出的成本较高，而且因为单个异议股东提起诉讼就对私有化交易进行阻滞，会降低收购效率、增加收购成本，不利于市场资源配置。为了平衡私有化发起人和中小股东的利益，法院在审判时可以采用我国的代表人诉讼制度，按照人数不确定规则进行裁判，审判结果适用于所有中小股东。这样既节约了司法资源，体现了司法权对中小股东权益的保护，也提高了私有化收购效率。

---

〔1〕 参见冯果、李安安："上市公司主动退市过程中的利益冲突及其法律规制——以中小股东权益维护为中心"，载《南都学坛》2011年第5期。

# 国有企业集团中国有股代表人制度的构建

白慧林*

国有股权与其他所有制股权最大的区别就是“所有权主体虚位”。国有股权是国有资产的重要组成部分，本质上为国家所有代表下的“全国人民”所有。但“全国人民”对其所有的国有股权行使权利，只能通过委托代理的模式实现。从“国家——人民政府——国有资产监督管理机构——国有资本投资运营公司——国有独资、国有控股公司和国有参股公司”的层层委托代理，所有权主体对权利的控制已经淡化，而事实上代表国有股东行使权利的是委托授权体制下的少数国有股代表人，正因为此，国企才有了所谓的“内部人控制”现象。

国有股代表人指由国有股东推荐，经公司股东会选举或董事会聘任，代表国有股东行使国有股权的代表人。按照《企业国有资产法》第 22 条的规定，国有股代表人包括国有资产监督管理机构“委派”的董事、监事、经理、财务负责人以及其他高级管理人员。2017 年《进一步完善国有企业法人治理结构的指导意见》提出建立外部董事制度。外部董事并非这里意义上的国有股代表人，因其由政府任命，不代表股东意志，所以本质上是政府董事，非股东代表。

我国《公司法》规定了董事、监事、经理、财务负责人、其他高级管理人员的选举和聘任制度，也规定了董事、监事和高级管理人员的信义义务及

---

* 白慧林，北京工商大学法学院副教授。本文系北京市社会科学基金项目、北京市教育委员会社科计划重点项目“国企改革背景下公司集团法律制度研究”，项目编号：SZ20171001108 的阶段性成果。

民事责任制度。但是，长期以来我国国有企业集团的国有股代表人的任免权一直由出资人机构或由政府掌控，《公司法》规定的股东会、董事会机制仅存于形式，而对国有股东的公务员管理又限制了信义义务以及民事责任制度的适用空间，导致实践中国企“内部人控制”和“一把手”专权现象普遍。全面深化国企改革，完善国有企业集团治理机制，首先应当建立并完善有关国有股代表人的法律制度，将权力关进制度的笼子。

## 一、国有股代表人的任免

《企业国有资产法》第22条第1款规定：“履行出资人职责的机构依照法律、行政法规以及企业章程的规定，任免或者建议任免国家出资企业的下列人员：(一) 任免国有独资企业的经理、副经理、财务负责人和其他高级管理人员；(二) 任免国有独资公司的董事长、副董事长、董事、监事会主席和监事；(三) 向国有资本控股公司、国有资本参股公司的股东会、股东大会提出董事、监事人选。”该规定与《公司法》有冲突。首先，国有资产监督管理机构作为国有独资公司的出资人，有权选任董事、监事，但对经理、副经理、财务负责人等其他高级管理人员的任免权，按照《公司法》的规定属于董事会的职权，个别股东无权自行任免；其次，在新的国资监管体制下，国资委不直接投资国有控股、参股公司，其向国有资本控股、参股公司推荐董事、监事人选缺少了身份上的正当性和合理性。

2015年中共中央、国务院发布《关于深化国有企业改革的指导意见》，提出“要切实落实和维护董事会依法行使重大决策、选人用人、薪酬分配等权利”。2017年国务院办公厅发布的《关于进一步完善国有企业法人治理结构的指导意见》进一步提出“经理依法由董事会聘任或解聘，接受董事会管理和监事会监督。”这两项政策的出台，明确了国有资本投资运营公司中国有股代表人的任免程序，即国有资本投资运营公司作为国有独资公司，其董事与监事由国资委任免；经理、副经理、财务总监和其他高级管理人员由公司董事会聘任和解聘。

对于国有控股公司、参股公司的国有股代表人的选任，国务院办公厅发布的《关于进一步完善国有企业法人治理结构的指导意见》提出：“国有全资公司、国有控股企业的董事由相关股东依据股权份额推荐派出，由股东会选举或更换，国有股东派出的董事要积极维护国有资本权益；国有全资公司的外部董事人选由控股股东向其他股东推荐，由股东会选举或更换；国有控股企业应有一定比例的外部董事，由股东会选举或更换。”所以，《企业国有资产法》第 22 条第 1 款第 1 项、第 3 项的规定应作删除，恢复国企公司机关的职权。

## 二、国有股代表人的派出机关

《企业国有资产法》第 29 条规定：“本法第 22 条第 1 款第 1 项、第 2 项规定的企业管理者，国务院和地方人民政府规定由本级人民政府任免的，依照其规定……”2015 年中共中央、国务院发布的《关于深化国有企业改革的指导意见》提出：“上级党组织和国有资产监管机构按照管理权限加强对国有企业领导人员的管理，广开推荐渠道，依规考察提名，严格履行选用程序。根据不同企业类别和层级，实行选任制、委任制、聘任制等不同选人用人方式。”从上述规定可知，国有股东代表的任免权出现了变化。

关于国有股东代表人的派出，我国一直实行的是政府行政任免制。《关于深化国有企业改革的指导意见》中提出的“选任制、委任制、聘任制”等选人用人方式，也是公务员选任方式。《关于进一步完善国有企业法人治理结构的指导意见》事实上限制了政府的权力，扩大了出资人机构的股东权，确定出资人机构商有关部门有提名权，政府有任命权，相当于前者有选人权，后者有用人权。

虽然国资委派出的董事、监事须由政府任命，但董事与监事是否都在公务员中选任？董事的选用侧重于其管理能力与专业能力，受限于政府在选择管理者方面的市场局限性，以及公务员队伍中熟悉市场与管理，具有行业专业知识的人才所限，派出的董事、监事不宜由政府部门在公务员中选任。而国资委作为国有资本的出资人机构，在被定位于“管资本”的职能以后，对国有资本的投资运营的市场需求将越来越熟悉，越来越专业，更有利于发挥市场优势选择较为适合市场环境的管理者。而且，将国有资本投资运营公司董事的任免权与考核、薪酬管理权统一由国资委行使，还可以有效减少管理层级和代理成本。随着市场化选人用人机制的完善和职业经理人市场的成熟，国企董事、经理等高级管理人员的市场化选聘制度将更趋于成熟，由股东推荐董事更符合《公司法》的规定。从长远上看，国有资本投资运营公司的董事选任将会走向市场化道路，而董事、经理作为企业管理者，也不适宜确定行政级别。其实，2017 年混合所有制国企改革中就已经出现市场化选择。在云南白药控股的混合所有制改革中，新华都实业集团股份有限公司入驻云南白药与国有股平分股权的前提就是去“行政化”，即公司所有的董事均去除公务员身份和待遇，实行市场化管理。此案例真实反映了混合所有制改革的市场选择。

对于监事来讲，监事的选用不但考虑其专业性，更要保持其独立性与忠诚性。考虑到国资委在选人上的专业性，和政府在用人上的权威性，建议国有独资公司的监事由国资委选任，政府部门负责考核与薪酬管理，这样可以保证监事来源的市场化，还可以保证政府有效监督监事工作。

所以，国有资本运营公司的董事、监事的选任应依据《公司法》的规定由股东派出，逐步去除董事、监事的公务员职务，实行市场化聘任。而监事的考核管理权应由同级人民政府掌握。对于国有控股和参股公司来讲，应当按照《公司法》的规定，董事、监事均由国有股东推荐股东代表，由公司股东会选举。

## 三、国有股代表人的信义义务

《企业国有资产法》第 26 条规定：“国家出资企业的董事、监事、高级管理人员，应当遵守法律、行政法规以及企业章程，对企业负有忠实义务和勤勉义务，不得利用职权收受贿赂或者取得其他非法收入和不当利益，不得侵占、挪用企业资产，不得超越职权或者违反程序决定企业重大事项，不得有其他侵害国有资产出资人权益的行为。”此规定包含两层含义：一是国有股代表人对所在企业有信义义务，二是国有股代表人对出资人机构负有信义义务，即“不得有损害国有资产出资人权益的行为”。对于前者，《公司法》第 147 条~第 149 条规定对国有股代表人有普遍适用性。对于后者，虽然公司法理论上对董事、监事是否对其派出股东承担信义义务这一问题一直有争议，但是本文认为，国有股东代表是出资人机构或上级母公司派出的股东代表，其接受委托在任职公司董事会、监事会履行职责，代表国家掌握国有股的控制权，与出资人机构或上市母公司之间存在委托代理关系。多元化股权结构下，一票否决权、多数表决权等多类型表决权的制度设计，将赋予国有股股东代表更大的权力，为确保国有股表决权行使的正当性，遏制其权力滥用损害出资人机构的合法权益，应当确认其对派出股东负有信义义务。对此，《企业国有资产法》第 70 条已作明确规定：“履行出资人职责的机构委派的股东代表未按照委派机构的指示履行职责，造成国有资产损失的，依法承担赔偿责任；属于国家工作人员的，并依法给予处分。”2017 年 4 月，国务院办公厅印发的《关于进一步完善国有企业法人治理结构的指导意见》也提出：“国有独资公司的董事对出资人机构负责，接受出资人机构指导”，“执行董事和经理层成员未及时向董事会或国有股东报告重大经营问题和经营风险的，应依法追究相关人员责任”。此外，国务院办公厅于 2016 年 8 月印发《关于建立国有企业违规经营投资责任追究制度的意见》（以下简称《意见》）还对国有股股东违反信义义务的违规经营行为提出并建立相应追责机制，为国企高管开了一张经营投资的负面清单。《意见》对国有企业经营管理有关人员未履行或未正确履行职责造成国有资产损失的 10 大类 54 种行为规定了追责规则，追责范围覆盖集团管控、购销管理、工程承包建设、转让产权及上市公司股权和资产、固定资产投资、投资并购、改组改制、资金管理、风险管理等领域，以“未履行或未正确履行职责造成国有资产损失以及其他严重不良后果”为追责条件，实行终身追责。

对国有资本投资运营公司来说，其属于国有独资公司，国有股代表人全部来自出资人机构或政府，因此国有资本投资运营公司的国有股代表人职责应当由法律进行规定，不适宜由公司章程规定。国有企业违规经营投资责任追究制度和责任倒查机制是国有股代表人职责体系的核心。上述《意见》以负面清单列举了其消极行为，其积极行为的范围和标准尚不明确，尤其是履职的正当程序和职权范围。此外，该《意见》属于行政法规，今后应当在《公司法》第二章第四节“国有独资公司的特别规定”和《企业国有资产法》第四章“国家出资企业管理者的选择与考核”中明确规定国有股代表人的职责范围、履职标准、追责体系和责任范围等，实现国有股代表人履职有法可依、违法必究。此外，对国有股东代表人职权进行规定时，尤其应当明确国有独资公司外部董事、外部监事的职权范围和履职程序，因为按照《关于进一步完善国有企业法人治理结构的指导意见》的规定，国有独资公司的外部董事、外部监事均由政府任命，代表国家行使国有资产监督权，所以其权利范围和行使程序应当在法律中进行明确。

## 四、国有股代表人的行权程序

国有股代表人在行使决策和监督权时，应当“严格实行集体审议、独立表决、个人负责的决策制度，平等充分发表意见，一人一票表决”。董事会、监事会会议的召集程序与表决方式须严格遵守《公司法》及最高人民法院关于适用《中华人民共和国公司法》若干问题的规定（四）（征求意见稿）（以下简称《公司法解释四（征求意见稿）》）的有关规定，通过公司章程完善会议的召集、主持、提案、记录、计票、表决、会议记录和签字等程序。董事会会议召集程序和表决方式违反法律、行政法规，违反公司章程时，出资人机构有权向人民法院起诉请求撤销该董事会决议，并将有关责任人行为记入考核不良记录中。

## 五、对国有股代表人的监督

国有股代表人的监督来源于两个方面：一是内部监督，即国有资产出资人机构的监督和监事会的监督；二是外部监督，即人民代表监督制、社会监督和司法监督。

内部监督中，关于国有资产出资人机构的监督主要通过审批、汇报以及对国有股代表人的考核来完成。首先，对于法律法规明确规定需要出资人机构汇报、审批的事项，国有股代表人应及时履行汇报、报批的义务。我国《行政许可法》第 42 条规定了行政机关的行政许可期限，但未规定申报义务人的申报期。在实践中，应掌握合理期限，最长不得超过 7 日。对违反规定拖延汇报或报批所造成的损失，国有股代表人负个人责任，并记入考核不良记录。

外部监督包括三个方面：一是人民代表大会的监督，二是社会监督，三是司法监督。

首先，关于人民代表大会的监督。由于国有股所有权人形式上是政府，实质上是全国人民，所以人民代表大会有权对国有股的经营管理和国有股东代表进行监督。我国《人民代表大会组织法》第 8 条第 12 项就规定县级以上人民代表大会行使以下权利：“保护社会主义的全民所有的财产和劳动群众集体所有的财产，保护公民私人所有的合法财产，维护社会秩序，保障公民的人身权利、民主权利和其他权利。”《企业国有资产法》第 63 条也规定：“各级人民代表大会常务委员会通过听取和审议本级人民政府履行出资人职责的情况和国有资产监督管理情况的专项工作报告，组织对本法实施情况的执法检查等，依法行使监督职权。”国有股代表人接受国有资产出资人机构的授权委托管理国有资产，有义务按照上述规定接受本级人民代表大会的监督。现行法律法规对人民代表大会监督的范围和方法等未作详细规定。本文认为，目前县级以上人民代表大会行使监督权时，主要是听取审议本级人民政府工作报告。由于政府工作报告主要关注本辖区内国有资产经营管理的总体概况，因此对人民代表关心的特定企业国有资产投资运营情况，人民代表有权质询国有资产出资人机构和企业负责人，同时国有资产出资人机构和企业负责人有义务接受人民代表大会的质询。

其次，关于社会监督，目前我国正在建设社会信用体系制度。国有股代表人的法律义务主要是信义义务，其履行的职责虽然具有私法性，但其代表的国家意志有社会公共属性。因此将国有股代表人的行为纳入社会信用体系，接受社会的监督有其必要性与合理性。党的十八大提出，加强政务诚信、商务诚信、社会诚信和司法公信建设；中共十八届三中全会提出，建立健全社会征信体系，褒扬诚信，惩戒失信；十八届四中全会提出，加强社会诚信建设，完善违法失信行为惩戒机制；十八届五中全会提出，加强社会诚信建设，完善社会信用体系。国务院于 2014 年 6 月发布《社会信用体系建设规划纲要（2014-2020 年）》。到目前为止，我国已经建成以“全国信用信息共享平台”为总枢纽，以“信用中国”网站为总窗口的以“信用监督、信用威慑、信用惩戒”为核心的、多部门联合、社会联合的企业信用信息体系。在制度建设上，工商、交通、环保、商务、海关、税务、质检、食药监、安监、旅游等部门均建立了信用分类监管制度或严重失信黑名单制度；在平台建设上，建立了金融信用信息基础数据库、企业信用信息系统资本市场诚信数据库、全国法院被执行人信息查询平台等信用信息共享平台。2016 年 1 月，国家发改委、最高人民法院等 44 部门还联合签署了《关于对失信被执行人实施联合惩戒的合作备忘录》，共提出 55 项惩戒措施。这一系列改革措施的出台，无不围绕诚信经营展开，无不以责任落实为目的，无不强调企业及其法定代表人、主要责任人等的诚信履职。

2017 年国务院办公厅印发的《关于进一步完善国有企业法人治理结构的指导意见》也提出“董事、监事、经理层成员应当遵守法律法规和公司章程，对公司负有忠实义务和勤勉义务；要将其信用记录纳入全国信用信息共享平台，违约失信的按规定在‘信用中国’网站公开。”将国有股代表人的履职行为纳入社会诚信体系，将其受嘉奖的行为记入红名单，在考核、聘用、升职、薪酬提升等方面优先考虑，并通过信用平台大力推介，提升其作为职业经理人的信用等级；将其失信行为记入黑名单，限制其今后担任国有企业法定代表人、董事、监事，限制担任生产经营单位主要负责人及董事、监事、高级管理人员等，限制其参加融资、授信政府等民商事法律活动，限制其享受优惠政策或荣誉，限制其高消费行为，限制出境等。用社会的监督将国有股代表人的控制权限制在法律和公司章程规定的范围内，禁止权利滥用。

最后，外部监督离不开司法监督。司法是公平正义的保障，是对失衡的社会关系的矫正。对国有股代表人的司法监督，主要体现为诉讼救济，包括两个方面：一是公司、股东、公司债权人、出资人机构等对国有股代表人违反信义义务的行为提出损害赔偿诉讼；二是股东代表诉讼。对于直接诉讼，主要依据《公司法》第 20 条、第 21 条、第 148 条、第 149 条的规定实施。虽然《公司法》没有规定出资人机构对国有股代表人的诉权，但是在新的国有资产监管体制下，国资委作为出资人机构，是专职于“管资本”的市场主体，对其任命的国有独资公司的国有股代表人有监督职责，后者对其负有受托人的信义义务，在其违反信义义务损害了出资人机构的合法权益时，国资委有权对其提出损害赔偿诉讼。对此，《企业国有资产法》第 70 条也有明确规定：“履行出资人职责的机构委派的股东代表未按照委派机构的指示履行职责，造成国有资产损失的，依法承担赔偿责任；属于国家工作人员的，并依法给予处分。”对于股东代表诉讼，除了《公司法》第 151 条的规定外，《公司法解释四（征求意见稿）》曾补充规定“双重代表诉讼制度”，即股东有权对全资子公司的董事、高级管理人员、监事会、监事提起代位诉讼，但正式发布的《公司法解释（四）》删除了这一规定。司法实务中，对母公司股东的双重代位诉权有不同观点，有的判决认为母公司股东对侵害子公司利益的董事、监事、高级管理人员和他人无代位诉权，[1]有的判决则持相反态度。[2]其实，双重代表诉讼制度建立的目的不仅在于维护子公司的合法利益，更在于赋权公司股东对子公司（尤其是全资子公司或绝对控股公司）管理层进行监督的权利，有效防止母公司董事会透过子公司管理层进行利益输送，损害

---

〔1〕 参见江苏省高级人民法院（2016）苏民终字第 568 号民事判决书。

〔2〕 参见陕西省高级人民法院（2016）陕民终字第 228 号民事判决书。

母公司股东的利益，所以该制度对完善公司集团治理有很大的意义。在国企公司集团中，它不但有利于国有资产出资人机构对国有资产的使用进行有效监督，更有利于混合所有制改革后，参股国企的其他所有制股份权益的保护，是小股东利益保护的重要举措。

热点问题评析

# 美国金融控股公司客户金融隐私权保护制度评价

颜　苏*

我国当前金融业实际上实行了混业经营的模式。各大银行其实都是包括银行在内的金融控股公司，实际上形成了分业监管、混业经营的局面。也正是因为这一特定时期的原因，我国在《中国人民银行法》《银行业监督管理法》等法律中，都没有涉及金融控股公司模式下的客户金融隐私权保护的问题，仅仅是在各相关法律法规中，强调了要为客户信息保密，要加强金融机构的信息安全保障设施和制度建设。未来我国一旦启动《金融控股公司法》的立法进程，作为备受关注的金融隐私权问题，必然在立法中占据重要位置。通过研究和借鉴美国20年来的立法和实践经验，将会对未来我国的相关立法工作提供有益的参考经验。

## 一、金融控股公司的客户金融隐私保护的必要性

金融控股公司内部客户金融隐私权保护的特殊问题，与美国金融市场的发展有着密切关系。历史上著名的《1933年银行法》确立了美国金融业的分业经营体制，但从《1956年银行控股公司法》开始，分业的模式在国内需求

---

* 颜苏，北京工商大学法学院副教授。本文系北京市社会科学基金项目“金融隐私权合理使用规则研究”，项目编号：15FXB024的阶段成果。

和国际竞争的压力下，开始不断地松动。到1999年《金融服务现代化法》的出台，美国基本上确立了以金融控股公司为载体的金融混业经营的模式。与此同时，美国通过立法对金融控股公司中可能出现的侵犯客户隐私权的特殊问题予以规范。这种模式对于世界其他国家，起到了示范的作用。然而，随着时间发展，这种模式在技术进步的冲击之下，也产生了新的问题。

（一）金融控股公司内部的信息共享

金融控股公司不同业务之间会有不同的互动方式。金融控股公司内部不同金融业务之间的联系非常紧密和复杂，比如资金上的联系、具体业务操作上的联系、信息联系、市场联系、人力资源联系和公司品牌等无形资产的联系。这些业务的合作，主要包括：资金上的合作、业务上的合作和机构上的联合。其中，业务上的合作又可分为：业务渠道合作、业务委托和代理、信息合作和金融业务创新。这其中的信息合作，是指在法律允许的条件下，商业银行向投资银行等金融机构提供客户账户信息，投资银行向商业银行提供有关贷款客户资信状况的信息、共享市场信息、共同向有关客户提供财务资讯等。商业银行与保险公司的相互渗透是20世纪80年代以来，金融多元化经营的一个重要特征。通过两种金融业务的结合形成“银行保险”。

银行相较传统的保险代理具有营销和分销方面的优势，其可以在保险销售方面获得成功。这些优势包括：银行与客户关系比保险公司更加亲密和接近，客户更信赖他们的银行；银行与客户有更频繁的接触，其客户范围也更为广阔；对银行的需求是基础性的，可以产生新的可保险的利益；银行可以为保险业务带来大量的、协调一致的、集中式的营销资源；银行有大量可以利用的资源进行营销。另外还有一个非常重要的优势，就是银行拥有大量的客户信息资料。银行可以使用数据库营销（Database Marketing）的手段，细分它们的客户群和目标市场。银行在利用客户信息资料方面（在对隐私和保密性给予合适的尊重的前提下）能力更强。银行显然比绝大多数的保险代理人员具有更多的资金和技术资源、更多的客户，并且同它们的客户保持广泛和多账户关系的情况也更频繁出现。银行客户资料总档案可以被整理、分析和分发给银行的销售人员。客户可以根据需求、购买偏好、购买交易、收入以及地址同代理人员的远近来划分为各种不同的潜在购买群体。根据这些和其他指标，银行可以将他们作为一个市场展开营销。银行可以更了解其客户，并因此以高度专业的方式帮助他们通过购买合适的保险和服务，从而实现满

足其保险需求的目标。〔1〕

## （二）大数据技术带来的严重挑战

金融集团本身的数据获取量非常惊人，同时集团内部的数据共享已经对个人数据造成了威胁，然而当这些海量数据与大数据技术结合时，带来的影响将更深远。大数据是一个比较抽象的概念，目前尚无确切、公认的定义。最早提出大数据，并认识到其重要性的是全球知名咨询公司麦肯锡。涂子沛在《大数据》中提到："大数据"指一般的软件工具难以捕捉、管理和分析的大容量数据，一般以"太字节"为单位。美国学者维克托·迈尔·舍恩伯格将大数据解释为是人们获得新的认知、创造新的价值的源泉，是改变市场、组织机构，以及政府与公民关系的方法。大数据将不再苦苦追寻数据之间的因果关系，而是探寻数据之间的相关性，并进行合理的预测。通过大数据分析，药学家可以更便捷地测定药物的交叉反应；商家能及时解读看似杂乱无章的消费者行为，诱导购买；犯罪学家创建了算法犯罪学，用来预防并惩治犯罪。可见，大数据的突出价值在于通过预测获得新知识，以促进决策实现，从而创造新的社会价值。随着云计算、云存储、物联网等新技术的应用，人们通过社交网络、电子商务平台及移动智能终端等途径搜集、处理的各种数据，呈爆炸性增长，在容量、关系和复杂性等方面已超出了传统的处理能力和认知范畴，从而步入了大数据时代。

在传统立法中的个人数据保护问题尚未得到有效解决的情形下，大数据时代的到来又给个人数据法律保护带来了新的困惑，主要表现为以下方面：

### 1. 数据主体对数据的控制权严重削弱

数据控制权是指数据主体有权决定其个人信息在何时、何地及以何种方式被收集、处理及利用。数据控制权的削弱表现为数据主体在接收信息上的不对称，即不了解自己的数据何时、何地、被何人、以何种方式进行了处理，主要原因在于：第一，传统数据保护的"匿名化"失效。匿名化指通过技术措施，让所有能揭示个人情况的数据都不出现在数据集里。通过匿名化处理，个人的在线活动及与之相关的搜索记录、图片、地理位置等碎片化数据被广泛地记录与追踪，似乎并不能侵犯数据主体的数据控制权。但随着数据来源、

---

〔1〕［美］布鲁姆、马卡姆：《银行金融服务业务的管制：案例与资料》（第二版），何美欢等译，法律出版社2006年版，第639~640页。

数量的增多及数据分析技术的应用，社交网络和互联网公司收集的数据已呈现出很强的身份特征。例如，哈佛大学教授拉塔尼娅·斯维尼研究显示，只要知道一个人的年龄、性别和邮编，并与公开的数据库交叉对比，便可识别出 87%的个人的身份。第二，透明度原则受到冲击。透明度原则是欧盟数据保护的基本原则，指应当告知数据主体其个人数据的处理的基本情况，如在数据收集环节，通过隐私通知形式，告知数据主体数据处理的目的。在大数据背景下，数据主体很难知道数据收集、分析与利用是否基于特定的目的。

2. 数据控制者数据垄断不断强化

数据控制者的概念来源于欧盟法，是指单独或与他人联合决定个人数据的处理目的、条件和方法的自然人、法人、公共机构或其他实体。在大数据环境下，海量的数据往往以聚合形式存在于社交网络平台、电子商务平台及移动智能终端平台，这也意味着一些具有资金与技术优势的大型网络服务提供商更容易实现数据垄断。实现数据垄断的公司会采取措施限制用户移转适用通用格式或结构的个人数据的副本到其它类似公司的信息处理系统，从而达到占有数据资源，规避竞争的目的。大数据的预测价值来源于数据自由与共享，而数据垄断伴随着数据割裂与数据鸿沟，使大数据的社会价值大打折扣，同时也进一步削弱了数据主体对数据的控制权。

3. 数据安全风险和数据监控风险增加

在云计算环境下，数据将被集中存储，并形成一个超大的数据共享中心。这种数据存储的集中化特性使数据保护更加便捷，但也更易产生数据混同、数据丢失或引诱恶意攻击。云计算采用开放接入访问模式，访问节点多而分散，动态性和虚拟性加强，数据传输可能跨越多个国家、地区，使个人数据被非法窃取、攻击、修改和破坏的概率增加。当数据过期并需要删除或销毁时，云服务提供商可因为故意或过失而未完全删除或销毁所持有的数据或备份，数据的安全性便会因此受到威胁。此外，大数据时代的监控可谓无孔不入，这种监控并不仅仅反映在数据的大规模非法收集上（如“棱镜门”事件），还表现在利用数据分析与挖掘技术，将收集到的各类数据进行交叉比对、分析检验，从而将某个特定的主体从数据群中“提取”出来。这不仅使数据主体无法充分掌控自己的数据，还会使其受到不公正的待遇。

## 二、美国金融集团内部个人金融数据保护规则

1999 年 11 月，美国总统克林顿签署《金融服务现代化法》。新法放弃了分业经营限制，允许金融业的混业经营。美国 1999 年《金融服务现代化法》第五部分的标题即为“隐私”。2000 年 6 月 1 日，针对《金融服务现代化法》的要求，货币监理署（Office of the Comptroller of the Currency，OCC）、联邦储备委员会（Federal Reserve Board，FRB）、联邦储蓄保险公司（Federal Deposit Insurance Corporation，FDIC）和储蓄管理办公室（Office of Thrift Supervision，OTS）共同制定了《消费者财务隐私保密最终规则》（以下简称《最终规则》）。

### （一）基本保护规则

《金融服务现代化法》明确规定每个银行都具有尊重客户的隐私、保护客户非公开个人信息的安全和保密性的确定和持续的义务。每个金融机构有明确和长期的尊重客户隐私的义务，并保护客户非公开的个人信息的安全性和机密性。各个监管机构或当局应该制定适当标准，使金融机构在行政、技术和有形保护措施方面，遵从这些监管机构或当局的管辖：①确保客户记录和信息的安全性和机密性；②防止任何可能影响这些记录的安全性和完整性的潜在威胁和危险；③防止未经授权获得或使用这些记录或信息给任何客户造成不便或实质性伤害。《最终规则》也规定：所有金融机构必须给消费者提供其个人财务隐私保密政策以及透露和共享个人财务隐私的具体情况，详细描述了在哪些情况下，金融机构可以把消费者的个人财务隐私提供给第三方；并规定客户有权通过“选退”（Opt Out）方式拒绝银行把自己的财务隐私透露给第三方。但在《金融服务现代化法》第 502 条（e）款规定的八种例外的情况下，银行也不必向消费者提供“选择放弃”权，而可直接向非关联第三方披露消费者非公开的个人信息。[1]

---

〔1〕 这八个例外包括：①为使消费者所要求或授权的交易生效所必需，或者管理、执行该交易所必需；②经过消费者的同意或者按照消费者的指示；③保障消费者银行信息的保密性和安全，防止欺诈和未授权交易等行为的发生；④向保险费率咨询机构、评级机构、银行的律师、会计师和审计师披露非公开的个人信息；⑤依据其他法律的规定，向执法机构、自律机构披露信息，或者因调查涉及公共安全的事件而披露信息；⑥依据《公平信用报告法》向信用报告机构披露信息；⑦因义务机构出售、合并、转让、交换而披露该业务机构消费者的信息；⑧遵守联邦、州、地方法律法规，遵守民事、刑事或监管机构的调查或有关机构签发的传票，或者为司法程序或者监管机构监管所需要。

（二）选择放弃权的规定

除了某些规定的例外，银行不得将消费者非公开的个人信息披露给银行的任何非关联第三方，除非消费者已经得到相关通知，并给予了可告知银行不同意向第三方披露信息的合理机会，同时银行对消费者如何选择不同意披露作出了解释；而对银行向关联公司披露消费者信息，《金融服务现代化法》并无此要求。这一点就是《金融服务现代化法》赋予消费者的“选择放弃”权（Opt-out），换言之，如果消费者没有明确告知银行，他不同意银行向非关联第三方披露自己的信息，即视为消费者同意银行可以向非关联第三方披露信息。

有实证证据表明，选择放弃模式，会给银行带来巨大的成本。金融机构寄送首次和年度隐私政策说明书以及“选退”说明书需要支付巨大的成本，美国银行“2001年寄送通知的费用估计为1亿到2.5亿之间”，此外还有人力成本和时间成本；但是收效却不甚明显，“真正‘选退’的客户是很少的，其比例至多为5%，最低估计则不到1%”。[1]美国《金融服务现代化法》采用“选择放弃”而不是“选择同意”（Opt-in）制度，实际上是金融业界在立法游说中的一大胜利。有研究表明，“选择放弃”制度下消费者往往对银行的通知不作任何回应，而这本身就等于银行获得了消费者的同意，可以向非关联第三方披露消费者非公开的个人信息。在“选择同意”制度下，银行必须获得消费者明确同意才能向非关联第三方披露非公开的个人信息，这就增加了银行披露信息的成本。但是，既然消费者将自己非公开金融信息提供给银行，他对银行保护信息的隐私就有合理的期待。合理期待意味着应该建立一种机制使消费者不必自己采取某种措施去保护其在银行里的信息的隐私，这种机制就是“选择同意”制度。[2]

2014年5月，美国总统执行办公室（Executive Office of the President）发布2014年全球“大数据”白皮书——《大数据：把握机遇，守护价值》（Big Data：Seize Opportunities，Preserving Values）（以下简称《白皮书》），对美国大数据应用与管理的现状、政策框架和改进建议进行了集中阐述。从《白皮书》所代表的价值判断来看，美国政府更为看重大数据为经济社会发展所带

[1] 王鸿玲：“银行客户金融隐私权法律保护研究”，厦门大学2008年硕士学位论文。

[2] 周仲飞：《银行法研究》，上海财经大学出版社2010年版，第444~445页。

来的创新动力，对于可能与隐私权产生的冲突，则以解决问题的态度来处理。从具体措施来看，《白皮书》援引美国总统科学和技术顾问委员会独立报告《大数据与个人隐私：一种技术的视角》一文提出，原有的“‘告知与同意’框架已经被大数据所带来的正面效益打败了”，应当根据大数据的时代特点予以调整。在《白皮书》中，美国政府认为“告知与同意”框架已经不能满足隐私权保护的需要。《白皮书》提出，对于现在绝大多数用户与企业进行的普通信息交互来说，“告知与同意”框架充分保护了隐私，但美国总统科学和技术顾问委员会表示，技术轨迹正在转向采集、使用和储存对消费者和个人没有直接联系的数据上来，假如“告知与同意”框架更容易被违背，则我们需要重新关注数据的使用一端，而不是原来的采集一端。美国政府认为，大数据时代的隐私保护应当关注于使用责任制，使数据的采集者和使用者对数据的管理及其可能产生的危害负责，而不是狭隘地将其责任定义为是否通过正常途径采集数据。《白皮书》补充认为，更多的关注责任并不意味着忽视收集的环境。对数据负责的一个方面就是要尊重原始数据的采集。也就是说，原有的“告知与同意”框架仍然应当得到最大程度的遵守，并随着技术的发展进行调整，从而能够应对大数据带来的一些挑战。“通知—同意”规则难以有效执行。

“通知—同意”规则是欧美数据保护立法的核心性规则，是指数据控制者和处理者在收集、处理数据时须事先告知用户，并得到用户的明示或者默示的许可。在大数据背景下，“通知—同意”规则的执行力度因难以把控而显得格格不入。以云计算机为例，云服务商为取得数据主体的明示许可，须耗费巨大资金，在其系统软件中设计新的收集数据主体作出同意的方式。数据主体也会因此反复签署数据控制者或处理者为确保数据主体作出明确同意的意思表示而提供的合同，这不利于数据主体顺畅地使用现代化服务。但“通知—同意”规则若不执行或宽松执行则将导致数据主体对个人数据的控制力下降甚至消失，如何趋利避害是完善该规则的关键所在。

（三）共同营销例外

“共同营销例外”是指《金融服务现代化法》第502条（d）款规定：如果非关联第三方为银行或者代表银行从事义务，银行不需向消费者提供“选择放弃”权，即可与该第三方分享消费者非公开的个人信息，但银行必须告知消费者它将有关信息披露给该第三方，并且银行须与该第三方签订协议，要求后者确保这些信息的保密性。首先，允许银行关联公司之间可不受任何限制分享消费者个人信息，虽然每个关联公司所掌握的消费者个人信息可能是零碎的、不全面的，但银行可以通过从不同关联公司汇总集中处理消费者的个人信息，形成消费者个人的全面信息，包括他的健康状况、生活习惯、饮食习惯、政治信仰等。如银行掌握了这些全面信息，就有可能要求该消费者支付更高的信用卡费用或按揭利息。其次，对于银行向非关联第三方披露消费者非公开的个人信息，实践中银行实际给消费者的通知往往没有说明非关联第三方将如何使用信息，有关消费者“选择放弃”权的告知通常不起眼地写在通知的最后。再次，在“共同营销例外”的情况下，银行不需向消费者提供“选择放弃”权，即可向非关联第三方提供消费者非公开的个人信息。考虑到《金融服务现代化法》有关“金融机构”和“金融服务与产品”的概念范围非常广泛，“共同营销例外”会导致在很多情况下银行不再向消费者提供“选择放弃”权，就将消费者信息披露给非关联第三方。最后，银行给予消费者的“选择放弃”通知往往被消费者忽略，而这恰恰是银行所希望的。《金融服务现代化法》的“选择放弃”制度，实际上就是合法地将消费者的沉默视为消费者同意向非关联第三方披露信息，从而把保护消费者隐私的责任推到消费者个人身上。

## 三、平衡金融消费者和金融机构之间的利益诉求

《金融服务现代化法》在实施过程中仍然遭遇了金融业、银行客户和学界的质疑。第一，金融业认为执行成本巨大。许多银行认为，在与客户刚开始建立关系时，隐私政策和程序有所改变时，客户要求再次寄送时这三种情形下，提供隐私政策说明书就已足够，每年都寄上内容相同的年度隐私政策说明书不仅浪费，而且将导致消费者对说明书失去关注。第二，银行客户同样也不满，认为金融机构的通知存在误导性和晦涩难懂的陈述，而且程序繁琐，实际上阻止了他们进行“选退”。银行客户还担心，金融机构将消费者曾经“选退”作为黑名单制度记录在案，并且与联营机构共享，这将使消费者购买有关金融机构的产品时受到歧视。第三，学界也表示了对《金融服务现代化法》的担忧，主要意见有：①如果承认保护金融机构客户的金融隐私权具有公共利益价值，那么就要对法律保护的收益和成本进行权衡，这样的保护要求对银行而言似乎也相当繁重；②在金融控股公司的体制下，一个金融控股

公司会拥有商业银行、投资银行（证券）和保险公司及其他附属机构，各子公司、关联机构、附属机构可以共享信息，将对客户的隐私形成巨大的威胁；③该法更加厚待了大金融机构和金融控股公司，而不利于小的金融机构，这样就有可能会对金融服务行业的未来发展产生冲击。[1]

美国政府对隐私保护政策框架持较为开放的态度，认为应当关注的是如何在大数据所带来的效益，与隐私权等由于大数据采集信息而不可避免遭受损失的价值之间，做到合理的平衡。与此同时，美国政府在《白皮书》中也重申，“尽管我们生活在一个能够比过去更自由的共享个人信息的世界，但我们必须坚决否认隐私价值已经过时。隐私从一开始就一直是我们民主制度的心脏，而现在，我们比以往任何时候更需要它”。2012 年 2 月 23 日，美国总统奥巴马签署美国白宫发布的工作报告《网络环境下消费者数据的隐私保护—在全球数字经济背景下保护隐私和促进创新的政策框架》（Consumer Data Privacy in A Networked World：A Framework for Protecting Privacy and Promoting Innovation in the Global Digital Economy）（以下简称《消费者隐私保护报告》）。该报告正式提出《消费者隐私权利法案》（Consumer Privacy Bill of Rights），向社会公众公布并提请国会进行审议。报告对《消费者隐私权利法案》的立法理念和主要内容进行了介绍，集中体现了美国政府应对大数据时代隐私保护问题的做法。目前，《消费者隐私权利法案》尚未获得国会通过，因此在《白皮书》中美国政府也呼吁国会尽快通过《消费者隐私权利法案》，以确定隐私保护的法治框架。

简单地采取“选择放弃”或是“选择同意”，都不是合适的选择。对情况不加区分，完全地要求所有信息都要采取“选择放弃”（不选择就自动同意），这样的极端情况，对于银行等金融机构有利，而对于消费者不利。同样，完全地要求所有信息都要采取“选择同意”（不选择就自动否认），对消费者的保护将会最全面，但是对于银行等金融机构打击太大，银行根本无法承担由此带来的巨大时间和人力成本。这两种极端的做法都不可行，只能权衡利弊，估计各方面的利益，采取最优化的措施。“选择同意”可能带来巨大的成本，“选择放弃”可能会侵害消费者的隐私权。有学者指出，应该至少包括以下几个方面：明示机制、退出机制、选择性加入机制、描述机制和保密

〔1〕 王鸿玲：“银行客户金融隐私权法律保护研究”，厦门大学 2008 年硕士学位论文。

拓展机制。[1]

未来我国的立法应考虑以下因素：首先，对于消费者，银行应该给其一个明确的通知，告知消费者，在获取服务的过程中，银行会收集消费者的哪些信息，会对这些信息如何处理、储存、保护，会如何使用这些信息。要让消费者明确，金融集团内部，以及金融集团和其外部第三人，是否会共同使用其个人数据。应该使消费者明确，银行所属的金融集团必须公开承诺：对客户数据的搜集与使用，仅局限于为客户提供良好金融服务及业务之必要范围；利用客户信息进行共同营销，开发新型金融产品和服务，目的是满足客户各方面的金融需求，让客户得到更完整及专业化的金融服务。金融服务机构对客户信息的利用，需要定期和不定期地告知客户，通知客户金融机构是如何运用客户的信息，以及金融内其他组织是如何获得信息的等。

其次，对于选择加入或是选择放弃，都是艰难的选择，重要的是如何平衡消费者和金融机构各自的利益。对个人信息数据本身分类，可以考虑将非敏感的信息采取“选择放弃”的模式，即不反对即同意，而将敏感信息采取“选择同意”的模式，即不同意即反对。对于金融集团内部共享消费者个人信息和金融集团与其外部第三人共同使用消费者信息，也应该分别处理。金融集团的优势之一就在于信息可以共享，可以更好地为消费者提供服务，当然这样同样也会带来负面效应，更有可能侵害消费者利益。对于金融集团内部共享消费者信息，可以采取“选择放弃”的模式，即默认消费者在接受金融集团的一个机构服务时，就同意自己的信息在集团内部共享。但是对于金融集团与外部第三人共享信息的，应该采取“选择加入”模式，即必须消费者事先明确同意，金融集团才可以将消费者的信息披露给第三人。

最后，消费者必须拥有随时退出的权利。无论是哪种模式，当消费者发现对自己不利，或者仅仅是不确定是否对自己有利之时，可以无理由地要求金融集团终止共享自己的信息，而仅限于直接为其提供服务的银行在其业务范围内使用该消费者的信息。

---

〔1〕 胡月晓：“客户信息在金融集团内的共享和限制”，载《上海金融》2006年第9期。

# 中国主要商业银行个人理财合同文本的分析

周　沁*

绝大多数的商业交易活动都使用格式合同，商业银行个人理财业务也不例外。针对商业理财市场中出现的法律问题，多数法律研究从理财产品市场规范化和金融消费者保护两个角度分析，建议完善相关法律法规，这缺乏对商业银行个人理财合同文本内容全面深入的了解。本文通过对主要商业银行个人理财合同文本内容的实证分析，发现主要商业银行个人理财合同具有高度相似性。其原因除了银行间相互借鉴以外，法律规定的影响也非常明显。不过，大型商业银行和股份制商业银行在个人理财产品合同的具体条款设计上存在不同，这极有可能是由于两者在市场中的地位差别造成的。

## 一、引言

随着多元化投资渠道的出现和老百姓资产管理意识的转变，我国正在从一个储蓄大国转向理财大国。银行理财产品已经成为个人资产配置的一种重要方式。据全国银行业理财信息登记系统的报告显示，仅 2017 年上半年，全国银行业金融机构累计发售理财产品 11.92 万只，募集资金 83.44 万亿人民币。[1]其

---

* 周沁，香港城市大学法学院博士研究生。

〔1〕 银行业理财登记托管中心："中国银行业理财市场报告（2017 上半年）"，载中国理财网，https://www.chinawealth.com.cn/resource/830/846/863/51198/52005/1667020/15060689170012110294 03.pdf，最后访问日期：2018 年 1 月 28 日。

中，主要商业银行[1]，即大型商业银行[2]和股份制商业银行[3]在商业银行个人理财产品市场中居于主导地位。

庞大的市场背后暗流涌动——理财产品投资本身存在的风险及在利益驱动下个别银行业金融机构的违规操作，使客户的财产蒙受损失。例如，近日某大型商业银行分行及所辖多家二级分行违规修改合同文本销售对公理财产品 54.7 亿元的事件，[4]便令理财产品持有者不寒而栗。面对强大的银行，客户维权之路举步维艰。即便通过司法程序，法院囿于理财产品格式合同的内容，对双方委托理财合同关系存续期间的行为加以判断。有效的格式合同成为客户获得司法救济的最大阻力。因而，银行提供的理财产品合同条款也被称为"霸王条款"。一方面是因为它完全由银行单方面制定，主要考虑的是银行自身利益；另一方面也是因为银行使用的个人理财产品合同条款十分相似，客户没有"选择更好条款"[5]的机会。

个人理财市场的火热和潜在的风险也激起了学界的广泛兴趣。但现有研究主要局限于探究如何规范理财产品市场，更好地保护金融消费者。而从实证角度研究理财产品相关问题，特别是对商业银行个人理财产品合同内容的实证分析，却少之又少。本文基于对 32 份主要商业银行个人理财产品合同的分析，验证"霸王条款"是否属实，深入挖掘合同设计的逻辑性以及可能影响合同偏差性的因素。

---

〔1〕 主要商业银行包括大型商业银行和股份制商业银行。参见中国银行业监督管理委员会宣传部编著:《中国银行业监督管理委员会 2016 年报》，中国金融出版社 2017 年版，第 181 页。

〔2〕 大型商业银行包括中国工商银行、中国农业银行、中国银行、中国建设银行和交通银行。参见中国银行业监督管理委员会:《中国银行业监督管理委员会 2016 年报》，中国金融出版社 2017 年版，第 181 页。

〔3〕 股份制商业银行包括中信银行、中国光大银行、华夏银行、广东发展银行、平安银行、招商银行、上海浦东发展银行、兴业银行、中国民生银行、恒丰银行、浙商银行和渤海银行。参见中国银行业监督管理委员会:《中国银行业监督管理委员会 2016 年报》，中国金融出版社 2017 年版，第 181 页。

〔4〕 马晓成:"工行黑龙江省分行违规私售 54.7 亿元理财产品被查处"，载 http://www.xinhuanet.com/fortune/2018-01/13/c_ 1122253987.htm，最后访问日期：2018 年 1 月 28 日。

〔5〕 笔者对"选择更好条款"的表述受启发于"shopping for terms"。参见 Florencia Marotta-Wurgler，"Does Contract Disclosure Matter?"，*Journal of Institutional & Theoretical Economics*，2012，p. 96.

## 二、理论框架

现有的对中国商业银行理财产品的研究可以总结为“两个维度，三类内容”。绝大多数的研究从商业银行理财产品监管或者金融消费者保护两个角度出发，围绕理财产品的法律性质和种类、信息披露和消费者知情权，以及理财纠纷解决展开讨论。不同种类的银行理财产品蕴含的法律关系存在差异。固定收益产品反映了银行与客户之间的债权债务关系；非保本浮动收益型理财产品使银行与客户形成了信托关系；而保本浮动收益型理财产品相当于银行为信托关系作了担保。[1]当商业银行承销其他金融机构理财产品时，合同关系产生于发行机构与客户之间，银行更多扮演居间人身份。[2]

不同法律关系下权利义务的分配有所差异，但一些基本的内容是相似的，比如银行信息披露的义务。与存款不同，理财产品本身具有复杂的投资结构设计，并且根据金融市场的变化作出调整。这使得银行与客户之间存在严重的信息不对称（Information Asymmetry）。这也是信息披露义务存在的理论根基。倡导注重金融消费者保护的学者认为，强化银行对理财产品的信息披露义务是保护消费者权益的重要措施，因为“银行理财产品本身实际上是一系列信息和数据的组合。”[3]误导性销售[4]、风险评级和信息披露标准的不统一[5]、告知义务的形式化[6]等因素都有可能损害金融消费者的知情权，造成资金损失。

无论是强调监管的必要性，还是突出信息披露的重要性，商业银行在销售理财产品时形成法律关系都离不开合同。如何认识、理解和解释格式化的理财产品合同条款极为重要。可惜，对银行理财产品合同内容的实证研究甚少。

相比之下，国外学者对于合同内容的研究取得了一定的成果，值得参考。

---

〔1〕潘修平、王卫国：“商业银行理财产品若干法律问题探讨”，载《现代法学》2009年第4期；朱永利：“我国商业银行理财产品法律性质探讨”，载《武汉金融》2012年第3期。

〔2〕潘修平、王卫国：“商业银行理财产品若干法律问题探讨”，载《现代法学》2009年第4期。

〔3〕颜苏：“银行理财产品信息披露标准化原则的立法研究”，载《法学杂志》2015年第3期。

〔4〕“商业银行在营销产品的时候，对产品的预期收益往往采用诱导的形式，重点告知消费者产品的预期收益情况，或在营销过程中采用确定收益说法等诱惑型语言，而不向消费者公开产品财务状况。”林晓峰：“银行理财产品的消费者权益保护问题”，载《南方金融》2012年第11期。

〔5〕颜苏：“银行理财产品信息披露标准化原则的立法研究”，载《法学杂志》2015年第3期。

〔6〕李立新：“论银行理财产品销售中的告知与知晓”，载《河北法学》2013年第10期。

Schwarcz 对 24 家保险公司在美国 6 个州使用的房屋保险进行了深入分析，结论是法律法规对于提升保险条款透明度和提高消费者权益保护方面的效果并不理想。[1]虽然房屋保险总体上趋于标准化，但是各个保险公司提供的房屋保险合同在具体条款的设计上存在较大差别。[2]一些不被法院认可的合同条款重新出现在房屋保险合同中。[3]当然，并非所有保险公司提供的房屋保险都偏向于本公司，部分保险公司提供了相对慷慨的保险条款。这一发现对以往研究得出的关于企业利用自身优势，通过制定不公平合同条款剥削消费者的结论提出挑战。不过，Schwarcz 也承认需要更多的实证研究去验证是否保险合同规定的慷慨程度与实际保险金支付高低之间存在相关性。而且，他也发现有些行业对消费者的保护总是比另一些行业做得更好。[4]

Marotta-Wargler 对格式合同的研究将合同文本分析上升到新高度。[5]通过对 598 家软件公司提供的 647 份最终用户许可协议（End-Vser License Agreement，EULA）的定量分析，她发现样本中的多数合同是偏向软件公司的，并且越大的公司，或者是越年轻的公司所设计的最终用户许可协议越偏向于本公司。[6]她在随后的研究中进一步发现，至少在软件产品行业，市场竞争的激烈程度与最终用户许可协议的质量没有必然联系。竞争激烈的软件市场与高度垄断的软件市场中存在的最终用户许可协议条款高度相似。[7]

---

〔1〕 Daniel Schwarcz，“Reevaluating Standardized Insurance Policies”，*The University of Chicago Law Review*，78（2011），1348.

〔2〕 Schwarcz 在文中解释说，房屋保险合同中具体条款之间的差异并不能代表房屋保险之间的差异。文中分析的房屋保险条款并非随机挑选，而是诉讼中经常出现的有争议的条款。当然，对于这种差异的解读的前提是认识到，文中并非随机挑选六个州作对比，而是这六个州愿意提供笔者需要的数据进行研究。Daniel Schwarcz，“Reevaluating Standardized Insurance Policies”，*The University of Chicago Law Review*，78（2011），1303~1305.

〔3〕 Daniel Schwarcz，“Reevaluating Standardized Insurance Policies”，*The University of Chicago Law Review*，78（2011），1306~1307.

〔4〕 Daniel Schwarcz，“Reevaluating Standardized Insurance Policies”，*The University of Chicago Law Review*，78（2011），1348.

〔5〕 Schwarcz 在他的文章中将 Marotta-Wargler 的研究描述为“leading empirical studies of consumer contracts（最前沿的消费者合同实证研究）”。参见 Daniel Schwarcz，“Reevaluating Standardized Insurance Policies”，*The University of Chicago Law Review*，78（2011），1309.

〔6〕 Florencia Marotta-Wurgler，“What's in a Standard Form Contract? An Empirical Analysis of Software License Agreements”，*Journal of Empirical Legal Studies*，4（2007），713.

〔7〕 Florencia Marotta-Wurgler，“Competition and the Quality of Standard Form Contracts: The Case of Software License Agreements”，*Journal of Empirical Legal Study*，5（2008），475.

虽然上述研究成果在一定程度上存在相互矛盾的地方，但是都为我们更好地理解现实生活中格式合同的运用及格式合同提供方如何调整格式合同以适应法律规范的变化，提供了实证数据。商业银行个人理财合同文本为我们真正理解商业银行和个人客户的合同关系及法律法规变化对商业银行合同设计的影响提供了绝佳途径。本文受 Marotta-Wargler 研究的启发，参照她的研究方法，对我国主要商业银行个人理财产品合同内容进行细致入微的分析。

## 三、研究方法和样本

本文中的主要商业银行个人理财合同是由笔者亲自收集整理。根据中国银行业监督管理委员会对于我国商业银行的分类，主要商业银行包括大型商业银行和股份制商业银行。虽然这类商业银行的数量比较少，但是它们销售的理财产品数量占 2016 年全部理财产品数量的 30%以上，获得的资金更超过市场份额的 70%。[1]

样本中的理财合同多数是笔者亲临银行营业场所，向个人理财客户经理直接索取。样本中的商业银行大多数有自己的“明星产品”。如果有该类产品，笔者就向客户经理索要“明星产品”的个人理财合同。如果没有，即随机挑选一款客户经理推荐的热销产品的合同。每一家银行，笔者都挑选一份保本类型的理财产品合同和一份非保本类型的理财产品合同，用于比较同一家银行在销售不同类型的个人理财产品时，合同设计是否有显著差别。虽然大多数的个人理财产品合同由商业银行总行统一管理，但是总行也可以授权分支机构制作。[2]因此，在选择个人理财产品合同时，笔者挑选面向全国发售的产品，以增加样本的代表性。当然直接索取合同并不是一帆风顺的，部分银行非常委婉地拒绝提供空白合同。面对这种情况，笔者通过私人关系，通过银行职员获取相应的理财产品合同。基于以上两种方式，笔者共收集到 16 家主要商业银行的 32 份个人理财产品合同。

---

〔1〕 国家金融与发展实验室财富管理研究中心：“银行理财市场运行报告——2016 年 11 月”，载《银行家》2017 年第 1 期。

〔2〕《商业银行理财产品销售管理办法》第 12 条明确规定：“宣传销售文本应当由商业银行总行统一管理和授权，分支机构未经总行授权不得擅自制作和分发宣传销售文本。”

## 四、商业银行个人理财合同相关法规的发展

专门针对商业银行个人理财业务的规范性法律文件可以追溯到2005年11月1日开始施行的《商业银行个人理财业务管理暂行办法》（以下简称《办法》），距离理财产品初现市场仅有一年多。[1]该《办法》对商业银行理财产品的定义、分类、业务监督、风险管控等方面做出了框架性的设计，旨在促进个人理财业务健康有序的发展。同时施行的还有《商业银行个人理财业务风险管理指引》。经过对商业银行个人理财产品市场的耐心观察，总结市场发展的变化，6年后，中国银行业监督管理委员会又制定了《商业银行理财产品销售管理办法》，用于规范和调整由商业银行自行开发设计的理财产品销售形成的法律关系。

这些规范性法律条文可以分为原则性规定和指示性规定。原则性规定，在本文中是指对于商业银行个人理财合同制定的基本原则进行概括性描述。通常包括强调商业银行在制定合同过程中应该遵守诚实守信、如实告知、公平公正的原则，合同内容应该充分揭示风险，不得误导客户，保护客户的合法权益。相反，指示性规定是指规范性法律文件直接指导商业银行如何设计个人理财合同文本，甚至包括哪些词语不可以使用，哪些语句必须使用。这类规定主要出现于《商业银行个人理财业务风险管理指引》和《商业银行理财产品销售管理办法》中。[2]

当然，《合同法》《消费者权益保护法》等更高位阶的法律规范也是商业银行设计个人理财产品合同时必须参照的，因为这些法律在根本上决定了合同的有效性和合法性。

## 五、商业银行个人理财合同主要条款分析

接下来就是对商业银行个人理财合同文本的分析。一份典型的商业银行个人理财销售文本包括：理财产品销售说明书、风险揭示书、客户权益须知和理财产品销售协议。商业银行在销售文本中也明确说明，以上四份文件具

---

〔1〕“2004年2月，中国民生银行发售了两款结构类银行理财产品，拉开了银行理财产品的序幕。”殷剑峰：《中国理财产品市场发展与评价（2004~2009）》，中国财政经济出版社2010年版。

〔2〕具体内容参见《商业银行个人理财业务风险管理指引》第30条、第50条、第51条；《商业银行理财产品销售管理办法》第16条、第17条、第18条。

有同等的法律效力。这就意味着，商业银行个人理财销售过程中所谓的“合同”，不仅仅是指理财产品销售协议，是将协议与销售说明书、风险揭示书和客户权益须知作为一个“合同”处理。因此，本文中接下来对于合同主要条款的分析，是基于对以上四份文件内容的综合分析。

根据《商业银行理财产品销售管理办法》的规定，笔者将商业银行个人理财产品合同应当包含的内容分为六个大类，包括：理财产品的基本信息、风险揭示、信息披露、双方权利义务、免责事由和争议解决。基本信息主要包括理财产品募集和成立时间、发行对象、购买条件、投资结构、预期收益、相关费用等。风险揭示通常列举了客户可能会遇到的各种不可控因素。信息披露涵盖披露信息的内容和方式两个方面。权利和义务主要针对理财产品购买和运作期间，客户和商业银行各自享有的权利和需要履行的义务。免责事由列举了商业银行可以免责的情况。争议解决是对理财产品合同发生纠纷时做出的安排。

（一）基本信息

理财产品基本信息的重要性不言而喻，是客户决定购买该产品的重要考虑因素。基本信息应当全面、客观反映理财产品的基本属性：名称、类型、成立和投资期间、投资范围、认购、申购要求和步骤、预期收益、销售和管理费用等。笔者对于每个个人理财合同含有的基本信息的内容和介绍方式设计了评分标准。如果合同中列明了理财产品上述信息的，赋予 0 分，因为这也是规范性法律文件要求的；如果缺少其中某些信息，则得-1 分，因为不符合要求。如果合同中出现收益率或收益区间，而没有提供测算依据和测算方式的，得-1 分；提供的，不得分。合同中如果提供了测算依据和测算方式，却没有以醒目方式提示客户测算收益不等于实际收益，得-1 分；以醒目方式提示的，不得分。如果合同中出现了理财产品的类型，却没有对其进行解释说明的，得-1 分；按照《商业银行理财产品销售管理办法》说明的，不得分。如果合同中出现了投资范围，却没有载明投资比例和浮动比例，得-1 分；载明的，不得分。如果合同中约定了相关费用，而没有收费标准和收费方式的，得-1 分；载明的，不得分。

（二）风险揭示

理财产品不同于银行存款产品，其投资对象在一定程度上都面临或大或小的风险。银行和客户都会受到理财产品风险的影响。因而，风险控制和风险揭示也是监管机构的重点关注领域。风险揭示主要包括理财产品自身风险及客户可能面临的风险。理财产品自身风险通常由理财产品风险等级体现；客户可能面临风险包括政策风险、市场风险、不可抗力等。理财合同在醒目位置提示理财产品与银行存款之间有差别，不得分；没有提示或者不在醒目位置提示的，得-1分。合同包含风险评级结果，并以5个以上（包含5个）风险等级体现的，得分为0；如果没有载明风险评级结果或者风险等级不足5个，得分为-1；详细解释风险等级意义，得分为+1。合同在理财产品风险等级和客户风险承受能力之间建立联系的，得0分；若没有，得-1分。合同以示例说明最不利投资情况下投资结果的，得分为0；若没有，得-1分。理财合同对客户可能面临的风险进行列举和说明的，得分为+1；若没有，或者列举和说明了客户可能面临的风险，但是明确表示银行不承担所列风险的，得分为0。

（三）信息披露

信息披露的完全与否对于客户做出购买决定有着直接的影响。学者们认为在信息不对称的交易中，增加销售者的信息披露义务有利于保护购买者的权利，从而促进公平交易的形成。[1]当然，也有学者发现在实践中信息披露义务的法定化反而削弱了对购买者的权利，因为它为销售者免除自己相应的责任提供了理由。[2]信息披露包括披露的内容和方式两个方面，信息披露内容比较广泛，几乎所有的合同内容都可以归到信息披露的内容之中，此处着眼于信息披露的方式。虽然规范性法律文件对信息披露的方式没有明确的规定，但是日常生活中客户可以获得信息的方式主要有商业银行营业场所、官方网站和移动客户端。从操作性上考虑，商业银行也可以通过以上三种方式及时通知客户相关信息的变更。因此，如果合同仅选择营业场所和官方网站公告方式作为披露途径的，不得分；将移动客户端纳入信息披露范围或者可以通过约定选择更多的方式披露的，得+1分。如果合同中注明信息披露后，无论收到与否，所有责任客户承担的，得-1分；相反，不得分。

---

〔1〕 Howard Beales, Richard Craswell, and Steven Salop, "The Efficient Regulation of Consumer Information", *Journal of Law & Economics*, 1（1981），491~539；颜苏："银行理财产品信息披露标准化原则的立法研究"，载《法学杂志》2015年第3期；李立新："论银行理财产品销售中的告知与知晓"，载《河北法学》2013年第10期。

〔2〕 Omri Ben-Shahar, Carl E. Schneider, "The Failure of Mandated Disclosure", *Empirica Legal Studies Center Paper*, 10（2010），738.

### （四）双方权利和义务

关于双方权利义务的约定集中在个人理财产品销售协议中。主要涉及资金来源、信息变更、委托授权、合理运作、费用收取、信息保密等方面。以往对格式合同的研究提出，格式合同的制定方会利用自身实力上的优势地位，制作并迫使客户接受不平等的合约。如果商业银行在个人理财合同中仅规定银行对合同内容有调整权利的，得-1分；否则，得0分。如果合同约定客户有提前赎回权的，得+1分；没有提及或禁止赎回的，得0分；明确告知不可提前赎回的，得-1分。

### （五）免责事由

免责事由是格式合同制定方经常用来减少己方的义务的一种方式。《合同法》《消费者权益保护法》都对合同双方的免责条件进行了规定。如果商业银行个人理财合同规定的免责事由符合法律法规规定的免责条件的，得0分。如果设置更多免责事由的，得-1分；相反，得+1分。

### （六）争议解决

格式合同制定方可以通过设计争议解决条款，对争议解决的步骤和方式加以限制。即使发生争议，自身也可以处于相对有利的位置。仲裁前置和法院选择是常见的两种设计方式。合同制定方都会选择“先仲裁，后司法”以及“制定方所在地法院管辖”。这样的设计本身并没有违反合同自由的原则，多数情况下，法院也会支持仲裁解决方式的选择。如果理财合同未对争议解决设限制的，不得分；设置限制的，得-1分。

## 六、结果与分析

图1显示了样本银行个人理财合同条款的偏向性分析结果。根据上述问题设计可知，偏向性结果的最大值为5，即该银行的个人理财合同条款总体上偏向于客户权益；最小值为-15，即合同条款未能很好地披露风险、较多地限制客户权益、增加银行免责事由等。[1]事实上，样本中的主要商业银行个人理财合同没有出现极值的情况。最小的分数为-4，意味着最差情况下，测试的17个条款中，净不利于客户的条款为4条；最大的则为1，即净利于客户

〔1〕 偏见性分析结果并不是以0为中心的一个可能性是，《商业银行个人理财销售管理规定》和其他规范性法律文件的设计中蕴含了保护客户权益的考虑。

的条款为 1 条。偏向性得分对“霸王条款”的判断提出了挑战。虽然总体上主要商业银行个人理财产品合同确实偏向于银行，但是，这种偏向性并不十分严重，有 1/3 左右的合同是无偏向性或者轻微偏向于客户。大型商业银行比股份制商业银行在偏见性结果上更容易出现两极分化的现象。样本中，最有利于客户和最不利于客户的个人理财合同多属于大型商业银行。相比之下，股份制商业银行的个人理财合同则更加平衡，多数分布在 0 与绝对值 1 之间的区域。更重要的是，样本中，同一家商业银行提供的保本类型的理财产品合同和非保本类型的理财产品合同整体上没有区别，仅在部分具体内容上存在较小的差异。而且这些差异对偏向性的判断没有影响。

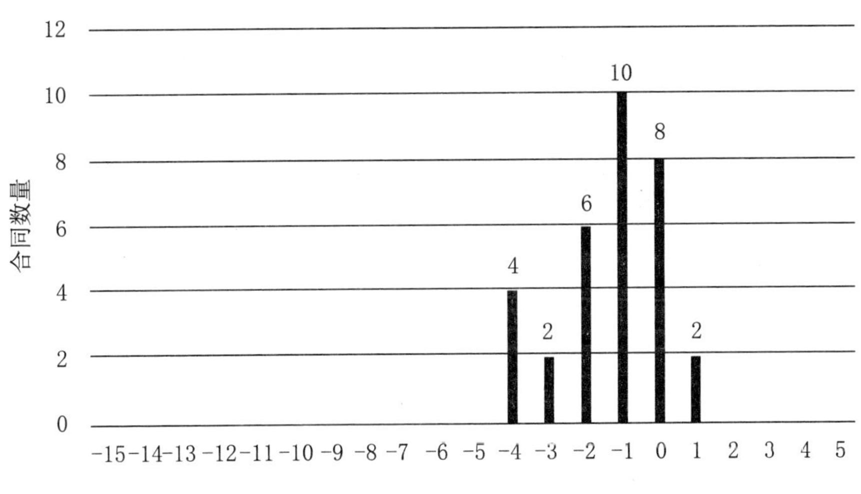


**图 1　主要商业银行理财产品合同偏向性结果**

当然，总体偏向性的不同并不能体现不同银行间具体合同条款内容的差异。而且，偏向性体现在具体条款上，也有不同。图 2 分情况检验了 6 个类别 17 个合同条款内容各自偏向性结果。[1]总体而言，主要商业银行的个人理财产品合同在理财产品的基本信息介绍和风险揭示方面几乎完全按照相关规定设计，偏向性相对较小，仅仅在阐述的具体性上存在差异。而在权利义务、

〔1〕 每一个条款偏向性的判断在 0 与绝对值 1 的区间，图 2 中的值为 16 家银行在不同条款内容上的平均值。

免责事由和争议解决条款的设计上，更倾向于银行。特别是在免责事由和争议解决的设计上，几乎是一边倒的偏向于银行。不难理解，一方面，规范性法律文件对于基本信息介绍和风险揭示有比较清晰的规定，大多数的指引性规定都是针对这两类内容。比如《商业银行理财产品销售管理办法》第 18 条列举了风险揭示书必须包含对理财产品类型、风险评级结果的解读。〔1〕另一方面，商业银行有动机将这两类内容清晰地说明。在不损害理财产品销售和商业银行利益的情况下，将理财产品的基本信息介绍地越清楚、风险揭示地越完全，相对而言商业银行需要承担的责任就越小。而其他几类条款，仅有原则性的规定，而没有明确的指引，因而商业银行都选择设计对己方有利的条款。

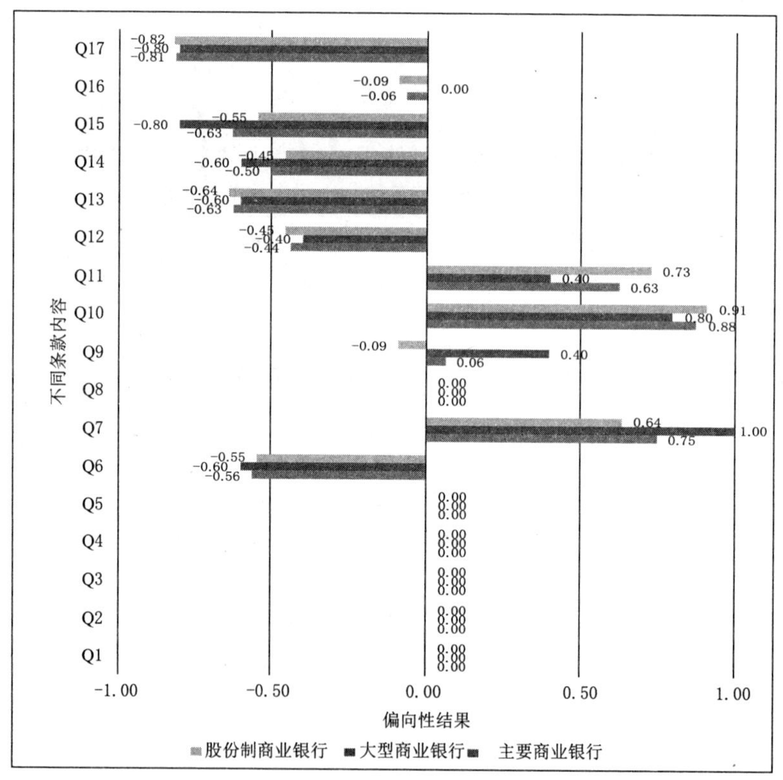


**图 2　主要商业银行个人理财产品合同在具体合同条款内容设计上的偏向度结果**

〔1〕 具体参见《商业银行理财产品销售管理办法》第三章（宣传销售文本管理）和第四章（理财产品风险评级）。

大型商业银行和股份制商业银行在具体条文设计的偏向性上基本没有差别，甚至在对个人理财产品基本情况介绍上高度一致。[1]偏向性差异最明显的是“对最不利情形下客户权益的描述”。大型商业银行显然比股份制商业银行在这一点上做得更好，这就意味着它们更清楚地提醒客户理财产品可能发生风险的最严重后果，大型商业银行也更愿意对个人理财产品风险评测的结果作详细的解释。不过，在风险揭示的途径选择上，大型商业银行的表现却差强人意。虽然它们没有选择的风险揭示途径本质上没有直接侵害到客户权利，但是，它们选择通知的方式不如股份制商业银行的多元化。可能的原因有二：一种可能性是大型商业银行营业机构、网点的数量比较多，客户更容易找到营业场所获取理财产品的相关信息；另一种可能性是大型商业银行所占的市场份额较大，特别是在储蓄存款方面，优势更是明显。股份制商业银行只能通过提高服务质量，增加客户享受银行优质服务的愉悦感，才能在竞争激烈的银行个人理财市场中占得一席之地。“店大欺客”的现象在“免责条款”上极为突出，资本和规模的优势使得大型商业银行在免责条款的设计上更为苛刻。主要商业银行基本都约定了免除自己责任的情形，大型商业银行更是尽可能多地列举了免责事由。

## 七、结论

基于对 16 家主要商业银行的个人理财产品合同的分析，笔者发现用“霸王条款”描述银行提供的合同并不十分准确。至少在商业银行个人理财领域，主要商业银行提供的合同基本还是符合规范性法律文件的规定，合同条款没有过分偏向于银行一方，甚至个别商业银行提供的理财产品条款总体上对客户有利。当然，在具体条文的设计和选择上，大型商业银行和股份制商业银行有所区别。其中一个原因是市场地位的不同，面对大型商业银行在银行业市场中的绝对统治地位，股份制商业银行寄希望于通过提升服务质量，来吸引更多客户。因此，在个人理财产品具体条文的设计上，属于服务提升型的条款往往有利于客户。

本文初衷是希望通过实证研究，揭开主要商业银行个人理财产品合同的

〔1〕此处的一致性指的是说明方式上的高度相似性，而非内容上的一致。在个别条款上，两类银行的平均得分完全相同。

"神秘面纱"，为进一步完善相关法律法规提供实证结果。当然，本文也存在一些缺陷。首先是样本规模较小。虽然商业银行理财产品合同一般都由总行统一制定，因而样本数据具有一定的代表性。但是，事实上不能排除总行赋予各地分行对仅在该地区销售的理财产品合同做出适当的修改。同时，小样本使得分析法律法规变化对商业银行理财产品合同的影响同样障碍重重。其次，样本数据较小使得严密的关联性测试变得不可能。最后，对于偏见性的评分不免有笔者主观认识的影响。不过每一个问题的设计都尽量参考规范性法律文件的规定，且部分问题已经在其他同性质研究中使用并论证过。

**附录：商业银行个人理财产品合同评分对照表**

| | |
|---|---|
| 基本信息<br>Q1. 合同中是否包含理财产品名称、类型、募集、成立和投资期间、投资范围、认购要求和步骤、预期收益、销售和管理费用等基本信息? | 0=是<br>-1=不是 |
| Q2. 如果合同中出现收益率或收益区间的表述，是否提供测算依据和测算方式? | 0=是<br>-1=不是 |
| Q3. 如果合同提供了测算依据和测算方式，是否以醒目文字提示客户测算收益不等于实际收益? | 0=是<br>-1=不是 |
| Q4. 如果合同中出现了理财产品类型的表述，是否按照相应的规定进行解释说明? | 0=是<br>-1=不是 |
| Q5. 如果合同中出现了投资范围的表述，是否载明投资比例和浮动比例? | 0=是<br>-1=不是 |
| Q6. 如果合同中出现了相关费用，是否载明收费标准和收费方式? | 0=是<br>-1=不是 |
| 风险揭示<br>Q7. 合同中是否包含理财产品风险评测结果? | -1=不是（≤5 个等级）<br>0=是（≥5 个等级）<br>+1=是（详细解释） |
| Q8. 如果有风险评测结果，合同是否在风险评级结果和客户风险承受能力之间建立联系? | -1=不是<br>0=是 |
| Q9. 合同示例说明最不利投资情况下投资结果? | 0=是<br>-1=不是 |

续表

| | |
|---|---|
| Q10. 合同是否对客户可能面临的风险进行列举和说明? | +1=是<br>0=不是（或免责） |
| 信息披露<br>Q11. 合同中仅通过网站和营业网点进行信息披露? | 0=是<br>+1=不是<br>（包含其他方式） |
| Q12. 合同约定信息披露后，无论客户收到与否，都免除商业银行相关责任? | -1=是<br>0=不是（没有约定） |
| 双方权利义务<br>Q13. 合同是否强调银行对合同内容的调整权利? | -1=是<br>0=不是 |
| Q14. 合同是否约定客户提前赎回权? | -1=不是（仅限银行提前终止）<br>0=不是（没有约定）<br>+1=是 |
| 免责事由<br>Q15. 合同约定的免责事由事项是否超过法定的免责条件? | -1=是<br>0=不是（没有约定）<br>+1=不是（少于法定免责事由） |
| 争议解决<br>Q16. 合同是否约定仲裁为司法救济的前置程序? | -1=是<br>0=不是（没有约定） |
| Q17. 合同是否约定法院地为商业银行营业场所所在地? | -1=是<br>0=不是（没有约定） |

# 出租人通知义务制度探究
## ——以《合同法》第230条为核心

侯雪梅　谭志华*

出租人通知义务制度是承租人优先购买权制度之重要组成部分，“同等条件”乃是实现承租人优先购买权之实质条件，直接影响着出租人通知义务之合理履行，这也决定了承租人优先购买权能否实现。承租人优先购买权制度旨在保护承租人这一弱势群体的利益，在维护社会安定方面仍发挥着很大作用。目前理论界对“出租人通知义务”少有探讨，法律及司法解释对这一问题的规定亦十分简略。本文对2012年~2016年所有关于承租人优先购买权的近900份判决书进行了数据分析，发现在实践中对通知义务的认定标准各地法院做法不一，同案不同判现象比比皆是，导致利益悬殊，严重影响了法律的公平性和可预见性。究其根源，概因“同等条件”“出租人通知义务的性质”及“损害赔偿性质”规定模糊所致。本文意图对这三个问题进行深入分析，进而对司法实践中出租人通知义务之通知内容、通知方式、合理期限、通知义务违反之赔偿范围等界定不明的问题提出解决方法，对《合同法》第230条及其司法解释的完善提出合理建议。

## 一、《合同法》第230条及司法解释争议问题分析

出租人通知义务是《合同法》第230条及司法解释的重要组成部分，亦是“承租人优先购买权”实现之前提条件。承租人优先购买权纠纷基本都会牵涉出租人通知义务之履行，或是未有通知侵害到承租人的优先购买权，或是通知义务履行不当侵害到承租人的优先购买权。出租人未予通知侵害承租

* 侯雪梅，北京工商大学法学院副教授；谭志华，北京市延庆人民法院法官助理。

人的优先购买权，这一点没有争议；但出租人通知义务如何算合理履行，这在司法实践中出现了较大的分歧，各地判别标准不一，以至于出现同种情况不同判决之现象。争议之处，归纳如下：

（一）“通知内容”争议

各国立法在通知内容上规定各不相同，在国外关于通知内容的规定有两种：其一，在《瑞士民法典》第681a条第1款和《德国民法典》第510条第1款和第1099条第1款中，出租人履行通知义务需要向承租人通知具体的条件；其二，在《俄罗斯民法典》第250条第2款和我国澳门特别行政区的“民法典”第418条第1款中，出租人需要把其“出卖之意图”及相关条款对承租人进行通知即可，此时出租人只有出租之意图或仅与其他房屋买受人初步磋商，房屋买卖合同尚未形成，即出租人只需通知其出卖之意图即可。

目前我国关于通知内容之争议主要集中在通知的内容是否应当具体以及具体到何种程度？司法实践中，法院对这个问题的认识分为两种情况：

1.“通知内容”需具体

在四川省高级人民法院审理的“原告王丕文和被告九洲房地产公司房屋优先购买权纠纷”一案〔1〕中，四川省高级人民法院经审理认为：为保护承租人王丕文的优先购买权，九洲公司在向王丕文送达关于优先购买权的通知时，应当将房屋价款、付款方式、付款期限等具体条件告知王丕文，以便王丕文决定是否以同等条件购买房屋，但九洲公司的有关通知中并无上述内容。因此出租人九洲公司没有向承租人王丕文履行送达行使优先购买权通知的义务，其行为侵害了王丕文的优先购买权，应当承担相应的违约责任。实践中有部分法院亦持相同观点。〔2〕

2.“通知内容”无需具体

在“重庆鑫钻酒店管理公司和重庆紫苑房地产公司房屋租赁合同纠纷”一案〔3〕中，重庆市第一中院在本院认为部分写道：“被上诉人以特快专递的

〔1〕参见四川省高级人民法院（2015）川民提字第209号判决书。

〔2〕参见重庆市第五中级人民法院（2014）渝五中法民终字第03554号判决书、绵阳市涪城区人民法院（2014）涪民初字第4962号判决书、通市中级人民法院（2014）通中民终字第2785号判决书、四川省高级人民法院（2015）川民提字第209号判决书、江苏省连云港市中级人民法院（2016）苏07民终2647号等判决书。

〔3〕参见重庆市第一中级人民法院（2014）渝一中法民终字第06772号判决书。

方式向上诉人的法定代表人寄送了《关于商场出售的函》，该函中明确告知被上诉人有意将房屋出售。上诉人也自认曾收到此函，知晓其承租房屋将要出售的事实，上诉人收到此函表明被上诉人的通知已到达上诉人，虽该函中没有明确载明房屋出售的具体条件，但法律对此无明文规定，如将通知的内容理解为必须包含具体的出卖条件，则扩大了出租人通知义务的范围，故本院认为出租人明确告知房屋有意出卖就应视作其已经履行了通知义务。”

通知内容是否应当具体，以及具体至何种程度，这在我国司法实践中产生了较大的分歧，已然成了认定出租人是否履行了通知义务的难点。

（二）“通知方式”分歧

“通知方式”即出租人用什么方式通知承租人房屋出售的信息。《最高人民法院关于审理城镇房屋租赁合同纠纷案件具体应用法律若干问题的解释》（以下简称《租赁合同司法解释》）第 23 条只规定出租人需拍卖前 5 日对承租人进行通知，并未规定采用何种形式通知。在司法实践中，法院对通知方式的认识分歧很大。有些法院认可公告通知，只需承租人张贴公告或者在报纸公告出售，即可算通知了承租人；有些法院则明确不认可该种做法而要求承租人单独通知。在要求单独通知时，有的法院言明必须书面通知，非书面通知不予认可；有的法院则认为只要将意思传达给承租人即可，电话通知、口头通知等均有效力。

本文对裁判文书网中 2012 年至 2016 年连续五年期间的所有关于承租人优先购买权的 800 多份判决书进行了梳理，发现各地法院对通知方式的认识分歧很大，具体情况如图 1 所示：

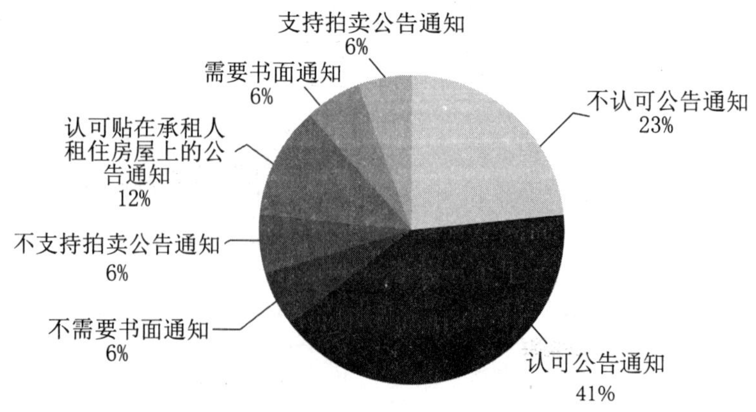


**图 1　各种通知方式在总体中所占比例**

（三）合理期限争议

《合同法》第230条及司法解释均规定，“合理期限”内出租人需要将房屋出售之情况对承租人进行通知，但关于该通知的期限究竟应该为多长时间，没有一致的认定。《民通意见》第118条原本确定了合理期限为“3个月”，因该条之“买卖合同无效”条款与《物权法》之“善意取得制度”冲突而无效后，司法实践中“合理期限”便开始由法官在个案中视情况予以自由裁量确定，也因此导致“合理期限”认定长短不一，直接影响了通知义务是否已经合理履行的认定。

（四）损害赔偿争议

出租人违反通知义务，侵害承租人之优先购买权，依《租赁合同司法解释》第21条之规定，出租人应对承租人进行赔偿。关于赔偿的范围，最大争议在于：是否支持赔偿房屋评估实际价格与其售价或者拍卖价格的差价？若支持差价损失，是全部赔偿还是赔偿该差价的一部分？当房屋面积较大或者房价较高的情况下，不同的认识导致的利益悬殊甚大。

不支持房屋差价损失的主要理由在于，法官们认为，[1]首先，根据《合同法》第113条第1款的规定，合同违约方应当赔偿因其违约给对方所造成的损失和合同履行后能够获得的利益，但是不能高于违约方在合同订立时，预见或应预见之因违约所导致的损失。承租人基于租赁合同关系就涉案房产取得的是优先购买权，是一种期待权，能否实现尚有“同等条件”这一限制，不能等同于房产必然应出卖给他，故不能以房屋差价作为确定损失的标准；其次，房屋市场价格是上涨抑或下跌不受个人意志控制，出租人出卖涉案房产后房价上涨不属于其应当预见到的情形，根据合同法上述相关规定，房屋差价损失不是出租人违约应赔偿的范围。

在认可差价损失应当予以赔偿的法院中，支持完全赔偿的法院数量较少，更多的法院认为，优先购买权对于承租人来说只是丧失了一个交易机会，房地产市场是一个不断波动的市场，仅仅以简单的价格差额作为损失不具有合理性。法院在平衡双方利益的情况下应当运用自由裁量权酌情认定差价损失。关于赔偿范围的认定在司法实践中的具体情况如图2：

---

〔1〕 参见广东省深圳市中级人民法院（2013）深中法房终字第2631号民事判决书、四川省高级人民法院（2014）川民申字第1243号判决书。

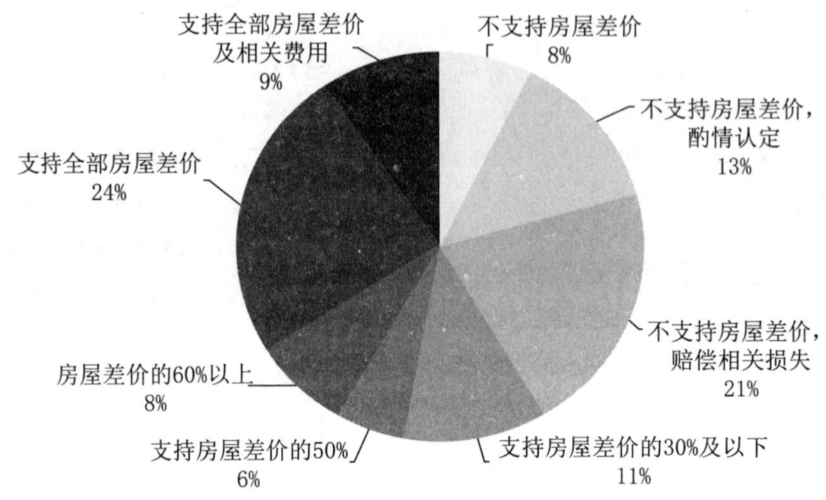


**图 2　不同赔偿范围所占的比例**

（五）司法实践中救济方式的缺陷

在司法实践中，当出租人怠于履行通知义务，而导致承租人的优先购买权受到损害时，90%以上的承租人均为请求确认该买卖合同无效，而非请求出租人承担其损失。[1]依据《租赁合同司法解释》第 21 条之规定，承租人的第一项请求会被法院直接依据该条而予以驳回，承租人的第二项请求一般亦因房屋产权已经过户而无法得到支持。民事审判规则为不告不理，因而在当事人即房屋承租人没有请求赔偿的情况下，承租人无法得到赔偿。单从法条文义解释的角度来看，出租人若不履行通知义务，承租人即使日后诉讼，亦不可能再有机会行使自己的优先购买权，顶多得到一个赔偿，至于赔偿的力度，法律没有具体规定，由法官自由裁量。在司法实例中，有些法官在法律赋予的自由裁量权范围内，仅象征性地对承租人进行一点赔偿。由此可见，承租人的优先购买权基本上无法得到救济。但是在承租人优先购买权尚有存在必要之语境下，如果《合同法》第 230 条及其司法解释在赔偿范围等方面不能加以完善，承租人优先购买权这一制度在很多情况下将形同虚设。

[1] 本文作者对裁判文书网 2012 年~2016 年近 900 份房屋优先购买权纠纷案件判决书进行了分析，发现原告主张损害赔偿的案件不超过 80 份，其余 800 多个案件中原告提出的诉讼请求均为：①请求法院判决出租人与第三人的买卖合同无效；②请求行使优先购买权。

## 二、《合同法》第230条及司法解释之争议源起

《合同法》第230条及司法解释之所以在“通知内容”“通知方式”“合理期限”“赔偿范围”方面，在司法实践中引发争议，并导致“同案不同判”，是因为没有对“同等条件”这一实质条件进行准确的把握，没有明确“出租人通知义务”的性质，对这些内容的准确把握是通知义务确定的源头，对赔偿范围的争议亦是未对该损害赔偿进行合理的定性。

### （一）出租人通知义务之法律性质

讨论通知义务的性质，关键在于厘清两个问题：

第一，“出租人的通知”是 观念通知还是意思通知？部分学者认为是观念通知，[1]理由有二：一是优先购买权的行使由转让人之通知所引发，该通知系表示行为，《租赁合同司法解释》第24条第3项的制度构造和准法律行为之结构吻合，属于观念通知，目的是让先买权人知晓该买卖合同，因此，不成立意思表示；[2]二是，承租人优先购买权为形成权的一种，依承租人之单方意思表示，承租人与出租人之买卖合同即已成立，无需出租人或第三人为任何行为或意思表示。[3]另一部分学者认为该通知为意思通知，若通知的内容非常具体和明确，则应当视为出租人向承租人发出了愿意受承租人的承诺约束的要约。理由如下：一是出租人在订立合同之前通知房屋承租人明确的房屋出售意愿和条件，等同于发出了一个要约给承租人，承租人收到要约之后再作出承诺，即是否要与出租人订立合同，这和“要约承诺合同”的基本原理吻合；[4]二是出租人向承租人发出要约，告知其房屋出售意图和出售之相关条件，当承租人放弃购房后，出卖人可以再考虑其他买受人，可以避免让出租人或须向第三人或须向承租人承担违约责任；三是若出租人之通知内容包含较为具体之出售条件，则应当等同于要约，若通知之内容只有出卖之意图，则等同于要约邀请。[5]本文认为出租人通知系观念通知。首先，从该制度立法之目的来看，出租人出卖房屋之前对承租人进行通知，能保障承

---

〔1〕 史尚宽：《民法总论》，中国政法大学出版社2000年版。

〔2〕 常鹏翱：“论优先购买权的法律效力”，载《中外法学》2014年第2期。

〔3〕 史浩明、张鹏：“优先购买权制度的法律技术分析”，载《法学》2008年第9期。

〔4〕 丁春艳：“论私法中的优先购买权”，载《北大法律评论》2005年第1期。

〔5〕 李家军：“先买权行使中的出卖通知”，载《人民司法》2012年第9期。

租人知道出售房屋之事实，因承租房屋是承租人之生活居所，对其通知能保障其优先购买权之行使，并无意让出租人之通知送达承租人后发生相应的法律效果；〔1〕其次，若将通知理解为“意思通知”（即要约），则通知内容应当足够具体，若该通知内容不具体，则不在意思通知范围之内；此外，若为意思通知，则出租人通知义务必须履行，承租人才能行使优先购买权，若承租人通过其他方式知晓该出卖事实，承租人就将无法行使该优先购买权。因此，“意思通知理论”在此难以圆通。

第二，出租人的通知义务是法定附随义务还是不真正义务？部分学者认为，出租人通知义务是一种不真正义务。承租人事后知道该房屋买卖合同，若想行使优先购买权，则会使出租人与第三人的交易之安全遭到破坏，甚至会造成出租人对第三人违约的情况，出租人会因自己的违约行为遭受不利益。本文认为，在租赁关系中，出租人是房屋所有权人，对房屋享有处分权，其最清楚房屋出售事实，承租之房屋系承租人生活居所，对其影响重大，因此，出租人需负法定通知义务，且该义务为方便承租人行使优先购买权之法定附随义务。出租人不能以承租人已知道该通知内容作为其不履行通知义务的抗辩理由。〔2〕根据合同法及租赁合同司法解释，通知义务的违反将导致出租人向承租人承担损害赔偿责任，依不真正义务之性质，对不真正义务之违反不会产生向对方担责之情况，这点与通知义务所具备的特点南辕北辙。由此看来，出租人通知义务具备附随义务之特点，为诚实信用原则之体现，且有利于利益的平衡。

从《民通意见》第118条，到《合同法》第230条，再到《租赁合同司法解释》第21条，出租人通知义务对出租人与第三人之房屋买卖合同效力发生了很大的变化。《民通意见》第118条规定体现了出租人履行通知义务，未侵害承租人优先购买权，出租人与第三人之房屋买卖合同方能生效，后该条废止。《租赁合同司法解释》第21条规定出租人不履行通知义务，承租人优先购买权受到侵害也不影响房屋买卖合同的效力。将这种变化归纳为：从出租人通知义务的履行是出租人与第三人签订房屋买卖合同的法定生效要件到非法定生效要件。

---

〔1〕 常鹏翱：“论优先购买权的法律效力”，载《中外法学》2014年第2期。

〔2〕 常鹏翱：“论优先购买权的法律效力”，载《中外法学》2014年第2期。

（二）承租人优先购买权的性质

《租赁合同司法解释》第21条的出台，意味着承租人优先购买权受侵时可获赔偿，但却未进一步明确该损害赔偿的请求权基础以及可行范围。[1]赔偿范围关乎的利益巨大，为实现司法公平裁判之功效，定纷止争，防止“同案不同判”现象的多发，就必须对赔偿范围进行一个合理的限定，杜绝司法实践中出现图2所示之混乱局面。欲对该损害赔偿进行明确，首先应当明确该损害赔偿之请求权基础。

对于我国承租人优先购买权是物权性优先购买权还是债权性优先购买权，一般认为，我国《民通意见》第118条之后半段规定的此种优先购买权具有物权效力，而2009年《租赁合同司法解释》第21条则放弃了《民通意见》之物权说，而改采债权性说。[2]私法以“意思自治”和“主体平等”为原则，而对于承租人优先购买权因其需要保护社会之特殊法益，故在上述原则之外。从出租人角度而言，优先购买权是对出租人意思自治之限制，从承租人角度而言，承租人之优先地位违反了“主体平等”的民法原则。认可承租人优先购买权的债权性质，否认其物权性质，可以适当削弱对承租人之过分保护，维护交易安全与稳定。承租人享有房屋之优先购买权，却不具有对抗之效力，从而不能对抗出租人与第三人已经建立的法律关系。最高人民法院将承租人优先购买权之定性还原为债权性质，本文深表赞同。

（三）承租人优先购买权之“同等条件”

承租人优先购买权之“同等条件”是《合同法》第230条及其司法解释之核心部分，“同等条件”是优先购买权实现的基础。“同等条件”是实现承租人优先购买权的实质性条件，而“出租人通知义务”是实现承租人优先购买权的形式条件，“同等条件”的确定直接影响或决定着出租人通知义务的履行。

在“同等条件”的理解上存在三种观点：一种是“绝对同等条件”说。该观点认为，承租人优先购买权行使的条件应当和其他买受人与出租人所谈妥的条件完全一致，否则不认同其满足“同等条件”要求；第二种观点为

---

〔1〕杜万华、冯小光、关丽：“《关于审理城镇房屋租赁合同纠纷案件具体应用法律若干问题的解释》的理解与适用”，载《人民司法》2009年第21期。

〔2〕李永军：“论优先购买权的性质和效力——对我国《合同法》第230条及最高法院关于租赁的司法解释的评述”，载《中国政法大学学报》2014年第6期。

"相对同等条件"说，即承租人优先购买权行使的条件与其他买受人和出租人进行房屋买卖的条件大致相同即可，无需完全一致；第三种观点认为"价格同一"即可认定为"同等条件"。由于复杂的现实条件决定了价格形成的复杂性，房屋价格在形成时，经济利益、精神利益和人情关系都是需要考虑的因素。若出租人因特殊原因以一定的优惠价格将房屋卖与第三人，若该特殊原因能够以金钱进行计算，则应当将折合的价格计入出卖价格当中，若该特殊原因不能以金钱的方式进行计算，房屋价格则需按市价计算。

以上观点中，"绝对同等条件"说过分严苛，[1]房屋乃安身立命之所，房屋买卖涉及的范围极广，房屋价格、付款方式、付款期限、购房者资质、房屋出卖人之特殊要求等，无一不是房屋买卖合同所涉及之项，因而，要求绝对同等条件，于实践操作中实为困难；"相对同等条件"说相对于"绝对同等条件"说更具弹性，但是司法实践中缺乏操作之标准，容易导致法官的自由裁量权过宽，极易造成"同案不同判"现象；第三种观点弥补了第一种和第二种观点的缺点，即考虑到出租人出卖房屋有时本身并非仅仅是为了获得更高的价金，现实生活中很多出租人出卖房屋另一主要的目标是为获得某种特殊利益，如某一机会或者某种资质，在这一问题上，第三种观点的处理方式较为合理，但是单纯以"价格同一"作为"同等条件"的认定标准，亦忽略了付款方式、付款期限对出租人的影响。

"同等条件"是承租人优先购买权实现的实质条件，亦是保护出租人和第三人利益不受损害的一道门槛，因此对"同等条件"标准之确定不能过于严苛以至于缺乏可操作性。优先购买权制度的目的是对承租人予以照顾，除此之外没有它意，[2]若过于严苛将会违背该制度设计之初衷和《合同法》第230条及其司法解释之立法目的。但该标准若过于宽松，比如只限定为"价格同一"即满足"同等条件"，则易损害第三人的利益。因此，"同等条件"之宽严程度，须待商榷。本文认为，该"同等条件"的确定应当在第二种观点的基础上加以完善，使其任意程度降低，对房屋买卖合同中涉及出租人利益或者会影响到出租人利益的条款加以限定，对这些条款必须完全等同视为

---

〔1〕 毛成："承租人行使优先购买权之同等条件标准探究"，载《湖北警官学院学报》2014年第6期。

〔2〕 杨立新："《关于审理城镇房屋租赁合同纠纷案件具体应用法律若干问题的解释》的理解和适用"，载《河南省政法管理干部学院学报》2010年第1期。

满足“同等条件”的基础，此外，对于影响不大的条款则由法官自由裁量。建议不妨将必须完全相同的条款限定为：房屋价款、付款方式、付款期限、购买者资质、交房日期、付款保证等项，其他项则由法官自由裁量。此种方式既能避免过于严苛，缺乏操作性，又不会导致法官自由裁量权过大，审判标准不一，能很好地协调平衡各方利益。对于房屋买卖合同中有特殊情况需要考量，而给予第三人优惠的情况，本文赞同第三种观点的处理方式，即对于出租人所想要通过出卖房屋获得其他资质、机会，或者是基于某种特殊的精神利益或者人情关怀，当该种特殊利益能折合成金钱时，则计入房屋出卖价格，当其不能以金钱的方式进行衡量时，则将房屋出卖价格定为市价，承租人欲行使优先购买权则当以市价购买。

实践中，承租人实现优先购买权的较为普遍的做法是，出租人与第三人谈妥了合同，再通知承租人可以行使优先购买权，若承租人满足“同等条件”则可以优先于第三人购买承租房屋。但这种方式历来受诟病，“同等条件”往往是出租人与第三人几经磋商确定的，撇去出租人与第三人耗费的精力不谈，亦将会花费大量的磋商成本。若承租人突然袭击，愿意以已经谈妥之价钱行使优先购买权，从一定程度上来说是对交易安全的破坏。[1]因此，本文认为“同等条件”不仅应当包含合同条款所确定的房屋价款、付款方式、付款期限等，还应当与第三人一样同等参与磋商，即承租人想要行使优先购买权则必须在收到出卖意向的通知以后，与第三人一样和出租人进行磋商，这种模式才有利于承租人优先购买权的行使和交易安全之维护，不致损害房屋所有人与第三人的利益。

## 三、《合同法》第230条及司法解释之完善建议

通过对司法案例的统计和分析，《合同法》第230条及其司法解释在敦促出租人合理履行通知义务、保护承租人优先购买权等方面存在着许多漏洞，引发的争议亦被一部分学者所诟病。[2]本文认为，应从如下几个方面对《合同法》第230条及其司法解释进行完善：

---

〔1〕张艳、马强：“承租人优先购买权行使条件的探讨”，载《法律适用》2006年第7期。

〔2〕杜万华、冯小光、关丽：“《关于审理城镇房屋租赁合同纠纷案件具体应用法律若干问题的解释》的理解与适用”，载《人民司法》2009年第21期。

首先，明确“通知内容”。如前所述，在“同等条件”标准确定时，承租人若想行使优先购买权，则承租人应当参与出租人与第三人之房屋买卖磋商过程，那么此时要满足“同等条件”，则需要改变实践中原有方式，即通知承租人与第三人一同前来磋商。这也意味着对通知内容亦有了一个较为明晰的方向。结合“同等条件”这一实质条件，本文认为，若需要具体通知到合同的每一项条款，那么对出租人来说，义务负担过重，交易效率降低，并且在新的磋商模式下，基本不可能有具体条款的存在；此外，出租人的通知义务系观念通知，而非意思通知，因此，不需要具体条款已形成要约。故在“通知内容”这一问题上，可以作如下完善建议：出租人应当将拟出售房屋的意向通知承租人，并通知其欲购买承租房屋，则须与其他欲购房之第三人一同参与磋商，同时，出租人应当将磋商之时间、地点等前往磋商的必备条件通知承租人，若承租人前来参与磋商且在满足“同等条件”的情况下，承租人享有优先购买权，若承租人未按时前来参与磋商或者明确表示放弃购买时，则承租人丧失该优先购买权。

其次，统一对“通知方式”的认识。书面通知和非书面通知各有利弊。书面通知更加正式，即便在日后发生纠纷，书面通知的形式亦能起到一个证据作用，对双方当事人来说会更加明晰，且出租人以书面形式对承租人进行通知，亦更有利于房屋的出租方和承租方明确自己的权利义务。但是，书面通知在生活中亦有不够方便、繁琐的缺点，在司法实践中，书面通知常见于公司法人之间，但是在个人租住的情况下，用书面的形式予以通知则似乎显得没有必要，但是简便快捷就蕴含着风险，看出租人如何选择。鉴于此，本文认为，通知的目的是让承租人对房屋出售之信息知情，因此只需确保出租人知情即可，是否以书面通知并不重要；若不以书面形式通知，日后导致举证不能的风险由出租人承担。

关于公告形式的通知，无论是一般的出售公告还是拍卖出售公告，是媒体上公告还是以售房广告的形式发布的公告，若没有单独对承租人进行通知，均不能算是合理地履行了通知义务，特殊情况除外。让承租人知晓是出租人的义务，公告通知的方式是广而告之，面对的受众是不确定的群体，不能肯定地说该不确定的群体中必然包含了需要知晓的承租人。因此，以公告的形式对承租人进行通知，不能达到通知之应有效果，亦有可能完全无法将信息传达给承租人。当然，亦不排除特殊情形下采用公告通知的形式。对此，可以参照《民事诉讼法》第92条及其司法解释第138条和第139条关于“公告送达”的规定，类比该规定我们可以得出：只有在通知无法送达或者送达有困难的情况下，才允许采用公告的形式进行通知的送达。对于贴在承租人租住房屋上的公告通知，司法实践中，法院对此种通知方式基本持认可的态度，但是此种方式亦有值得商榷之处，若出租人在承租人租住房屋上所张贴的公告不够醒目或张贴时间过短时，亦会出现无法将出售通知传达给承租人的情况。因此，本文以为，此种方式一般也不应当予以认可，除非在通知无法送达承租人或者送达有困难的情况下，才可以使用此种方式作为补充。

最后，明确“合理期限”的起算点及期限。对于“合理期限”的起算，司法实践中有多种起算方式，有从签订合同时起算的，有按房屋过户、产权转移时间起算的。本文认为，“租赁房屋出卖之前”应当理解为房屋买卖合同签订之前。前文已述，“同等条件”应当满足“同等磋商条件”即承租人应当和第三人一同参与与出租人之房屋买卖谈判，那么这就决定了在合同没有达成之前或者准备磋商之前，或出租人有售房之意愿时就应当通知房屋承租人，这个起算时间点应当为合同达成前一定时日，应当通知承租人一同参与磋商，以保证优先购买权之行使。至于“合理期限”应该多长，首先要看当事人的意愿。若当事人在租赁合同中对“合理期限”有明确约定的，应当从其约定；若当事人对“合理期限”没有约定的，司法实践中法官大多采用原《民通意见》第118条的规定，即3个月。本文认为，在经济飞速发展的当下社会，3个月的除斥期间过长，不利于法律关系的稳定和第三人利益的保护，[1]将会严重拖慢交易效率，因而在合同没有约定的情形下，可以参照《租赁合同司法解释》第24条第3项中规定的承租人的答复期间，以15天确定为通知的合理期限具有合理性。

## 四、“损害赔偿”范围的界定

当出租人怠于履行通知义务侵害到承租人的优先购买权时，产生违约责任与侵权责任之竞合，理论上承租人可以选择依据侵权责任或违约责任请求出租人予以赔偿。不过，以侵权为请求权基础确定损害赔偿存在对机会损失

---

〔1〕冉克平：“论房屋承租人的优先购买权——兼评最高人民法院《房屋租赁合同司法解释》第21~24条”，载《法学评论》2010年第4期。

界定方式上的争议和技术上之困难，司法实践中，当事人更倾向于以“违约之债”提起诉讼，承租人只需要证明出租人有侵害其优先购买权的事实便可，但是出租人若想免责，则需证明其已经履行了能够保证承租人行使优先购买权之通知义务。违约损害赔偿通常采用“完全赔偿”原则，即违约方需全部承担因其违约所致受害人之损失，包括赔偿对方因违约所致之实际损失和期待利益损失。实际损失即另外购置不动产加以替代所需误工、车旅等费用及其他实际损失；期待利益损失亦即可得利益损失，违约时并非合同当事人所实际享有，但只要没有违约行为的发生，通过合同的实际履行就能得到该预期利益。

期待利益是否被认可的关键在于该项利益是否可预见，即在出租人违反通知义务，承租人房屋买卖合同不能实际履行时，哪部分期待利益是可预见的，哪部分期待利益缺乏预见性。本文认为，在合同签订时，房屋的成交价格与市场价格或者评估价格之差价为可以预见之期待利益。合同签订时，与承租人知道房屋出售或者承租人起诉时这段时间，因为房价上涨而产生的差价为不可预见之期待利益，因房地产市场具有不确定性，该部分利益受市场因素的影响，不能人为预见，故而不应当予以支持。因此依据违约责任，若出租人不通知承租人承租房屋即将出售或不通知其前来参与磋商，则构成违约，需要对实际损失、费用和可预见之期待利益，即合同出售房屋实际成交价格与市场价格或评估价格之差额进行赔偿。若承租人放弃参与磋商，则视为承租人放弃该合同权利，出租人无需赔偿。

## 五、承租人救济方式的限定及完善

《租赁合同司法解释》第 21 条规定，在司法实践中，承租人请求认定出租人与第三人的买卖合同无效的诉讼请求一律被驳回，而不管其理由是出租人未尽合理通知义务，抑或是出租人与第三人恶意串通。该条规定似乎完全阻塞了认定房屋买卖合同无效的渠道，承租人权利救济受到了极大的限制。事实上，“行为人与相对人恶意串通，损害他人合法权益的民事行为无效”之规则，自《民法通则》实施之日起就已经被确立，《合同法》以及 2017 年刚刚实施的《民法总则》均确认了该规则。《租赁合同司法解释》第 21 条的规定及其司法实践中的处理，与《民法通则》《合同法》存在互相矛盾之处。该司法解释的制定者也意识到了《租赁合同司法解释》第 21 条语言表述可能引起的分歧，特意在答记者问时，对该条文予以再解释："请求法院确认出租人与第三人买卖合同无效的理由不能是出租人侵害其房屋优先购买权，该规定并不妨碍《民法通则》第58条第1款第4项、《合同法》第52条第2项在房屋优先购买权纠纷案中的适用，若出租人与第三人恶意串通，损害承租人的利益，承租人可依《民法通则》和《合同法》之规定，请求认定出租人与第三人的房屋买卖合同无效"。[1]因而，透过立法者的本意来看，房屋承租人请求确认出租人与第三人的买卖合同无效和要求行使优先购买权的诉讼请求在特定的情况下是应当予以支持的，这一情况便是：房屋出租人与第三人恶意串通，侵害承租人的优先购买权。鉴于此，本文建议，为避免法律适用中的混乱，《租赁合同司法解释》第21条可以修改为："出租人出卖租赁房屋未在合理期限内通知承租人或者存在其他侵害承租人优先购买权情形，承租人请求出租人承担赔偿责任的，人民法院应予支持，承租人请求确认出租人与第三人签订的买卖合同无效的，人民法院不予支持。但是出租人与第三人的民事行为违反法律、行政法规强制性规定的除外。"如此规定，不仅能消除《租赁合同司法解释》与《民法通则》《合同法》之间的冲突，更能为房屋承租人在请求赔偿之外，多提供一种救济的渠道，以更完善的方式合理保护承租人的优先购买权。

[1] 参见"最高人民法院民一庭负责人就《关于审理城镇房屋租赁合同纠纷案件具体应用法律若干问题的解释》答记者问"，载上海房地产律师网，http://www.paoup.com/htm/2009117/458.htm，最后访问日期：2017年12月26日。

# 收费权质押的法律问题探讨

刘　影　袁晓北*

对收费权内涵的界定，理论上有很多不一样的说法。王利明教授在其文章中提到，收费权是就某种特定的基础设施或者公共服务，通过法律的直接规定或者政府行政行为授权产生的收取费用的权利。[1]

也就是说，收费权应当具有三个基本特征：其一，与某种资格相关，而这种资格有可能是法律的规定，也可能是政府的授权，对于社会生活中法人、自然人等民事主体享有的只具有财产性质的收费权，本文不予探讨。其二，收费权即收取费用的权利，金钱的获得是收费权行使的最终结果，但是在权利被质押伊始，金钱的数额是不确定的。比如，我们熟悉的高速公路的收费权，存在客流量等不确定的因素，权利人在完成收费行为前并不能确定收取费用的具体数额。其三，收费权权利人具有双重角色。由于收费权本身的财产性和行政性，权利人一方面享有着收取费用的财产性权利，而无论这种权利的营利性成分占多少，另一方面又在国家管理体系中扮演着间接管理者的角色。

那么，这样的收费权是否可以作为质押标的呢？我们首先应当在我国现有的法律规定中寻找答案。如果没有确定答案，我们还需要分析收费权本身的性质是否适合以及收费权质押是否有必要，综合各方面因素得出答案。

## 一、收费权质押的法律地位现状及争议

对于可被质押的权利范围，我国法律采用不完全列举的立法模式，主要

* 刘影，北京工商大学法学院副教授；袁晓北，北京市门头沟区人民法院法官助理。

〔1〕 王利明："收费权质押的若干问题探讨"，载《法学杂志》2007 年第 2 期。

由《中华人民共和国物权法》（以下简称《物权法》）第223条、《中华人民共和国担保法》（以下简称《担保法》）第75条及《最高人民法院关于适用〈中华人民共和国担保法〉司法解释》（以下简称《担保法解释》）第97条进行规范。此外就是一系列部门规章、地方性规章有对某种收费权进行规定。但就在这仅有的几个条文中，也存在不少问题。

（一）法律层面没有直接规定

此处的法律，是狭义上的法律。从我国现有的法律条文中可以看出，并没有明确的、直接使用“收费权”或单独使用“收费权”的概念，更没有对收费权内涵的规定，这正是收费权质押受质疑和争议的直接原因。

（二）与之相关的《物权法》和《担保法》存在争议

首先，《担保法》第75条的兜底条款作出了这样的规定：依法可以质押的其他权利。一般来说，法律条文中只出现“依法”两个字，基本解释为包括法律、行政法规、部门规章等有约束力的规范性文件。所以，单从这一个条文看，相当于给可质押的权利范围设置了一个弹性的准入门槛。但是2007年《物权法》的颁布实施，又封住了这个入口。《物权法》第223条兜底条款明确只有法律、行政法规可以另行规定被质押的权利类型，其他的规范性文件不能设定其他形式的权利质押，这似乎与《担保法》的规定有所冲突。由于《物权法》是由全国人大制定的，而《担保法》是人大常委会制定的，根据上位法优先于下位法的法律冲突适用原则，我们应当适用《物权法》的规定，否定其他规范性文件可以设立《物权法》第223条列举范围外的其他权利的质押。

其次，从另外一个角度解释，《物权法》既然规定了法律和行政法规可以设定其他形式的权利质押，《担保法》就是法律，那么也就是说，《物权法》承认《担保法》的规定，上述“依法”中的“法”按照广义的理解，其他的规范性的文件又可以设定其他形式的权利质押，这样的结论显然与上述第一种解释的结论相违背。

应当如何协调上述的矛盾？两个法条应当作何解释？学界也是各抒己见：一种观点认为，应当删除《物权法》第223条第7项的规定，因为质权属于物权的范畴，严格来说只能由狭义上的法律设定，甚至连行政法规都不应具有这种权限，第223条这个兜底条款与物权法原则违背，让其存在将会使“物权法定原则”失去意义，应当删除。另一种观点认为，《物权法》第223

条的出现对《担保法》第75条进行了完善并对最后一项进行了修改，后者自然而然不应再适用。还有观点认为，根据“法无明文规定即可为”原则，应当允许其他形式的权利质押。

（三）与之相关的《担保法解释》存在争议

第二个争议是对于《担保法解释》第97条公路等不动产收费权可以出质的理解。从字面上看，理论上可以有两种不同的解释：一种解释是将此处的“等”字视为列举未尽，也就是说可以认为不动产收益权均可以质押，当然前提是具有被质押权利的共性；另一种理解认为“等”字是列举后收尾，只有被明确列举的三种不动产收费权可以被质押，其他的不动产收费权不在此列。

上述两种解释在我国法律条文的解释中都出现过，由于该条以及法条的前后文都没有给予更多的信息，所以任何上述两种解释都是有可能的，这一问题很难有定论。

（四）与之相关的规章效力明显不足

其实，法律层面对收费权质押的规定少之又少。除公路等不动产收费权以外，常见的几种类型的收费权质押都不是由法律规定的：公交等基础设施、水利和环保等公共服务项目的收费权质押是由国务院办公厅的规范性文件规定的；〔1〕电费收费权是由国务院部门规章规定的，〔2〕学生公寓收费权质押也是由国务院部门联合通过规章制定的。〔3〕此外当地政府为本地发展需要制定的地方政府规章，不在此过多列举。

从这些规范性文件的法律性质来看，不论是国务院部门规范性文件，还是国务院部门规章，效力都明显不足，对设置质权的当事人以及对裁判案件的法院而言都不具有强制力，不是必须遵守。同时，也正是因为这些规范性文件的法律地位较低，才造成了对是否与物权法定原则相违背的讨论，其适

〔1〕 2008年《国务院办公厅关于加快发展服务业若干政策措施的实施意见》（国办发〔2008〕11号）规定的供水、供热、公交、电信等基础设施收费权质押，2001年《国务院办公厅转发国务院西部开发办关于西部大开发若干政策措施实施意见的通知》（国办发〔2001〕73号）认可的供水、供热、公交、电信等城市基础设施项目收费、水利开发项目和城市环保项目（城市污水处理和垃圾处理等）收费权质押。

〔2〕 2000年《国家计委、人民银行关于印发农村电网建设与改造工程电费收益权质押贷款管理办法的通知》（计基础〔2000〕198号）规定电费收益权可以质押。

〔3〕 2002年中国人民银行、教育部《关于进一步解决学生公寓等高等学校后勤服务设施建设资金问题的若干意见》（银发〔2002〕220号）中规定学生公寓收费权可以质押。

用性更加存在疑问。

## 二、收费权质押的可行性和现实必要性

面对任何一项法律纠纷，我们都不能因为法律没有规定或者规定不完善而拒绝裁判或适用，因为法律规定是客观的，并且总有不完善和落后的可能，但法官及其他适用法律的人是灵动的。所以，本文认为，我们不能因为法律没有规定或者规定之间存在矛盾而否决收费权被质押的一切可能。相反，我们应当从收费权自身以及现实需要等多方面考虑收费权质押是否可行、是否可以被认可。

### （一）收费权本身具有可被质押权利的性质

与有些国家一样，在我国，质押标的只包括动产和权利两大类。动产即可以转移交付的有形的物，设定质权时出质人须将出质物交于质权人保管。而权利属于无形的财产，不可触摸和估量，其价值评估、公示方式、权利的保全以及质权的实现等都与动产质权有着明显的不同。

《物权法》要求被质押的权利必须具有以下显著特征：一是应当属于财产性权利，并且可以用金钱估价，无法估价的权利不得质押；二是该权利具有可转让性，不能转让的财产性权利，如抚养费请求权、继承权、损害赔偿请求权等不能作为质押的标的。[1]这主要是因为质权设立的目的在于质权人就标的的交换价值接受清偿，如果标的不能转让，质押的目的就不能实现；三是权利的质押可以以交付凭证或者登记的方式进行公示。与债权的相对性不同，物权所有人对其所有物具有支配权，且具有对抗一切第三人和排除他人权利的效力。物权变动不进行公示，既不利于明确和保护物权人的权利，也不利于保护第三人。因此，物权公示原则是物权变动的基本原则。权利质权的设立是物权变动中的一种形式，应当经过公示。但是由于权利本身的无形性，不能直接交付，一般情况下，采用交付权利凭证或者办理质押登记的方式进行公示。

那么，收费权是否具有可以被质押的权利的性质特征呢?

首先，收费权是指收取费用的权利，自然具有财产性。而对权利价值的评估，也是可以做到的，实践中一般由政府定价。

〔1〕 江平主编：《民法学》（第二版），中国政法大学出版社 2011 年版，第 368 页。

其次，收费权具有可转让性。一般情况下，与特别经营权不同，收费权作为财产性权利对权利人而言不具有专属性，视为具备可转让性。退一步讲，就收费权的实现方式而言，不一定通过转让权利，依其所得对价偿还债务，也可以选择不更换权利主体，让质权人在一定时间内以获得所收取费用的方式实现质权。所以，本文认为即使不具有可转让性，也不能成为阻碍收费权被质押的当然因素。当然，我们必须承认并不是所有的收费权都可以被质押，法律法规明确规定或者政府决定不能被转让、被质押的收费权不得作为质押标的，比如，学校、医院等公益服务领域的事业单位为维护其日常经营而享有的收费权，由于其自身的公益性以及与公益事业息息相关，一旦被质押且质权被实现，将会影响公益事业的正常运营，从而影响社会的稳定，因此不得被质押。

最后，关于权利变动的公示方式，有权利凭证的可以交付权利凭证，没有权利凭证但有特定的管理机构管理的，可以以登记的方式予以公示。从实践中看，由于收费权的行政性特征，基本上都有特定的行政机构授予权利或者进行管理，这恰好为收费权的质押提供了便利。

所以，本文认为，单从性质上看，收费权具有可以被质押权利的特质，有资格作为质押标的担保债务人的债务。

### （二）收费权被质押具有现实必要性

任何一个事物，能稳定存在并能得到不断发展必然是以符合社会发展需要为前提的。从实践中看，我国不少重大项目都存在融资难的现象，收费权质押对解决这一问题发挥着举足轻重的作用：2002 年东屿岛景区建设项目中，使用景区收费权质押融资 2 亿元；2005 年南水北调项目中东-中线一期主体工程建设中水费收费权质押获得 288 亿的巨额融资；2009 年大汶河建设工程中泰山门票和索道收费权质押融资 10 亿元；2011 年少林寺门票、重庆仙女山门票收费权质押分别为两个景点的发展获得贷款，甚至仅在 2011 年一年，重庆市基础设施收费权质押登记 22 笔，贷款金额高达 50 亿。此外还有很多用公路、大学生公寓等不动产收费权质押融资的案例。[1]

即便收费权质押越来越被市场主体青睐，但上述案例仍是个别的。能接受收费权质押的债权人仍是少数。通过调查发现，我国大多数商业银行只会

---

〔1〕 丁娴婷、蒋道娟："收费权质押融资问题探析"，载《新华信托资产管理》2014 年第 7 期。

接受公路等不动产收费权的质押，因为这些收费权被《担保法解释》第 97 条所认可。而对其他类型的收费权质押大多予以拒绝，因为收费权质押涉及的借款金额一般都较大，银行害怕承担质权设立因“物权法定原则”而被否定带来的巨大的法律风险。也正是这样的原因，有一些公司和一些项目工程无法得到贷款，难以为继。

本文认为，收费权目前没有明确的法律规定，但就其本身而言，具有可被质押的权利性质，且是社会发展所需要的。

（三）物权法定原则应作目的性扩张解释

对于是否与物权法定原则相违背的理解。有一种观点认为，物权法定主义原则的目的并不是在于僵化物权，阻碍法律的发展，而旨在以类型之强制限制当事人的意思自治，避免当事人任意创设具有对世效力的新的法律关系，借以维持物权关系的明确和安定，但此并不排除必要时得以补充立法或法官造法之方式，创设新的物权，因为只有法律与时俱进，才能适应社会的需要。[1]这一观点也得到了我国多数学者的支持。

本文认为从严格意义上来说，收费权质押确实与物权法定原则相违背。但本文也赞同上述学者的观点，我们必须结合社会发展的现实解决这个问题。首先，相对于《担保法》，2007 年开始施行的《物权法》针对可以质押的权利范围做了很大的修正并且给予了完善，符合当时社会发展的需要。但是经济社会是在不断发展的，金融业不能一味因为控制风险而保守发展，市场经济需要创新驱动，如果一概地禁止列举范围外的权利被质押，难免会阻碍了经济的发展。因此，我们必须在必要时对物权法定主义进行目的性的扩张解释。

## 三、收费权质权的实现途径

权利存在的目的即为实现，收费权质押既然可行且有必要，那么如何实现是我们必须要考虑的问题。《物权法》和《担保法》及其司法解释并没有关于权利质权如何实现的直接规定，但是根据《物权法》第 229 条的规定可知，参照动产质权的实现方式，权利质权的实现方式有折价、拍卖、变卖的途径。折价是指出质人和质权人协商以某种价格将权利转移给质权人，以抵

---

〔1〕（台）王泽鉴：《民法学说与判例研究》，中国政法大学出版社 2003 年版，第 162 页。

偿债务人的债务；拍卖是指公开出售权利，可以自愿委托人拍卖，也可以申请法院进行拍卖；变卖是指非公开的，以其他方式处分权利。[1]

可见，不论是采取折价的方式，还是拍卖、变卖权利的方式，权利质权实现的结果都是改变了被质押的权利的所有人，即权利主体。相对于其他财产性权利，收费权的特殊性也对其质权的实现有一定的影响。主要表现在以下两个方面：

（一）质权实现途径具有特殊性

在实践中，常见的收费权质押案件大多发生在收费权权利人与商业银行的借款中，商业银行为质权人。我们知道，银行属于金融行业主体，不会作为特殊经营权的主体，所以基本不会发生双方就收费权折价偿还贷款的情形。

其实，权利质押担保中的质权人的初衷并不是为了获得被质押的权利，而是为了保证自己的债权得到清偿。质权人拍卖、变卖被质押的权利也是为了得到相应的价款弥补债务人未偿还的债务。而收费权，本身行使的结果就是收取金钱，所以理论上收费权质权的实现应当有两种方式：一种是与传统的权利质权实现方式一样，对质押财产进行拍卖、变卖，也即对收费权本身进行拍卖、变卖等交易，用其所得对价偿还债务；另一种方式是约定由质权人直接获得收费行为所得的钱款，实践中常见的做法是出质人将收费的费用存入双方事先协商一致的银行账户，质权人可以从该账户中直接提取钱款，从而达到实现债权的目的。

需要注意的是，不论采取哪种方式实现质权，质权人应当为出质人经营和维护基础设施或者维护日常经营活动预留必要的费用，否则将会侵害社会公众的利益。

（二）质权实现时对受让人的资格有要求

对于传统权利质权而言，其继受人不是特定主体，质权人可以选择拍卖或者变卖的途径处分权利，并且任何公民和法人都有资格参与竞拍并通过竞拍成为被拍卖权利的所有人，或者以其他方式受让权利。但是，收费权通常与社会公共利益相关，权利人负责维护的是公用基础设施或者提供的是公共服务，只有法人或者单位符合某种资格或者具备所要求的条件时，法律或者政府才给予其这种权利，并不是任何人只要申请就可以享有的。

---

〔1〕 魏振瀛主编：《民法》（第五版），北京大学出版社、高等教育出版社 2013 年版，第 297 页。

因此，收费权在拍卖、变卖时的受让人也应当像出质人一样具备特定的资格，否则不能受让。当然，这一点可能会产生另外一个困境，即可能受让人极少，甚至没有，这种情况使得质权实现发生困难，甚至使质权的存在没有意义。即便这样，在质权实现的过程中，如果需要受让人接管权利，则政府或者权利主管部门必须严格监督，因为倘若由不具备资格的人受让了该权利，结果可能违背政府或者法律设置该权利的初衷，甚至造成社会秩序的混乱。

## 四、对完善收费权质押的建议

今后的立法应当如何完善，当然是我们必须面对和讨论的问题。本文认为，完善立法应当考虑以下几个方面的问题：第一，在《物权法》中明确收费权质权的法律地位，可以通过立法解释或者司法解释对其内涵和范围做进一步的规范，或者可以通过部门规章，对质押程序或手续进行详细规定。第二，明确收费权质押的审批部门和登记部门，原因是收费权具有行政性的特征，政府或者主管部门要对收费权的使用或转让进行把控和监督，这种监督不仅包括质权实现时的监督，也包括质权设立时的监督。第三，另行规定收费权质权的实现方式，收费权质权与其他财产性权利的实现方式有两点不同：一是收费权质权的实现不仅可以采取拍卖、变卖的形式，还可以使质权人就权利行使而收取的费用优先受偿；二是不论质权人以何种方式实现质权，都要为维护基础设施或公益服务的日常经营活动保留必要合理的费用。

# 股权众筹平台的法律地位与责任

郑国华*

随着互联网的发展，股权众筹平台这种通过互联网募集股权的方式开始兴起，这种新兴的股权募集方式为许多初期创业者提供了发展机会，促进市场经济的发展，也可以帮助投资人提高资金利用率。但这看似双赢的事，却有触碰法律红线的危险。在现行法律法规未对股权众筹平台的性质加以明确定性的情况下，如何认定其法律地位、规范其运营行为、设定其法律责任等一系列问题随之出现。本文将结合股权众筹平台在中国的运行情况，通过比较此方面较先进的外国法律法规的规定，来明确股权众筹平台的法律地位，并对股权众筹平台的责任的规定提出建议。

## 一、股权众筹平台的功能及法律调整现状

### （一）股权众筹平台的功能

股权众筹是一种通过互联网进行融资的模式，国际证监会组织（简称IOSCO）界定其为通过互联网平台，从个人或组织处获得较少的资金来满足项目、企业资金需求的活动，其主体包括融资方、众筹平台、投资人三个部分。[1]简单来说，股权众筹是融资者通过股权众筹平台发布创立企业的信息或者项目的信息，将企业或者项目的部分股权作为投资人的回报，来吸引投

---

* 郑国华，北京工商大学法学院硕士研究生。

〔1〕 张烽：“股权众筹到底是什么?”，载未央网，http://www.weiyangx.com/144218.html，最后访问日期：2018年1月15日。

资人对其进行投资的活动。[1]这种将线下的融资模式搬到线上的方法，不仅降低了交易的成本，还拓展了潜在投资方的范围。虽然不同平台的运作模式不同，与融资方、投资方的关系也不完全一致，但都起到一种中介的作用。股权众筹平台是融资方和投资人之间的桥梁，以“天使客”为例，一个股权众筹项目的运行至少需要五个步骤：①已在平台注册完成的项目方在平台上进行融资项目申请；②平台对审核通过的项目进行推广宣传，预热上线；③审核符合条件的投资人对于感兴趣的项目，可以线下约谈项目方，再进行认筹；④投资人将资金投入特定账户（一般为股权众筹平台指定的第三方资金托管机构的账户），完成众筹；⑤线下企业注册登记、增资扩股等手续的办理。股权众筹平台在其中为项目方和投资方牵线搭桥，不仅仅是双方信息的提供，还有资金管理等方面的作用。正因为股权众筹平台在整个股权众筹过程中起着十分重要的作用，所以各国对其重视程度很高，从立法和实践中规范其经营行为、加大对其监管，以保护投资人的利益。

（二）股权众筹平台的规制现状

最早的股权众筹平台是2010年在美国建立的AngelList，它现在也是美国发展良好的成熟股权众筹平台之一，它运作过程主要采用的是“领投+跟投”模式，其他平台也纷纷效仿。此外，Wefunder是美国另一种股权众筹平台的典型代表，与AngelList不同，在融资完成后，平台将所有的资金集合起来成立一个独立的基金，用此基金购买股权。[2]这两大股权众筹巨头带动了美国股权众筹的发展，美国越来越重视对平台法律地位的定性。为了促进经济的发展，2012年美国颁布了《初创期企业促进法案》（简称“JOBS法案”），给予股权众筹平台合法地位，并对其经营行为、运营规则等作出特别规定，鼓励更多股权众筹平台产生的同时，也严格规范平台的行为，保障投资人的利益。除美国外，英国、日本等国家的股权众筹平台发展得相对比较成熟，且这些国家对此的规定对我国比较有借鉴意义。2014年3月，英国颁布了《关于网络众筹和通过其他方式推介不易变现证券的监管规则》，将股权众筹平台纳入监管范围并明确规定了平台的义务；2014年5月，日本修订了《金

---

〔1〕 钟维、王毅纯：“中国式股权众筹：法律规制与投资者保护”，载《西南政法大学学报》2015年第2期。

〔2〕 徐潇：“海外股权众筹双巨头如何运作”，载《证券时报》2014年4月8日，第5版。

融商品交易法》，其被称为日本版的“JOBS 法案”，意味着股票型众筹在日本解禁，但同时规定了一系列联动措施，如规定了募集资金的限额，不允许平台从事有价证券买卖的交易。〔1〕

2012 年末，这种新型融资模式进入中国，国内开始出现以美国知名股权众筹平台为模板的众筹平台，其中“天使投”“人人投”和“大家投”比较具有代表性。〔2〕2015 年初，京东、淘宝、苏宁等多家互联网巨头也开始进军股权众筹领域，相关的股权众筹平台在互联网金融这个大背景下进行孵化。〔3〕据统计，截至 2017 年 9 月底，全国正常运营的众筹平台共有 339 家，其中，股权型平台 98 家。〔4〕2015 年，国务院办公厅颁布的《关于发展众创空间推进大众创新创业的指导意见》、中国证券业协会发布的《私募股权众筹融资管理办法（试行）》（简称《管理办法》）、央行等十部门联合印发的《关于促进互联网金融健康发展的指导意见》，均表现出我国对于股权众筹平台的肯定与重视。而 2017 年国务院法制办发布的《私募投资基金管理暂行条例（征求意见稿）》（简称《征求意见稿》）对私募基金管理的规定很严格，按照其规定，股权众筹平台不得成为私募基金管理人，故我国对于股权众筹平台的态度有待继续观察。虽然我国的股权众筹平台数量不少，但笔者认为，股权众筹平台在中国处于起步阶段。美国、日本等国家投资者的投资理念与中国很不相同，他们的投资更多地是支持某个项目，或者投资者本身就很有投资经验，而中国不少投资者是一种赌博心态，出发点是获取收益，但能否成功还要依据运气，由此也可以看出中国投资者的不成熟。综上，不论是平台自身的运行，还是对于平台的规制和监管，均处于“摸着石头过河”的探索期。尤其是平台行为的规范、责任的承担方面，都应该有立法上的依据。

## 二、股权众筹平台的法律地位

股权众筹不同于传统的公募或私募的融资方式，虽然有人称其为私募股

〔1〕 龚鹏程、王斌：“我国股权众筹平台监管问题研究”，载《南方金融》2015 年第 5 期。

〔2〕 傅啸、董明：“股权众筹平台面临的风险及应对策略的研究”，载《现代管理科学》2015 年第 8 期。

〔3〕 朱鹏炜：“互联网金融之股权众筹：紧迫的社会使命——众筹平台的视角”，载《金融会计》2015 年第 5 期。

〔4〕 北京人创咨询有限公司：“中国众筹行业发展报告 2017（上）”，载众筹家网，http://www.zhongchoujia.com/data/29029.html，最后访问日期：2018 年 1 月 12 日。

权互联网化，但对于它的具体定性，不同学者有不同的观点。鉴于我国对于公募和私募股权都有相关规定，而股权众筹与这两种模式有不同之处，故不少学者也认为其有触犯法律红线的危险。我们应该对股权众筹平台持有什么样的态度，给予其何种法律定位呢？下面具体分析一下。

（一）股权众筹平台的合法性问题

股权众筹本质上具有私募股权融资的性质，只是在手段上与传统融资不同，这也造成它有违反《刑法》《证券法》中一些规定的可能性。具体表现如下：

（1）《刑法》设定了非法集资罪、非法吸收公众存款罪。结合相关司法解释，股权众筹行为基本符合这两种罪的构成要件，有被定性为犯罪的风险。

（2）《证券法》第 10 条对于发行证券的要求予以严格规定，比照股权众筹的行为表现，平台确实存在非法发行证券的可能。

（3）《征求意见稿》第 7 条对于私募基金管理的资格进行限定，可以看出其将股权众筹平台列入私募基金管理人的“黑名单”中，没有对私募在互联网条件下的大众、小额等目标予以考量。虽有学者提出，这种情况无可厚非，值得期待的是证券法等法律对于股权众筹豁免的授权，[1]但至少目前这种规定会成为平台发展的阻碍。

现实中，平台为规避上述两类法律风险，在“公开”一词加以研究，通过让投资者成为会员，将投资者特定化的方法，变为“非公开”的募集形式。我国司法实践中有一个典型案例，即“北京飞度网络科技有限公司与北京诺米多餐饮管理有限责任公司合同纠纷案”，虽是个案，但法官的分析思路可以供我们参考。飞度公司是“人人投”股权众筹平台的运营商，诺米多公司是项目方，双方就签订的《融资协议》产生纠纷，经过两次审理，法院认为，法律层面，从鼓励创新的角度，涉案交易不属于“公开发行证券”，未违反上述《证券法》第 10 条的规定；从行政法规、部门规章以及其他监管规范性文件层面，颁布的文件未对涉案交易行为予以禁止或给予否定性评价。故法院认为《融资协议》有效，侧面表现了对股权众筹的合法性认可，也反映了法院对于商人意思自治的尊重。

作为融资方和投资人之间的桥梁，股权众筹平台在整个股权众筹活动中

---

〔1〕北京人创咨询有限公司：“2017 年 9 月中国众筹行业月报：股权众筹融资额激增”，载众筹家网，http://www.zhongchoujia.com/data/29029.html，最后访问日期：2018 年 1 月 12 日。

起着关键的作用，虽然学者们对其性质认定不一致，但都未对股权众筹平台的运行持有坚决反对的态度，只是十分重视对股权众筹平台的监管。

综上，无论在我国学术研究方面，还是司法实践领域，对于股权众筹平台的合法性都持支持态度，但相关立法对此的态度却不是很明晰。[1]笔者认为，平台已然成为经济发展的趋势，虽然这种新兴产物具有一定的风险，但我们应该顺应时代的潮流，面对可能出现的风险，用各种规定加以防范，而不是直接拒绝这种模式的存在，就好像治水若只堵不疏，会发生更加严重的问题。也就是说，目前立法态度不明确的情况下，应该形成对新鲜事物加以肯定的趋势，应该在立法上给予股权众筹平台合法性，再通过对其监管来防范它可能造成的风险。

（二）股权众筹平台的定性问题

网络平台目前有社交平台（如QQ、微博）、交易平台（如淘宝、京东）、信息平台（如豆瓣）等。在认可了股权众筹平台是合法性存在后，我们再继续探讨它与其他性质的平台在法律地位上有何不同。

中国证券业协会颁布的《私募股权众筹融资管理办法（试行）（征求意见稿）》第2条对于股权融资进行了定义，第5条对平台进行了定义，认定其为“通过互联网平台（互联网网站或其他类似电子媒介）为股权众筹投融资双方提供信息发布、需求对接、协助资金划转等相关服务的中介机构”。国务院办公厅《关于发展众创空间推进大众创新创业的指导意见》重点任务部分的第6点强调“完善创业投融资机制……开展互联网股权众筹融资试点，增强众筹对大众创新创业的服务能力”也体现了对平台存在的认可，但没有明确平台的法律地位。央行等十部门发布《关于促进互联网金融健康发展的指导意见》中指出“股权众筹融资业务由证监会负责监管”，这同部分学者认为股权众筹本质为“证券众筹”，有投资性和高风险性，应当纳入《证券法》的规制范畴的观点不谋而合。[2]

“人人投”案件中，法院在评价平台与融资方关系时，认为“界定为居间合同关系是基于对本案争议的相对概括，但众筹融资作为一种新型金融业态，众筹平台提供的服务以及功能仍在不断创新、变化和调整当中，其具体法律

〔1〕樊云慧：“股权众筹平台监管的国际比较”，载《法学》2015年第4期。

〔2〕董安生、刘庆：“论股权众筹合法化的前置性规则构建”，载《中国物价》2015年第2期。

关系也会随之而发生变化”，故应根据具体案情分析平台与其他主体的法律关系，以明确其权利义务。

股权众筹平台与其他性质的平台不同，作为中介机构，它的服务内容决定了它是高利益和高风险并存的集合体。判定其为受托人、居间人还是其他法律性质需要结合具体的案情，依据其与融投资双方签订协议的具体内容才能确定。平台的作用是将可利用的资金和可发展的项目结合起来，至于连接这两者之后资金如何进行使用及使用过程中平台承担责任的情况，与平台运行模式有关（“领投+跟投”模式与其他模式在资金使用和各方承担责任方面均不相同)，先定性后认定责任是一种实践起来比较困难的方式。综上，鉴于各平台的运行方式、与融资方、投资方的协议内容不同，而这些都会影响平台的角色，故无法对股权众筹平台这一整体进行定性，应该具体案件具体分析。

## 三、股权众筹平台的责任

虽然股权众筹平台存在很多问题，而且答案难以确定，但是我们可以明确的一点是，在这个模式运行的过程中应该维护好投资人的利益，降低投资风险的发生。针对平台的责任，学者们把研究重点放在对于平台的监管上面，建议应该对于股权众筹平台的市场准入、信息披露、投资人人数限制和投资限额等方面加以规定。笔者认为，对于平台的责任应在比照传统融资的情况下、与其他平台的异同点进行设定。

### （一）信息审查

与传统融资方式不同，股权众筹平台采用了线上模式，和其他性质的平台一样应注意运行过程中各类信息的审核。具体审查的信息应该包括以下几个方面：一是融资方信息审查。主要包括审查融资方的资产信用状况、团队的专业性、之前项目的运行情况等。二是项目信息审查。主要包括项目具体规划、项目的真实需求、产品的市场定位与未来发展思路等。三是投资方信息审查。主要包括投资方的从业经历、资金积累、年收入、拥有的市场资源等，尤其在“领投+跟投”模式下，应审查领投人的这类信息，这决定了投资者的“资质能力”与“资金实力”。[1]

---

〔1〕何欣奕：“股权众筹监管制度的本土化法律思考——以股权众筹平台为中心的观察”，载《法律适用》2015年第3期。

信息审核在股权众筹过程中会影响到整个项目，而平台具体发挥作用也体现在信息的提供方面，故提供真实、全面的信息是平台的责任。若平台提供了虚假信息而导致融资方或投资方利益受损，平台应该对此承担责任，具体到责任的程度应该结合平台的过错程度，即适用过错责任原则。

（二）信息披露

公募的模式严格限定了融资者，私募的模式严格限定了投资者，股权众筹则对双方的限制很少。如此自由的模式中，我们认为双方之间信息不对称可能引发很大风险，赋予平台信息披露的义务是必要的，是保障投资者知情权的体现，也是维护投资者投资安全的前提。鉴于股权众筹对于投融资双方的限制太少，笔者认为在信息披露方面应加重平台的责任。具体表现在：一是平台需缩短信息披露的周期，让投资者能及时获知项目的状况。二是平台应做到披露得专业而易懂，如通过披露资金的使用状况而对投资者作出相应的风险提示，给予投资人一定的建议，没有误导性的陈述，这也要求平台的工作人员应包括有经验的 VC、PE 的投资人等。三是平台应做到披露得全面而准确，这里的“全面”不是指全部，笔者认为应划定或者明确必须披露的信息范围，如融资者基础信息、临时变更的信息等，对这类信息应该全面披露，此处的准确性也与信息审核的责任相联系。

针对以上三方面，笔者认为，第一点属于呼吁性规定，在法律未规定其披露周期的情况下，如果因为平台未缩短之前的信息披露的周期而直接认定它的责任，似乎有些过于加重其责任，而披露的频率和项目具体情况也有关，法律不好过多干预。第二点也属于呼吁性规定，如果平台没有将信息披露得专业而易懂影响的是投资人是否决定继续投资，但不能直接因此而让平台承担责任。第三点属于强制性规定，若平台未做到信息披露的全面和准确而损害到投资人的利益，平台应该承担责任。此处与网络交易平台（《消费者权益保护法》第 44 条规定的）信息披露责任有所不同，因为股权众筹平台在功能上的重点就是信息的提供。上述几点也体现了平台这种新的经济存在形态，不同于传统管理，注重政府管制的同时，更重视平台的自治。

（三）资金池独立

股权众筹是因资产而产生的事物，它的中心即资金。前文中笔者也提到，应该在相关争议处理时侧重保护投资者的资金利益。在争议发生前，即项目运行过程中，应该使投资者的资金独立于三方，即资金与融资方、平台、投资方均分离，以降低平台擅自使用资金的风险。目前有平台将资金放入第三方机构托管，但实质上第三方机构对资金流向没有监督，还是依靠平台的自律，而一旦平台违反规定，其承担的极可能有刑事责任。具体托管的运行机制笔者尚无完好的设想，这种第三方托管机构应怎样介入股权众筹，托管的责任怎样认定等是我们需要继续研究的问题，但无疑资金池独立是十分必要的。

（四）投资额、投资人数的限定

投资额与投资人数会影响投资的风险，法律应该对于不同种类的投资人的投资限额作出最大额或者按年收入比例的规定，美国乔布斯法也要求不同年收入的投资者的投资金限额，但成熟的投资者可以不受这种限制，结合投资者风险承担的能力来保护其利益。目前股权众筹本质有“私募”性质，法律应该限定投资人数来降低潜在风险。若平台违反此种规定，无疑应承担责任，只是笔者认为这种责任主要是行政责任，而不是投资人可以要求其承担的民事责任。

平台责任的履行不仅仅是为了投资者的投资安全，也是为了此行业自身的发展。虽法律未明确此领域的义务与责任，但我们知道，一旦股权众筹平台发生了严重的欺诈行为和损害投资者的事件，这个模式就会丧失投资者的信任。如果一个市场的发展失掉了信用，那么对于它无疑是毁灭性的破坏。所以，上述很多责任虽属于平台自我监督的责任，不属于政府管制的范围，却十分重要。通过提高对于投资者的保护来增强自己的市场竞争力，应该是平台优胜劣汰的关键。[1]

## 四、总结

随着平台的增多，我们渐渐发现这是一种新的经济存在形态，同工厂经济、公司经济一样，是社会发展过程中新产生的经济形态。目前，平台种类很多，他们之间有共性也有不同，我们不好直接给“平台”这个整体作出一般性的责任规定，而针对其中的一种，如本文讨论的股权众筹平台，它的责任也应该具体结合事实才能确定。笔者认为，之所以出现这种现象，是因为法律具有滞后性，而网络的发展速度太快，它会不断产生新的权利形态并影

〔1〕彭冰：“‘股权众筹第一案’评析”，载《中国法律评论》2016年第2期。

响现在的竞争格局，故我们很难作出具有足够前瞻性的规定，在这种情况下我们应保持着包容的态度，尤其是在商业领域，应充分尊重商人的意思自治。股权众筹平台是存在于社会中、有利于社会的事物，应该被鼓励发展。学者们设想出很多可能发生的风险，并提出相关规制建议，但笔者认为，为保证法律的稳定性，我们可以再继续观察这类新事物，针对其实际中真正发生的问题，整合各问题的核心后再进行规制。

# 诉讼财产保全责任保险研究

周　楠*

诉讼财产保全责任保险是近年来应社会生活的需要而产生的新型保险险种。它客观上能够起到减轻诉讼主体的经济负担、平等保护民事主体的诉讼权利和实体权利的社会效果。该险种一经推出便受到青睐和关注。关于诉讼财产保全责任保险的概念、性质、合法性的争议也随之出现。因此，有必要对诉讼财产保全责任保险进行深入系统的研究，推进诉讼财产保全责任保险的应用。本课题探讨了诉讼财产保全责任保险的概念、合法性、性质等理论问题，揭示了诉讼财产保全责任保险应用过程中在条款设计、保险费承担、防范虚假诉讼、应用范围等方面存在问题，并提出了对策建议。

本文综合采用文献检索、案例分析、比较分析、规范分析、价值分析等方法，以解决理论问题和实际问题为导向，探讨诉讼财产保全责任保险理论和实务问题。研究结果主要包括：第一，需要从法律关系的视角界定诉讼财产保全责任保险，区分诉讼财产保全责任保险与诉讼保险，明确诉讼财产保全责任保险与其他财产担保方式的关系，明晰诉讼财产保全责任保险涉及的法律关系。第二，人民法院对诉讼财产保全责任保险的合法性的态度由沉默逐渐转向肯定，这一转变具有合理性和正当性。第三，保险引入诉讼保全设计的保险产品，应当定性为责任保险而非保证保险。第四，应当区分诉前财产保全和诉讼财产保全设计保险条款，防范虚假诉讼产生，适度扩大诉讼财产保全责任保险的应用范围等。研究结果有助于澄清在理论上关于诉讼财产保全责任保险的误解，理解财产保全责任保险与相关概念或制度的关系，更

* 周楠，江泰保险经纪股份有限公司职员。

好地设计诉讼财产保全责任保险产品，发挥诉讼财产保全责任保险在社会生活中的积极作用，推动司法公正与社会公平正义。

## 一、绪论

### （一）问题的提出

诉讼财产保全是为了防止被申请人提前转移财产，保障执行程序顺利进行的一项制度。该制度设置了保障申请人合法权益的前置性条件，即提供与讼争数额相应的诉讼财产保全担保。而财产保全申请人往往难于及时提供相应的担保或者提供担保会给其造成经济负担或压力。这就在一定程度上为申请财产保全设置了障碍，导致部分诉讼财产保全因不满足法定的前置性条件而无法进行，其后续的执行程序中权利人的利益能否得到充分保障也变得不确定。

为了平等保护民事主体的诉讼权利和实体权利、减轻诉讼主体的经济负担，既不让民事主体因为经济负担能力的差异而在权利保护方面被区别对待，也不让民事主体因为正当行使诉讼权利而过度增加经济负担，我国云南地区于2012年将“诉讼财产保全责任保险”引入诉讼财产保全中。[1]此后，不少地区纷纷效仿，发挥诉讼财产保全责任保险在诉讼中的积极作用。

2014年初，习近平主席在中央政法工作会议上明确指出，政法工作的核心价值追求是促进社会公平正义。在这一背景下，解决诉讼主体因经济成本过高而无法寻求司法救济或导致不公平的区别对待等问题，越来越受到社会关注。将保险机制引入诉讼程序，为公正司法提供必要的辅助性条件或措施，成为大势所趋。在2015年两会中，全国人民代表大会代表、湖南省高级人民法院院长康为民明确提出“增加诉讼担保主体，拓展新的诉讼担保方式，在诉讼保全中引入保险担保机制”。

此后，诉讼财产保全责任保险越来越多地被各地法院所采纳，在营造崇尚法治、信仰法律的法治氛围，鼓励当事人通过法律途径解决矛盾纠纷，降低老百姓打官司的成本，保障社会主体平等享有和行使诉讼权利，维护财产保全申请人与被申请人的合法权益等方面发挥积极的社会效用。

由于诉讼财产保全责任保险在我国尚处于探索期，相关的理论和制度处

---

〔1〕 云南省保监局同意诚泰保险公司在云南试点诉讼财产保全责任保险，期限为2年。

于形成的过程中，就诉讼财产保全责任保险的概念、性质以及司法适用等存在一定的争议。需要对诉讼财产保全责任保险的相关法律问题进行探讨，优化诉讼财产保全责任保险产品设计，发挥诉讼财产保全责任保险在司法过程中的积极作用。

具体而言，我国引入诉讼财产保全责任保险具有以下意义：第一，完善财产保全制度。财产保全责任保险属于财产保险的一种，是保险公司在现有财产保全方式的基础上设计的新险种，同样可以为财产保全申请人在财产保全申请时提供法院要求的担保，增加了保全申请人的选择。诉讼财产保全责任保险适用于民商事案件中的诉讼财产保全程序，财产保全包括诉前财产保全和诉中财产保全。根据我国《民事诉讼法》及《最高人民法院关于适用〈中华人民共和国民事诉讼法〉的解释》的相关规定，法院在采取诉前保全和诉讼保全措施时，一般会责令当事人或者利害关系人提供担保。对于利害关系人申请诉前财产保全的，法院还责令其提供相当于请求保全数额的担保，[1]这时，对于财产保全申请人来说经济压力是较大的。若此种情况下未能采取财产保全措施，将难以防止对方当事人转移、隐匿、变卖财产，进而导致胜诉时有效民事判决的执行难问题出现。诉讼财产保全责任保险能够起到为财产保全担保的作用，而且仅要求财产保全申请人向保险人交纳少量的保险费获取保额代替高额的保全价值，大大减轻了保全申请人的经济负担，有利于提高案件保全率，有效解决当事人因经济状况不利而导致权益受损问题，解决执行难的问题，是对财产保全制度的完善。

第二，提高财产保全的效率，加强财产保全担保的可靠性。对于财产保全申请人提供的担保，人民法院主要进行的是可靠性与充分性方面的审查。以诉讼财产保全责任保险向人民法院申请财产保全，是将保险公司出具的保单保函直接提交给人民法院的，在提高效率方面功效显著。保险公司规模较大、资金充足，且对于诉讼财产保全责任保险合同订立前后，会要求投保人及时提供保险单载明的民事诉讼案件的诉讼材料，其自身较强的偿付能力以及在风险防控方面的审慎操作加强了担保的可靠性。

第三，兼顾双方当事人权益，维护司法公平正义。诉讼财产保全责任保险是为财产保全服务的，产生于对诉讼双方当事人权益兼顾的考量之中。一

---

〔1〕 参见《最高人民法院关于适用〈中华人民共和国民事诉讼法〉的解释》第152条。

方面，财产保全责任保险的保费率低，同样的保全财产价值采取不同的方式担保时，诉讼财产保全责任保险的成本较低，对于维护经济上弱势的保全申请人最终权利的实现能够起到充分的保障作用，缓解了执行难的问题，同时，由于以往无力提供担保的保全申请人可以将诉讼财产保全责任保险提供给法院，得以申请财产保全，从整体看，案件的保全率提升了；另一方面，可以保障保全被申请人在保全错误时经济赔偿得以实现。诉讼财产保全责任保险主要是为了解决民事案件当事人不能及时提供要求的保全担保和生效裁判文书的执行难问题。在其他方式都不能为财产保全申请人提供担保的情况下，选择诉讼财产保全责任保险，及早对需要保全的财产进行保全，就能够防止保全被申请人转移财产，尤其是当案件受理法院和被保全的财产不在一个地区的情况下就更能及时地通过诉讼财产保全责任保险，对争议财产进行保全，有利于法院有效破解跨区域执行难问题。[1]诉讼财产保全责任保险的险种设计之初，就是为申请人提供保全担保便利的，通过责任保险具有的社会管理功能，维护法律秩序公平。[2]诉讼财产保全责任保险被法院所接受，就能够更好地发挥程序法的功能作用，维护司法公平正义。

### （二）研究方法及主要内容

目前，关于诉讼财产保全责任保险法律问题研究的理论性文章并不多见。早期文献主要集中于对国外诉讼保险制度的介绍以及我国地方性实践的新闻报道。随着诉讼财产保全责任保险的方式逐渐被各地法院所接受，学者对诉讼财产保全责任保险的理论性研究的广度和深度开始加大，实务部门的人士也就诉讼财产保全责任保险运用过程中的具体问题展开讨论并提出对策建议。整体上而言，对诉讼财产保全责任保险的关注重心从合法性转向应用性。

本文综合采用文献检索、案例分析、比较分析、规范分析、价值分析等方法，以解决理论问题和实际问题为导向，探讨诉讼财产保全责任保险理论和实务相关的争议问题，明晰诉讼财产保全责任保险与相关担保方式的关系，明确诉讼财产保全责任保险的性质，并就诉讼财产保全责任保险中保险费的承担、适用范围、防范虚假诉讼等提出对策建议。

---

〔1〕 吴在存："在财产保全中引入责任保险担保的路径及其价值"，载《人民法治》2016 年第 9 期。

〔2〕 陆鹏："引入诉讼财产保全责任保险 完善法院诉讼保全担保机制"，载《上海保险》2016 年第 3 期。

## 二、诉讼财产保全责任保险的基础理论

诉讼财产保全责任保险是近几年新出现的保险产品，一经推向保险市场，便受到诉讼主体的青睐和认可，逐渐被法院所接受。但是，就诉讼财产保全责任保险的称谓以及其与相关概念的关系，理论和实务上并未达成共识，需要进行澄清。

### （一）诉讼财产保全责任保险的概念

#### 1. 概念界定的重心由保险经营转向法律关系

目前，关于诉讼财产保全责任保险的概念大多从保险经营的角度出发，将诉讼财产保全责任保险作为一项新型的保险险种。如“诉讼保全责任保险是指由保全申请人向保险人投保，将可能出现的错误保全导致的损害赔偿责任作为保险标的，由保险人向法院出具保单保函并承诺以此作为诉讼保全担保以及承诺承担诉讼保全错误导致的损害赔偿责任的新的保险险种”。〔1〕

从保险经营角度界定的诉讼财产保全责任保险的概念，侧重于诉讼财产保全责任保险的流程，即投保行为与赔付行为。保险与诉讼的关系被模糊化，主体分别在保险和诉讼中扮演的角色不明确。有必要从法律关系的视角，重新认识诉讼财产保全责任保险的概念，将主体的行为概括为不同类型的法律关系，并明确其在不同法律关系中的角色定位。

诉讼财产保全责任保险活动过程中涉及的法律关系主要包括三个方面，即诉讼法律关系、保险合同法律关系以及损害赔偿法律关系。〔2〕从法律关系的角度，可以将诉讼财产保全责任保险界定为，诉讼财产保全申请人与保险公司订立的，以被保险人依法对第三人应当承担的赔偿责任为保险标的的保险合同；保险公司根据该保险合同为保全申请人向法院出具保单保函用于担保财产保全；一旦财产保全申请人申请错误，保险公司就被申请人遭受的损失在合同约定的保险限额内进行赔偿。

#### 2. 诉讼财产保全责任保险与诉讼保险

1897年，为解决高额诉讼费用的问题，保障公民平等地享有和行使诉讼

〔1〕 程鑫、王威：“‘跨界司法’金融保险产品的创新机制研究——以海事诉讼保全责任新险种为视角”，载《改革与战略》2016年第1期。

〔2〕 关于诉讼财产保全责任保险涉及的法律关系，本章第3节将进行详细论述。

权利，法国建立了“医疗纠纷基金”，首创诉讼保险制度。20世纪60年代，在莫诺·卡佩莱蒂教授的倡议下，掀起了“接近正义”运动。在这场运动中，该教授认为：“如果只有富裕阶层有能力支付得起费用并使用这种制度，那么即使是用公式悉心保障的司法制度也没有任何有用之处可言”。〔1〕此后，经过西方国家数十年司法实践，规范化的诉讼保险制度已经逐渐形成体系。〔2〕

我国的诉讼财产保全责任保险制度在基本价值理念和目标上与西方国家的诉讼保险有一定的相似性。因而，有人认为我国的诉讼财产保全责任保险就是西方国家的诉讼保险制度。〔3〕也有人认为，我国的诉讼财产保全责任保险与西方国家的诉讼保险有实质的区别，两者并不同一。

我们认为，我国的诉讼财产保全责任保险与西方的诉讼保险虽然存在一定的关联性，但是具有本质的区别。首先，从保险覆盖的费用范围上看，两者并不同一。西方的诉讼保险针对的是整个诉讼过程中的诉讼费用，如律师费、受理费、法律咨询费用等；而诉讼财产保全责任保险仅针对诉讼财产保全程序中因保全错误而产生的费用。其次，从保险标的上看，西方的诉讼保险的保险标的是诉讼费用；而诉讼财产保全责任保险的保险标的是损害赔偿责任。最后，从制度的社会效用上看，诉讼保险的社会效用在于保障主体进行诉讼，而诉讼财产保全责任保险在于保障主体实施财产保全行为。我国的诉讼财产保全责任保险制度是为了解决执行难问题而进行的制度创新，与西方国家的诉讼保险并无直接关联。

3. 诉讼财产保全责任保险与诉讼保全责任保险

诉讼财产保全责任保险的称谓尚不统一。最早开展该保险业务的诚泰财产保险股份有限公司在相关产品上使用了“诉讼财产保全责任保险”的概念，此后，中国平安财产保险股份有限公司推出的相关保险产品也使用了“诉讼财产保全责任保险”的概念。但是，不少学者和实务界人士使用了“诉讼保全责任保险”的概念。〔4〕《最高人民法院〈关于办理财产保全案件若干问题

〔1〕［意］莫诺·卡佩莱蒂：《当事人基本程序保障权与未来的民事诉讼》，徐昕译，法律出版社2000年版，第40页。

〔2〕文华良：“诉讼保险制度研究”，西南政法大学2015年博士学位论文。

〔3〕康为民院长在论述诉讼财产保全责任保险相关问题时就提到了诉讼保险制度，建议借鉴诉讼保险制度建立保险担保机制。

〔4〕如程鑫、王威、袁婉珺的相关著述中就使用“诉讼保全责任保险”的概念。参见程鑫、王威：“‘跨界司法’金融保险产品的创新机制研究——以海事诉讼保全责任新险种为视角”，载《改革

的规定〉（征求意见稿）》第 8 条中使用了“诉讼保全责任险”的概念。但是，在最终出台的正式稿第 7 条中却使用了“财产保全责任险”的概念。

我们认为，从诉讼财产保全责任保险的功能看，诉讼财产保全责任保险是为了解决财产保全申请人难于及时提供相应的担保或者提供担保会给其造成经济负担或压力的问题，其本身就是针对财产保全的，无关于行为保全。此外，从保全担保的设立目的看，担保是为了防止申请人滥用诉权给被保全人造成损失的。一方面，行为保全是针对被申请人对申请人可能的侵害判令其为或不为一定行为，涉及人身自由。另一方面，行为保全的相关案件如抚养权纠纷案件，本身并不涉及财产纠纷，担保并不会面临无力支付的情况，不会采用诉讼财产保全责任保险的方式。由此可见，保险机制引入诉讼保全活动中设计的责任保险产品仅针对财产保全，与行为保全无关。诚如贾林青教授所言，“诉讼保全责任保险”的名称并不准确；保全分为财产保全和行为保全两种类型，而保险实践中其显然只是针对财产保全，故应当在称谓中明确“财产”二字，将其称为“诉讼财产保全责任保险”才能体现严谨性。〔1〕

### （二）诉讼财产保全责任保险与其他担保方式辨析与比较

诉讼财产保全责任保险开设的目的是为了能够保障诉讼财产保全申请人与被申请人的合法权益，通过其与其他担保方式的辨析比较，明确诉讼财产保全责任保险相较于其他担保方式的优势，确保诉讼财产保全责任保险能够在保全制度中更好地发挥担保作用，促进保全制度的发展与完善。

#### 1. 诉讼财产保全责任保险与其他担保方式的辨析

（1）法院认可的其他财产保全担保方式。我国《民事诉讼法》和《最高人民法院关于适用〈中华人民共和国民事诉讼法〉的解释》中虽然规定了财产保全规则，但并未有对财产保全担保方式的规定。我国《担保法》中规定的担保方式包括保证、抵押、质押、留置和定金五种。司法实践中，财产保全申请人向法院提供的可以被接受的担保方式，包括现金担保、物的担保、专

---

（接上页）与战略》2016 年第 1 期；袁婉珺：“有效解决诉讼保全难 避免‘赢了官司输了钱’”，载《中国保险报》2016 年 3 月 24 日，第 8 版。

〔1〕 中国人民大学贾林青教授在第 441 期“民商法前沿论坛”提到，关于诉讼财产保全责任保险这一险种的称谓并不统一，有人将其称为“诉讼保全责任险”，而他认为应称之为“诉讼财产保全责任保险”。

业担保公司的信用担保和银行等金融机构的信用担保四种类型。[1]

第一，现金担保方式。现金担保方式一般由财产保全申请人自己或者是信赖的第三人来提供，担保效果好，法院对于提供现金担保认可度高，但这会给申请人和第三人带来较大的诉讼成本压力，同时当保全金额较高时，申请人和第三人有限的经济能力可能无法提供相应的资金进行担保。

第二，物的担保方式。物的担保方式即采用实物担保的方式，在我国《物权法》中包括抵押、质押和留置三种方式。虽然经济花费上这种担保方式的成本低，但为了保护被申请人，法院一般要求申请人提供的为无权利负担的物，这样，对经济状况不好的保全申请人而言，就有一些困难。

第三，专业担保公司的信用担保方式。专业担保公司的信用担保一般采用出具保函的方式。但是，现在的问题是，担保公司的主营业务就被限定为“担保”，作为营利性的商事主体，其在担保费的设计方面，就会设计较高的费率，保全申请人若要选择此种方式进行担保，诉讼成本就比较高。[2]而且，担保公司的资产情况不一，整体信誉较低，选择信誉较高的担保公司成本也高，在选择上就不是很受欢迎。[3]

第四，银行等金融机构的信用担保方式。银行等金融机构虽然资本相对雄厚，但银行要开展信用担保一般也是出具保函的方式进行担保，银行开展此业务占用银行资金成本，成本较高。一般只有信用极好的大公司才能申请开具，并且银行会要求是在银行有等量存款或授信的客户。[4]虽然银行等金融机构可以依法依规在诉讼中提供信用担保，但对于如一般消费者和劳动者、人身损害赔偿请求当事人、民间借贷债权人等普通的民事主体而言，往往无法满足金融机构提出的信用担保条件，不能使用这种担保方式申请财产

---

〔1〕 袁婉珺：“有效解决诉讼保全难 避免‘赢了官司输了钱’”，载《中国保险报》2016 年 3 月 24 日，第 8 版。

〔2〕 兰锋、韩亚超：“朔城区法院保全担保模式出新招”，载《山西法制报》2015 年 8 月 5 日，第 1 版。

〔3〕 郑李：“诉讼财产担保新机制——创新发展财产保金责任险”，载《中国保险报》2015 年 12 月 15 日，第 7 版。

〔4〕 崔启斌、陈婷婷：“诉讼保全引入保险担保机制”，载《北京商报》2015 年 3 月 18 日，第 3 版。

保全。[1]

（2）诉讼财产保全责任保险与其他担保方式的比较。上述其他担保方式的局限性往往导致保全申请人因无法提供合格的担保而放弃财产保全，难以限制对方当事人转移、隐匿财产的行为，最终导致生效判决难以执行。诉讼财产保全责任保险在诉讼财产保全中起作用的关键是，保险人直接向法院提交的保单和以愿意就被保险人的保全申请错误造成的损失进行赔偿的承诺为内容的保单保函。虽然保险公司并不是以保证人的身份介入其中的，但其为保全申请人提供的这种保险产品与其自身的资本情况、经营状况息息相关。从诉讼财产保全责任保险本身看，其经营者资力雄厚、运作规范、信誉良好，承保和偿付能力有保障；保险条款简单明了，责任明确；保险费率定价合理，保费低；投保流程简便，对风险的审核严格。[2]

**表 2.1　诉讼财产保全责任保险与其他诉讼担保方式比较表**

| 序号 | 担保方式 | 提供主体 | 信誉程度 | 实现难度 | 申请人成本 | 法院成本 |
|---|---|---|---|---|---|---|
| 1 | 现金担保 | 申请人/第三人 | 一般 | 小 | 低 | 低 |
| 2 | 物的担保 | 申请人/第三人 | 一般 | 大 | 低 | 低 |
| 3 | 担保公司保函 | 担保公司 | 低 | 小 | 高 | 高 |
| 4 | 银行保函 | 银行 | 高 | 小 | 高 | 低 |
| 5 | 保险公司诉讼财产保全责任保险 | 保险公司 | 高 | 小 | 低 | 低 |

相较于其他财产保全担保方式而言，诉讼财产保全责任保险的提供主体偿付能力有保障、信誉程度高、实现难度小、申请人的成本支出低、法院的

〔1〕袁婉珺：“有效解决诉讼保全难 避免‘赢了官司输了钱’”，载《中国保险报》2016 年 3 月 24 日，第 8 版。

〔2〕陆鹏：“引入诉讼财产保全责任保险 完善法院诉讼保全担保机制”，载《上海保险》2016 年第 3 期。

成本支出也低。由诉讼财产保全责任保险的特点中展现出来的优势，可以解决其他财产保全担保方式对弱势群体合法权益维护不及时、不充分的问题，这样不仅能够更有效地保护财产保全申请人的诉讼权利，而且还能够减少对担保财产繁琐的外出审查环节，提高人民法院在财产保全申请审查工作的效率。

诉讼财产保全责任保险与其他担保方式在使用范围和适用法律上也存在不同点，诉讼财产保全责任保险只用于财产保全，适用的是我国《保险法》的规定，而其他担保方式适用的范围比较广，除可以用于财产保全，也可以用于普通民事活动中，适用的是我国《担保法》的规定。

2. 诉讼财产保全责任保险的比较优势

（1）主体方面的优势。保险公司根据保险合同的约定承担保险金给付的义务，因此在财产保全错误的情况下，被申请人的损害赔偿金最终是由保险公司给付的。保险公司本身即具有很大的优势。第一，根据我国《保险法》第69条第1款“设立保险公司，其注册资本的最低限额为人民币二亿元”和第3款“保险公司的注册资本必须为实缴货币资本”的规定，保险公司注册资本较高、资金实力雄厚的特点决定了其具有较强的偿付能力。第二，根据我国《保险法》关于保险业监督管理的规定，原中国保险监督管理委员会对保险公司各方面的监管比较严格，在安全性方面比较可靠，很少出现人走楼空和公司倒闭的情况，保险公司在理赔方面能够具有较高的信誉程度。第三，保险公司的主营业务即为保险业务，诉讼财产保全责任保险仅仅是其中的一小部分业务，诉讼财产保全责任保险的开展能采取流程化的方式，收取较低的保费，使诉讼财产保全责任保险在降低财产保全申请人的诉讼成本和保护财产保全申请人与被申请人的利益方面真正发挥作用。

截至2016年6月30日，通过搜集的法律文书资料显示，承办诉讼财产保全责任保险且在司法实践中为人民法院所接受的几个保险公司及其注册资本情况如表2.2，其注册资本远远高于担保公司的注册资本，实践中由保险公司出具的诉讼财产保全责任保险具有被信赖的基础。

表 2.2　实践中人民法院接受诉讼财产保全责任保险的保险公司注册资本情况表

| 公司名称 | 中国平安财产保险股份有限公司 | 中国人民财产保险股份有限公司 | 中国大地财产保险股份有限公司 | 中华联合财产保险股份有限公司 |
|---|---|---|---|---|
| 注册资本 | 21,000,000,000元(210亿) | 14,828,510,202元(约148亿元) | 7,302,077,123元(约73亿元) | 7,500,000,000元(75亿元) |

（注：数据来源于原中国保险监督管理委员会官方网站）

（2）诉讼成本方面的优势。一方面，诉讼成本的优势体现于经济成本中。在实践中关于诉讼财产保全责任保险的保险费，无论是由财产保全申请人来承担，还是由被申请人来承担，相较于其他的担保方式都是花费较少的。对于财产保全申请人而言，以诉讼财产保全责任保险向人民法院提供财产保全所需要的担保，财产保全申请人既无需提供被保全财产同等价值的财产，亦无须支付押金及保函费，保费相对较低（保险费用大致为保全标的额的0.3%~0.8%，[1]而现金担保的方式的收费标准一般为保全金额的20%~30%，专业担保公司提供担保收费标准为担保金额的1%~3%[2]），降低了财产保全申请人的诉讼成本。

另一方面，诉讼成本的优势体现于时间成本中。诉讼财产保全责任保险具有投保手续简单、保险条款易懂的特点，对于财产保全申请人的时间成本的耗费并不大；对于法院而言，与法院认可的财产保全其他担保方式相比，保全申请人向法院出具保函，而不必提供同等价值的财产，只需按照要求提供书面材料，操作方面简便易行，节约了法院审查的时间；对于财产保全被申请人而言，一旦出现理赔事由，保险公司必须不可抗辩地向诉讼财产保全被申请人承担保险责任，节省了被申请人的时间，提高了维权效率。

（3）权利保护方面的优势。诉讼财产保全责任保险以保险公司出具的保函为财产保全提供担保的情况下，对于财产保全申请人和被申请人的权利都

〔1〕欧秋钢：“诉讼财产保全责任保险在司法实践中尚存的问题及对策——以保险公司经营的视角”，载《上海保险》2015年第11期。

〔2〕王家梁：“诉讼财产保全担保行业亟须引导规范”，载《法制日报》2016年6月30日，第5版。

能起到充分的保障作用。一方面，针对财产保全申请人因受到时间和经济能力的限制而无法提供财产保全所需要的担保的情况，以诉讼财产保全责任保险方式提供担保效率相对高且财产保全的申请人支出的保费较低，有利于财产保全申请人充分行使通过保全预先确保生效判决得以执行的诉讼权利。另一方面，保全错误给被申请人造成损失的，被侵害人可以便捷充分地从保险公司得到赔偿，避免了保全申请人财力不足或者怠于向保险人申报保险事故造成的赔偿不到位、不及时的情况，又保障了被侵害的财产保全被申请人的损害赔偿请求权的实现。

（4）风险防控方面的优势。诉讼财产保全责任保险涉及的风险包括在保险合同关系中的保险公司的险种理赔风险，在财产保全中的保全申请人与被申请人的保全风险以及法院的保全审查风险。保险公司与财产保全申请人订立诉讼财产保全责任保险合同之前，基于风险防控的需要，会要求当事人提供投保材料，如身份证明文件、起诉书、证据材料、信用调查问卷、案件情况调查文件等。保险公司自身具有一套风险防控方案，司法机关将保险机制引入财产保全，其实是对财产保全申请人与被申请人的保全风险以及法院虚假诉讼的风险进行了分流，有利于风险的化解。风险分流使得司法机关可以通过诉讼财产保全责任保险的应用来提高办案效率，更有效地保护债权人的合法利益，解决生效判决执行难的问题，提高了司法公信力。

### （三）诉讼财产保全责任保险涉及的法律关系

诉讼财产保全责任保险的产生需要以将要发生的或者正在发生的诉讼为基础。因而，诉讼财产保全责任保险涉及的法律关系除保险合同法律关系外，必然还存在财产保全申请人与被申请人之间的诉讼法律关系。该诉讼法律关系是保险法律关系的基础法律关系。特定情况下其还会涉及第三种法律关系，即在财产保全申请人申请错误的情况下，财产保全申请人对被申请人应承担的损害赔偿的法律关系。保险公司向被保险人承担保险责任方式是向被申请人赔付保险金，诉讼财产保全责任保险的第三种法律关系体现为债的法律关系。

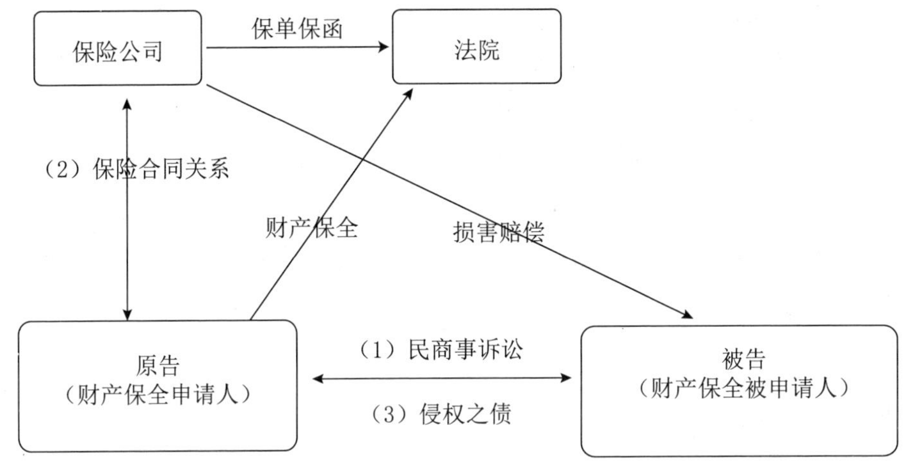


**图 2.1　诉讼财产保全责任保险法律关系图**

1. 财产保全申请人与被申请人之间的基础法律关系

诉讼财产保全申请人与被申请人之间诉的存在，是引起诉讼财产保全责任保险产生的基本前提。要引发诉讼财产保全责任保险，除了诉的存在之外，还需要满足其他条件，如当诉讼中的原告出于便捷保全程序、提高保全效率、减轻自身财产负担、分担风险及顺利执行的考虑或者是申请人不能提供与保全财产价值相当的其他担保方式而选择与保险公司订立保险合同时，诉讼财产保全责任保险才会发生。在诉讼财产保全中，财产保全申请人为案件当事人，一般情况下，原告为财产保全中的申请人，被告为财产保全中的被申请人；诉前财产保全中，财产保全申请人因为还没有启动诉讼程序，故只能是利害关系人。

财产保全申请人和被申请人的基础诉讼关系最终往往涉及金钱之债的履行问题，因而案件当事人往往会启动财产保全程序来确保生效判决能够得到有效的执行。实践中运用诉讼财产保全责任保险的基础诉讼关系的案由包含民间借贷纠纷、企业借贷纠纷、买卖合同纠纷、承揽合同纠纷、建设工程施工合同纠纷、交通事故责任纠纷、劳动争议纠纷等。〔1〕

2. 财产保全申请人与保险公司之间的保险合同关系

诉讼财产保全责任保险，是财产保全申请人与保险机构订立的一种财产

〔1〕 此为对中国裁判文书网公布的案例的统计结果。

保险合同。保险合同作为当事人间法律关系的凭证，是确定合同当事人权利义务、指引保险行为的直接法律依据。[1]具体而言，诉讼财产保全责任保险合同关系包含合同的主体、客体和内容三大要素。

（1）诉讼财产保全责任保险合同的主体。第一，诉讼财产保全责任保险合同的双方当事人包括保险人和投保人。诉讼财产保全责任保险合同中的保险人，即保险公司，根据我国《保险法》第10条的规定，应当是依据诉讼财产保全责任保险合同的约定收取保险费、在被保险人赔偿责任发生且属于保险责任范围时，对被保险人承担给付保险赔偿金责任的保险公司。根据合同约定，保险人在合同成立时享有保险费之请求权并在危险事故发生时负有赔偿或者给付保险金的义务。

诉讼财产保全责任保险合同的投保人，也称要保人，是指与保险人订立保险合同并依照保险合同承担交纳保险费义务的人。我国《保险法》对财产保险合同中的投保人，并未像对人身保险合同要求的那样，投保人在订立保险合同时对被保险人应当具有保险利益。因而，诉讼财产保全责任保险的投保人在具备订立保险合同的民事行为能力的情况下，即可按照要求进行投保。但是，一般情况下，诉讼财产保全责任保险是由财产保全申请人进行投保的，财产保全申请人以其购买的诉讼财产保全责任保险向人民法院申请财产保全。

第二，诉讼财产保全责任保险合同的关系人包括被保险人和受侵害的第三人。被保险人虽不直接参与保险合同的订立，但对于保险标的的存在与否具有财产利益，是财产保险合同所保障的对象，享有保险金请求权。在财产保险合同中，投保人多是为自己的利益进行投保的，被保险人往往和投保人是同一个人。[2]在诉讼财产保全责任保险的司法实务中，被保险人一般为财产保全的申请人。

责任保险为第三人保险，该第三人是依法对被保险人享有赔偿请求权的受害人。虽然该第三人并非合同当事人，根据合同相对性是不能直接对保险人主张保险合同约定的利益的，但是，受害第三人根据合同约定或者法律规定可以突破合同相对性原理，取得直接请求保险人给付保险赔偿金的权利，

〔1〕 刘金章、刘连生、张晔：《责任保险》，西南财经大学出版社2007年版，第99页。

〔2〕 陈伊维：《财产保险》（第二版），南开大学出版社2013年版，第63页。

且在司法实践中这也成为一种趋势。[1]在诉讼财产保全责任保险中，受侵害第三人为财产保全的被申请人，其遭受损害的直接原因为向人民法院提供诉讼财产保全责任保险的财产保全申请人的错误保全行为。

实务领域，由保险公司的保险条款“本保险合同中被保险人是指因民事纠纷向人民法院申请财产保全的民事诉讼当事人或利害关系人”可见，[2]被保险人为财产保全程序的开启者。责任保险的功能之一是转嫁可能造成的损害赔偿责任，而只有可能的致害人才会对责任保险进行投保。民事财产保全程序的保全申请人，在申请财产保全的情况下，可能会发生这种损害，因而被保险人就是按照人民法院要求提供担保的财产保全申请人。由此可见，诉讼财产保全责任保险的投保人和被保险人一般为同一人，这符合《保险法》第 12 条第 5 款“投保人可以为被保险人”[3]的法律规定，操作上也比较便利。

（2）诉讼财产保全责任保险合同的客体。学界对于责任保险合同的客体存在是“保险标的”或者“保险利益”的不同观点。[4]我们认为，诉讼财产保全责任保险合同的客体为保险利益。保险利益的概念学说包括经济利益说、利害关系说和适法利益说，我国学者对于保险利益的学说多持适法利益说的观点，认为保险利益就是投保人或者被保险人对保险标的具有的法律上承认的利益，这也与我国《保险法》第 12 条第 6 款的规定一致。[5]

根据我国《保险法》第 12 条第 2 款“财产保险的被保险人在保险事故发生时，对保险标的应当具有保险利益”[6]和第 65 条第 4 款“责任保险是指以被保险人对第三者依法应负的赔偿责任为保险标的的保险”[7]之规定，判断诉讼财产保全责任保险被保险人有两个条件，一是时间条件，即在财产保全

[1] 方乐华：《保险与保险法》，北京大学出版社 2009 年版，第 280~285 页。

[2] 参见“诚泰财产保险股份有限公司财产保全责任保险条款”第 3 条。

[3] 参见《中华人民共和国保险法》第 12 条第 5 款关于被保险人的规定。

[4] 徐冉、刘箫：“保险合同客体探析——保险合同的客体应当为保险利益”，载《商品与质量》2010 年第 6 期。

[5] 相关观点参见李玉泉：《保险法》，法律出版社 1997 年版，第 70~71 页；邹海林：“论保险利益原则及其适用”，载《中外法学》1996 年第 5 期；梁鹏：“保险利益概念立法之检讨——以我国《保险法》第 12 条为中心的研究”，载《中国青年政治学院学报》2006 年第 5 期。

[6] 参见《中华人民共和国保险法》第 12 条第 2 款关于财产保险的保险利益的规定。

[7] 参见《中华人民共和国保险法》第 65 条第 4 款关于责任保险的概念规定。

发生错误并致使被保险人受损害的保险事故发生时，二是实质条件，即对保险标的具有保险利益。诉讼财产保全责任保险的被保险人对民事损害赔偿责任是具有保险利益的，只不过这种保险利益并非对被保险人有利，而是体现为一种消极的不利益。〔1〕

在实务中，目前保险公司没有特别关注诉前保全与诉讼保全对于保险利益主体身份与诉讼主体身份认定的不同。虽然都是诉讼财产保全责任保险的被保险人，但是诉前保全的申请人是利害关系人，之后需要根据起诉与否对其进行重新评价；而诉讼保全中一般情况下是原告作为保全申请人，在诉讼已经开始进行的这种情形下，申请人就是诉讼当事人。

（3）诉讼财产保全责任保险合同的内容。根据我国《保险法》第18条第1款规定，诉讼财产保全责任保险合同的内容一般包括保险条款、投保单、保险单、保险凭证以及批单。其中，保险条款主要内容应当涵盖保险人的义务、投保人和被保险人的义务、保险期间、保险责任、责任限额、责任免除、赔偿处理、争议处理和法律适用条款。诉讼财产保全责任保险的保险条款的具体约定一般为，保险人的保险责任是法院判决由诉讼财产保全申请人因申请错误而对保全被申请人应承担的经济赔偿责任；责任限额一般以申请保全的金额为限；责任免除的约定则不尽相同，有些保险公司关于责任的约定为不包含免除的情形。

3. 财产保全申请人与被申请人之间的债之法律关系

责任保险中保险标的责任来源，包括民事损害赔偿责任、经过特别约定的合同责任、无过失责任和精神损害责任。〔2〕当发生保全错误的情况时，财产保全被申请人因财产保全申请人的保全申请遭受了损害，财产保全申请人与被申请人之间就形成了债之法律关系，财产保全被申请人有权基于此依法维护自身的合法权益。在此种债之法律关系中，有必要明确保全被申请人的损害赔偿请求权基础为何种性质之债，以及诉讼财产保全责任保险为该赔偿请求权得以实现提供的前提和实现载体分别是什么。

（1）保全被申请人的损害赔偿请求权基础。保全被申请人的损害赔偿请求权基础是侵权之债。在发生保全错误的情况下，财产保全被申请人因此受

---

〔1〕 林剑："保险利益若干问题研究"，中国政法大学2005年硕士学位论文。

〔2〕 许飞琼：《责任保险》，中国金融出版社2007年版，第14页。

到了损失，其有权对造成这种损失的保全申请人提出损害赔偿请求。这种损害赔偿请求权是因为在财产保全申请人与被申请人之间形成的是侵权之债。我国《侵权责任法》的归责原则以过错责任为原则，以无过错责任为例外。[1]诉讼保全错误不属于该法规定的特殊侵权，保全申请人应当依照一般侵权的归责原则采取过错责任原则。同时这种侵权责任要满足：一是财产保全申请人确实遭受了财产损失；二是财产保全被申请人遭受的实际财产损失与财产保全申请人的诉讼保全申请错误存在因果关系；三是财产保全被申请人的损失以法院判决确定的具体金额为准。

在被保险人保全错误的情况下，当满足上述三个条件后，诉讼财产保全责任保险合同的保险标的即保全申请人对被申请人的侵权之债产生的经济赔偿责任就比较明确了，保险公司依据诉讼财产保全责任保险合同在责任限额内向受到损害的保全被申请人承担保险责任。

（2）保全被申请人的损害赔偿请求权的前提之一。保全被申请人的损害赔偿请求权的前提之一是保全错误。保全被申请人的损害赔偿请求权产生的一个重要前提是保全申请人的保全发生了错误。有学者认为申请保全错误的情形包括，申请人不具有保全请求权的情况下申请保全、不存在保全的必要性、采取保全措施的对象发生错误、采取保全措施的财产价值远远高于申请人的请求以及申请采取的保全措施错误五种情形。[2]例如，在诉前财产保全中，这种错误可以表现为申请人未在法定期间内向人民法院起诉。

（3）损害赔偿请求权的实现载体。损害赔偿请求权的实现载体是保单保函。保单保函是指保险公司出具的形式上盖有“诉讼财产保全责任保险产品专用章”，以保单的内容和承诺承担保全错误造成的损失的意愿为具体内容的书面文件。[3]在诉讼财产保全责任保险中发挥主要作用的是保单保函，其能在诉讼财产保全和诉讼保全错误时发挥效力的一个决定因素是其在这两段诉讼中是具有时间效力的。诉讼财产保全责任保险的保单保函的期限一般约定为“自法院受理保全申请人财产保全申请之日起至因本案导致错误保全由法院判决保险人向被申请人赔付之日止”。在出现保全错误的情形时会包含基础

---

〔1〕 魏振瀛主编：《民法》（第四版），北京大学出版社、高等教育出版社2010年版，第652页。

〔2〕 康明君：“我国民事诉讼财产保全制度研究”，兰州大学2016年硕士学位论文。

〔3〕 李鹤贤：“浅析保单保函在诉讼保全中的担保能力”，载《人民法院报》2015年11月4日，第7版。

法律关系和侵权之债法律关系两个案件的期限，而每个案件又都包括审理、执行阶段，流程多、时间跨度长，加之法律规定的民事诉讼的一审审限为六个月，申请执行的期间为两年，法院执行的期间为六个月，故时间往往较长，难以确定一个具体的期限。

保单保函能在诉讼财产保全和诉讼保全错误时发挥效力的另一个决定因素是，其提供主体在这两段诉讼中的担保能力的存在。此时提供诉讼财产保全责任保险的保险公司的资质、险种备案情况和保险公司的资信情况就至关重要。诉讼财产保全责任保险对于保障诉讼当事人的合法权益、推动诉讼的高效顺利进行都具有重大的意义。根据相关法律法规的规定，对诉讼财产保全责任保险采用的管理方式为备案制，备案的内容包含保险产品的名称和保险条款。但仅仅对保险条款的备案并不能有效防范可能存在的风险，要使诉讼财产保全责任保险在诉讼财产保全中发挥作用，需要在保险公司资质、险种与保险公司资质的匹配程度等方面进一步加强对保险公司的监督和管理。

## 三、关于诉讼财产保全责任保险合法性的争议

诉讼财产保全责任保险是否合法，各地法院认识不一。北京、浙江、天津、广西、广东等地的人民法院认可诉讼财产保全责任保险的合法性；而福州、厦门等地的人民法院否认诉讼财产保全责任保险的合法性。例如，福州中级人民法院认为保险公司不能从事担保业务，因而诉讼财产保全责任保险产品涉嫌违规经营，不接受诉讼财产保全责任保险。

### （一）司法实践对诉讼财产保全责任保险的态度

诉讼财产保全责任保险在我国司法实践中的应用，主要取决于人民法院对其采取何种态度，要使诉讼财产保全责任保险能够发挥预期作用，除了其条款本身的合理设计之外，还要有一个能够接纳它的司法环境作为保障。因此，有必要了解诉讼财产保全责任保险自试点以来我国各人民法院的态度。

#### 1. 从沉默到逐步肯定的态度转变

诉讼财产保全责任保险作为能够起到担保作用的一种新生的保险，在其被应用到我国司法实践后，我国人民法院并非一经接触诉讼财产保全责任保险就表示一致认可，人民法院对其采取的态度是有一个从沉默逐渐转变为肯定的过程。

（1）司法实践中沉默的态度。诉讼财产保全责任保险的采用是比较谨慎的，在2012年推出后在云南省的人民法院试点。推行之初，在诉讼财产保全责任保险是否具有合法性、能否发挥作用、采用效果能否达到预期、在与其他制度的衔接中是否产生不利影响等理论和实务方面，司法工作人员都缺乏清晰的认识，法律法规未有明确的规定，难以成为司法工作人员的行为指引，法律的不确定后果致使多地法院保持沉默的状态。这种沉默的状态给保全申请人造成了担忧，若是法院不接受诉讼财产保全责任保险，而与保险公司签订了保险合同的保全申请人就无法发挥诉讼财产保全责任保险的担保作用，这就造成了资源的浪费，也增加了申请保全的成本。

（2）司法实践中越来越多地接受诉讼财产保全责任保险。随着诉讼财产保全责任保险在试点法院被越来越多的保全申请人用于财产保全申请，并且在诉讼中发挥了财产保全的担保实效，[1]其他法院在对试点区采用状况的了解中发现了诉讼财产保全责任保险在司法实践中的优势，并加深了对诉讼财产保全责任保险的认识，有些法院就从之前的沉默状态中走出来，开始接受诉讼财产保全责任保险。比如，天津市高级人民法院2015年4月印发《关于进一步规范保全担保工作的通知》（津高法［2015］1号）中明确写明保全担保形式有“经批准备案的保险公司提供的担保”，[2]此后，多个省都陆续发布规范性文件认可诉讼财产保全责任保险在财产保全中的担保作用（见表3.1）。2015年12月贵州省高级人民法院联合贵州保监局出台的《关于诉讼财产保全责任保险担保的会议纪要》，不仅载明“保险机构可以通过出具诉讼财产保全责任保险条款、保单、保函的方式提供诉讼保全财产担保”，而且对省内各级人民法院以诉讼财产保全责任保险提出的担保请求规定了严格的“应当”予以准许的条件。[3]

---

［1］ 任柏桐、云月秋：“我国诉讼财产保金责任险的产生环境与发展建议”，载《保险职业学院学报》2016年第4期。根据辽宁大学任柏桐、云月秋发表于《保险职业学院学报》的“我国诉讼财产保全责任险的产生环境与发展建议”一文，截至2013年底，诚泰财产保险股份有限公司的诉讼财产保全责任保险业务在昆明地区共提供2.3亿元的财产保障。

［2］ 参见《天津市高级人民法院关于进一步规范保全担保工作的通知》津高法［2015］1号文件。

［3］ 参见中国保险监督管理委员会贵州监管局官方网站关于“贵州保监局与贵州省高级人民法院联合规范诉讼财产保全责任保险”的介绍。

**表 3.1 各地法院认可诉讼财产保全责任保险情况**

| 序号 | 法院 | 日期 | 文号 |
| --- | --- | --- | --- |
| 1 | 天津市高院 | 20141230 | 津高法［2015］1号《天津市高级人民法院关于进一步规范保全担保工作的通知》 |
| 2 | 海南省高院 | 20150705 | 琼高法［2015］120号《海南省高级人民法院关于进一步规范保全担保工作的通知》 |
| 3 | 湖南省高院 | 20150706 | 湘高法办发［2015］3号《湖南省高级人民法院关于财产保全案件的办案规程》 |
| 4 | 浙江省高院 | 20150821 | 浙高法办［2015］50号《浙江省高级人民法院办公室关于同意中国人民财产保险股份有限公司浙江省分公司、中国平安财产保险股份有限公司浙江分公司试行诉讼财产保全责任保险担保的通知》 |
| 5 | 辽宁省高院 | 20150902 | 辽高法［2015］53号《辽宁省高级人民法院关于进一步规范保全担保工作的通知》 |
| 6 | 贵州省高院 | 20151018 | 《贵州省高级人民法院、中国保险监督管理委员会贵州监局关于诉讼财产保全责任保险担保的会议纪要》 |
| 7 | 广西省高院 | 20151113 | 《广西壮族自治区高级人民法院、中国保险监督管理委员会广西监管局关于诉讼财产保全保函问题的备忘录》 |
| 8 | 广东省高院 | 20151119 | 粤高法发［2015］10号《广东省高级人民法院关于规范保险公司为司法保全提供担保的若干意见（试行）》 |
| 9 | 四川省高院 | 20151215 | 川高法［2015］391号《四川省高级人民法院关于做好企业财产保全工作服务经济发展新常态的意见（试行）》 |
| 10 | 安徽省高院 | 20151216 | 皖高法发［2015］508号《安徽省高级人民法院关于进一步规范涉及企业财产保全工作的意见》 |
| 11 | 山西省高院 | 20151221 | 晋高法［2015］80号《山西省高级人民法院关于规范保险公司及银行在民事诉讼财产保全工作中提供信用担保的通知》 |
| 12 | 内蒙古高院 | 20151225 | 内高法［2015］217号《内蒙古自治区高级人民法院关于规范保全工作的指导意见（试行）》 |

续

| 序号 | 法院 | 日期 | 文号 |
|---|---|---|---|
| 13 | 江苏省高院 | 20151225 | 苏高法［2015］256号《江苏省高级人民法院关于规范保险公司提供财产保全担保的通知》 |
| 14 | 河南省高院 | 20151225 | 豫高法［2015］280号《河南省高级人民法院关于诉讼财产保全保函问题会议纪要》 |
| 15 | 黑龙江省高院 | 20151228 | 黑高法［221］号《黑龙江省高级人民法院关于规范民事诉讼保全担保工作的通知》 |
| 16 | 福建省高院 | 20160111 | 闽高法［2016］9号《福建省高级人民法院关于财产保全若干问题的意见（试行）》 |
| 17 | 北京市高院 | 20160225 | 北京市第四中级人民法院召开新闻发布会，在全市范围内首次推出《关于在民商事审判财产保全中引入责任保险担保方式的规定》与相关工作机制 |
| 18 | 江西省高院 | 20160326 | 赣高法［2016］37号《江西省高级人民法院关于同意太平洋江西分公司、人保财险江西分公司试行诉讼财产保全责任保险担保的通知》 |
| 19 | 甘肃省高院 | 20160504 | 甘高法［2016］114号《甘肃省高级人民法院关于中国太平洋保险股份有限公司、中国人民财产保险股份有限公司、中国大地保险股份有限公司在全省法院开展诉讼财产保全责任保险担保试点工作的通知》 |
| 20 | 吉林省高院 | 20160505 | 吉高法［2016］17号《吉林省高级人民法院关于规范保险公司以责任保险方式为财产保全提供担保的若干规定（试行）》 |
| 21 | 陕西省高院 | 20160526 | 陕高法［2016］186号《陕西省高级人民法院、中国保险监督管理委员会陕西监管局关于规范保险公司在民商事案件财产保全程序中提供担保的意见（试行）》的通知 |
| 22 | 重庆市高院 | 20160603 | 渝高法执［2016］32号《重庆市高级人民法院关于民事财产保全工作流程的规定（试行）》 |

从表格中显示的时间和数量看，近两年越来越多的高级人民法院开始接受诉讼财产保全责任保险，认为诉讼财产保全责任保险可以起到财产保全担保的作用，且在我国的省、自治区、直辖市中数量已经占到了绝对多数。

然而，在法院认可的总体趋势下，仍有一些法院明确表态在保全中不接受诉讼财产保全责任保险。例如，福州中院和厦门中院，福州中院否认理由是认为“个别保险公司违规经营担保业务”，厦门中院则是以“保险公司并非纳入其目录管理的融资性担保公司”为由加以否认。二者都是对诉讼财产保全责任保险的属性的误解，前者错误地认为保险公司经营的诉讼财产保全责任保险属于“保险”业务之外的“担保”业务；而后者则是保险公司在诉讼财产保全责任保险中的角色定位方面产生了误解。

司法实践中各地人民法院对诉讼财产保全责任保险态度不一的做法，使得保全申请人在面临同样的诉讼困难时，却因为人民法院的不同态度而无法提供有效的担保措施来保障自身的权利，会造成法律面前不能人人平等的偏祖认知，损害了司法公信力。

2. 财产保全责任保险合法性的量化分析

在中国裁判文书网使用高级检索输入全文检索“诉讼财产保全责任保险”和裁判日期“2012-01-01 至 2017-04-01”，检索到 244 个相关案例，各地人民法院采用诉讼财产保全责任保险的案件情况（部分案件具体情况见附录）〔1〕呈现以下特点：

第一，在司法实践中使用数量增长迅速。诉讼财产保全责任保险虽然于 2012 年推出，但至 2015 年才首次出现于司法裁判文书之中，可以说这三年是其在法院中试点使用并不断完善的阶段。从案件裁判的年份来看，2015 年公布裁判文书共 19 件，占迄今总量的 8%，而 2016 年数量达到 213 件，占总量的 87%，同比增长 1021%，一方面说明诉讼财产保全责任保险为当事人所接受的程度和被法院认可的程度越来越高，以后其也会更加普遍地被运用到诉讼财产保全中，另一方面说明其能够越来越好地服务到司法实践中去，为保险介入诉讼解决执行难题提供了丰富的司法实践经验。

第二，主要适用的法院层级低，适用案件类型比较集中，保全的财产价

〔1〕 附录中的案件，通过司法裁判文书的内容，可以看到诉讼财产保全责任保险的实际使用数量、分布区域、使用的案件类型还有在诉讼中保险费用的承担情况。

值较大。从法院层级看，诉讼财产保全责任保险主要适用于基层人民法院，占总量的91%，层级较低。从案由看，适用诉讼财产保全责任保险的案件类型比较集中于合同纠纷案件，数量有169件，占比高达69%，其中民间借贷纠纷占42%，除此之外还有少部分的机动车交通事故责任纠纷占8%，劳动争议纠纷占3%。这些适用诉讼财产保全责任保险的司法裁判文书中，保全财产的价值多在百万左右，有个别数额甚至达到了千万以上。

（二）诉讼财产保全责任保险具有合法性的理由

人民法院对于诉讼财产保全责任保险在我国的应用是存在不同的态度的，其中一个不接受诉讼财产保全责任保险的理由就是，认为诉讼财产保全责任保险本身是不合法的，但是我们认为诉讼财产保全责任保险是具有合法性的，合法的理由可以从保险公司开展诉讼财产保全责任保险行为合法方面来进行阐述。

1. 保险公司的行为未超越法定的经营范围

实务中存在认为保险公司经营诉讼财产保全责任保险是超越法律规定的保险业务范围的观点，这种观点主要是因为在诉讼财产保全责任保险的基本属性方面存在将“保险”业务误认为“担保”业务的错误。

保险公司从事的行为属于法定的经营范围。第一，保险公司经营的诉讼财产保全责任保险是一种财产保险业务。根据我国《保险法》第95条第1款规定，保险公司可以经营的业务范围包含人身保险业务、财产保险业务以及国务院保险监督管理机构批准的与保险有关的其他业务。[1]诉讼财产保全责任保险属于保险公司经营的财产保险业务，并未超出法律规定的经营范围。第二，经营诉讼财产保全责任保险的保险公司并非是在从事担保业务。将诉讼财产保全责任保险运用到财产保全中，是在法律允许的业务范围内按要求向法院提供保单保函的，保单保函是附随于保全申请人与保险公司签订的诉讼财产保全责任保险合同的，只不过因为我国《民事诉讼法》关于财产保全需要提供的是“担保”，所以保单保函是按照法律的规定在司法实践中起到担保作用的，所以经营诉讼财产保全责任保险的保险公司经营的并非担保业务。

2. 保险公司的行为并不违反强制性法律规定

在法治化的营商环境中，保险公司作为商事主体进行经营活动，具有私法上的自由，诉讼财产保全责任保险属于保险公司法定的经营范围，其有营

〔1〕参见《中华人民共和国保险法》第95条第1款关于保险公司业务范围的规定。

商自由，这种自由以不违反强制性的法律规定和监管规定为限。

法律并未禁止保险公司开展诉讼财产保全责任保险业务，只要保险公司在法律规定的范围和批准的范围内从事经营活动就是合法的，因此保险公司开展诉讼财产保全责任保险业务符合国家的强制性法律规定。[1]诉讼财产保全责任保险是保险公司经营的保险业务，并不违反禁止保险机构对外担保的监管规定。[2]从我国现行法律法规的规定来看，我国《民事诉讼法》和《最高人民法院关于适用〈中华人民共和国民事诉讼法〉的解释》中虽然有财产保全需要提供担保的规定，但是并没有具体要求提供何种担保方式来进行担保。最高人民法院于2016年11月公布的《关于办理财产保全案件若干问题的规定》中关于诉讼财产保全责任险的规定，以司法解释的方式明确了诉讼财产保全责任险在财产保全中的合法性。

3. 诉讼财产保全责任保险产品已经备案

依据我国《保险法》第135条第1款规定“关系社会公众利益的保险险种、依法实行强制保险的险种和新开发的人寿保险险种等的保险条款和保险费率，应当报国务院保险监督管理机构批准。国务院保险监督管理机构审批时，应当遵循保护社会公众利益和防止不正当竞争的原则。其他保险险种的保险条款和保险费率，应当报保险监督管理机构备案。”对保险产品的监督管理方式包括“批准”型和“备案”型两种。诉讼财产保全责任保险不属于关系社会公众利益的保险险种，作为一种财产保险，也不属于新开发的人寿保险。在我国，依法实行强制保险的险种有机动车辆第三者责任保险、旅客人身意外伤害强制保险、失业保险、养老保险等社会保险。诉讼财产保全责任保险不属于上述三种应当经批准的险种。因此诉讼财产保全责任保险不需要依法经批准，在监督管理方式上属于备案型，保险公司经营的诉讼财产保全责任保险已经在原中国保险监督管理委员会进行了保险条款和保险费率的备案，因而符合我国《保险法》备案管理规定。

---

〔1〕 参见《中华人民共和国保险法》第95条第3款关于保险公司业务范围的规定。

〔2〕 保监发〔2011〕5号文《中国保监会关于规范保险机构对外担保有关事项的通知》：“一、自本通知发布之日起，保险公司、保险资产管理公司不得进行对外担保。本通知所称对外担保，是指保险机构为他人债务向第三方提供的担保。但不包括保险公司在正常经营管理活动中的下列行为：（一）诉讼中的担保。（二）出口信用保险公司经营的与出口信用保险相关的信用担保。（三）海事担保。”

## 四、关于诉讼财产保全责任保险性质的争议

将保险引入诉讼财产保全程序，弥补财产保全程序因申请人资金不足而难以启动问题，自2012年首次在我国推出以来，已经被大量运用到司法实践中，其运用数量之多可见其在保障当事人合法权益、破解执行难问题中展现的优势，在司法实践中确实具有可操作性和实用性。对于诉讼财产保全责任保险的理论探讨也一直在进行，其中一个比较突出的问题就是诉讼财产保全责任保险的性质认定。目前，对于诉讼财产保全责任保险的性质分歧主要是两种观点，多数学者和实务者认为诉讼财产保全责任保险属于责任保险，而少数学者则认为诉讼财产保全责任保险应当定性为保证保险。[1]

### （一）保险引入财产保全的两种模式

保险公司在诉讼财产保全中引入了责任保险和保证保险两种模式，出现了“诉讼财产保全责任保险”和“诉讼财产保全保证保险”。但是，从最终保护第三人的角度来看，诉讼财产保全责任保险更符合财产保全的需求。

#### 1. 责任保险模式

诉讼财产保全责任保险是将责任保险引入财产保全的一种模式。财产保全是为了使保全申请人的合法权益得到保障，其中，提供担保的要求则是为了保障保全被申请人的利益，这种设计是为了平衡保护保全申请人和被申请人。在保全申请人提供相应的担保的情况下，为保全申请人采取保全措施，一方面防患被申请人利用执行之前的这段时间转移财产致使胜诉的申请人的权益无法得到现实保护，另一方面也用这种担保为被申请人被错误执行时的行使损害赔偿请求权提供了可执行的对象，这样就能够公平的保护二者的利益。

司法实践中，若是申请人无力提供财产保全的担保，其权利就无法得到应有的保护，处于不利的地位。出于解决此种情况的目的，将责任保险引入保全就能够利用保险公司充足的资金及时向法院提供保单保函来申请到保全担保，从而能够保障自身合法利益的实现。责任保险能够用风险分散的原理

---

〔1〕 伊鲁：“诉讼财产保全责任险与恶意诉讼”，载《法制博览》2016年第26期。原中国保险监督管理委员会备案的险种均定性为“责任保险”；但华东政法大学的方乐华教授认为其性质为“保证保险”，华东政法大学的博士生伊鲁在“诉讼财产保全责任险与恶意诉讼”一文中也持此观点。

将被保险人对他人的损害消化掉，而被侵害人遭受的利益损失也可以获得更多渠道的保障，能够最大可能地维护被侵害人的合法权益。[1]责任保险虽然直接体现为保护的是被保险人的利益，但最终实质上是维护了第三人的利益，在这方面，正与我国《侵权责任法》的价值一致，即注重保护被侵权人的利益，“进一步强化了侵权法对受害人的救济功能”。[2]。

2. 保证保险模式

诉讼财产保全保证保险是将保证保险引入财产保全的另一种模式。在原中国保险监督管理委员会网站上公布的行政许可栏中可以看到，批准了一种“诉讼财产保全保证保险”的险种。从具体的保险条款看，中国平安财产保险股份有限公司经备案的诉讼财产保全责任保险和经审批的诉讼保全保证保险的保险条款的主要区别在于赔偿处理的规定上：前者的赔偿处理条款作了保险人按照法院判决和保险合同约定在保险单载明的责任限额内进行赔偿的规定，[3]后者则规定保险人向被保险人赔偿保险金后在已支付的赔款限额内取得向投保人追偿的权利，[4]这两种模式都是为了将保险引入到财产保全中，解决现实生活中的法院判决执行难问题，但从保证保险的作用看，保证保险的模式引入在认识方面应当是有误差的。

保险学界认为，保证保险是保险人为被保证人即基础法律关系的义务人向权利人提供信用担保的一种保险，若被保证人的作为或者不作为给基础法律关系的权利人造成了损失，保险人就会代替被保证人向权利人承担赔偿责任。[5]在保证保险合同中，投保人是基础法律关系中的债务人，被保险人是基础法律关系中的权利人，若发生保险事故，被保险人向投保人提出损害赔偿请求权的基础是合同之债，这就与财产保全的被申请人向申请人提出损害

---

〔1〕 邵海：“责任保险影响下现代侵权法的嬗变”，重庆大学2008年博士学位论文。

〔2〕 王利明：“建立和完善多元化的受害人救济机制”，载《中国法学》2009年第11期。

〔3〕《中国人民财产保险股份有限公司诉讼财产保全责任保险条款》第19条：“发生保险责任范围内的损失，保险人按照人民法院判决和本保险合同约定，在保险单载明的责任限额内进行赔偿。”

〔4〕 保监许可［2016］83号《中国保监会关于中国平安财产保险股份有限公司平安诉讼财产保全保证保险条款和费率的批复》第14条第2款：“保险人向被保险人赔偿保险金后，保险人在已支付的赔款限额内取得向投保人追偿的权利，被保险人未经保险人同意放弃对投保人请求赔偿权利的，该行为无效；由于被保险人故意或者因重大过失致使保险人不能行使追偿权利的，保险人可以扣减或者要求返还相应的保险金。”

〔5〕 陈伊维：《财产保险》（第二版），南开大学出版社2013年版，第396页。

赔偿的侵权之债请求权基础相矛盾了。虽然保证保险具有担保功能，诉讼财产保全保证保险也按照监管方式被批准，但是在请求权基础上存在矛盾。

（二）责任保险与保证保险的比较

在财产保全的实践中只有一种引入模式被广泛应用，就是诉讼财产保全责任保险。但是对诉讼财产保全责任保险的性质，存在“责任保险”和“保证保险”的争议。通过责任保险和保证保险的比较，可以更清晰地给诉讼财产保全责任保险进行定性。

根据我国《保险法》关于保险公司的业务范围的规定中的第95条第1款规定，[1]责任保险和保证保险均属于财产保险。《保险法》对责任保险的概念、理赔规则、保险标的作了具体的规定，[2]然而我国《保险法》对于保证保险的规定仅限于将其定性为财产保险业务中的一种，对于其定义、保险标的、理赔规则等均未有详尽的规定。

1. 规范分析视角下的比较研究

从规范分析的角度，责任保险与保证保险的区别包括：第一，关于保险标的。责任保险的保险标的为被保险人对第三者依法应当承担的赔偿责任，责任来源包括违约责任和侵权责任；而保证保险的保险标的则为被保证人的履行合约的信用风险，这种风险表现为违约责任。第二，关于投保人与被保险人。在保险事故发生时，责任保险中的投保人是基础法律关系中的权利人，被保险人是侵权法律关系中的侵权人，即经济赔偿责任的责任方，投保人与被保险人一般为同一人；而保证保险的投保人是主法律关系的义务人，被保险人为主法律关系的权利人，投保人与被保险人不是同一人。第三，关于理赔条件。责任保险的赔付是以发生保险合同约定的保险事故和第三者受到损失为条件的；而保证保险在以保险事故发生和权利人受损为条件的同时还需具备被保证人不具备补偿损失的能力的情况，由保险人负责向权利人赔付剩余的差额。第四，关于赔付方向。责任保险通常又被称作第三者责任保险，其赔付的是被保险人给第三方造成的法定损害赔偿责任；而保证保险赔付的是投保人给被保险人造成的损害。前者赔付给基础法律关系中的义务人，后

〔1〕 参见《中华人民共和国保险法》第95条第1款关于保险公司财产保险业务的规定。

〔2〕 参见《中华人民共和国保险法》第65条和第66条关于责任保险的概念、理赔规则和被保险人被第三者提起仲裁或诉讼相关费用的承担规则的规定。

者赔付给主法律关系中的权利人，二者的赔付方向正好是相反的。第五，关于赔款的返还与否。责任保险赔款不具有返还性，一般不涉及抵押物；而保证保险中保险人承保时一般要求被保证人提供抵押物或者可靠的反担保或者签订偿还协议书，“存在抵押担保”，〔1〕其赔付后可变现抵押物或者要求被保证人返还，因此保险人的赔款具有返还性。〔2〕第六，关于管理方式。原中国保险监督管理委员会对各险种采取的管理方式，责任保险的险种管理方式为备案型；而保证保险的管理方式是批准型。〔3〕

2. 价值分析视角下的比较研究

从价值分析的角度看，责任保险因无须提供抵押等方式直接体现的是效率价值，而保证保险因存在抵押等方式直接体现的是公平价值。将保险引入民事诉讼保全程序，目的就是及时、公平地保护诉讼中的当事人。在正义的观念中，平等是其中的一个重要组成部分，“涉及法律待遇的平等、机会的平等和人类基本需要的平等”。〔4〕诉讼财产保全责任保险的设计能够及时地提供民事财产保全程序所需要的担保，从而通过保全程序的适用进一步达到保护保全申请人的利益，同时也为保障保全被申请人的利益提供了有效可靠的保证，在诉讼当事人的双方保护上，其既满足了效率的价值又满足了公平的价值，完善了财产保全申请人和被申请人平等保护的制度，体现了公平正义。

（三）诉讼财产保全责任保险的性质应为责任保险

最高人民法院出台的《关于办理财产保全案件若干问题的规定》第7条第1款明确使用了“财产保全责任保险合同”的概念。从文义解释的角度看，最高人民法院是将保险人与申请保全人之间签订的合同定性为财产保全责任保险。〔5〕这就在法律规范的层面解决了以保险的方式提供财产保全的合同性

---

〔1〕 李明发：《保证责任研究》，法律出版社2006年版，第278页。

〔2〕 陈伊维：《财产保险》（第二版），南开大学出版社2013年版，第397页。

〔3〕 中国保险监督管理委员会令2010年第3号《财产保险公司保险条款和保险费率管理办法》第7条：“保险公司应当将下列险种的保险条款和保险费率报中国保监会审批：（一）依照法律和行政法规实行强制保险的险种；（二）中国保监会认定的其他关系社会公众利益的险种。”

〔4〕［美］E. 博登海默：《法理学：法律哲学与法律方法》，邓正来译，中国政法大学出版社2004年版，第308页。

〔5〕《最高人民法院关于办理财产保全案件若干问题的规定》第7条：“保险人以其与申请保全人签订财产保全责任保险合同的方式为财产保全提供担保的，应当向人民法院出具担保书。担保书应当载明，因申请财产保全错误，由保险人赔偿被保全人因保全所遭受的损失等内容，并附相关证据材料。”

质的争议。但是，这一规定并没有平息学理上关于保险人与申请保全人之间签订的合同性质的争论。该规定出台之后，有人对上述条文中的用语进行分析，认为第 7 条第 1 款的前半段使用了“财产保全责任保险”的法律概念，后半段则使用了“担保”的法律概念，而在一个法律条文中同时使用这两个法律概念是矛盾的。这一冲突在一定程度上模糊了保险人与申请保全人签订的合同的性质，并且与保险行业关于责任保险与保证保险的基本分类相违背。

从责任保险的历史沿革来看，责任保险在最初开办的时候，就因为被质疑其代致害人承担赔偿责任、违背法律宗旨和社会道德准则而在发展上屡屡受挫，但它在承保上局促于民事经济责任赔偿和不予承保故意、违法行为的做法所体现出的谨慎，又使其在现实中发挥出的能够及时保障受害人权益的功能而被社会所认可。[1]诉讼财产保全责任保险体现出来的就是这种“质疑与认可”。

通过前文责任保险与保证保险的比较，结合实践中诉讼财产保全责任保险的操作，我们认为诉讼财产保全责任保险应定性为责任保险。第一，从保险标的看，责任保险的保险标的为损害赔偿责任，而保证保险的保险标的为信用，财产保全设计担保的目的是保护被申请人的利益，在被申请人被侵害的情况下，保全申请人承担损害赔偿责任，这是一种法律责任，而非是一种信用。第二，从投保人与被保险人看，投保人一般为财产保全申请人而非主法律关系的义务人，这更符合责任保险的操作方式。因此诉讼财产保全责任保险的定性应当是责任保险。

## 五、诉讼财产保全责任保险应用中出现的问题及对策研究

诉讼财产保全责任保险虽在司法实践中推行，但在相关制度还不够完善的情况下，势必会存在一些应用方面的问题，为了更好地发挥诉讼财产保全责任保险的优势，需要对其在应用中存在的具体问题进行研究，并提出相应的对策。

### （一）诉讼财产保全责任保险应用中出现的问题

#### 1. 诉讼财产保全责任保险费的承担主体不明

根据我国《保险法》第 10 条第 2 款规定，[2]诉讼财产保全责任保险的保

〔1〕 刘金章、刘连生、张晔：《责任保险》，西南财经大学出版社 2007 年版，第 59 页。

〔2〕 参见《中华人民共和国保险法》第 10 条第 2 款关于投保人概念的规定。

险费最初由保全申请人在订立合同时承担，但是，因为保全申请人可以向法院提出由保全被申请人承担的诉讼请求，所以保险费的承担最后是由人民法院裁判的。但是，司法实践中的判例，既有法院作出由保全申请人承担的情况，又有法院作出由保全被申请人承担的判决，这主要是由于诉讼财产保全责任保险的保险费未纳入我国《诉讼费用交纳办法》规定的诉讼费用中，法官在行使自由裁量权时产生了分歧。

民事诉讼费用的概念在我国法学理论界存在广义的诉讼费用和狭义的诉讼费用两种观点。广义的诉讼费用又称参诉费用，包含当事人为进行民事诉讼而支出的一切费用，从当事人的诉讼成本的角度看，既包含当事人向法院交纳的费用，也包含当事人因诉讼而向其他主体支付的费用，涵盖范围比较全面；狭义的诉讼费用则是站在法院的角度，认为诉讼费用是当事人为进行民事诉讼而向法院交纳的费用，忽视了当事人与律师等其他主体的关系，我国《诉讼费用交纳办法》即是采用的狭义的诉讼费用的概念，从法院的角度界定了诉讼费用的范围。〔1〕

诉讼保全费，无论从广义还是从狭义的概念来说，都属于诉讼费用的涵盖范围，根据《诉讼费用交纳办法》的规定，申请保全措施的申请费的承担规则是先由申请人预交，待案件审理完毕后除胜诉方自愿承担外，诉讼费用最终是由败诉方承担。关于诉讼保全费的承担一般是没有争议的。采用诉讼财产保全责任保险申请诉讼财产保全支出的保险费，不属于现行规定中的诉讼费用，但属于广义的诉讼费用概念范围，对于最终由败诉的被申请人承担，还是由申请人承担也存在争议。

在司法实践中，法院多认为诉讼财产保全责任保险的保险费应当由诉讼保全申请人最终承担，主要理由是对于保全申请人提出的保险费由被申请人承担的诉讼请求是没有法律依据的（见表5.1）。我国《保险法》对责任保险的费用的承担问题在第66条进行了规定，根据法律规定，对于仲裁或者诉讼费用及其他必要的、合理的费用的承担规则是：一般情况下，保险合同对此有约定的，要按照保险合同的约定来承担；保险合同未约定承担者的，最终由保险人来承担。但是该条对于保险费的承担并未作出规定。而且，我国《诉讼费用交纳办法》中仅规定了向法院交纳的申请保全措施的申请费的承担

〔1〕 白青昕："论我国民事诉讼费用制度"，吉林大学2011年硕士学位论文。

规则，并未对因申请保全支出的保险费的承担进行规定。

**表 5.1 司法实践中诉讼财产保全责任保险的保险费承担情况**

| 序号 | 保险费的承担者 | 承担理由 | 裁判文书（举例） |
|---|---|---|---|
| 1 | 保全申请人（原告） | （多数法院观点）保全的担保方式是申请人临时选择的，诉讼财产保全责任保险是担保方式的一种，保费并非实现债权所必然发生的费用。 | （2015）奉法民初字第 04733 号的民间借贷纠纷、（2016）辽 0102 民初 943 号的借款合同纠纷等 |
| 2 | 保全被申请人（被告） | 保全申请人与被申请人有关于被申请人应承担因违约而产生的一切费用的约定，则诉讼财产保全责任保险的保险费属于约定的应当由保全被申请人承担的费用 | （2015）晋民初字第 8564 号的民间借贷纠纷、（2015）西法民初字第 1426 号的民间借贷纠纷、（2015）胶民初字第 7503 号的民间借贷纠纷、（2016）浙 0108 民初 852 号的民间借贷纠纷等 |

作者认为，诉讼财产保全责任保险的保险费用最终应当由败诉的保全被申请人来承担。保全申请人以诉讼财产保全责任保险的方式进行担保时是在考虑低成本和高效率后作出的利于自身权利保护的选择，这种选择大多是因保全被申请人在与诉讼保全申请人基础债权债务法律纠纷中不履行义务，造成了保全申请人经济上的窘境，因此支出的保险费应当属于为进行民事诉讼而支出的合理的费用，在财产保全申请正确的情况下选择诉讼这种司法资源的成本，应当由不作为的财产保全被申请人承担。

2. 诉讼财产保全责任保险的保险条款设计单一

根据我国《民事诉讼法》及相关司法解释，保全分为财产保全和行为保全，同时诉讼保全也分为诉前保全和诉讼中保全，其中，诉讼财产保全责任保险针对的是诉讼财产保全。我国现行法律对诉前财产保全和诉讼中财产保全加以区别地进行了规定。诉前保全申请人应当在保全措施作出后 30 天内起诉，如果不起诉，则解除保全措施，因此诉前财产保全面临的一个问题是将来诉讼会否发生，而诉讼中财产保全不会面临此问题。但是，很多保险公司并未考虑到诉前财产保全与诉讼中财产保全在这点上的不同，对二者使用相同条款，造成保险条款不能与诉前财产保全和诉讼中财产保全的法律制度相匹配，存在一定的风险，因此对诉讼财产保全责任保险的条款设计应当引起重视。

3. 滋生虚假诉讼的隐患

从学理上看，虚假诉讼是指形式上的诉讼双方当事人恶意串通，通过虚构并不实际存在的民事纠纷，借助诉讼、仲裁和调解等方式，意图达到侵害他人合法权益或逃避履行法律文书中的义务的诉讼。[1]在我国，虚假诉讼和恶意诉讼经常一起讨论。恶意诉讼的法律名词起源于英美法系，又被称作滥用法律诉讼。[2]滥用法律诉讼在英美实体法中属于一种独立的民事侵权责任，即在发生原告进行恶意诉讼的情况下，被告可以另行向法院提起滥用法律诉讼的侵权行为之诉，通过从原诉讼中恶意的原告处获得补偿来维护自己的合法权益。[3]虚假诉讼和恶意诉讼的区别主要体现在虚假诉讼一定伴随着诉讼双方当事人的恶意串通，而恶意诉讼往往是提起诉讼的当事人一方出于主观恶意滥用诉讼权利。

搜索中国裁判文书网发布的司法裁判文书，虽然在实践中尚未发生虚假诉讼与诉讼财产保全责任保险同时出现的真实案例，但是通过分析发现，在以后诉讼财产保全责任保险的普遍使用中，很可能滋生虚假诉讼问题，因此诉讼财产保全责任保险在使用时也要注意与防范虚假诉讼的制度进行衔接。

一方面，从保险公司创新的诉讼财产保全责任保险的经济成本优势看，其在为财产保全申请人提供担保时，仅要求投保人在提供此种担保方式时承担保险费的经济负担，在经济成本上投保人的花费相对需要提供相当于保全价值的担保额而言是较小的，减轻了保全申请人相当大的经济负担。而且有些公司的诉讼财产保全责任保险保险条款中并不存在免责事由，故一旦发生保险事故其经济赔偿责任的实际承担者最终为保险人，若无法正常追偿，则会造成保险人的损失。有利益的地方往往会伴随着贪婪，在被保险人投入的小额保险费和保全错误时保险人承担的大额损失的利益差的诱惑之下，若是诉讼保全申请人和被申请人达成分割这部分经济利益的协议，就可能会滋生虚假诉讼问题。例如，基础法律关系中的当事人因认为诉讼财产保全责任保险能够带

〔1〕 李文革："虚假诉讼的裁判方式：新修订的《民事诉讼法》第112条评析——以域外经验为借鉴"，载《政治与法律》2013年第10期。

〔2〕 熊政舒："浅析人民法院对虚假诉讼的防治"，安徽大学2013年硕士学位论文。

〔3〕 C. D. Baker, *Tort*, Sweet & Maxwell, 1981, 3rd ed, p. 295. 转引自徐爱国："英美法中'滥用法律诉讼'的侵权责任"，载《法学家》2000年第2期。

来经济利益而恶意串通，通过虚构债权债务关系，采用法院难以辨别真伪的票据作为证据，最终以保全申请人申请错误的方式来达到获取经济利益的目的。

另一方面，从现有司法裁判文书看二者涉及的案由，出现虚假诉讼的案件类型包括民间借贷纠纷、房屋买卖合同、建设工程施工合同纠纷、破产清算、夫妻共同债务的认定等类型，而采用诉讼财产保全责任保险的案件为民间借贷纠纷、机动车交通事故责任纠纷和劳动争议纠纷。由此可见，采用诉讼财产保全责任保险的案件类型与虚假诉讼出现的案件类型，重合度高，如民间借贷纠纷，在司法实践中同一个案件既涉及虚假诉讼又涉及诉讼财产保全责任保险的适用是具有可操作性的，具备滋生虚假诉讼的现实条件。

4. 诉讼财产保全责任保险的应用范围狭窄

迄今为止，诉讼财产保全责任保险是被应用到我国民商事法律关系中的，其适用范围还不够广泛。最高人民法院的司法解释仅仅是对人民法院办理财产保全案件若干问题的规定，诉讼财产保全责任保险的使用也仅仅是针对人民法院中的财产保全。但是我国争议解决的方式是多元的，民事诉讼法规定的争议解决方式也涉及诉讼和仲裁两种，仅将诉讼财产保全责任保险适用于诉讼有一定的局限性。诉讼财产保全责任保险的出现是为了解决执行难的问题，而其中最多的情况就是保全申请人因为被申请人对其负有债的情况而无法向法院提供足额的担保。在仲裁中，也有需要提供财产保全的案件，尤其对于一些商事仲裁案件而言，保全财产价值往往较高，这为诉讼财产保全责任保险的发展提供了一定的空间。

5. 诉讼财产保全责任保险影响司法公信力

诉讼财产保全责任保险的主要价值在于平等保护财产保全的双方当事人，如何让诉讼财产保全责任保险在司法实践中发挥这一功能是一个重要的问题。实务中，一般采取的都是法院和经营财产保全责任保险的保险公司合作的方式。合作的方式虽然推动了诉讼财产保全责任保险的运用，但是，在长期和法院的合作过程中，一方面保险公司通过这种新险种收取了比较多的保费，另一方面法院选择保险公司，对于其他从事担保行业的主体是一种冲击，对比之下难免使社会公众产生怀疑，从而损害司法公信力。

另外，原中国保险监督管理委员会的官网关于办事服务中的备案产品查询工作具有滞后性，公众对诉讼财产保全责任保险存疑，影响诉讼财产保全责任保险在司法实践中的运用。根据相关规定，保险公司经营的保险产品应当在原保监会进行备案。自2015年至今，在财产保全中使用诉讼财产保全责任保险的案件数量越来越多，诉讼财产保全责任保险现在正越来越被法院认可，经营的保险公司数目也越来越多。但是通过备案产品查询来看，公布的数据显示大部分备案的保险产品时间截止到2014年3月就未再有数据更新，而迄今的这部分空白时间正是诉讼财产保全责任保险在涉及保全的案件中被越来越多接受的时间。在这个发展起步阶段也很容易引起人们对陌生事物的怀疑。由于原中国保险监督管理委员会在人们的心中还是比较有信服力的，网络信息服务平台正在被越来越多的人使用，成为人们获取信息的一个重要途径。虽然诉讼财产保全责任保险已经合法化，但是因为经营的公司还是有一定的准入条件的，现在人们的防范意识都比较强，若有适用需求的保全申请人对于开展诉讼财产保全责任保险的公司存有疑虑而通过信息查询平台却查询不到这种险种时，必然使部分使用者产生疑虑而耽误其选择使用的时间，浪费了参与诉讼的当事人的时间。

### （二）完善诉讼财产保全责任保险机制的具体对策建议

#### 1. 将诉讼财产保全责任保险的保险费纳入诉讼费用

在正当的诉讼中，出于保护财产保全申请人利益的考虑，建议将诉讼财产保全责任保险的保险费纳入到诉讼费用中。第一，诉讼财产保全责任保险的保险费是为了申请财产保全而支出的，当财产保全申请人无法提供其他的担保形式时采取的，可以及时保护申请人利益，与保全费的支出在目的上是一致的，二者应当是一体的。第二，对于诉讼费用概念的界定应采取广义概念说，即诉讼费用不仅包括当事人依法向法院交纳的费用，也包括当事人为进行民事诉讼向其他主体支付的必要的、合理的费用。正如张文显老师所言，要破解当事人因交不起诉讼费、执行费等造成的诉讼难、执行难的问题，《诉讼费用交纳办法》应该作出适当的调整。[1]作为破解执行难而将保险引入民事财产保全程序的具体措施，可以将保险费类比保全费作为实现自身权利所支出的合理费用而将其纳入到诉讼费用中。

#### 2. 区分诉前财产保全和诉讼中财产保全设计保险条款

针对当前的诉讼财产保全责任条款设计上将诉前财产保全和诉讼中财产保全杂糅在一起的问题，可以从以下两点进行完善。第一，鉴于诉讼中保全

〔1〕 关仕新："诉讼费用交纳有必要调整"，载《检察日报》2015年3月26日，第3版。

与诉前保全在法律规定上的差异，建议在保险条款的设计上有所区分。如，可以在保险条款中单独设计有关诉前财产保全的条款：“对于以本合同的诉讼财产保全责任保险向人民法院申请诉前财产保全后不起诉的，保险人在赔偿限额内向被申请人垫付后可以向被保险人追偿”，这一条款也可以看作对保全错误情形具体化的一种条款设计，涵盖了诉前财产保全申请人的故意与非故意情形。第二，针对保险公司的诉讼中财产保全责任保险条款，可以形成统一的行业范本，将需要特别注意的事项都在保险条款中有针对性地涉及，加强保险条款设计的规范性和全面性，防止因条款设计上的疏漏造成的其他问题。

3. 防范或避免虚假诉讼

虚假诉讼在我国近年来一直处于多发的状态，在学术界和实务界也一直存在对其防治方面的探讨。虽然在法律规定上，我国新修改的《民事诉讼法》增加了第112条和第113条对虚假诉讼的方式和法律责任的简单规定，我国《刑法》在第307条增加了关于虚假诉讼罪的规定，但建议现实中防止虚假诉讼的滋生隐患也要从事前防范着手，构建全面的监督体系。具体而言，主要从保险公司和法院两个主体着手。一方面，加强保险公司对虚假诉讼风险的防范；另一方面，加强法院对虚假诉讼的防范与打击工作。

发现事故发生的，诉讼财产保全责任保险按照保险条款给予损害人损失补偿，作为营利性的商业机构获取利益才是目的。因而保险公司的风险防控工作对于保险公司自身的发展来说尤为重要。保险公司一方面要在保险产品的开发运用中加强开发程序的科学性，另一方面要对内控管理制度加以完善，对可能面临的内在和外来风险进行有效防范。保险公司的诉讼财产保全责任保险的保险条款中是不存在保险人的免责事由的，一旦法院作出了保全申请人申请错误的判决，保险人就要按照法院判决向被申请人承担经济赔偿责任。只有当保险人和被保险人站在共同的利益线之后才能更好地维护相同的利益，因此越大程度地保证保险人和被保险人属于同一个利益共同体，保险人要承受的风险也就越小。保障利益共同体的存在，主要就是排除虚假诉讼的存在，由此才能隔断保全申请人和保全被申请人的不当利益团体的形成，才能避免让保险人和被保险人因诉讼财产保全责任保险担保方式的存在形成利益捆绑。

虚假诉讼是可以通过证据证明的诉讼行为，保险公司对于虚假诉讼的风险可以通过审慎的实际操作从以下方面进行防范：首先，进行事先的风险预测工作。即在承保诉讼财产保全责任保险前，要合理科学地预测虚假诉讼风险的存在，有针对性地设置审查条件。针对需要使用诉讼财产保全责任保险的虚假诉讼经常涉及的案件类型，如最常出现的借贷纠纷，要注意审查借贷双方身份及是否存在亲属等关联关系、借贷发生的时间和保全被申请人是否在诉中的案件，若存在正在进行的案件，则其在他案件中是否存在财产被保全的状况，以及若是被保全了，则其在他案件中与诉讼另一当事人是否存在虚假诉讼的可能性。其次，根据事先预测的风险科学设置保险条款。保险面临的风险预测有助于保险条款设计中的风险的防控。根据我国《保险法》和实务界中的保险条款的约定，保险公司在一定情况下通常是享有追偿权的，可以在保险条款中对虚假诉讼的情形赋予追偿权，甚至可以约定一定比例的经济赔偿来遏制这种行为。最后，在承保了诉讼财产保全责任保险之后，针对可能发生的诉讼风险要进行全面的防范，在前期的相关诉讼材料审查的基础上同步跟进案件的处理情况，尤其要关注案件的重大进展情况。如可以在保险合同中对被保险人约定报告诉讼进程和诉讼阶段结果的义务。

诉讼财产保全责任保险一旦滋生虚假诉讼，既会产生危害第三人的合法权益、浪费金融资源和司法资源的后果，更会产生损害司法权威的严重后果，因此防范利用诉讼财产保全责任保险便利提起的虚假诉讼非常重要。一方面，人民法院要充分行使审判职权，秉持公平正义引导正确的诉讼观念的形成。人民法院在行使审判职责，对虚假诉讼行为进行打击的同时，更应当发挥人民法院的司法裁判倡清社会风气的作用，从法律惩治进行清理，从树立法律权威进行引领，使全社会形成正当的诉讼观念，使每一个公民感受到法律公信力，遏制虚假诉讼的出现和增生。同时，法官在司法审判中行使自由裁判权、坚持遵循法律的明文规定时，也要考虑社会道德价值因素，在道德与法律两者产生冲突时能够做出让民众信服的裁判结果，引导正确的法律价值取向。另一方面，人民法院要着重防范和打击虚假诉讼，坚持社会诚信体系的建设。联合公安、海关、税务等部门获取当事人相关资信，建立司法系统共享的征信系统黑名单，重点审查黑名单中的当事人参与的诉讼，禁止其启动诉前调解的程序，以防止虚假诉讼者继续扰乱司法秩序。进一步加强和完善社会诚信体系建设，做到保护申请人合法权益，维护司法权威。

4. 适度扩大诉讼财产保全责任保险的应用范围

第一，诉讼财产保全责任保险可以起到提供诉讼财产保全担保的作用，我国的财产保全不仅仅存在于普通的民事诉讼中，在特别法，如《海商法》

和《仲裁法》中也有应用，在当前诉讼财产保全责任保险运用良好的态势下，可以考虑扩大其应用范围。海商事案件属于海事法院专属管辖，适用海事诉讼特别程序，在适用诉讼财产保全责任保险时要考虑其独特性制定适宜的条款；仲裁程序中的财产保全也是为了保障将来裁决的执行，而且仲裁财产保全没有仲裁前财产保全和仲裁中财产保全的划分，在适用上应当比诉讼财产保全更便宜。第二，这种扩大应当是适度且循序渐进的，并且要注意在应用中与其他制度的衔接。诉讼财产保全责任保险最初的目的是解决弱势的保全申请人无力承担的困难，其多出现于诉讼之中，而仲裁中的保全申请人和海事诉讼保全中的保全申请人的经济状况相对好，建议适度扩大到仲裁和海事诉讼中的保全是基于诉讼财产保全责任保险本身可以发挥作用的考虑。当然，适用范围的扩大要以完善的制度设计为基础，若是不能设计完善的保险条款并做好与其他制度的衔接工作，必然会引发不良后果，给司法带来新的难题。

5. 加强监管，防控诉讼财产保全责任保险风险

在积极推进诉讼财产保全责任保险发展过程中，也要加强对诉讼财产保全责任保险经营风险的控制。原中国保险监督管理委员会的主要职能就是对保险公司的经营进行监督和管理。一方面，要及时做好自身的管理，及时公布诉讼财产保全责任保险的备案信息，更好地发挥在服务型政府建设背景下的职能部门的服务功能。另一方面，主要是发挥对诉讼财产保全责任保险新险种监管的职能，防范好采用诉讼财产保全责任保险可能会造成的风险，维护正常的经济秩序。具体而言，可以从以下方面进行监管工作的开展：首先，从源头上确保诉讼财产保全责任保险产品的科学性和规范性。其出台的《财产保险公司保险产品开发指引》（保监发［2016］115 号）从指导的角度对财产保险公司规范保险条款费率、规范产品开发流程、建立健全公司内部管埋制度等方面作了规定，按照该文件的内容进行开展保险产品的开发，才能确保开发源头的科学性和规范性。但作为不具有强制性效力的文件，该文件在保险公司具体落实方面可能会出现松紧兼备的情况，此时，为使指引中的内容科学规范地得到落实，就需要加强监管工作。其次，对于开展诉讼财产保全责任保险的保险公司情况也要进行后续的跟踪追查。开展诉讼财产保全责任保险的保险公司的资质是比较严格的，但是保险公司属于资产不断处在变动中的金融机构，其资产负债状况、经营情况、信用情况随着时间的变动也是不断地变动的。最后，制定配套的准入和退出机制。既然对经营诉讼财产

保全责任保险的保险公司设置了准入资质，对于变动后的保险公司状况不符合当初的准入资质的，亦应当设置配套的退出机制。对于定期开展监督工作后看到的已经不符合诉讼财产保全责任保险的准入资质条件的，应当及时使其停止开展诉讼财产保全责任保险业务。除对诉讼财产保全责任保险加强监管、谨防危害产生的同时，在认可与推进中，司法部门也要做好与社会公众的沟通工作，共同维护司法公信力。

## 六、结论

诉讼财产保全责任保险是为了保障司法正义、解决执行难问题应运而生的。它缓解了诉讼财产保全申请人在经济方面的压力和负担，一经推出便受到青睐和关注。与此同时，关于诉讼财产保全责任保险的概念、性质、合法性的争议随之出现。这就需要对诉讼财产保全责任保险进行深入系统的研究，推进诉讼财产保全责任保险的应用。

关于诉讼财产保全责任保险的概念界定，应当实现从关注保险经营向关注法律关系的转变。在诉讼法律关系、保险合同法律关系和损害赔偿法律关系三个层面理解诉讼财产保全责任保险。应当区分诉讼财产保全责任保险与诉讼保险，不能将我国的诉讼财产保全责任保险简单理解为西方诉讼保险的照搬和移植。诉讼财产保全责任保险的概念相较于诉讼保全责任保险更为严谨。诉讼财产保全责任保险与其他担保方式有所区别，并具有优于传统担保方式的比较优势。

人民法院对诉讼财产保全责任保险的合法性的态度有一个从沉默转向逐渐接受的过程，这一转变具有合理性和正当性。因为保险公司运营诉讼财产保全责任保险业务，既未超越法定的经营范围，又不违反强制性法律规定，且该保险产品已经备案。

保险引入财产保全有责任保险和保证保险两种模式。有必要从规范分析和价值分析的角度对责任保险和保证保险进行比较研究。通过分析责任保险和保证保险的异同，应当将我国目前采用的诉讼财产保全责任保险定性为责任保险。

诉讼财产保全责任保险在应用的过程中出现了一系列的问题。其中，保险费承担主体不明确、保险条款设计单一、容易滋生虚假诉讼的隐患、应用范围狭窄、影响司法公信力等问题突出，影响诉讼财产保全责任保险发挥积极的社会效用。这就有必要将诉讼财产保全责任保险的保险费纳入诉讼费用，区分诉前财产保全和诉讼中财产保全设计保险条款，防范或避免虚假诉讼，适度扩大诉讼财产保全责任保险的应用范围，加强监管防控诉讼财产保全责任保险风险。

诉讼财产保全责任保险作为一项创新型的保险产品在我国出现只有短短五年的光景，却对解决执行难问题和维护司法的公平正义起到了极大的推动作用。它是金融创新与司法公正相结合的产物。虽然诉讼财产保全责任保险产品和制度还存在诸多不完善的地方，但是瑕不掩瑜。我们相信伴随诉讼财产保全责任保险相关法律制度体系的建立和完善，诉讼财产保全责任保险将会在社会生活中更多地发挥积极效用，推进“接近正义”的进程。

# 企业并购中的反垄断问题研究

李可书*

一般的企业并购不会涉及反垄断问题，但是如果企业并购完成后足以影响行业形势、相关企业的市场垄断地位，以至于影响了相关商品和服务的市场价格和市场公平竞争时，就会涉及反垄断问题，需要根据《中华人民共和国反垄断法》等相关法律法规的规定进行反垄断申报和反垄断审查。

## 一、反垄断申报

反垄断法意义上的企业并购指的是“经营者集中”，即《中华人民共和国反垄断法》（以下简称《反垄断法》）第20条规定的下列情形：“（一）经营者合并；（二）经营者通过取得股权或者资产的方式取得对其他经营者的控制权；（三）经营者通过合同等方式取得对其他经营者的控制权或者能够对其他经营者施加决定性影响。”因此，如果企业并购的结果导致“经营者集中”，且达到国务院规定的申报标准的，就需要进行反垄断申报。

### （一）反垄断申报的原则

各国反垄断立法对企业并购的规制大多采取事前申报的方式，达到反垄断法规定申报标准的企业并购，必须在并购前主动向反垄断执法部门进行申报，否则实行的并购归于无效，并要承担相应的法律责任。我国的《反垄断法》也是采用事先进行反垄断申报的方式。总体来说，在判断一项企业并购是否满足反垄断申报的标准时，一般要遵循以下原则：

---

* 李可书，北京交通大学经济管理学院博士后。

1. 企业规模原则

企业并购的反垄断申报标准必须能够准确全面地反映参与企业的市场规模。只有较大规模的企业并购，才可能达到反垄断申报标准。并不是所有的企业并购都是反垄断法规制的对象，它必须要考虑到并购行为能否对相关市场产生排除或限制竞争的可预期的影响。小规模的经营者集中不仅无害于竞争，相反还能够通过竞争提高经济效率，并给消费者带来诸多益处；只有较大规模的经营者集中才可能产生排除、限制竞争的效果，因为大规模的企业并购能够直接导致参与并购的各方或者取得控制权的一方企业市场力量的迅速增强，产生或加强其市场支配地位，提高相关市场的集中度，导致市场结构的恶化，甚至走向垄断或高度寡头化的市场。

2. 经济关联性和适应性原则

企业并购的反垄断申报标准必须能够反映并购行为与当地经济的关联性。《关于合并申报程序的推荐意见》指出，主张管辖权的国家应与被审查的企业合并有恰当的地域联系。一国不应要求一个跨国合并对之进行申报，除非该交易能够对主张管辖权的国家产生重大、直接且即刻可以发生的经济影响。只有以本国经济发展的实际水平为基础，才能得出科学、合理的数据。申报标准过分低于本国经济发展的规模，就会导致大量的中小企业并购纳入反垄断规制之中，这不利于本国规模经济的实现和国际竞争力的提升。相反，申报标准过分高于本国经济发展的规模，就会导致一些将会严重损害市场有效竞争的企业并购行为逃脱反垄断法的规制，高度集中化的市场结构同样会给国民经济的发展带来不利影响。

3. 效率原则

市场经济讲究效率。从经济学的角度讲，效率就是资源的合理配置、最优配置。那么，在商务部审查企业并购的反垄断申报时，要比较该企业并购的效果对社会和经济的整体影响，如果利大于弊，则不禁止；如果弊大于利，就禁止该企业并购。这从我国《反垄断法》第 28 条的规定就可以看出来："经营者集中具有或者可能具有排除、限制竞争效果的，国务院反垄断执法机构应当作出禁止经营者集中的决定。但是，经营者能够证明该集中对竞争产生的有利影响明显大于不利影响，或者符合社会公共利益的，国务院反垄断执法机构可以作出对经营者集中不予禁止的决定。"

### （二）反垄断申报的标准

#### 1.“经营者集中”的申报标准

根据《国务院关于经营者集中申报标准的规定》第3条的规定，国务院规定的“经营者集中”的申报标准为：

（1）参与集中的所有经营者上一会计年度在全球范围内的营业额合计超过100亿元人民币，并且其中至少两个经营者上一会计年度在中国境内的营业额均超过4亿元人民币；

（2）参与集中的所有经营者上一会计年度在中国境内的营业额合计超过20亿元人民币，并且其中至少两个经营者上一会计年度在中国境内的营业额均超过4亿元人民币。

其中，“在中国境内”，是指经营者产品或服务的买方所在地在中国境内。包括经营者从中国之外的国家或地区向中国的出口，但不包括其从中国向中国之外的国家或地区出口的产品或服务。“在全球范围内”，包括在中国境内的营业额。

上述两个标准满足其中一个标准就应当进行反垄断申报。

#### 2.“营业额”的计算方法

《经营者集中申报办法》第5条明确规定了“营业额”的计算方法：“参与集中的单个经营者的营业额应当为下述经营者的营业额总和：（一）该单个经营者；（二）第（一）项所指经营者直接或间接控制的其他经营者；（三）直接或间接控制第（一）项所指经营者的其他经营者；（四）第（三）项所指经营者直接或间接控制的其他经营者；（五）第（一）至（四）项所指经营者中两个或两个以上经营者共同控制的其他经营者。”

同时，为了避免重复计算，该办法将关联交易进行了排除：

（1）参与集中的单个经营者的营业额不包括上述（一）至（五）项所列经营者之间发生的营业额；

（2）如果参与集中的单个经营者之间或者参与集中的单个经营者和未参与集中的经营者之间有共同控制的其他经营者，参与集中的单个经营者的营业额应当包括被共同控制的经营者与第三方经营者之间的营业额，且此营业额只计算一次。

（3）如果参与集中的单个经营者之间有共同控制的其他经营者，则参与集中的所有经营者的合计营业额不应包括被共同控制的经营者与任何一个共同控制他的参与集中的经营者，或与后者有控制关系的经营者之间发生的营业额。

（三）反垄断申报的方法

根据《经营者集中申报办法》，反垄断申报涉及如下几个事项：

1. 申报义务人

（1）通过合并方式实施的经营者集中：由参与合并的各方经营者申报；

（2）其他方式的经营者集中：由取得控制权或能够施加决定性影响的经营者申报，其他经营者予以配合；

（3）申报义务人未进行集中申报的，其他参与集中的经营者可以提出申报；

（4）申报义务人可以自行申报，也可以依法委托他人代理申报。

2. 反垄断申报的程序

（1）商谈申请

在正式申报前，参与集中的经营者可以就集中申报的相关问题向商务部申请商谈。商谈申请应当以书面方式提出。

（2）正式申报

在与商务部商谈以明确申报事项后，申请人应当正式申报，提交申报材料。

3. 反垄断申报的材料

正式的反垄断申报的文件、材料应当包括如下内容：

（1）申报书。申报书应当载明参与集中的经营者的名称、住所、经营范围、预定实施集中的日期。申报人的身份证明或注册登记证明，境外申报人还须提交当地公证机关的公证文件和相关的认证文件。委托代理人申报的，应当提交经申报人签字的授权委托书。

（2）集中对相关市场竞争状况影响的说明。具体包括：集中交易概况，相关市场界定，参与集中的经营者在相关市场的市场份额及其对市场的控制力，主要竞争者及其市场份额，市场集中度，市场进入，行业发展现状，集中对市场竞争结构、行业发展、技术进步、国民经济发展、消费者以及其他经营者的影响，集中对相关市场竞争影响的效果评估及依据。

（3）集中协议及相关文件。具体包括：各种形式的集中协议文件，如协议书、合同以及相应的补充文件等。

（4）参与集中的经营者经会计师事务所审计的上一会计年度财务会计报告。

（5）商务部要求提交的其他文件、资料。除此之外，申报人可以自愿提供有助于商务部对该集中进行审查和作出决定的其他文件、资料，如地方人民政府和主管部门等有关方面的意见、支持集中协议的各类报告等，以便商务部获得更充分的信息和资料而更容易通过审查。

## 二、反垄断审查

企业并购的反垄断审查就是审查企业并购带来的经营者集中的问题。根据《经营者集中审查办法》等相关法律法规和规章制度，反垄断审查包括如下几个方面：

### （一）反垄断审查的程序

#### 1. 听证会

审查过程中，商务部可以根据需要征求有关政府部门、行业协会、经营者、消费者等单位或个人的意见，也可以主动或应有关方面的请求决定召开听证会，调查取证，听取有关各方的意见。商务部召开听证会，应当提前书面通知听证会参加方。听证会参加方提出书面意见的，应当在听证会举办前向商务部提交。

听证会参加方应当按时出席听证会，遵守听证会程序，服从听证会主持人安排。听证会参加方出于商业秘密等保密因素考虑，希望单独陈述的，可以安排单独听证；安排单独听证的，听证内容应当按有关保密规定处理。

#### 2. 初步审查

在初步审查阶段，商务部应当在三十日内作出是否实施进一步审查的决定。商务部作出不实施进一步审查决定的或者逾期未作出决定的，则视为审查通过，应当书面通知申报人，经营者可以集中，即可以实施并购；如果商务部认为有必要实施进一步审查的，应作出实施进一步审查的决定，并书面通知申报人。

#### 3. 进一步审查

商务部决定实施进一步审查的，应当自决定之日起九十日内审查完毕，作出是否禁止经营者集中的决定，并书面通知经营者。作出禁止经营者集中的决定，应当说明理由。审查期间，经营者不得实施集中。

有下列情形之一的，商务部经书面通知经营者，可以延长前款规定的审查期限，但最长不得超过六十日：①经营者同意延长审查期限的；②经营者提交的文件、资料不准确，需要进一步核实的；③经营者申报后有关情况发生重大变化的。

商务部逾期未作出决定的，经营者可以实施集中。

（二）反垄断审查的考虑因素

1. 市场份额

市场份额可以体现企业的经济实力，并在很大程度上反映企业未来的行为方式。如果市场份额表明企业过去的经济实力，而且市场结构方面没有对之不利的条件，该份额无论如何都可以用来推断它将来的市场势力。也就是说，占有较大市场份额的企业或者小规模的企业在完成并购后占有相关市场较大的份额，在经济实力增长的时候，极有可能利用其优势地位和资源，排斥其他竞争者，降低现在有效竞争。从而提高产品价格，损害其他竞争者和消费者的利益。所以，参与并购企业的市场份额应成为反垄断执法机构对并购行为进行实质审查时的主要考虑因素，并且是首要考察对象。

2. 市场集中度

相关市场的集中度是指在一个特指的市场或行业中，生产集中在少数几家大型企业手中的程度。考察市场集中度的方法主要有两种：一是市场集中率，二是赫芬达尔指数。市场集中率，即大企业集中率，选取某一产品或服务的生产或销售市场中具有较大规模的几个企业，将其市场份额相加所得数额即为该市场的集中率。

市场集中度是评估经营者集中竞争影响时应考虑的重要因素之一。通常情况下，相关市场的市场集中度越高，集中后市场集中度的增量越大，集中产生排除、限制竞争效果的可能性越大。

3. 对市场进入、技术进步的影响

判断市场集中度的第三个标准是对市场进入、技术进步的影响。

（1）经营者集中对市场进入的影响。经营者集中可能提高相关市场的进入门槛，集中后经营者可行使其通过集中而取得或增强的市场控制力，通过控制生产要素、销售渠道、技术优势、关键设施等方式，使其他经营者进入相关市场更加困难（包括进入的可能性、及时性和充分性都可能增加）。

因此，如果经营者集中导致其他经营者更加困难，则可能会被禁止经营者集中。

（2）经营者集中对技术进步的影响。如果经营者通过集中，可更好地整合技术研发的资源和力量，对技术进步产生积极影响，抵消集中对竞争产生的不利影响，并且技术进步所产生的积极影响有助于增进消费者利益，则该次企业并购导致的经营者集中可能不受影响，容易被审查通过。

但是，经营者集中也可能通过以下方式对技术进步产生消极影响：减弱参与集中的经营者的竞争压力，降低其科技创新的动力和投入；参与集中的经营者也可通过集中提高其市场控制力，阻碍其他经营者对相关技术的投入、研发和利用。在这种情况下，该次企业并购导致的经营者集中很可能在审查后被否定。

4. 对消费者和其他有关经营者的影响

经营者集中可提高经济效率、实现规模经济效应和范围经济效应、降低产品成本和提高产品多样化，从而对消费者利益产生积极影响，这可以作为通过审查的考虑因素之一。

但是，集中也可能提高参与集中经营者的市场控制力，增强其采取排除、限制竞争行为的能力，使其更有可能通过提高价格、降低质量、限制产销量、减少科技研发投资等方式损害消费者利益，如此则不利于通过审查。

此外，经营者集中可能提高相关市场经营者的竞争力，有利于促使其他经营者提高产品质量、降低产品价格、增进消费者利益，这是通过审查的有利因素。

但是，凭借通过集中而取得或增强的市场控制力，参与集中经营者可能通过实施某些经营策略或手段，限制未参与集中经营者扩大经营规模或削弱其竞争能力，从而减少相关市场的竞争，也可能对其上下游市场或关联市场竞争产生排除、限制竞争效果，这是通过审查的不利因素。

5. 经营者集中对国民经济发展的影响

如果经营者集中有助于扩大经营规模，增强市场竞争力，从而提高经济效率，促进国民经济发展，则有利于通过审查。

但在特定情况下，经营者集中也可能破坏相关市场的有效竞争和相关行业的健康发展，对国民经济造成不利影响，则不利于通过审查。

## 三、案件解析

可口可乐并购汇源的案例完整而生动的描绘了反垄断申报的原则、标准、程序以及反垄断审查的程序、考虑因素，对于我们理解企业并购中的反垄断问题提供了很好的帮助。

（一）基本案情

2008年9月18日，可口可乐公司向商务部递交了申报材料。同年9月25日、10月9日、10月16日和11月19日，可口可乐公司根据商务部要求对申报材料进行了补充。11月20日，商务部认为可口可乐公司提交的申报材料达到了《反垄断法》第23条规定的标准，对此项申报进行立案审查，并通知了可口可乐公司。由于此项集中规模较大、影响较大，2008年12月20日，初步阶段审查工作结束后，商务部决定实施进一步审查，书面通知了可口可乐公司。在进一步审查过程中，商务部对集中造成的各种影响进行了评估，并于2009年3月20日前完成了审查工作，审查工作结束后，根据《反垄断法》第28条和第29条，商务部认为，此项经营者集中具有排除、限制竞争效果，将对中国果汁饮料市场有效竞争和果汁产业健康发展产生不利影响。鉴于参与集中的经营者没有提供充足的证据证明集中对竞争产生的有利影响明显大于不利影响或者符合社会公共利益，在规定的时间内，可口可乐公司也没有提出可行的减少不利影响的解决方案，因此，决定禁止此项经营者集中。

（二）案例相关问题解析

1. 可口可乐并购汇源需要接受审查的原因

根据中国《反垄断法》第21条的规定，经营者集中达到国务院规定的申报标准的，经营者应当事先向国务院反垄断执法机构申报，未申报的不得实施集中。

需要申报的经营者集中的法定条件包括如下两个方面：首先，从定性角度看，交易必须构成反垄断法意义上的集中。我国《反垄断法》第20条对此作出了明确规定，经营者集中包括三种情形：经营者合并；经营者通过取得股权或者资产的方式取得对其他经营者的控制权；经营者通过合同等方式取得对其他经营者的控制权或者能够对其他经营者施加决定性影响。其次，从定量角度看，集中必须达到一定规模，集中参与方的营业额必须达到法定标准。根据《国务院关于经营者集中申报标准的规定》第 3 条规定，这些标准主要是：①参与集中的所有经营者上一会计年度在全球范围内的营业额合计超过 100 亿元人民币，并且其中至少两个经营者上一会计年度在中国境内的营业额均超过 4 亿元人民币；②参与集中的所有经营者上一会计年度在中国境内的营业额合计超过 20 亿元人民币，并且其中至少两个经营者上一会计年度在中国境内的营业额均超过 4 亿元人民币。

需要说明一点：集中参与方在中国境内营业额达到或超过 4 亿元人民币是符合上述申报数量标准的前提，其隐含的意义在于集中必须与中国市场有关联并且关联到一定程度，这是反垄断法域外管辖权的基本要求。

在可口可乐公司收购汇源公司案中，由于交易后可口可乐公司将取得汇源公司绝大部分甚至 100%股权，从而取得了汇源公司的绝对控制权，因此，该交易符合集中的法定标准；同时，可口可乐公司和汇源公司 2007 年在中国境内的营业额分别为 12 亿美元（约合 91.2 亿人民币）和 3.4 亿美元（约合 25.9 亿人民币），分别超过 4 亿元人民币，达到并超过了《国务院关于经营者集中申报标准的规定》的申报标准，因此此案必须接受相关审查。

2. 在可口可乐并购汇源果汁案审查时需要主要考虑的因素

我国《反垄断法》第 27 条作出了明确规定："审查经营者集中，应当考虑下列因素：（一）参与集中的经营者在相关市场的市场份额及其对市场的控制力；（二）相关市场的市场集中度；（三）经营者集中对市场进入、技术进步的影响；（四）经营者集中对消费者和其他有关经营者的影响；（五）经营者集中对国民经济发展的影响；（六）国务院反垄断执法机构认为应当考虑的影响市场竞争的其他因素。"

商务部审查经营者集中案件时，对集中给市场竞争造成的影响从上述六个方面进行全面评估。

需要说明两点：一是第（五）项关于经营者集中对国民经济发展的影响是世界各国经营者集中制度通行做法，目的是从宏观角度、在更高层次上维护市场竞争的有效性，与反垄断法维护社会公共利益和促进社会主义市场经济健康发展是一脉相承的；二是第（六）项关于国务院反垄断执法机构认为应当考虑的影响市场竞争的其他因素，这里所指的因素仅限于影响竞争的因素，不包括非竞争考量的因素，这些因素是其他法律和政策需要解决的问题。

在可口可乐公司收购汇源公司案中，商务部依据《反垄断法》的相关规定，从市场份额及市场控制力、市场集中度、集中对市场进入和技术进步的影响、集中对消费者和其他有关经营者的影响及品牌对果汁饮料市场竞争产生的影响等方面对此项集中进行了审查，在全面评估此项交易产生的各种影响的基础上作出了禁止决定。审查过程中，商务部进行了大量调查，采取各种方式征求和听取了相关方面的意见和建议，并将其作为审查决定的参考。需要强调的是，在整个审查过程中，商务部严格依法独立办案，既没有受与《反不正当竞争法》无关因素的干扰，也没有受一些外媒所谓民族情绪的影响，完全是依照《反垄断法》作出了客观的裁决。

## 四、结语

并购作为企业扩张的重要手段，越来越被大家所重视。然而，并购也往往会产生抑制市场竞争、减少消费者福利等负面效果。世界各国的反垄断法对并购行为都给予了高度重视，并形成了一套完整的体系。我国实施的《反垄断法》虽然对并购进行了规制，但仍需要进一步细化。本文从反垄断申报和反垄断审查两个方面，为如何处理反垄断问题提供了一些思考的角度，希望垄断问题可以得到一定程度的解决，只有这样，企业才可以在并购中寻找到适合自身发展的道路，在市场竞争中赢得一席之地。

# 审判权行使中的策略行为

## ——以法经济学为视角

田 峰*

立法者的功利主义（社会效用最大化）和法官的实用主义（定纷止争）让法官会在诉讼当中采取策略行为，以实现功利主义与实用主义在诉讼过程和结果上的平衡，即依法办案并有效化解矛盾。法官的策略行为不仅存在于诉讼过程，同时存在于司法决策过程。在诉讼过程中，法官的策略行为要受制于法律规范和程序规则以及其他因素。法官采取策略行为的优越性在于提高司法决策的可行性，这与法官的法条实用主义相契合；弊端在于我们很难确定在相对较小的时间和空间范围内追求“法律效果和社会效果统一”是不是有助于立法者设定的在更大时空维度上的功利追求。

### 一、审判权行使中策略行为的经济学基础

#### （一）策略行为与交易成本

当一个人做出某种行动的时候，不仅涉及个人的成本和收益，也会给其他人施加成本或者带来收益。这种我们称之为“相互性”的现象随着社会经济的发展正变得更加明显，社会分工和经济一体化让人与人之间的联系变得比以往更加紧密，互联网的发展更加剧了这种趋势，即社会个体在强调自身独立和个性的同时，又更加依赖其他社会成员的劳动。当个人行为给其他人施加成本或者带来收益的时候，这样行为就具有了“外部性”。理性人是经济学分析的基本假设，在理性人进行决策的过程中，依据是其个人的成本与收益。“个人最优决策在边际私人成本等于边际私人收益点达到，而帕累托效率

* 田峰，吉林大学经济学院博士后科研流动站研究人员，浙江师范大学法政学院副教授。

意味着社会最优在边际社会成本等于边际社会收益点达到。”[1]因此，个人的最优策略往往不是社会的最优策略。社会对于激励的需求由此产生，并通过规则的强制将外部性内化为私人成本，从而实现社会最优。科斯认为，在交易成本为零的情况下，无论法律对于权利进行怎样的配置，都不会影响效率。这里需要注意的问题是法律的制度安排对效率产生影响的前提是交易成本为零，在交易成本为零的情况下，法律对于产权的制度安排不会对效率产生影响。在这个论断当中，不会对效率产生影响的是法律以何种方式对产权进行分配，但产权分配本身会对效率产生影响。换句话说，关键的问题不在于产权分配的方式，而在于产权分配本身。

在现实社会生活当中，交易成本客观存在。在这样的现实面前，首要关注的是交易成本而不是外部性的问题。法律不仅需要进行产权分配，而且产权分配的方式也至关重要。按照科斯的观点，首先，不能简单地将所有对他人施加成本的行为都进行否定性评价，这样的做法既不现实也不可行，因为随着社会经济的发展，人与人之间的联系日益紧密，如果所有具有外部性的行为都需要承担侵权法上的责任，会导致人们的日常生活变得寸步难行；其次，应当在界定产权的基础上允许社会主体以交易的方式解决外部性的问题，通过这种方式实现外部性的解决机制由侵权法规则向财产法规则的转变。对于社会主体行为的相互性所产生的影响，需要从社会格局设定的高度上进行观察。对理性人而言，只有收益大于成本的行为才具有可欲性。但是，站在社会格局设定的高度上观察，我们就不难看到，针对某种类型的行为所进行的社会格局设定，可能会改变现行某种制度带来的收益和成本对比，而相应会影响其他社会制度设定的收益和成本对比，而且社会制度设定的变更也会带来新的制度运行成本。典型的例证是机动车尾号现行政策，人们在购买了小汽车之后会倾向于最大限度地发挥其使用价值。越来越多的小汽车在道路上行驶带来道路拥堵、空气污染等一系列问题，于是政府采取了尾号限行政策。但这个政策带来了新的问题：一是这种政策的实施的确在一定程度上限制了对机动车所有权人的权利，二是为了确保政策得到有效实施，需要增加执法力度以保障制度的有效性，这又带来了新的成本。更高的用车成本会让

---

[1] 柯华庆：“科斯命题的博弈特征与法律实效主义”，载《中山大学学报（社会科学版）》2008年第2期。

一部分机动车所有人减少对机动车的使用，也会让一部分潜在的购车者打消购买机动车的计划，这实质上是对消费的抑制。但是，在权衡之后可以认为，这一政策所带来的收益在整体上仍然大于为之付出的成本，起码更加清洁的空气节省更多的社会成本。因此，从社会格局的高度上看，制定社会制度的过程中必须将社会主体行为的相互性纳入考量范围。

### （二）纳什均衡的强制性与帕累托效率

社会主体行为的互动性说明博弈结构和有限理性在多数社会活动当中是博弈参与者的共同知识。在此基础上，我们可以认为社会主体的行为属于策略行为，而且是交易成本产生的重要原因。就法律关系而言，当事人的行为不仅取决于自身因素，也受制于对方当事人的行为，因此，受制于法律规范的当事人之间进行的互动性行为属于策略行为。发生交易成本的前提是当事人之间存在利益分歧，这正是由法律规范调整的社会关系所具有的常态。分析这种社会关系常态的工具是博弈论，需要引入纳什均衡来分析社会主体之间的策略行为。纳什均衡是所有博弈参与最优策略组合，也就是说，在这一策略组合当中，如果给定其中一方参与者的策略，其他博弈参与者不会主动改变自己的策略选择，能够成为纳什均衡的策略选择是相互最优的。在纳什均衡下，博弈参与者的策略组合是基于双方对于对方行为策略的确信，这种建立于确信之上的策略选择具有不依赖于外部约束条件的执行力。这种不依赖于外部约束条件的执行力对于纳什均衡来说至关重要，博弈参与者甚至会为了取得这种执行力而放弃明显更优的策略组合，换句话说，纳什均衡下的策略组合一定具有不依赖于外部约束条件的执行力，但是这种不依赖于外部约束条件的强制性并不一定能够实现帕累托最优。纳什均衡的意义就在于，合同约定与制度设计等与当事人切身利益相关的策略组合，如果不能成为纳什均衡，就不能得到人们的自觉遵守。当人们的策略选择与社会规范相悖的时候，通过制度进行矫正往往是有效的，但是制度矫正并不是万能的，也会存在制度没有发挥作用或者仅仅发挥了有限作用的情况。当遇到此类问题时，首要思考的应当是制度能否提供一个有效的、针对性明确的解决方案，能否打破社会主体之间已经客观存在但不符合一般性价值判断的纳什均衡，能否引导社会主体缔结一个新的、符合社会主流价值观且具有可行性的纳什均衡。

在给定的制度环境下，如果制度安排能够就博弈参与者的利益分配实现纳什均衡，那么这样的制度就能够得到社会主体的自觉遵守；反之，这样的制度就很难得到社会主体的自觉遵守。当制度不能提供确定的策略选择后果，社会主体的策略选择就更多地依赖于对对方策略和自我价值的确信（强制），如果双方的确信（强制）一致，博弈参与者之间仍然能够实现纳什均衡。

## 二、审判权行使中策略行为的司法实践依据

### （一）司法环境的变迁与法官的策略行为

经济社会发展和科学技术变革给法院工作带来巨大影响，从整体上看，法院工作呈现越来越明显的复杂化趋势。这种复杂化体现在两个方面：一是法院面临的体制内形势变得日益复杂；二是法院审理案件所涉及的法律关系和实质内容变得日益复杂。与法院工作面临的复杂形势相适应，案子变得“麻烦”了，也“难办”了。法官在审判实践中援引和适用法律规则表现出两种较为明显的倾向。一个较为突出的倾向是，法官们表现出越来越强烈的法条实用主义。目前处在审判工作一线的中青年法官，基于高度同质化的法学教育和就职后的职业教育，大多属于坚定的法条主义者，能够熟练的运用各种法律解释方法，尤其是文义解释和体系解释；基于法院治理模式和绩效考核的双重推动，这批业务骨干在审判实践中也表现出比较明显的实用主义倾向。另一个较为突出的倾向是，法官们表现出越来越明显的政策依赖。得益于我国近十年来法学教育的普及和学历教育的高速发展，各地中级人民法院以上的审判机关和部分地处城镇化较为发达地区的基层法院，在办案人员学历水平上得到明显提升。丰富的实践资料和理论修养让这一批法官享有充分的条件对既有法条进行理解和重构，依靠自己的知识储备和审判经验将自己对法条文义和立法意旨的理解融合在判决当中，甚至在司法政策当中加以展示和表达。随着司法体制改革的不断推进，尤其是错案追究等相关责任机制的完善，下级法院对上级法院政策性司法意见的需求极为强烈。而在“两高”严格收回司法解释权之后，对于司法政策的调整仍处在权力真空的状态。各地法院在出台具有政策性的司法意见时，都“明智”地回避了原来常用的与司法解释类似的行文体例，而是采用类似“会议纪要”“解答”“说明”之类比较含混的字眼。在法官职业培训中，各地法官学院也越来越多地聘请上级法院的法官作为教师，给下级法院相关业务庭室的法官授课。这种跨审级的培训效果非常好，教学资源丰富，学员学习热情高涨。原因很简单，这类培训在贯彻司法政策、统一法律适用上目标明确、效果明显。

（二）中国特色的规则体系与法官的策略行为

规则一旦被确立，就会形成一种特定的目的指向，当规则的目的指向与博弈参与者的偏好不同的时候，博弈参与者往往会借助策略行为帮助自己更好的实现自己的偏好。可以认为，在审判权行使的过程中策略行为是普遍存在的，这并不是说法院的规则设定与法官的偏好相悖，事实上不论是裁判规则还是法院管理过程中设立的行政性规范，在多数情况下是符合法官利益的。即便是有一些不那么契合法官偏好的规范，多数法院在实施过程中也会采取一些人性化的方式让呆板的规则更有人情味。但是，当我们在司法环境前面加上“中国特色”这样的定语之后，我们所面对的情况就很不一样。中国特色所具有的一个重要特征在于疆域辽阔带来的巨大地域差异，这是各地各级法院在司法实践中不得不面对的一个问题。那句在法院系统被讹传很久的话，“用老百姓听得懂的语言把判决讲明白”，真正要表达的并不是在裁判文书和释明过程中更少使用法言法语，而真的就是这句话的表面意思：当事人不懂汉语（或者普通话）的，应当使用他（她）能够听得懂的语言。当然，中国的司法实践所面对的地域化差异绝不仅仅是语言等技术性问题，不同地域的文化传统、风俗习惯、村规民约等都会对司法决策产生影响。另外，这种地域化的差异又需要面对一般化规则的调整，这就形成了一个悖论。立法者是在国家层面设定规则，司法者则是在极具地域特征的具体法律关系层面适用规则，当一般性规则与地方性规则不能实现一致的时候，法官在审判实践当中比较普遍的采取策略行为，让一般性的规则更好的适用于其面对的司法现实就很好理解了。

（三）司法决策的产生过程与法官的策略行为

司法决策的产生过程是一个认定事实和适用法律的过程，在这个过程当中法官的主观要素发挥着重要作用，这个作用过程更多地体现为法官的正义观念在司法决策当中的映射。法官正义观念对司法决策的影响通过内部和外部两个方面发挥作用。内部因素发挥作用更多借助于法官对自己言行的管控，这种管控在很大程度上基于法官根据其正义观念所作出的伦理判断。这一内心过程很难为外界查知，但我们可以藉由法官群体当中获得普遍接受的行为模式、道德观、价值观以及法官基于其正义观念所选择的策略行为做一个粗略的考察。外部因素发挥作用则需要借助法律规范、审判规则、司法环境等客观因素，合议庭其他成员、庭长、庭长联席会、主管副院长、院长、审判委员会，上级法院就类似案件的判决，党政机关的关注，社会舆论（包括网络、传统媒体以及当地社会的舆论），人情因素，当事人或律师的公关等。[1]

在审理意见的形成阶段，合议庭合议的过程中，合议庭成员之间会进行非常温和理性的博弈。在这个过程中，我们看到合议庭的成员完全可以将自己的不同意见坚持到底，并有足够的机会阐明自己的立场。问题是他（她）是不是乐意，或者说是不是有足够强烈的动机去这样做。当同事们对案件事实掌握程度和自己基本相当的情况下，对这位"倔强"的法官来讲，这样做的一个基本的前提是对自己的专业知识和业务能力足够自信。当然，这是一种非常极端的情况，每个法官都知道自己可以这样做，但未必会采用这样的行动策略来表达自己的专业意见。在法院实际工作中，由于每个法官手头的案件都不少，与办案法官相比合议庭成员对案件事实的了解和掌握是相对较弱的。如果这样的假设能够成立，那么绝大多数的合议庭成员会尊重主审法官的意见。还有一个因素会进一步加深合议庭成员附议的倾向，在绝大多数法院中合议庭成员是相对稳定的，长期共事的预期让法官必然会倾向于合作，而非对立。对办案法官而言，审判委员会的作用不容忽视，具体体现在这样几个方面：第一，解决重大、疑难案件以及涉及当地党政机关的案件；第二，解决案情不复杂但执行难度大的案件；第三，对合议庭成员的不同意见进行梳理；第四，当人情因素很难直接回绝的情况下，不少法官会用合议庭其他成员、领导或审委会抵挡一下，而且多数情况下这个办法是有效的。

上级法院对类似案件的判决也会对法官的判断产生影响。尽管我国没有判例制度，但从最高人民法院集中发布案例指导、发布裁判文书等的动作看，最高院希望在一定时间和地域范围内统一法律适用应该是不可避免的趋势，而且追求同案同判也是社会公众和法律人的共同期待和诉求。这当然会对法官产生影响，但我们相信这种影响是正面的，即便这种影响在某种程度上确实限制了法官审判权的独立行使。

党政机关的关注、舆论环境、人情因素等也会对审判权的行使产生影响。

---

〔1〕 为维护自己的利益，当事人或律师会将自己掌握的各种资源发挥到极致以求得他认可的、"公正的"结果。如得到巨大关注的唐慧案，她所依赖的是长期的信访和媒体高强度的集中关注，这仅仅是当事人可以利用的各种资源中比较费力不讨好的类型。参见柴会群、邵克："什么造就了唐慧"，载搜狐新闻网，http://news.sohu.com/20130801/n383161917.shtml，最后访问日期：2017年9月11日。

我们不应想当然的认为这些影响一定是负面的，实际情况可能恰恰相反，如果法院能够有效地整合这些影响力，不仅能降低这些因素对审判工作的影响，而且能非常有力的促进“案结事了”，从而实现“法律效果和社会效果的统一”。[1]问题的关键不在于怎样消灭这些外部因素，问题的关键在于怎样避免这些因素对法院审判工作产生负面冲击，或将这些冲击控制到比较小的程度。社会舆论对独立行使审判权的影响正在受到越来越多的关注，应该说二者本不应对立，法院和媒体的基本诉求都是社会公正。但在当下，二者都在有意无意地将对方视为洪水猛兽，甚至妖魔化。要求办案法官独自面对舆论的声浪既不现实也很危险，而且就中国政治制度设计而言，法院并不是一个吸纳民意的机构。选取适当的时机在不影响审判工作的前提下，公布案件事实和审理工作的进展将会是法院与媒体实现良性互动的必然趋势。

另一个有意思的现象是美国最高法院的大法官们也会通过策略行为来促进各自偏好的实现。按照最高法院的惯例，各位大法官在同一开庭期内负责撰写的多数意见数量大体相同。不过，意见撰写的指派，通常包含大量的权衡和策略，并不是单纯按名单轮流指定。这是因为，五位大法官组成多数方推翻或维持下级法院的判决，并不意味着这五个人立场一致，也不意味着对判决结果或对推导方法的认同程度一致。所以，在投票结果比较接近，多数方的立场可能不太牢固的案件中，相当常见的是，负责指派的大法官，无论他是首席大法官还是联席大法官，会把撰写多数方意见的任务，分派给多数方中立场最不坚定的大法官。分派者希望这位立场摇摆的大法官能够通过阐释多数方的判决理由来说服自己，以免出现最糟糕的结果，即某位大法官被异议方更有说服力的意见所吸引，转投另一方的阵营。[2]

## 三、审判权行使中策略行为的制度隐忧

法官在司法决策制定过程中采用策略行为的现象，表明了法官群体当中

---

〔1〕 参见张文显：“联动司法：诉讼社会境况下的司法模式”，载《法律适用》2011年第1期；孟建柱：“不断增强政法宣传工作传播力、影响力 努力提升做好新形势下政法工作的能力水平”，载中国长安网，http://www.chinapeace.gov.cn/2013-07/26/content_ 8466316.htm，最后访问日期：2017年9月3日；顾培东：“当前我国司法公正问题的认识与思考（上）”，载《人民法院报》2013年4月17日，第5版。

〔2〕 ［美］琳达·格林豪斯：《美国最高法院通识读本》，何帆译，译林出版社2013年版，第52页。

存在的实用主义倾向，这种现象与传统观念当中对法条主义法官的褒扬产生了一定程度的冲击。尤其是在大陆法系司法传统之下，人们似乎更愿意将法官能动性的作用空间局限在自由裁量权的范畴之内，并对其进行相对严苛的限制，由此产生的制度隐忧是不应当被忽视的。但是，如果能够合理地认识法官在司法实践当中同时接纳法条主义与实用主义的现象，并通过制度化的方式对其进行适当的规制，则更有利于促进中国的司法理论更加贴近司法实践，更好为现实社会生活当中发生的冲突提供有效率的解决机制，进而重塑饱受质疑的司法公信。

（一）司法行为的理论归纳和法官的法条实用主义

波斯纳将影响法官司法行为的各种理论进行了归纳，主要有态度理论、战略理论、社会学理论、心理学理论、经济学理论、组织理论、实用主义理论、现象学理论和法条主义理论。态度理论主张用法官带进案件的政治偏好解说法官的决定。战略理论假定如果不担心其他法官、立法者以及公众对自己投票的反应，法官就不会总是像他们现在这样投票。战略理论的拥护者将政治模型化为不同利益群体之间的斗争，用博弈论来论证他们的观点，并认为不论法官想得到什么样的结果，在很大程度上都取决于广义理解的命令链上的其他人。社会学理论关注小群体动态，并汲取社会心理学和理性选择理论，认为合议庭的构成会影响结果，合议过程中少数派的意见可能成为最终意见。心理学理论关注的是应对不确定性的战略，在塑造对不确定性的回应中前见极具重要性，而且往往能够成为对不确性回应的渊源。经济学理论将法官视为理性的、自利的效用最大化者，并将货币收入、休闲、权力等纳入司法效用函数的自变量当中，雇主可以通过调整这些自变量来影响甚至改变法官的司法行为。但经济学理论要克服两个问题：一是忽视心理要素，认知和情感力量同理性算计一样能够塑造行为；二是对于工作结构已经消除了工作场所的通常激励和制约机制的工作者，如何辨识塑造其意志行为的激励因素和制约条件。组织理论基于查知代理人与被代理人之间存在的利益分歧，看到了被代理人会努力创造一个组织结构来最小化这种利益分歧，而代理人则会抵制这种努力。实用主义所指的是依据后果作出决定，而不是以三段论的方式根据前提展开演绎。现象学理论研究第一人称的意识，即在清醒心智中经验的自我表达。法条主义是法院关于司法行为的官方司法理论，它被认为是一种司法行为的实证理论，它假定司法决定都由法律确定，这个法律是正宗的法律材料表达的或是可以通过逻辑操作从这些材料中衍生出来的一套已有的规则。[1]

对审判权行使做出科学认识的前提是了解法官的制度角色和社会角色，以科学认识法官行为作为基础，法官不仅生存于立法者构筑的规则体系环境当中，法官也是社会活动的参与者。作为普通公民的法官和其他社会成员一样，也要面对日常生活中的种种问题，其行为也需要遵循一般的社会准则；作为司法决策制定者的法官，同时要对其作出的司法决策负责，这种负责不是单纯的办案责任，更重要的是确保其司法决策能够得到有效的实施。因此，法官的决策就不仅受制于立法者所设定的规则体系，更重要的是要保障其司法决策能够在市民社会当中具有起码的可行性，或者说能够在一定程度上让双方当事人都能够接受法官作出的司法决策带给他们的法律后果和社会影响。另外，制定司法决策作为法官工作的重要内容之一，也是衡量法官工作成效的重要标准，绝大多数的法官会希望自己能够在工作岗位上“干好”，从而获得相应的职务晋升机会、职业满足感和更好的生活保障。这样就决定了法官在制定司法决策过程中或多或少的会有一定的实用主义倾向，但法官的实用主义绝不是“怎么都行”，而是受规则约束的实用主义，我们将法官的这种策略选择倾向称为法条实用主义。

### （二）法条主义和实用主义的合流

法条主义关注具体法律制度和司法技术，尤其注重映射到市民社会实际生活关系当中的法律适用问题。在法条主义的语境下，法律适用是一种与社会实践和社会生活紧密结合的世俗并具体的活动。法条主义关注的核心问题之一是怎样构建一个法律概念和规则体系，在该体系当中，法律概念和规则基本完整、自洽，能够为司法实践提供充分的制度支撑，并且能够让法官在制定司法决策的过程中掌握充足的规则资源，用于解决现实的社会矛盾；而且这套概念和规则体系基本能够做到逻辑上的完满，从而可以在法律教育当中做出比较完善的体系化叙述和教科书式的呈现。因此，在某种意义上讲，法条主义是技术导向的，尽管其实际功能并不仅仅是技术的。法条主义主要通过对概念和规则的分析解决社会生活当中人们遇到的具体法律问题，强调形式正义和程序正义，因此在现实生活和法律规则发生矛盾的时候，法条主

[1] [美] 理查德·波斯纳：《法官如何思考》，苏力译，北京大学出版社2009年版，第17页。

义往往倾向于通过规则修正或者改造发生矛盾的社会关系，并寻求更具一般性且可重复适用的概念体系和规则架构，这对于要为数量庞大的社会纠纷提供矛盾解决方案的法官是非常有用的。

在中国的司法实践当中，法条主义有着先天的优越性。第一，在中国的司法环境当中，社会矛盾纠纷的解决方案首先必须是“法律的”，当依法治国已经成为主流意识形态表达的题中应有之义，法条主义就拥有了可以长期存在的制度依据。事实上，当我们把观察的视野放大到其他法治国家，就不难看出任何制定法国家，无论这种法律制度采取何种形态，法条主义所需要的制度背景都是存在的。第二，对于法律和司法问题的其他社会科学尝试，也需要法条主义提供必不可少的合法性基础，这就允许法条主义将这些尝试内化到自己的话语体系当中。这种思维进路至少体现在这样两个方面：其一，其他的社会科学尝试在完成自身证成之后，仍然需要使用“法律的”表达，或者法言法语，来说明自己的观点；其二，其他社会科学尝试在证成自己的观点之后，仍然需要使用法条主义的方法，在现行立法当中，即便在没有具体条文依据的情况下也要到立法的基本原则层面上，去寻找自己观点的合法性依据。

但是，这并不意味着法条主义具有不可动摇的统治地位，因为法条主义本身也存在一些难以克服的缺陷。第一，历史发展和社会实践已经告诉我们，并不存在完满自足的规则体系，即便是最坚定的法条主义者也不否认立法的滞后性。当然，在法律规则体系的层面上，我们并不认为法律的滞后性是一种绝对意义上的缺陷。第二，承认不存在完美的法律规则体系就意味着承认法律制度不会具有绝对意义上的合理性、合法性和公正性。第三，尽管存在诸多争议，但是在我们需要进行价值判断的时候，法条主义的确存在一些先天的劣势，让我们很难在价值判断层面上对一些问题展开有效的讨论。第四，法条主义带来的一个副产品是法律原旨主义，这一思维进路饱受批评的原因是，它让我们在选择法律解释方法的时候面对一个现实困境，即事实上我们几乎不可能知道立法者在制定和修正法律条文的时候以及在按下表决器按钮的时候到底在想些什么。第五，霍姆斯那段针对法律形式主义的著名论证：“法律的生命不在于逻辑，而在于经验。时代的迫切要求，盛行的政治道德理论，公众政策的直觉认识，无论是坦率承认的还是讳莫如深的，在确定约束人们行为的规则的作用上，远胜于三段论式的演绎推论，甚至那些法官共有的偏见也是如此。法律包含了一个民族许多世纪的发展历史，它不能被当作公理和推论组成的数学书。我提到的这一谬误即是这样的一个观念，它认为法律发展中唯一发挥作用的力量是逻辑。危险不在于承认支配其他现象的原则也同样制约着法律，危险在于这种观念，即比如像我们这样特定的制度，能够像数学那样从某些行为的一般公理中推导出来。"

实用主义的代表人物霍尔姆斯（O. W. Holmes）把法看作是人们可以任意杜撰的行为工具和方便的假设，法的标准在于其能做出所希望的结果的程度。波斯纳则将实用主义归纳为依据后果作出决定，而不是以三段论的方式根据前提展开演绎。在某种意义上观察，实用主义与功利主义有相似之处，但实用主义并不信奉功利主义哲学评价后果的具体方法。边沁这样定义功利主义，即根据每一种行为本身能够增加还是减少预期利益相关的当事人的幸福这样一种趋向，来决定赞成还是反对这种行为。穆勒赞同边沁这一观点，并以此反驳那些将功利主义等同于粗俗的享乐主义的批评。穆勒进一步认为，功利主义的理想是所有相关之人的幸福，因此功利主义的幸福原则是利他的。在批评穆勒观点的基础上，耶林对功利主义进行了发展，并提出了被庞德称为"社会功利主义"的观点。耶林进一步将目的作为法律哲学的核心概念，并认为"从最广义的角度来看，法律乃是国家通过外部强制手段而加以保护的社会生活条件的总和"，这种将目的看作法律控制驱动力的观点在一定程度上推动了立法的发展。〔1〕在法律上，实用主义实质依据司法判决可能产生的效果作决定，而不是依据法条或者判例的语言，或依据更一般的先前存在的规则。〔2〕这样的归纳表面看起来似乎意味着实用主义与法条主义之间存在很大的隔阂或者对立，实用主义唯结果论的态度看似在司法决策制定的过程中是排斥法条主义的，但实际情况却并非如此。随着实用主义在审判实践中的影响力越来越大，实用主义与法条主义并没有出现泾渭分明的界限，而是呈现合流的趋势。随着法官职业化进程的不断推进，当前法院系统当中绝大多数的中青年法官都接受过至少四年的法学专业教育，而且通过了法律职业资格考试。在这个过程当中，法官们接受了系统的法学教育，他们中的大多数都有着很

〔1〕［美］E. 博登海默：《法理学：法律哲学与法律方法》，邓正来译，中国政法大学出版社1999年版，第105页。

〔2〕［美］理查德·波斯纳：《法官如何思考》，苏力译，北京大学出版社2009年版，第17页。

大的法条主义倾向。但在进入法院工作之后，以“定分止争，案结事了”工作指向和“调判结合，调解优先”工作方式，让多数法官在不知不觉中对自己的法条主义思维进路做实用主义改造，由此出现了司法实践当中二者合流的趋势。

司法实践当中实用主义与法条主义的合流主要体现在以下几个方面。第一，实用主义唯结果论的态度让法官在进行司法决策过程中将法条主义作为工具性手段。事实上，实用主义这种唯结果论的态度让法官在进行司法决策的过程中可以采用更多的方式来论证其决策的合法性，法条主义是其中的一种。在中国的司法实践当中，随着法治理念日益深入人心，各种类型的社会主义在进行社会活动的过程中都必须遵守法律规范，运用法治思维，使用法治方法。作为社会纠纷解决方案提供者的法官也不例外，因此法官作出的司法决策首先必须是“法律的”，司法决策的产生程序和表达方式必须符合程序性规范，这是司法决策合法性的首要条件。但是，如果我们简单地认为实用主义将法条主义作为一种工具仅仅是为了能够让司法决策在外观上具备合法性，显然是不完整的，使用“法言法语”表达司法决策的内容已经是现代法治社会对法官起码的要求。人们更加关注的是裁判文书当中“本院认为”以后的内容，事实上这也是实用主义者在制定司法决策的过程中需要法条主义发挥作用的地方，即使用法条主义为我们提供的方法论证基于实用主义取得判断的合法性。

第二，实用主义允许司法决策过程更多使用社会科学研究成果。人们早就已经意识到法学并不是一门封闭的学科，以经济学为代表的社会科学研究方法已经被越来越多的使用到法学研究领域，并取得很有吸引力的研究成果。以实证分析为例，通过中国知网的搜索，2000 年~2015 年间，在“社会科学Ⅰ辑”类目当中，使用“实证分析”作为关键字的论文共有 850 篇，2000 年使用“实证分析”作为关键字的论文有 9 篇，而在 2015 年使用该关键字的论文有 100 篇。最高人民法院在 2013 年推行司法公开，2014 年 1 月 1 日，“中国裁判文书网”正式上线，2016 年上半年网站上裁判文书的数量已经达到千万件的数量级。同时，一系列针对法院审判工作的专业软件逐步推广，法官在进行司法决策的过程中也可以迅速查看全国范围内类似案件的裁判文书，这也为实证研究进入司法决策领域提供了前所未有的便利条件。

第三，实用主义为司法决策制定过程中的价值判断提供更多制度空间。

对于司法决策过程中，实用主义对价值判断的积极作用体现在这样两个方面。首先，通常人们会认为价值判断是司法决策所要面对的一个非常困难的问题，事实可能确实如此，但问题是在司法实践过程当中法官真的要作出很多的价值判断么？在思考这个问题的时候，我们可能会受到一些误导。起码在阅读文献的过程当中，研究者们可能会看到很多需要作出价值判断的问题，但是我们需要意识到在法学和相关领域的研究当中，学者会倾向于将更多的注意力放到那些需要进行价值判断的法学问题上，而对于理论上争议很小的问题学者是不会倾注太多笔墨的。“许霆案”在法学界和整个社会引发的争议和受到的关注就是一个典型的例证，因为这个案件本身所蕴含和引发的关于中国立法和司法实践当中的问题和由此带来的追问，可能给学者无尽的灵感并创作出为数不少的论文和专著。但是，在司法实践当中，类似“许霆案”这样会产生巨大争议的案件在数量上是非常少的，在案件数量庞大的基层司法实践当中，法官们面对的问题更多的是准确认定事实和合理适用法律，我们并不是说这类问题当中并不存在价值判断，而是说法官在处理这类争议的时候所需要进行的价值判断已经由立法者完成了，而且立法者所作出的价值判断是基本准确并且能够为绝大多数社会成员接受的。从这一点上讲，实用主义的立场会促使法官在进行司法决策的过程当中选取更有效率的方式解决当事人之间的争议，即接受立法者的价值判断结果。其次，实用主义对价值判断的积极作用还体现在这类纠纷的解决当中，我们知道当两种都为社会普遍接受的价值之间发生冲突的时候，在司法层面进行取舍是非常困难的。一个我们熟悉的例证是当自己的女朋友和母亲同时落水，而这位可怜的男青年只有能力挽救一个人的生命，这种价值判断几乎是不可能得出结论的，但法条实用主义则能够给出一个很清晰的答案。

第四，实用主义在很大程度上克服了法条主义中隐含的原旨主义倾向。法条主义与原旨主义在根本立场上是有区别的，但是法条主义在实践过程中必然面对的一个问题是如何解释和适用法律条文。在这个过程当中，法条主义者内部也会难以避免的发生分歧，而且越是坚定的法条主义者越是会面对更大的困惑。毕竟我们很难准确的了解立法者们在按下表决器的时候有着怎样的内心活动和利益考量，而目前能够为学界接受的法律解释方法主要包括文意解释、体系解释、法意解释、扩张解释等，因此当通行的法律解释方法不能满足司法实践需要的时候，法官求助于原旨主义就在所难免。法条主义者的原旨主义倾向带来的一个现象是对体系逻辑和程序正义的固执坚守，这种坚持并非毫无意义，但是在司法实践当中这样的倾向对于纠纷解决效率的影响是不应当被忽视的。一个实践中的佐证就是司法实践当中法院对于调解的重视和当事人对于信访的依赖，这两种纠纷解决机制都一定程度上可以在制度逻辑体系之外寻求纠纷解决的出路。

第五，实用主义将经验引入司法决策的过程，从而让法官能够在司法决策当中间接表达自己的正义观念。对于纠纷解决结果的经验判断和评估可能不是最“法律”的，但往往更加符合一般社会主体对纠纷解决结果的预期。法条实用主义的法官会借助经验判断的可预期性和更加广泛的社会认可度来提升司法决策的被接受程度，从而在不牺牲司法决策“法律效果”的前提下，在实质上改善司法决策“社会效果”。这个过程当中，作为法条实用主义者的法官完全可以将自己的正义观念投射到司法决策当中，成为最终纠纷解决方案的一部分。就最终的司法决策而言，其表现形式一定是“法律”的，但其实质内容当中则包含了法官的观念和判断，当然，在这个过程当中我们不必也不应当将法官的正义观念与作为裁判依据的立法对立起来，毕竟即便法官的行为受到实用主义的影响，但他首先仍然是一个法条主义者。

# 商品房销售广告的性质与效力分析

## ——以甲公司与吴某房屋买卖合同纠纷案为例

李仁玉[*]

## 一、案情简介

甲公司是赤峰市元宝山区平庄御龙湾小区项目的房地产开发公司。2011年11月起，甲公司在赤峰亿翁广告上刊登售房广告，内容主要为“首付款8万元+送8$m^2$入户花园，提前入住御龙湾”，广告右下角的小字内容主要为“本图片所有图片文字仅供参考，所有内容均以最终法律文书和买卖合同为准，开发商保留最终解释权。”此后，甲公司在赤峰亿翁广告上刊登的售房广告发生变化，广告中没有“送8$m^2$入户花园”的字样，仅保留了“首付8万”。2011年12月30日，甲公司在赤峰亿翁广告上刊登的售房广告与2011年12月16日刊登的广告相同，只写上了“首付8万”，没有“送8$m^2$入户花园”的字样。

2013年6月13日，吴某与甲公司签订甲御龙湾住宅认购协议书，吴某以总价423 281元的价款自愿认购甲公司开发的御龙湾小区40号楼住宅面积为100. 72平方米的1142号房屋。同日，双方当事人签订了《商品房买卖合同》，

---

* 李仁玉，北京工商大学法学院教授。

吴某交清了全部房款。

因御龙湾小区部分业主质疑房屋面积，2015 年 3 月 3 日，赤峰四方测绘有限责任公司出具“关于御龙湾小区业主反映入户花园计算面积问题的答复”，确认御龙湾小区“入户花园”按实际建筑面积计算并计入各户套内面积，也就是说产权面积中包含“入户花园”的面积。

吴某起诉至元宝山区人民法院，请求：判令甲公司返还购房款 33 620.40 元及利息暂计为 5 000 元，合计 38 620.40 元。

2016 年 3 月 16 日，赤峰市元宝山区人民法院作出［2015］元民初字第 2721 号民事判决书，判决：甲公司于判决生效后立即返还吴某购房款 33 620.40元及利息。如果未按判决指定的期间履行给付金钱义务，加倍支付迟延履行期间的债务利息。

甲公司不服赤峰市元宝山区人民法院作出的［2015］元民初字第 2721 号民事判决，向赤峰市中级人民法院提起上诉。2016 年 9 月 12 日，赤峰市中级人民法院作出［2016］内 04 民终 2075 号民事判决，撤销［2015］元民初字第 2721 号民事判决，驳回吴某的诉讼请求。吴某不服赤峰市中级人民法院作出的［2016］内 04 民终 2075 号民事判决，向内蒙古自治区高级人民法院申请再审，请求：撤销［2016］内 04 民终 2075 号民事判决，维持［2015］元民初字第 2721 号民事判决。2017 年 6 月 13 日，内蒙古高级人民法院作出［2017］内民申 189 号民事裁定，指令赤峰市中级人民法院再审。2017 年 9 月 15 日，赤峰市中级人民法院作出［2017］内 04 民再 80 号民事判决，判令：（1）撤销赤峰市中级人民法院［2016］内 04 民终 2075 号民事判决；（2）维持赤峰市元宝山区人民法院［2015］元民初字第 2721 号民事判决。

甲公司在一审庭审中向元宝山区人民法院提交了部分商品房购买者的认购单以及《甲御龙湾订购单》，以证明其为销售商品房在不同时期采用了不同的销售方案。

## 二、涉案商品房销售广告的性质认定

甲公司在赤峰亿翁广告上刊登的售房广告中“首付款 8 万元+送 $8m^2$ 入户花园，提前入住御龙湾”的内容依据交易公平的原则应当被定性为要约邀请。

首先，“首付款 8 万元+送 $8m^2$ 入户花园，提前入住御龙湾”是甲公司发布的销售广告中的内容，并未载入《商品房买卖合同》，根据《中华人民共和国合同法》第 15 条第 1 款和《最高人民法院关于审理商品房买卖合同纠纷案件适用法律若干问题的解释》第 3 条但书前的规定，应当被定性为要约邀请。

《中华人民共和国合同法》第 15 条第 1 款规定：“要约邀请是希望他人向自己发出要约的意思表示。寄送的价目表、拍卖公告、招标公告、招股说明书、商业广告等为要约邀请。”《最高人民法院关于审理商品房买卖合同纠纷案件适用法律若干问题的解释》第 3 条但书前规定：“商品房的销售广告和宣传资料为要约邀请”。根据上述规定，商业广告或商品房销售广告原则上应当为要约邀请，是卖方为吸引买方发出要约而采用的销售策略。

本案中，“首付款 8 万元+送 $8m^2$ 入户花园，提前入住御龙湾”是甲公司在赤峰亿翁广告上刊登的商业广告的内容。甲公司发布该商业广告或商品房销售广告的目的在于吸引潜在的购房人向甲公司发出购房的要约。该广告右下角的小字，即“本图片所有图片文字仅供参考，所有内容均以最终法律文书和买卖合同为准，开发商保留最终解释权”，也明确了该商业广告或商品房销售广告的要约邀请性质。

其次，“首付款 8 万元+送 $8m^2$ 入户花园，提前入住御龙湾”的内容不属于《中华人民共和国合同法》第 15 条第 2 款或《最高人民法院关于审理商品房买卖合同纠纷案件适用法律若干问题的解释》第 3 条但书规定的视为要约的情形。

第一，“首付款 8 万元+送 $8m^2$ 入户花园，提前入住御龙湾”的内容不符合要约的规定，不属于依据《中华人民共和国合同法》第 15 条第 2 款的规定视为要约的情形。

《中华人民共和国合同法》第 15 条第 2 款规定：“商业广告的内容符合要约规定的，视为要约。”根据该规定，视为要约的前提条件是商业广告的内容符合要约的规定。

本案中，“首付款 8 万元+送 $8m^2$ 入户花园，提前入住御龙湾”的内容不具有具体和明确的特征。“首付款 8 万元+送 $8m^2$ 入户花园”只是甲公司推出的一种可能的优惠方案。该优惠方案在何种条件下被采用以及如何采用，并不具体和明确，需要购房人与甲公司通过协商予以具体和明确。

甲公司并未表明“首付款 8 万元+送 $8m^2$ 入户花园，提前入住御龙湾”的内容经购房人承诺其即受该意思表示约束。相反，在甲公司发布的商业广告的中心位置明确注明“欲知详情，请到售楼中心咨询”。这一提示明确表明购房人就“首付款 8 万元+送 $8m^2$ 入户花园，提前入住御龙湾”的内容为单方意思表示并不能产生拘束甲公司的效力。

“首付款 8 万元+送 $8m^2$ 入户花园，提前入住御龙湾”的内容既不符合内容具体明确的要求，也不符合表明经受要约人承诺，要约人即受该意思表示约束的要求。该内容不符合要约的规定，不属于依据《中华人民共和国合同法》第 15 条第 2 款规定的视为要约的情形。

第二，“首付款 8 万元+送 $8m^2$ 入户花园，提前入住御龙湾”的内容不属于《最高人民法院关于审理商品房买卖合同纠纷案件适用法律若干问题的解释》第 3 条中但书的视为要约的情形。

《最高人民法院关于审理商品房买卖合同纠纷案件适用法律若干问题的解释》第 3 条规定：“商品房的销售广告和宣传资料为要约邀请，但是出卖人就商品房开发规划范围内的房屋及相关设施所作的说明和允诺具体确定，并对商品房买卖合同的订立以及房屋价格的确定有重大影响的，应当视为要约。该说明和允诺即使未载入商品房买卖合同，亦应当视为合同内容，当事人违反的，应当承担违约责任。”依据《最高人民法院关于审理商品房买卖合同纠纷案件适用法律若干问题的解释》第 3 条认定合同当事人的意思表示为要约是有前提条件的：一是出卖人就商品房开发规划范围内的房屋及相关设施所作的说明和允诺具体确定，二是意思表示对商品房买卖合同的订立以及房屋价格的确定有重大影响。

本案中，“首付款 8 万元+送 $8m^2$ 入户花园，提前入住御龙湾”的内容并不是针对“商品房开发规划范围内的房屋及相关设施所作的说明和允诺”。此外，如前所述，该内容不符合具体确定的要求，不符合适用《最高人民法院关于审理商品房买卖合同纠纷案件适用法律若干问题的解释》第 3 条但书规定的条件，不应被认定为要约。

此外，吴某与甲公司的购房行为发生在 2013 年 6 月 13 日，甲公司于 2011 年 11 月发布的商品房销售广告已经发生变更。双方当事人订立《商品房买卖合同》以及确定房屋价格与甲公司于 2011 年 11 月发布的商品房销售广告并无直接联系。“首付款 8 万元+送 $8m^2$ 入户花园，提前入住御龙湾”的内容对吴某与甲公司订立买卖合同以及确定房屋价格并未产生重大影响。

## 三、涉案商品房销售广告的效力分析

即便出于保护消费者利益的考虑认定“首付款 8 万元+送 $8m^2$ 入户花园，提前入住御龙湾”的内容为要约，该要约也已经被后续的优惠方案所替代，吴某对失效的要约进行承诺，不产生拘束甲公司的效力，吴某重复享受甲公司在不同销售阶段采用的优惠方案不符合商业习惯，缺乏合法性与合理性。

第一，甲公司在商品房销售的不同阶段采用了差异性的优惠方案，体现了甲公司的意思自治，符合商业惯例。

售房人在商品房销售的不同阶段采用差异性的优惠方案是商品房销售的商业惯例。通常，在商品房销售初期，为了增强知名度、开拓市场、吸引潜在购房人，售房人会限时采用高强度的优惠方案；实现吸引社会关注的目的后，售房人会减弱优惠力度，以新的优惠方案替代为促销而采用的高强度优惠方案；商品房销售的不同阶段所采用的差异性优惠方案通常具有替代性，不会让购房人重复、叠加享受。

2011 年 11 月甲公司在赤峰亿翁广告上刊登御龙湾小区商品房销售广告，内容主要为“首付款 8 万元+送 $8m^2$ 入户花园，提前入住御龙湾”。这是甲公司在御龙湾小区商品房销售初期采用的优惠方案。随着商品房销售阶段的变化，这一优惠方案发生了变化。2011 年 12 月 16 日和 2011 年 12 月 30 日，甲公司在赤峰亿翁广告上刊登的御龙湾小区商品房销售广告已经变更了此前的优惠方案。上述广告中仅保留了“首付款 8 万”，不再有“送 $8m^2$ 入户花园”的字样。

甲公司刊登的销售广告的变化体现了甲公司在商品房销售的不同阶段采用了不同的销售策略，属于甲公司意思自治的范畴。甲公司在商品房销售初期为了促销而推出“首付款 8 万元+送 $8m^2$ 入户花园，提前入住御龙湾”的优惠方案，此后依据商品房销售市场行情变更优惠方案，符合商业惯例。

第二，差异性的优惠方案体现了甲公司意思表示的变化，“首付款 8 万元+送 $8m^2$ 入户花园，提前入住御龙湾”的意思表示事实上已经被撤销。

《中华人民共和国合同法》第 18 条规定：“要约可以撤销。撤销要约的通知应当在受要约人发出承诺通知之前到达受要约人。”根据这一规定，在购房人作出承诺的意思表示之前，甲公司有权撤销要约。

2011 年 12 月 16 日和 2011 年 12 月 30 日，甲公司在赤峰亿翁广告上刊登的商品房销售广告将“首付款8万元+送8m$^2$入户花园，提前入住御龙湾”的内容替代为“首付8万”。甲公司的这一行为是以“首付8万”的意思表示替代了“首付款8万元+送8m$^2$入户花园，提前入住御龙湾”的意思表示，事实上构成要约的撤销。甲公司撤销要约的行为发生在吴某作出承诺的意思表示之前，合法有效。也就是说，甲公司已经通过后续的广告行为撤销了先前以“首付款8万元+送8m$^2$入户花园，提前入住御龙湾”为主要内容的要约。

第三，以“首付款8万元+送8m$^2$入户花园，提前入住御龙湾”为主要内容的要约失效后，吴某不能再就失效的要约进行承诺，甲公司对吴某不负有“送8m$^2$入户花园”的义务。

根据《中华人民共和国合同法》第20条第2项的规定，要约人依法撤销要约，要约失效。本案中，甲公司已经依法撤销以“首付款8万元+送8m$^2$入户花园，提前入住御龙湾”为主要内容的要约，要约失效。吴某在要约失效近两年之后作出承诺，显然不符合购房人应当在合理的有效期间内进行承诺的法律要求，不构成合法有效的承诺。要求甲公司对吴某负有“送8m$^2$入户花园”的义务缺乏法律依据。

赤峰市中级人民法院作出的［2017］内04民再80号判决书中认定：“甲公司在发布的广告中刊登了‘首付款8万元+送8m$^2$入户花园，提前入住御龙湾’的内容，没有明确广告内容终止时间。”判令甲公司返还“8m$^2$入户花园”对应的购房款及利息。这显然没有考虑到以“首付款8万元+送8m$^2$入户花园，提前入住御龙湾”为主要内容的要约因撤销而失效的问题，不具有正当性。

第四，吴某重复享受甲公司在商品房销售的不同阶段采用的优惠方案，缺乏合法性与合理性。

按照商业惯例和日常生活的经验，除非售房人以明确的意思表明不同阶段的优惠方案可以同时并用，购房人仅能享有某一阶段的优惠方案。购房人叠加享受售房人在不同阶段推出的差异性优惠方案，不符合当事人的理性预期，会不当增加售房人的负担。

本案中，甲公司在商品房销售的不同阶段采用了差异性的优惠方案。“首付款8万元+送8m$^2$入户花园，提前入住御龙湾”仅适用于销售初期，具体针对的是2011年12月16日前向甲公司作出承诺的购房人。吴某于2013年购买涉案商品房时已经享受了购房当时的优惠条件，即每平方米便宜150元、并享受9.9折优惠。吴某要求重复享受甲公司在商品房销售的不同阶段采用的优惠方案缺乏合法性与合理性。倘若允许吴某重复享受甲公司在商品房销售的不同阶段采用的优惠方案，势必诱使不诚信的购房人为逐利而滥用诉权、冲击商品房销售的市场秩序、影响交易安全，不利于维护社会的和谐与稳定。

甲公司在一审庭审中向元宝山区人民法院提交的部分商品房购买者的认购单以及《甲御龙湾订购单》等证明甲公司在商品房销售的不同阶段采用了差异性优惠方案，不同时期的购房人分别按照其购房当时的优惠方案享受了优惠待遇，并不存在重复或叠加享受不同时期优惠方案的情况。

# 混合共同担保中债权人与担保人的脱保约定之效力研究
## ——以小微合作社诉郭某、唐某和东云公司追偿权纠纷案为例

张　翼*

**【裁判要旨】** 混合共同担保中，履行代偿责任之担保人在其履约范围内代位取得债权人之债权及从属权利。债权人与部分连带保证人单独做出脱保约定，不能当然产生对抗履约担保人之法律效果。脱保约定欲对履约担保人产生效力，需履约担保人同意该脱保约定；或债权人以脱保人在担保人内部原应分担之责任份额为准，免除其他担保人相应的保证责任。

**【案情】**

原告：小微合作社（质押担保人）

被告：郭某（债务人）、唐某（连带保证人）、东云公司（连带保证人）

2013年4月14日，小微合作社与民生银行签订了《小微合作社风险补偿基金业务合作协议》和《最高额质押合同》，约定小微合作社以其基金会员缴纳的风险准备金在民生银行开立保证金账户，用以对已缴纳基金的会员在民生银行的贷款提供最高额质押担保，保证金账户内资金的最高额质押以小微合作社与民生银行签订的相关最高额质押合同为准。2014年1月16日，小微合作社基金会员郭某向民生银行申请贷款270万元。同日，唐某、东云公司作为担保人，与民生银行签订了《最高额担保合同》，自愿为郭某上述债务提供连带责任保证。2014年1月22日，民生银行向郭某发放贷款270万元。此后，郭某未按时还本付息，唐某、东云公司亦未代为偿还。在民生银行的要求下，小微合作社作为担保人于2015年10月28日代郭某偿还贷款本息合计2 853 213.45元。小微合作社代偿该债务后，起诉要求郭某偿还该笔代偿款，

* 张翼，北京市第二中级人民法院助理法官。

并按照中国人民银行同期贷款利率支付资金占用损失，同时要求唐某、东云公司对上述款项承担连带清偿责任。

一审中，郭某、唐某、东云公司经法院合法传唤未到庭应诉。一审法院通过缺席审理认为，首先，根据法律规定，担保人在承担担保责任后，有权向债务人追偿。故对小微合作社要求郭某偿还代偿款及相应资金占用利息的诉讼请求，一审法院予以支持。其次，《最高人民法院关于适用〈中华人民共和国担保法〉若干问题的解释》第38条第1款规定："同一债权既有保证又有第三人提供物的担保的，债权人可以请求担保人或者物的担保人承担担保责任。当事人对保证担保的范围或者物的担保的范围没有约定或者约定不明的，承担了担保责任的担保人，可以向债务人追偿，也可以要求其他担保人清偿其应当分担的份额。"唐某、东云公司与小微合作社同为涉案债务的连带保证人，三方并未约定分担比例，依法应当平均分担。因此，一审法院判令郭某向小微合作社偿还代偿款2 853 213.45元及相应资金占用利息，并判令唐某、东云公司各自在郭某不能清偿债务的1/3范围内对小微合作社承担清偿责任，唐某、东云公司承担清偿责任后有权向郭某追偿。

该判决作出后，唐某不服判决提起上诉。2016年初，北京市海淀区人民法院受理了民生银行诉债务人陈某、债务人唐某金融借款合同纠纷一案。民生银行与陈某、唐某在该案中就本案一并进行了调解并达成一致意见：借款人陈某按照约定期限还清该案借款本息，唐某于2016年3月31日前代郭某就本案所涉债务偿还10万元，则唐某就本案中郭某所涉债务免除担保责任（以下简称脱保）。北京市海淀区人民法院针对上述内容出具了（2015）海民（商）初字第16016号民事调解书。2016年3月30日，唐某向民生银行代偿了10万元。据此，唐某认为脱保协议已经生效，其不应向小微合作社承担清偿责任。

小微合作社辩称其从未见过唐某免除保证责任的手续，不认可唐某的上诉请求和理由。

二审法院经审理认为，本案系小微合作社对郭某的债务向民生银行承担了清偿责任后，向借款人郭某追偿，同时向连带责任担保人唐某、东云公司主张清偿其应当分担的份额的追偿权纠纷。二审争议的焦点是唐某在为郭某向民生银行代偿10万元后，是否可依据其与民生银行的脱保约定免除其作为连带责任担保人的连带清偿责任。本案中，民生银行与唐某关于免除担保责任的约定可能损害其他担保人的利益，故该约定对其他担保人生效的前提是，其他担保人均同意免除唐某的担保责任，或者民生银行在要求其他担保人承担连带保证责任时，相应地将唐某所应分担的1/3责任份额扣除在外。而事实上，民生银行与唐某作出脱保约定时并未取得小微合作社及东云公司的同意。民生银行向小微合作社主张的债权数额为本息合计2 853 213.45元，并未相应地扣除唐某所应分担的1/3责任份额。故唐某在对郭某的债务承担10万元的连带清偿责任后，不能依据其与民生银行的脱保协议免除其对小微合作社的清偿责任，小微合作社要求唐某、东云公司对郭某的借款承担相应份额清偿责任的诉讼请求，应当得到支持。据此，二审法院驳回了唐某的上诉请求。〔1〕

【评析】

本案审理重点有三：一为质押担保人小微合作社在向债权人民生银行代偿债务后，是否有权向作为连带保证人的唐某及东云公司追偿；二为唐某与民生银行之间的脱保约定，对包括小微合作社在内的其他担保人有何影响；三为唐某已向民生银行承担10万元保证责任，该笔10万元代偿款在本案中应如何处理。

## 一、混合共同担保中内部追偿权的认定

### （一）履约担保人追偿权利性质之争

本案中，小微合作社开立特户为涉案债务提供保证金质押担保（即第三人提供物的担保），唐某和东云公司为涉案债务提供连带保证担保，故本案为“第三人物保”与“人保”并存的混合共同担保。《最高人民法院关于适用〈中华人民共和国担保法〉若干问题的解释》第38条第1款规定：“同一债权既有保证又有第三人提供物的担保的，债权人可以请求担保人或者物的担保人承担担保责任。当事人对保证担保的范围或者物的担保的范围没有约定或者约定不明的，承担了担保责任的担保人，可以向债务人追偿，也可以要求其他担保人清偿其应当分担的份额。”依据此条规定，履约担保人对债务人和

〔1〕本案例一审案号为（2016）京0102民初5661号，二审案号为（2017）京02民终11527号，为便于论述，笔者对案情进行了部分简化。

其他担保人均有追偿权。《中华人民共和国物权法》（以下简称《物权法》）第176条规定："被担保的债权既有物的担保又有人的担保的，债务人不履行到期债务或者发生当事人约定的实现担保物权的情形，债权人应当按照约定实现债权；没有约定或者约定不明确，债务人自己提供物的担保的，债权人应当先就该物的担保实现债权；第三人提供物的担保的，债权人可以就物的担保实现债权，也可以要求担保人承担保证责任。提供担保的第三人承担担保责任后，有权向债务人追偿。"此条仅规定了履约担保人向债务人追偿的权利。

由于上述两条法律规定并不一致，故理论界对混合共同担保中履约担保人行使追偿权的范围产生了争议。一种观点认为在混合共同担保中，担保人仅有向债务人追偿的权利，担保人之间并无内部追偿权。另一种观点认为，在混合共同担保中，担保人的追偿权包括向债务人求偿的权利和对其他担保人的代位权。持观点一的理由主要是：除有特别约定外，各担保人之间并无直接法律关系，亦无共同担保之意思表示；签订担保合同时各担保人已可预见其对债务人追偿权的实现存在一定的风险，如无特别约定，则其无权让其他担保人共担此风险；承认内部追偿权，则在债权人分别起诉各担保人的情形中，各担保人分别担责后再互相起诉其他担保人，最后担保人们再起诉债务人，将陷入循环诉讼之中，在程序上费时费力，且确认追偿份额的难度大。[1]笔者赞成观点二。首先，《物权法》第176条实际上确定了"物的担保责任与人的担保责任平等说"，即债权人既可以向物上担保人主张债权，亦可向保证人主张债权。既然物上担保人与保证人在履行义务时处于同等地位，那么他们之间应享有内部追偿权，从而确保各担保人在各自承诺的范围内对债务平等地承担责任。其次，《物权法》第176条虽未对担保人内部追偿权作出肯定，但该条亦未对此予以否定。再次，从结果而言，否定担保人内部追偿权，将可能导致部分担保人承担责任后向债务人追偿而不得，又无权向其他担保人追偿，从而终局地承担责任，而另一部分担保人得以免责的不公平后果。最后，实践中为尽快实现债权，债权人往往将各担保人作为共同被告一并起诉，极少出现观点一所担心的循环诉讼情形。因此，履约担保人的追偿权实际应包括对债务人的追偿权和对其他担保人的代位权。

---

〔1〕 程啸："混合共同担保中担保人的追偿权与代位权——对《物权法》第176条的理解"，载《政治与法律》2014年第6期。

### （二）履约担保人追偿权利的内容及获得条件

1. 担保人对债务人的求偿权

担保人对债务人取得追偿权的依据是其代替债务人向债权人履行清偿义务，理论上称为“代位清偿”或称为“第三人清偿”。担保人因其代位清偿行为而获得对债务人追偿的权利，其实质为一种求偿权，是一种新权利。成立该追偿权需符合三个条件：一是担保人已向债权人履行清偿义务；二是主债务人在已清偿范围内得以向债权人免责；三是担保人代偿行为并非出于赠与的意思表示。[1]

2. 担保人的代位权

担保人在代为清偿债务或债权人实现债权后，在债权人债权受偿的限度内依法取得债权人对债务人的债权及从属权利，此代位权类似于一种债权转让。[2]担保人取得代位权需符合如下条件：一是担保人向债权人实施了清偿行为或其他使债权得以实现之行为（如抵消），二是担保人需对债务人享有求偿权。代位权是对求偿权的一种补充，是法律为确保担保人对债务人之求偿权的实现，将债权的从属性权利在承担保证责任的范围内转移给该担保人。[3]故代位权必以求偿权为前提。

既然担保人实施清偿行为系其取得代位权的前提条件，那么其清偿应进行到什么程度方能取得代位权？对此存在三种不同观点：一种认为担保人应在清偿全部债务后取得代位权；第二种观点认为担保人清偿了超过其约定份额或内部责任份额的债务后取得代位权；第三种观点认为担保人清偿的债务即使低于其约定份额或内部责任份额，仍可获得代位权。[4]笔者认为，取何观点取决于各担保人对担保比例如何约定。本案应取观点三：首先，本案中，小微合作社和唐某、东云公司均是对涉案贷款合同项下郭某所负的全部债务承担担保责任，各担保人的责任并无先后之分，故各担保人应在同一范围内分担保责任，而无论份额多少。这样的结果既未超出各担保人签订担保合同时对风险的心理预期，又有利于平衡各担保人之间的义务。其次，担保人实施清偿行为，必将导致其他担保人在对应范围内减轻清偿责任，即该清偿行

---

〔1〕 郑玉波：《民法债编各论（下册）》，三民书局1981年版，第850页。

〔2〕 程啸：“混合共同担保中担保人的追偿权与代位权——对《物权法》第176条的理解”，载《政治与法律》2014年第6期。

〔3〕 孔祥俊：《担保法例解与适用》（新编本），人民法院出版社2001年版，第211页。

〔4〕 敖美玲：“共同担保中担保人追偿权制度研究”，湖南大学2016年硕士学位论文。

为给其他担保人带来相应免责的后果，根据权利义务对等的原则，其他担保人应就其获得的有利后果付出相应的成本。因此，在本案中，唐某仅向民生银行清偿10万元，远低于其应承担的全部债务的1/3的份额，但其仍有权要求其他担保人就该10万元清偿其应当承担的份额。需注意，以上观点均以各担保人就全部债务提供担保为基础。

（三）代位权的范围

担保人行使代位权的范围，应以其向债权人进行清偿的数额为限。从权利内容来看，既包括债权人对债务人的原债权，亦包括从属于原债权的担保权（保证及担保物权），还包括违约金、利息等其他从属于原债权之权利，及《合同法》第134条所规定的保留所有权买卖中的所有权，和融资租赁合同中出租人的取回权。〔1〕因此，本案例中小微合作社要求东云公司、唐某对以代偿款为基数计算的资金占用利息承担清偿责任，应得到支持。

另需注意的是，担保人的代位权应以原债权的从属性权利为限，与原债权无关的权利，例如债权人的合同解除权、撤销权等不应纳入代位权范围之内。此外，担保人行使代位权应以不损害债权人权利为前提，在担保人仅进行了部分清偿的情况下，债权人仍有部分债权未得实现，则担保权应优先由债权人行使，在债权人受到完全清偿之后，担保人方能向其他担保人主张其代位权。

（四）追偿权和代位权的关系

追偿权和代位权应为竞合关系，一者得以实现，则另一者归于消灭。至于二者是否存在先后行使顺序，《最高人民法院关于适用〈中华人民共和国担保法〉若干问题的解释》第38条第1款规定，承担了担保责任的担保人，可以向债务人追偿，也可以要求其他担保人清偿其应当分担的份额。可见追偿权和代位权并无实现的先后顺序之分。当履约担保人仅起诉其他共同担保人时，判令其他共同担保人按其内部约定的比例向履约担保人清偿，没有约定的，平均分担；当履约担保人同时起诉债务人和其他共同担保人时，首先确定债务人应承担的责任，其次确定在债务人不能清偿的范围内由各共同担保人按比例承担责任。〔2〕就本案而言，因小微合作社以债务人郭某、连带保证

〔1〕相关案例参见“中国农业银行黑龙江省分行宏博支行与北方国际租赁有限公司担保合同纠纷案”，中华人民共和国最高人民法院（2000）经终字第267号。

〔2〕王樱：“向债务人追偿并非已履约保证人向其他保证人偿的先置程序”，载《人民司法》2014年第22期。

人东云公司和唐某作为共同被告，故法院作出前述判决；若小微合作社仅起诉东云公司和唐某，则法院应直接判令东云公司和唐某就 2 853 213.45 元代偿款及相应资金占用利息，各自在 1/3 范围内对小微合作社承担清偿责任，在清偿后东云公司和唐某有权向郭某追偿。

## 二、脱保约定对其他未脱保担保人的效力

### （一）脱保约定不当然对其他担保人有效

债权人与担保人做出脱保约定的行为，实质是债权人自愿放弃其对该担保人所享有的担保权。脱保约定对债务人并无影响，但却将对其他担保人的追偿权产生影响。笔者认为脱保协议不当然对其他担保人产生效力。

首先，如前所述，混合共同担保中，履约担保人享有追偿权和代位权，则其在履行担保责任后，应在担保范围内获得债权人的债权及从属权利。担保人取得代位权的前提是向债权人代为实施清偿行为，担保人以清偿数额为限取得代位权。因此，在清偿前，与清偿数额相对应的债权及其从属权利仍属于债权人，清偿后该权利方归属于履约担保人。债权人同意脱保的本质是放弃自身的部分担保权，而民事主体仅能就自身民事权益进行处置，在未取得他人授权的情况下无权替他人作出放弃权益的意思表示。故债权人无权代替担保人放弃属于担保人的权利，债权人与其他担保人所做脱保之约定，不能当然地对抗履约担保人。

其次，本案中，即物上担保人和保证人在义务上处于同一位阶，其对债权人的担保责任并无履行先后之分，且各担保人担保范围均是涉案贷款合同项下郭某的全部债务。依据“同一层次性理论”，本案物上担保人和保证人之间承担的是真正连带债务，各担保人地位平等，每个人均有责任按一定比例分担债务，故履约担保人可在一定比例份额内向其他担保人行使追偿权；各担保人与债务人之间则为不真正连带债务，债务人应承担终局责任，履约担保人可以其代偿额度为限向债务人进行追偿。

最后，从实际效果而言，共同担保有分散担保人风险的功能，脱保约定则损害了该项预期功能，导致一部分担保人“遍体鳞伤”而其他担保人“毫发无损”的结果。若承认脱保约定的效力，还有可能产生某一担保人为规避

责任而与债权人恶意串通的情形，造成不公平的后果。[1]

综上，不论从担保人追偿权性质出发，还是从各担保人之间的法律关系来看，抑或从实际效果而言，脱保约定均不能当然对其他担保人产生效力。

(二) 脱保约定对担保人有效的条件

笔者认为，债权人欲与其他担保人约定免除保证责任，一般而言应满足如下任一条件方能对履约担保人产生约束力：

一是除脱保人之外的其余共同担保人均同意该脱保约定。此同意行为包含两层意思：其一，履约担保人同意放弃其对脱保人享有的代位求偿权；其二，除脱保人之外的其余担保人均同意，由其共同承接脱保人原应承担的保证责任份额。以本案为例，若小微合作社和东云公司均同意唐某按约定脱保，则涉案 2 853 213.45 元及相应资金占用利息应由小微合作社和东云公司平均分担，小微合作社可要求东云公司就该笔债务在 1/2 的范围内进行清偿。小微合作社和东云公司可在各自实际清偿的范围内向债务人郭某追偿。

二是履约担保人同意该脱保约定。在此情况下，履约担保人在对其他担保人进行追偿前，应先扣除脱保人本应承担的份额。此条件实质包含两层意思：其一，履约担保人放弃其对脱保人享有的代位求偿权；其二，履约担保人同意承担本应由脱保人承担的责任份额。以本案为例，若小微合作社同意唐某按约定脱保，则其仅能以 1/3 为限就涉案 2 853 213.45 元及相应资金占用利息要求东云公司清偿，剩余 2/3 由小微合作社自行承担。小微合作社和东云公司可在各自实际清偿的范围内向债务人郭某追偿。

三是债权人在相应范围内放弃对其他连带共同担保人求偿。债权人同意脱保的意思表示效力欲及于其他担保人，需债权人在相应范围内免除其他担保人的清偿责任，从而使其他担保人的代位权范围相应缩减。此时，由于其他担保人并未就该部分债务进行代偿，也就未获得相应的代位权，被减免的那一部分债权仍归属于债权人，故债权人有权对该部分债权及从属权利作出同意脱保的处置。

对债权人应在何范围内免除其他担保人的清偿责任，尚存不同认识：一种观点认为，在连带共同保证中，各担保人在债务中具有相同的地位，因而

[1] 黄忠："混合共同担保之内部追偿权的证立及其展开《物权法》第 176 条的解释论"，载《中外法学》2015 年第 4 期。

债权人免除部分连带保证人责任时，效力应及于其他担保人，即其他连带保证人的责任以被免责担保人的免责范围为标准，亦得以免除。另一种观点认为，债权人免除部分连带担保人责任，对其他担保人的影响是损害了其对被免责担保人于其应承担份额内的追偿权的实现，此免责行为仅具有部分涉他因素，故其后果是其他连带担保人的责任以被免责的担保人应分担额份额为准，得以免除。[1]以本案为例，按照观点一的标准，小微合作社和东云公司均应同唐某一样，仅承担 10 万元债务而免除其余债务；按照观点二的标准，小微合作社和东云公司应就涉案 2 853 213. 45 元债务之中，本应由唐某承担的 1/3 份额免责，二者需共同承担剩余 2/3 的份额。笔者认为，应取观点一或是观点二，取决于债权人作出的是何种意思表示，若债权人以免除全体担保人责任之目的对其中一名担保人作出免除责任的意思表示，则应取观点一，使免除效力及于全体共同担保人；若债权人目的仅为免除对特定担保人享有的担保权，则应取观点二。

就本案而言，民生银行已向小微合作社进行了追偿，可见其并无免除全体担保人责任之意；民生银行要求小微合作社清偿的数额是涉案 2 853 213. 45 元，并未对唐某本应承担的 1/3 份额予以扣减，故本案并不满足条件三。另外，小微合作社及东云公司均未同意唐某与民生银行的脱保协议，故本案也不满足条件一或条件二。综上，唐某与民生银行的脱保协议对小微合作社和东云公司均无约束力，唐某仍应向小微合作社承担清偿责任。

## 三、唐某所代偿的 10 万元应如何处理

本案另一审理焦点是对唐某已清偿之 10 万元作何处置。一种观点认为，一审时唐某并未参加诉讼，亦未向法院提出其已向民生银行偿还 10 万元之主张，故其在二审中提出的该主张为新发现的事实，可在唐某应向小微合作社清偿的款项中扣除该 10 万元。另一种观点认为，唐某所偿还的 10 万元，同小微合作社偿还的 2 853 213. 45 元性质相同，三名担保人应就该 10 万元均分责任，故本案仅能在唐某应向小微合作社清偿的款项中扣除小微合作社应分担的 10 万元的 1/3。第三种观点认为，本案系履约担保人小微合作社向借款人郭某和连带责任担保人唐某、东云公司追偿所引发的纠纷，唐某所代偿的

[1] 何英："论共同担保的理论基础及规则完善"，对外经济贸易大学 2007 年硕士学位论文。

10万元与本案并非同一法律关系，应另案解决。合议庭经研究后采纳了第三种观点：首先，处理该10万元之前，需先认定该10万元与小微合作社代偿的2 853 213.45元之间是否存在重合，即民生银行是否多收取了10万元还款。对此，小微合作社的解释是，其所代偿的款项包括270万元本金及相应的利息、罚息，而从民生银行发出代偿通知到小微合作社实际完成代偿之间存在时间差，唐某所偿还的10万元即是因该时间差产生的郭某借款的罚息，民生银行并未多收取10万元还款。由于民生银行并非本案当事人，亦未出庭进行陈述，故本案中不宜直接认定主债务人郭某的欠款数额，应否采信小微合作社的上述说法尚存疑，需在查清该问题的基础上再讨论10万元的处理问题。其次，唐某并未在一审、二审中反诉要求小微合作社和东云公司就该10万元在相应份额内进行清偿，亦未提出抵扣的主张，根据不告不理的原则，法院不宜主动在本案中就该10万元一并处理。结合上述两点原因，合议庭认为唐某可另行起诉解决该10万元的问题。若小微合作社与唐某代偿的款项之间确无重合，则唐某有权就其代偿的10万元另行起诉，向郭某、小微合作社和东云公司追偿。

# 责任保险索赔时效的起算

## ——谢某某诉某财产保险股份有限公司财产保险合同纠纷案

余香成*

## 一、基本案情

2002年8月15日17时15分许，原告谢某某雇请张某某驾驶谢某某所有的赣D10426号货车从北向南沿105国道行驶至吉安市青原区青原大道华昌大酒店路段时，遇上曾某所骑二轮南方牌125型摩托车，致曾某及乘车人廖某受伤，曾某摩托车损坏的交通事故。经吉安市公安局交通警察支队吉州大队作出事故认定书，认定张某某负事故的主要责任，曾某负事故的次要责任，乘车人廖某不负事故责任。曾某当即被送往吉安市第一人民医院住院治疗114天，花费医疗费用11 501.71元。因双方协商未果，曾某向吉安市青原区人民法院起诉。2003年3月28日，吉安市青原区人民法院作出（2003）青民初字第71号民事判决书，判决原告谢某某及张某某共同赔偿曾某损失共计136 706.44元。判决生效后，经吉安市青原区人民法院执行，原告于2015年3月共计赔付执行款161 530元结案，原告事故车在被告某财产保险股份有限公司（以下简称“某财产保险公司”）投保了商业第三者险。原告向被告报了险，被告也派人到现场，原告持保险单及其他理赔材料向被告申请理赔，被告收后向原告下发了理赔通知书，但没有理赔。因向被告某财产保险公司申请理赔未果，原告遂于2015年8月13日诉至江西省吉安市吉州区人民法院，请求保险公司在商业第三者险范围内赔偿原告损失136 706.44元并承担诉讼费。

保险公司辩称：事故发生在十三年前，公司系统查不到该事故资料，根

---

* 余香成，江西锦成律师事务所合伙人，保险诉讼部负责人。

据《保险法》第26条第1款的规定，人身损害的受益人向保险公司申请赔偿的诉讼时效为2年，故已超过诉讼时效，原告与被告不存在保险合同关系，要求驳回原告诉请求。

## 二、法院裁判

一审法院认为："被告提出原告并未在其公司投保商业第三者险，不存在保险合同。从原告提供的理赔通知书、信封原件来看，被告承认系该公司信封，信件发出去的日期为2003年06月05日，发生事故时间为2002年08月15日17时许，信封内附有被告某财产保险公司通知书一份，该通知书为打印原件，有被保险人原告谢某某保险单编号及赔案号，内容为原告在2002年8月16日，向被告提出的对2002年08月15日发生在吉安市青原区圆盘发生的碰撞事故的索赔手续，该通知书没有被告公司盖章。据原告陈述，当时原告已将保险合同及赔偿手续交给了公司，原告也到公司要求理赔，被告公司以原告事故车超载或未先行理赔为由拒付。故本院认为，被告理赔通知书虽未盖章，但有理赔案号及赔案号，与发生事故时间、出险记录吻合，该发出去的信件为原件，并且有明确的邮发时间，原告在当时情形下没有理由对该信件进行伪造，原告在被告处投保的商业第三者险具有很高的盖然性，故本院认定原告在被告处投保了商业第三者险，应依合同理赔，因原告理赔时已将保险合同交给被告，被告又拒不提供保单，为保护原告权益，其保险理赔金额以保险最大理赔限额计算；被告提出根据《保险法》第26条规定，人身伤害保险理赔诉讼时效为二年，本案已过了诉讼时效，故原告诉讼请求不应支持。本院认为，根据《保险法》规定，原告应对被害人曾某先行赔偿后，保险公司再进行理赔，故其诉讼时效应自原告赔偿完被害人损失之日起计算，并未超过二年，故被告抗辩理由不成立，本院不予采信；因发生事故时并未出台《机动车交通事故责任强制保险条例》，故被告应在商业第三者险限额范围内对原告进行理赔。"据此，吉安市吉州区人民法院依据《合同法》第60条、《保险法》第14条、第65条第2款之规定判决被告某财产保险公司赔付原告谢某某损失136 706.44元，限判决生效后7日内付清。案件受理费3 034元，由被告保险公司负担。

某财产保险公司不服一审判决，向江西省吉安市中级人民法院提起上诉，上诉称："①原审判决认定事实不清，其仅以一份来源不明且无保险公司加盖公章的《理赔通知书》即认定双方存在保险合同关系，明显证据不足。原审判决未查明保险情况，如投保险种、保险金额、保险期限等涉及保险当事人权利义务关系的重要内容，其错误的举证责任分配导致错误判决。②原审判决适用法律错误，无论是从交通事故发生之日，还是从法院判决被保险人依法应承担法律责任之日，本案均明显已过诉讼时效。责任保险的索赔时效应自受害第三人向被保险人请求承担法律责任之日起计算，否则将违背诉讼时效设立的初衷，原审判决计算责任保险的索赔时效起算点明显错误。综上，没有证据证明被上诉人谢某某为涉案肇事车辆在上诉人处进行了投保，以及投保的具体险种、保险期间、保险金额，原审判决以举证责任倒置的方式推定双方保险合同成立，明显违反证据规则。责任保险的索赔时效应自受害第三人请求被保险人承担法律责任或者被保险人的法律责任确定之日起开始计算，原审判决以被保险人迫不得已被强制执行的实际履行日期计算保险索赔时效，不符合《保险法》设立索赔时效的立法宗旨，也不利于维护正常、稳定的保险金融秩序。据此，根据'谁主张谁举证'的原则，被上诉人无法证明双方保险关系成立，应承担举证不能的不利后果；被上诉人无法证明存在法定诉讼时效中止、中断情形，亦应承担败诉风险。故恳请贵院在查证事实的基础上，撤销原判，依法改判，驳回被上诉人谢某某对上诉人的全部诉讼请求。”

二审期间，当事人均未提交新证据。二审查明的事实与一审查明的事实相一致。

二审法院认为：“本案争议的焦点：被上诉人谢某某向上诉人主张权利是否超过诉讼时效？本案保险事故发生时间为2002年8月15日。依据吉安市青原区人民法院作出的民事判决，确定被上诉人谢某某及张某某承担赔偿受害人责任的时间为2003年3月28日。谢某某持保险单（保险单编号AA3601002001160）及其他理赔材料向上诉人申请理赔，上诉人接收后于2003年6月5日，向被上诉人谢某某下发了理赔通知书，通知谢某某到上诉人公司办理相关手续。直至2015年3月，经吉安市青原区人民法院执行，谢某某共计赔付执行款161 530元后提起诉讼。根据我国《保险法》规定，责任保险是指以被保险人对第三者依法应负的赔偿责任为保险标的的保险。根据我国现行的《保险法》规定，人寿保险以外的其他保险的被保险人或者受益人，向保险人请求赔偿或者给付保险金的诉讼时效期间为二年，自其知道或者应当知道保险事故发生之日起计算。本案中，上诉人于2003年6月5日，向被上诉人谢某某下发了理赔通知书，通知谢某某到上诉人公司办理相关手续。谢某某也与上诉人为赔付保险赔偿金的问题协商未果，可以确定自其向保险公司索赔之日，其已知道或者应当知道保险事故发生的时间。在 2003 年 3 月 28 日，吉安市青原区人民法院作出（2003）青民初字第 71 号民事判决书，判决谢某某及张某某共同赔偿曾某损失共计 136 706.44 元。直至 2015 年 3 月，经吉安市青原区人民法院执行，谢某某共计赔付执行款 161 530 元后提起诉讼。期间的十余年时间，没有出现过谢某某向保险人请求赔偿或者给付保险金的诉讼时效期间中断的事由。因此被上诉人谢某某属怠于行使保险索赔权利，导致本案明显超过了保险法规定的二年诉讼时效期间。而我国《保险法》第 65 条第 1-3 款规定：‘保险人对责任保险的被保险人给第三者造成的损害，可以依照法律的规定或者合同的约定，直接向该第三者赔偿保险金。责任保险的被保险人给第三者造成损害，被保险人对第三者应负的赔偿责任确定的，根据被保险人的请求，保险人应当直接向该第三者赔偿保险金。被保险人怠于请求的，第三者有权就其应获赔偿部分直接向保险人请求赔偿保险金。责任保险的被保险人给第三者造成损害，被保险人未向该第三者赔偿的，保险人不得向被保险人赔偿保险金。’该条款是对责任保险及其赔偿方式的规定，其立法目的是对受害第三者赔偿权利能得到及时保护和赔偿出发而增加的条款，不属于诉讼时效的终止[1]或中断的规定。被上诉人谢某某在法院判决确定了其应当向第三者赔偿的具体金额后怠于向保险人请求支付保险赔偿金主张权利，也未向第三者及时支付赔偿款，而是在实际履行完吉安市青原区人民法院作出（2003）青民初字第 71 号民事判决书确定的义务之后向人民法院提起诉讼主张权利，不符合保险法关于诉讼时效的规定。一审法院适用《保险法》（2009 版）第 65 条第 1-3 款规定认为谢某某起诉的诉讼时效应自其赔偿完被害人损失之日起计算，并未超过二年，属适用法律不当，应予纠正。”

2017 年 8 月 17 日，江西省吉安市中级人民法院作出（2017）赣 08 民终 926 号民事判决：撤销原判，依法改判，驳回谢某某的诉讼请求。

## 三、裁判解析

本案主要涉及两个法律争议问题：一是保险合同成立、生效等保险关系

〔1〕 编者注：此处“终止”应为“中止”的笔误。

举证责任如何分配；二是责任保险的索赔时效起算点如何确定。

1. 关于保险关系成立的举证责任分配问题

根据《最高人民法院关于适用〈中华人共和国民事诉讼法〉的解释》第90条："当事人对自己提出的诉讼请求所依据的事实或者反驳对方诉讼请求所依据的事实，应当提供证据加以证明，但法律另有规定的除外。"第91条："人民法院应当依照下列原则确定举证证明责任的承担，但法律另有规定的除外：（一）主张法律关系存在的当事人，应当对产生该法律关系的基本事实承担举证证明责任；……"本案被上诉人谢某某主张十五年前曾在保险公司为其赣D10426货车投保了第三者责任险，应当对保险合同法律关系的基本事实承担举证证明责任，即谢某某依法应向法庭提供事发时涉案车辆的保险单。

原一审判决在被上诉人谢某某未提供任何保险凭证的情况下，仅以一份来源不明且未加盖保险公司公章的《理赔通知书》即作为认定双方保险合同法律关系的证据，有待商榷。该《理赔通知书》不能证明保险合同法律关系的存在。原一审判决认定"原告事故车在被告投保了商业第三者险""原告持保险单及其他理赔材料向被告申请理赔，被告接收后向原告下发了理赔通知书，但没有理赔"，缺乏证据证明，理据并不充分。原一审判决将保险合同法律关系的举证责任倒置由保险公司承担，违反最高院民事诉讼证据规则。是否购买保险，以及购买了哪些险种的保险，保险金额多少，保险期限如何约定等保险法律关系的基本事实举证责任均在于被保险人（投保人），而非保险公司。原一审判决以"原告在被告处投保的商业第三者险具有很高的盖然性""保险理赔金额以保险最大埋赔限额计算"违背《最高人民法院关于适用〈中华人民共和国民事诉讼法〉的解释》第90条和第91条的规定。

保险公司认为：由于时间久远，事隔十余年，保险公司业务系统已更新换代多次，短时间内上诉人确实在保险业务系统中无法查询到原一审判决所认定的涉案保单，故上诉人也根本无法举证该涉案保单。原一审判决将保险合同法律关系存在的举证责任分配给保险公司，并认定上诉人接收了被上诉人提供的保险单原件，依据不足。

本案一审法院采用了证据高度盖然性的证据规则，推定原被告之间的保险法律关系成立。二审法院未将该问题作为单独的争议焦点进行阐述，但从二审判决中"本院认为"部分的论述来看，似乎是倾向于一审观点。

2. 关于责任保险索赔时效的起算点确定问题

(1) 一般保险索赔时效期间的起算问题。一般保险索赔时效期间的起算点是被保险人或者受益人知道或者应当知道保险事故发生之日。这里所指的“保险事故”一般比较好理解，如车辆损失保险的索赔时效自被保险机动车发生交通事故之日起计算；人身意外伤害保险的索赔时效自被保险人遭受意外伤害之日起计算等。[1]

(2) 责任保险索赔时效的起算问题。责任保险的保险事故具有特殊性，责任保险是指以被保险人对第三者依法应负的赔偿责任为保险标的的保险。因此，责任保险不同于其他财产保险，责任保险以赔偿责任为基础，无责任即无责任保险。

以机动车交通事故责任强制保险为例，交强险索赔时效是自被保险机动车发生交通事故之日起计算，还是自第三者向被保险人请求赔偿之日起计算，抑或是自被保险人对受害人的法定赔偿责任确定之日起计算，甚或是自被保险人实际赔偿受害人之日起计算？为此，形成以下四种学说：

其一，损害事故发生说。

该说认为造成第三者人身损害或财产损失的损害事故即为责任保险事故，如交强险索赔时效就是被保险机动车发生交通事故之日。该说就责任保险事故的认定采纳了与一般财产保险事故相同的方式，即损害事故的发生就是保险事故的发生。

其二，被保险人受请求说。

该说认为损害事故受害人向被保险人提出赔偿请求即发生责任保险事故。根据 1999 年 12 月 13 日原中国保险监督管理委员会颁布的《关于索赔期限有关问题的批复》(保监复〔1999〕256 号) 规定：“对于责任保险而言，其保险事故就是第三人请求被保险人承担法律责任。保险事故发生之日，应指第三人请求被保险人承担法律责任之日。”很显然，原保监会采用的是被保险人受请求说。根据该文件规定，交强险的“保险事故”是指“因被保险机动车发生交通事故致使受害人遭受人身伤亡或者财产损失，受害人依法请求被保险人承担损害赔偿责任”，而非“被保险机动车发生交通事故”本身。

---

〔1〕 参见最高人民法院保险法司法解释起草小组编著：《〈中华人民共和国保险法〉保险合同章条文理解与适用》，中国法制出版社 2010 年版，第 177 页。

对此，最高人民法院保险法司法解释起草小组认为：责任保险的索赔时效应从“第三者请求被保险人承担法律责任之日”起算。〔1〕

其三，赔偿责任确定说。

该说认为以被保险人对第三者的赔偿责任确定作为责任保险事故之发生。赔偿责任的确定不仅应包括被保险人依法应负的法定赔偿责任被确定，如法院判决或调解，还应包括被保险人应支付第三者的损害赔偿金额的确定，如双方和解达成协议或通过交警部门调解等。根据赔偿责任确定说，由于被保险人向第三者依法应负的损害赔偿责任已确定，被保险人的损失也相应得以确定，因此该说似乎更符合责任保险承保的保险标的是被保险人法定赔偿责任这一特性。

具体到本案，二审法院认为“被上诉人谢某某在法院判决确定了其应当向第三者赔偿的具体金额后怠于向保险人请求支付保险赔偿金主张权利”，显然采纳了赔偿责任确定说。从2003年3月28日吉安市青原区人民法院作出民事判决，谢某某的法定赔偿责任即已确定，此时应开始计算第三者责任险的索赔时效。

其四，赔偿义务履行说。

该说认为被保险人向受害第三人实际履行赔偿义务为责任保险事故。此说从被保险人损失实际发生的角度出发，似乎更符合一般的财产保险理论。即被保险人因损害事故的发生已经遭受了损失，就像发生交通事故保险车辆遭受实际损失一样，而保险人的理赔是对被保险人已经遭受的损失进行补偿。无责任即无保险，无损失亦无补偿。此外，根据《保险法》第65条第3款的规定，责任保险的被保险人给第二者造成损害，在被保险人未向该第三者实际赔偿之前，被保险人无权要求保险人向其支付责任保险金，若此时被保险人向保险人索赔的诉讼时效就已起算，似有不妥。

具体到本案，一审法院认为“根据保险法规定，原告应对被害人曾某先行赔偿后，保险公司再进行理赔，故其诉讼时效应自原告赔偿完被害人损失之日起计算，并未超过二年”，显然采纳了赔偿义务履行说。2017年北京铁路运输法院发布的《保险合同纠纷案件审判白皮书》之案例五“三者险与车损

〔1〕参见最高人民法院保险法司法解释起草小组编著：《〈中华人民共和国保险法〉保险合同章条文理解与适用》，中国法制出版社2010年版，第178页。

险保险金请求权的诉讼时效期间计算起点有所不同”认为:“请求给付责任保险金的诉讼时效应从被保险人依法向第三者实际承担赔偿责任之日起算。第三者责任险的保险事故发生之日应理解为被保险人依法实际向第三者承担赔偿责任之日。”也是采纳赔偿义务履行说。

然而,《保险法》第 65 条第 3 款的立法本意是保护受害第三者的合法权益,防止被保险人获取保险赔偿金后不支付给第三者的情形发生,而非限制被保险人的请求权,因为被保险人完全可以依据该法第 65 条第 2 款要求保险人直接向第三人支付保险赔偿金。因此,采用赔偿责任确定说可以督促被保险人及时请求保险人向第三人赔付或自行向第三者履行赔偿责任,这也符合责任保险制度兼具分散被保险人责任风险和保障受害第三人利益的价值取向。相反,若采用赔偿义务履行说,被保险人没有动力无法督促保险人向第三人赔偿,也没有动力自行赔偿第三人,因为直到万不得已向第三人赔偿后(比如被法院强制执行后),被保险人还可以要求保险人理赔,这与责任保险保障受害第三人利益的初衷明显不符。为了兼顾被保险人的利益,可以将被保险人向第三人履行赔偿义务规定为被保险人请求保险人赔偿的诉讼时效的法定中断事由。〔1〕

(3)关于最高人民法院《关于适用〈中华人民共和国保险法〉若干问题的解释(四)》(征求意见稿)第 23 条。2017 年 9 月 29 日,最高人民法院在其官网上发布最高人民法院《关于适用〈中华人民共和国保险法〉若干问题的解释(四)》(征求意见稿)向社会公开征求意见的公告,该最高人民法院《关于适用〈中华人民共和国保险法〉若干问题的解释(四)》(征求意见稿)第 23 条就“责任保险诉讼时效起算”明确规定为:“责任保险被保险人的保险金赔偿请求权的诉讼时效期间,自被保险人向第三者实际赔偿之日起算。”显然,该征求意见稿采纳了“赔偿义务履行说”。该征求意见稿的观点与最高人民法院司法解释起草小组编著的《〈中华人民共和国保险法〉保险合同章条文理解与适用》一书中的意见截然不同,该书认为:责任保险的索赔时效应从“第三者请求被保险人承担法律责任之日”起算;〔2〕采纳的是

〔1〕 参见杜爱武主编:《财产保险理赔和追偿案例评析》,中国法制出版社 2017 年版,第 71 页。

〔2〕 参见最高人民法院保险法司法解释起草小组编著:《〈中华人民共和国保险法〉保险合同章条文理解与适用》,中国法制出版社 2010 年版,第 178 页。

"被保险人受请求说"。该书观点亦与原中国保险监督管理委员会于1999年12月13日发布的《关于索赔期限有关问题的批复》（保监复〔1999〕256号）监管文件精神一致，即："对于责任保险而言，其保险事故就是第三人请求被保险人承担法律责任。保险事故发生之日，应指第三人请求被保险人承担法律责任之日。"然而，"被保险人受请求说"同样存在缺陷，即第三者请求被保险人承担法律责任之日不等于赔偿责任确定，此时即开始计算责任保险诉讼时效并不合理，因为第三者请求被保险人承担法律责任不等于被保险人需要实际承担法律责任。换言之，只有被保险人对第三者的法律责任确定后才存在计算责任保险诉讼时效的实际意义。而"赔偿义务履行说"的最大缺陷则在于，责任保险诉讼时效的起算将取决于侵权双方当事人的意思表示，如果被保险人一直不向第三者履行赔款义务则责任保险诉讼时效就不起算，这对保险公司而言是非常不合理的，此期间可能存在十几年，诸如本案例。此外，"赔偿义务履行说"实际上亦不符合责任保险规定诉讼时效的立法宗旨。因此，建议该征求意见稿第23条宜采纳"赔偿责任确定说"，相应的条文建议修改如下：

"第二十三条（责任保险诉讼时效起算）

责任保险被保险人的保险金赔偿请求权的诉讼时效期间，自被保险人对第三者应负的赔偿责任确定之日起算。"

3. 本案存在的其他法律适用问题

（1）关于新旧保险法适用问题。本案交通事故发生于2002年8月15日，而《保险法》颁布于1995年6月30日，2002年10月28日第一次修正，2009年2月28日第二次修正。原一审判决简单地适用《保险法》（2009版）第65条第2款判案，值得商榷。

本案应适用1995年和2002年《保险法》（两法对保险索赔时效规定一致，均为消灭时效，2009年《保险法》第65条第2款是保险法第二次修正新增内容，不应适用于本案。在2009年10月1日之前，因被保险人对第三者造成损害的，被保险人未向第三者赔偿的，被保险人也可以向保险公司请求赔偿责任保险金）。

（2）关于诉讼费承担问题。根据国务院《中华人民共和国诉讼费用交纳办法》第29条："诉讼费用由败诉方负担，胜诉方自愿承担的除外。部分胜诉、部分败诉的，人民法院根据案件的具体情况决定当事人各自负担的诉讼费用数额。共同诉讼当事人败诉的，人民法院根据其对诉讼标的的利害关系，决定当事人各自负担的诉讼费用数额。”第30条：“第二审人民法院改变第一审人民法院作出的判决、裁定的，应当相应变更第一审人民法院对诉讼费用负担的决定。”据此，诉讼费用负担的基本规则是谁败诉谁负担。本案二审法院虽然改变了一审法院作出的判决，但并未对一审法院有关诉讼费用负担的决定作相应变更，严格来讲，并不符合上述法律规定。但综合考虑本案拒赔事由系诉讼时效所致，毕竟有别于其他实体拒赔案件，故二审法院综合考虑并权衡各方利益，采取了折中方式决定本案一审、二审诉讼费用的负担，这也恰恰解决了保险公司在司法实践中申请强制执行诉讼费的尴尬困境。

# 主车与挂车出险赔偿案例研究

王海龙 *

在司法实践中，主车和挂车出险理赔过程中存在的争议，一直以来都是机动车类保险赔偿中比较棘手的问题。主车和挂车出险赔偿问题，一类是主车与挂车分离情况下，各自发生交通事故的赔偿问题，还有一类值得关注的就是主车与挂车连接使用过程中发生保险事故的赔偿问题。在后一情况下，由于主车与挂车连接，车体结构发生了“合二为一”的变化，立法的滞后表现出，现行法律难以对主车和挂车分别投保机动车商业第三者责任险（简称“商业三责险”），但只赔其一的不合理现象现进行调整，法院在解决这类纠纷中由于没有统一的标准，各地出现了大量同案不同判的情况。关于主车和挂车发生互碰，机动车车辆损失保险（以下简称“车损险”）是否赔偿的问题，无论是从法律层面还是保险行业规范层面以及保险公司层面，对主挂车出险赔偿问题都不够重视，导致此类案件不能得到及时而统一地裁判，究其原因是缺乏立法上的统一。

为了解决现实生活中的此类纠纷，笔者在搜集大量国内外相关法律法规及参考文献的基础上，还借助在基层法院实习的机会对此类案件进行调研，这使我对主车和挂车涉及保险理赔的纠纷有了较为深入和全面的认识。针对主车与挂车连接使用（简称“主挂车”）在交通运输中发生交通事故时的保险赔偿问题，本文将以涉及主挂车投保商业三责险中“买二赔一”条款和车损险中免责条款的判例为切入点，以主车与挂车为论题核心，以保险法为论题视角，以案例分析为体裁，通过实证分析法、比较分析法、历史分析法等

---

* 王海龙，北京市顺义区人民法院法官助理。

研究方法，拟对主挂车出险赔偿问题进行研究，以求对司法中解决上述保险理赔纠纷提供理性的思考。

## 一、绪论

近些年，我国货物运输业发展迅猛，[1]尤其在港口城市和内陆城市之间以及内陆城市之间，铁路运输与公路运输成了货物集散的主要交通运输方式。其中，在公路运输中，牵引挂车（即通常所说的主车与挂车）是货物运输中最主要也是最为常见的载体。这类机动车车身宽长而且负载能力强大，相比较普通货车大大降低了运输成本。然而这样的运输优势在货运成本增加的今天，却也变成了一把双刃剑，屡禁不止的严重超载以及疲劳驾驶无形中加大了司机对该类车的驾驶难度，这已成为酿成重大交通事故的主要因素之一。[2]主车与挂车在如今货物运输中占据的重要地位及对交通运输做出贡献的同时，也埋下了不安全因素。

关于主车与挂车连接使用出险赔偿问题，原保监会以批复形式及中国保险行业协会以行业指引的方式对此问题有明确规定，[3]各家保险公司提供的机动车商业第三者责任保险合同中均体现了与原保监会及中国保险行业协会文件基本相一致的条款，即“主车和挂车连接使用时视为一体，发生保险事故时，由主车保险人和挂车保险人按照本保险合同上载明的机动车第三者责任险赔偿限额的比例，在各自的赔偿限额内承担赔偿责任，但赔偿金额总和以主车的赔偿限额为限。”各家财产保险公司制定的《机动车商业保险条款》基本沿用了中国保险行业协会条款的有关主挂车责任限额的规定，如《中国人寿财产保险股份有限公司机动车第三者责任保险条款》第12条约定：“主车和挂车连接使用时视为一体，发生保险事故时，由主车保险人和挂车保险人按照保险单上载明的机动车第三者责任保险责任限额的比例，在各自的责任限额内承担赔偿责任，但赔偿金额总和以主车的责任限额为限。”但这一保

---

〔1〕 数据来源：中汽协产销快讯，2012年~2013年6月商用车销量分车型销量变化趋势。

〔2〕 周建华、江中帆：“参照行业惯例破解保险难案”，载《民主与法制》2010年第8期。

〔3〕《中国保险监督管理委员会关于中国保险行业协会修订机动车商业保险行业基本条款和费率的批复》（保监产险［2007］186号），《机动车商业保险行业基本条款（A款）》之《机动车第三者责任保险条款》（中保协条款［2007］1号）第12条，《机动车商业保险行业基本条款（B款）》（中保协条款［2007］2号）之《第一章 商业第三者责任保险》第20条，《机动车商业保险行业基本条款（C款）》（中保协条款［2007］3号）之《机动车第三者责任保险条款》第11条。

险合同中的条款饱受争议，司法界也缺乏统一认识，导致司法实践中出现了大量同案不同判的情况。

关于主挂车连接使用发生互碰，[1] 车损险是否赔偿的问题，保险公司大多主张两者连接使用视为一体，不符合保险合同中“碰撞”解释而拒绝赔偿。对于此纠纷，司法判决体现了不同的处理态度，理论界对此也存有争议。就上述主挂车出险赔偿比较集中且争议较大的两类问题，笔者意通过本篇文章，以现有法律条文为基础，以现有司法判例为指引，以公平、合理为原则，拟对上述司法难题提出切实、合理的解决办法。

## 二、主车与挂车出险赔偿案例及其思考

### （一）案情介绍、争议焦点及裁判结果

1. 案例一：金轮汽车租赁公司诉中国人保财险[2]

（1）案情。

2009 年 4 月 3 日，本案申请人江西某汽运公司所属赣 A1/赣 A2 挂重型半挂牵引车（均已向被申请人某保险公司投保商业三责险 20 万元和交强险 12.2 万元）与一辆粤 B 小轿车发生相撞，造成小轿车车上人员三死两伤及车辆损坏的重大交通事故。该事故经某交警大队认定：小轿车车主负此次事故的主要责任，半牵引挂车需负次要责任。双方当事人在交警部门的调解下对此次事故达成了调解协议，半牵引挂车所属的某汽运公司需向伤亡损失共计 58.86 万元。因申请人已向中人财保江西省分公司投保交强险（保额 12.2 万元）和商业三责险（保额 20 万元），故赔偿后有理由向被申请人提出理赔请求。但被申请人以保险合同约定为由，只同意理赔主、挂车两份交强险 24.4 万元及主车商业三责险 19 万元，合计保险赔款 43.4 万元。申请人后因未能与该保险公司对赔偿金额达成统一意见，遂诉至南昌仲裁委员会，请求裁决被申请人赔偿保险金共计 58.86 万元。

---

〔1〕 指主车与挂车发生的相互撞击。

〔2〕 江西金轮汽车租赁有限公司诉中国人民财产保险江西省分公司保险合同纠纷案，南昌仲裁委员会（2010）洪仲裁字第 65 号裁决书（2010 年 11 月 12 日）。

（2）案件争议焦点。

焦点一：主挂车连接使用，商业三责险如何赔付？

申请人主张：商业三责险合同中“由主车保险人和挂车保险人按照保险单上载明的机动车第三者责任险保险责任限额内的比例，在各自的责任限额内承担赔偿责任，但赔偿金额总和以主车的责任为限”这一条款对投保人有失公平，违反《保险法》第19条的规定。故要求被申请人按照主挂车在分别投保的商业三责险保险限额内赔偿损失。

被申请人主张：第一，商业保险合同需当事人双方意思表示一致，只要双方意思表示真实且合同内容不违反法律禁止性规定，合同就应得到当事人的遵守；第二，该保险合同中的“由主车保险人和挂车保险人按照保险单上载明的机动车第三者责任险保险责任限额内的比例，在各自的责任限额内承担赔偿责任”规定，主要针对的是主挂车在不同保险公司投保的情形，“但赔偿金额总和以主车的责任为限”则主要针对的是主挂车连接使用中被视为一体的情况。

焦点二：保险人是否履行了免责条款的说明义务？

申请人主张：“买二赔一”条款为部分免责条款，保险人未尽到明确说明义务，依据保险法、合同法相关规定，故该条款无效。

本案被申请人主张：被申请人就免责条款已向保险人履行了明确告知义务，保单中“重要提示”栏第2条〔1〕、第3条〔2〕已向投保人明示了责任风险，保险人认为投保人已在附有上述条款的保单“投保人声明”一栏签字，申请人以对条款内容无效为由要求保险人理赔依法无据。

（3）仲裁裁决。

①关于主挂车连接使用，商业三责险如何赔付问题的认定意见。

针对双方当事人对保险条款中“主挂车连接使用视为一体，发生保险事故时，由主车保险人和挂车保险人按照保险单上载明的机动车第三者责任险保险责任限额内的比例，在各自的责任限额内承担赔偿责任，但赔偿金额总和以主车的责任为限”存在的争议，仲裁庭采纳了被申请人的抗辩理由，对

---

〔1〕 本保险合同源于你的投保申请，是向您提供保险保障服务的重要凭据，收到本保险单、承保险种对应的保险条款后，请务必立即仔细核对，如有不符或遗漏，请在48小时内向保险人申请办理变更或补充手续。

〔2〕 请详细阅读承保险种对应的保险条款，特别是责任免除和投保人、被保险人义务等内容。

要求主挂车在两份商业三责险责任限额内承担赔偿责任不予支持。

②关于申请人在投保时，被申请人在订立保险合同时是否尽到免责条款的明确说明义务问题的认定意见。

仲裁庭认为，保险合同中的“重要条款”提示以及投保人在“投保人声明”一栏处的签字，可以认定被申请人已就保险合同的相关条款向申请人履行了书面说明义务，故支持被保险人主张的尽到免责条款明确说明义务的请求。

经审理，仲裁庭最后裁定申请人的请求不予支持，由被申请人以保险合同的约定向申请人赔付主车、挂车交强险限额计 24.4 万元，主车商业三责险限额计 19 万元（扣除 5%的免赔率），赔偿额共计 43.4 万元。

2. 案例二：中陆集装箱储运公司诉平安保险公司[1]

（1）案情。

原告（二审被上诉人）：宁波中陆集装箱储运有限公司。被告（二审上诉人）：中国平安财产保险股份有限公司宁波分公司。2009 年 9 月 23 日，中陆集装箱公司将浙 B83507 号车、浙 B8707 挂号车向平安宁波保险分公司投保了交强险、三者险、车辆损失险以及不计免赔条款，合同于当天生效。2010 年 1 月 6 日，岳某驾驶浙 B83507（浙 B8707 挂）车，经甬金高速公路往宁波途中，因刹车不利，主车车头与挂车发生撞击，造成两车不同程度的损坏。后经保险公司定损确定车辆损失共计 9 300 元、拖车费、抢险车施救费等其他费用计 2 170 元，以上共计损失 11 470 元。本案原告依保险合同请求法院依法判令保险公司支付损失 11 470 元。审理中原告变更诉讼请求，由原来的损失 11 470 元改为 11 340 元。

（2）案件争议焦点。

焦点：主挂车“互碰”是否属于车损险范围?

本案原告主张，机动车之间彼此发生撞击且两车均投有车辆损失险，现碰撞造成车辆损失，保险公司应在车损险责任限额内赔偿损失。

本案被告抗辩认为，根据车损险条款内容，碰撞虽然是属于保险公司赔

[1] 宁波中陆集装箱储运有限公司诉平安保险宁波分公司保险合同纠纷案，一审（2010）甬海商初字第 901 号；二审（2010）浙甬商终字第 1079 号。

偿的范围，但是根据释义，“碰撞”是指保险车辆或其符合装载规定的货物与外界固态物体之间发生的、产生撞击痕迹的意外撞击，连接在一起的主车和挂车在此时应当视为一体。保险公司依据车辆损失险免责条款中规定的“其他不属于保险责任范围的，不予赔偿”条款主张免赔。

（3）法院判决。法院认为，本案浙 B83507 半挂牵引车、浙 B8707 挂车两车发生相互碰撞，应属于机动车车辆损失险理赔范围。判决被告中国平安财产保险股份有限公司宁波分公司于判决生效之日起 5 日内赔付原告宁波中陆集装箱储运有限公司保险金 11 340 元。宣判后，被告不服一审判决，提起上诉。由于上诉人未在规定的期限向二审法院预交二审案件受理费，又未提出免交、缓交申请，二审裁定按上诉人自动撤回上诉处理。

（二）案例引发的思考

1. 商业三责险中“买二赔一”条款的效力

机动车商业第三者责任保险，是机动车保险中除了机动车交通事故责任强制保险（以下简称“交强险”）之外最为重要的险种之一，其最大的特点是投保人发生交通事故后，由于交强险赔偿损失有限额，在其限额内无法填补的损失可在商业三责险限额内得到救济。从损失赔偿的角度可以说，商业三责险是交强险的延伸。正如庞德所说，是尽可能多地满足一些利益，同时使牺牲和摩擦降低到最小限度。[1]但由于两个险种在设立目的、性质、功能等诸多因素上的差异，使两者在具体的保险内容上也有明显区别。商业三责险与交强险最大的不同是没有强制性，且以营利为目的，所以保险公司提供的商业三责险合同条款所体现的内容将会较大限度地站在己方立场，而减少相对人的权利范围。

近些年，商业三责险条款中争议较大的是所谓的“买二赔一”条款，即“主车和挂车连接使用时视为一体，发生保险事故时，由主车保险人和挂车保险人按照本保险合同上载明的机动车第三者责任险赔偿限额的比例，在各自的赔偿限额内承担赔偿责任，但赔偿金额总和以主车的赔偿限额为限。”在司法实践中，发生交通事故的商业三责险投保人要求对已分别投保的主挂车在两份商业三责险限额内赔偿时，法院一般通过对合同条款进行解释并可分解

〔1〕［美］E. 博登海默：《法理学：法律哲学和法律方法》，邓正来译，中国政法大学出版社 2004 年版，第 414 页。

成以下两种情形：

（1）在条款前半部分所表述的“主车和挂车连接使用时视为一体，发生保险事故时，由主车保险人和挂车保险人按照本保险合同上载明的机动车第三者责任险赔偿限额的比例，在各自的赔偿限额内承担赔偿责任”条款中，该规定是针对主、挂车因各种理由在不同的保险公司进行投保的情况下，才在条款中有上述按比例赔付的情形。

（2）至于“但赔偿金额总和以主车的赔偿限额为限”的表述则是因为主挂车连接在一起使用过程中被视为一体，在发生交通事故时交警部门只会对主挂车一起定责，而不会将主车与挂车分离单独各自定责。这样的司法裁判思路在司法实务界已成定式，法院也一般都会支持保险人的请求，即“主挂车连接使用时商业三责险赔偿限额以主车的责任限额赔偿”。

笔者对此条款的法律效力持有异议。首先，在主挂车连接使用时，如果主车没有投保商业三责险，仅挂车投保了商业三责险，那么此时商业三责险该如何赔偿？若按实践中将主挂车视为一体，赔偿额以主车限额为限，此时将会出现主车不存在商业三责险而无法根据主车限额进行赔偿，该条款的适用会遇到“有”（此处指挂车已投保商业三责险）而不能赔的尴尬。其次，商业三责险属于商业保险，意味着“投保人和保险人具备相应的缔约能力，并在保险合同内容不违背法律的强制性规定和社会公共利益的基础上的意思表示真实”，[1]就应该是合法有效的并应得到双方当事人的履行。但在保险这个特殊的领域，保险条款内容一般由保险公司以格式条款的形式提供，相对人只能表示“要么接受，要么走开”（take it or leave it），[2]投保人没有太多协商和修改的余地，这就会存在投保人非真实意思自治的情况。在保险公司强势的地位下以及投保人知识水平有限，亦或由第三方（机动车销售商）代为投保的情形下，这种非真实的意思表示会由投保人在保险人提供的保险合同内容和条款已进行充分说明并知晓的确认签字行为下所规避（即客观认定

---

〔1〕赵旭东：《商法学》，高等教育出版社2011年版，第461页。

〔2〕［英］施米托夫：《国际贸易法文选》，赵秀文译，中国大百科全书出版社1993年版，第201页。

意思自治的证据)。[1][2]综上，商业三责险“买二赔一”条款效力如何，值得商榷。

2. 车损险中“互碰”解释性质及效力的认定

车损险是商业保险的重要组成部分，其与商业三责险的显著区别就是车损险赔偿的是车辆自身的损失，而商业三责险则是对第三者造成损失的赔偿。车损险与商业三责险同具有财产保险填（补）平原则下，对可用金钱衡量的财产损失的治愈功能。[3]但在理赔实践中，主挂车连接使用在车损险下出险赔偿中遇到了难题，即车损险中主挂车互碰出险后，车主在向保险公司提出理赔请求时屡遭拒绝，理由大都以主挂车连接使用视为一体，而车损险所谓的“碰撞”是与外界固体发生意外碰撞，如《中国平安财产保险股份有限公司机动车辆保险条款》（2007 版）第四部分释义中对第一部分第二章车损险中“碰撞”的解释，即保险车辆或其符合装载规定的货物与外界固态物体之间发生的、产生撞击痕迹的意外撞击。保险公司在答复投保人申请车损险赔偿时，大都会以签订保险合同中的“碰撞”解释和投保人在保险合同上签字认可合同内容为证据链条作为拒赔依据。保险公司的前述拒赔行为看似有理有据，但深究之，存在以下问题：其一，该“碰撞”解释由保险公司单方作出且对碰撞的解释范围进行了限制，应用到保险合同中会产生排除己方责任，加重对方责任的法律效果，因此该关于“碰撞”解释的条款为应认定为无效的格式条款。[4]其二，该条款为免除责任的格式条款，需在订立保险合同时向投保方尽明确说明的提示义务，保险公司应提供证据证明已尽明确说明义务。[5]其三，该解释用于拒赔主挂车链接使用视为一体互碰出险索赔，其内容违反公平原则及投保人合理的保险期待利益。

---

〔1〕［德］迪特尔·梅迪库斯：《德国民法总论》，邵建东译，法律出版社 2000 年版，第 461 页。

〔2〕［英］Malcolm A. Clarke：《保险合同法》，何美欢、吴志攀译，北京大学出版社 2002 年版，第 263 页。

〔3〕［美］所罗门·许布纳、小肯尼思·布莱克、伯纳德·韦布：《财产与责任保险》，陈欣译，中国人民大学出版社 2002 年版，第 46 页。

〔4〕宫邦友：“交强险中六个突出法律问题的澄清”，载《法律适用》2010 年第 8 期。

〔5〕王利明：《合同法研究·第一卷》（修订版），中国人民大学出版社 2011 年版，第 423 页。

3.《机动车交通事故责任强制保险条例》第42条对主挂车出险理赔的影响

主挂车连接使用这一类高危交通运输工具如何投保交强险以及如何获得赔偿，对维护道路交通安全的稳定至关重要。[1]原中国保险监督管理委员会对此特别作出了规定，"主车和挂车在连接使用时发生交通事故，主车与挂车的交强险保险人分别在各自的责任限额内承担赔偿责任。若交通管理部门未确定主车、挂车应承担的赔偿责任，主车、挂车的保险人对各受害人的各分项损失平均分摊，并在对应的分项赔偿限额内计算赔偿。主车与挂车由不同被保险人投保的，在连接使用时发生交通事故，按互为三者的原则处理。"[2]又如2008年1月30日，中国保险行业协会《关于印发〈交强险承保、理赔实务规程〉（2008版）和〈交强险互碰赔偿处理规则〉（2008版）的通知》（中保协发［2008］54号）和2009年9月27日《关于印发〈交强险承保、理赔实务规程（2009版）〉的通知》（中保协发［2009］216号）也作了一致的规定，从此否定了中国保险行业协会在2006年作出的关于主卦车连接使用分别投保交强险时，只能获得一份保险赔偿金额的规定。在此前的原保监会和中保行业协会发文的基础上，2010年2月3日，原保监会通过《转发交通运输部等五部委关于促进甩挂运输发展的通知》（保监厅发［2010］11号）再次对主挂车连接使用中，主挂车分别投保交强险后发生交通事故后的赔偿问题进行了明确："……各公司不得拒绝或拖延承保挂车交强险；对于主车和挂车在连接使用时发生交通事故的，要严格按两个责任限额累加进行赔付。"

2016年最新修订的《机动车交通事故责任强制保险条例》第42条规定："挂车不投保机动车交通事故责任强制保险。发生道路交通事故造成人身伤亡、财产损失的，由牵引车投保的保险公司在机动车交通事故责任强制保险责任限额范围内予以赔偿；不足的部分，由牵引车方和挂车方依照法律规定承担赔偿责任。"此条款对主挂车的出现受偿的影响无疑是重大的。

《机动车交通事故责任强制保险条例》修改后，这里存在一个矛盾。《中国人民财产保险股份有限公司机动车第三者责任保险》第6条中规定："下列

---

〔1〕江朝国编著：《强制汽车责任保险法》，中国政法大学出版社2006年版，第10~15页。

〔2〕参见2006年6月19日，原保监会《关于对〈机动车交通事故责任强制保险承保、理赔实务规程要点〉进行备案的函》（产险部函［2006］78号）第二章"理赔实务规程"。

情况，不论任何原因造成的对第三者的损害赔偿责任，保险人均不负责赔偿”，这其中就包括“被保险机动车拖带未投保机动车交通事故责任强制保险的机动车（含挂车），或被投保机动车交通事故责任强制保险的其他机动车拖带”这样的条文，这样的商业性条款在遇到《机动车交通事故责任强制保险条例》第42条时，因与《机动车交通事故责任强制保险条例》第42条抵触而无从适用。

## 三、商业三责险“买二赔一”条款法律效力评析

### （一）“买二赔一”条款属无效的免除保险人义务之格式条款

#### 1. 违反公平原则

所谓格式条款，我国《合同法》第39条第2款规定：“格式条款是当事人为了重复使用而预先拟定，并在订立合同时未与对方协商的条款”，简单地说，就是指合同当事人一方出于便捷高效考虑且为了重复使用而单方提供的合同条款。格式条款进入合同领域，具有节省时间、节约人力物力、一次拟定多次使用的便捷性等特点，适应现代商业活动中的节奏和效率。但是格式条款就像一把双刃剑，在提供便捷优越性的同时，也暴露了实践中不能回避的缺点，即格式条款的提供者与所需提供服务或交易订立合同的当事人相比往往具有经济上的优势、信息上的不对等、地位上的垄断这些特征，这些特征使格式条款提供便捷的同时，也在进行着对合同相对人排除其主要权利、加重其责任以及免除己方责任的剥削。概括地讲，违反诚实信用和公平原则，双方利益严重失衡，内容有利于保险人而对投保人、被保险人或受益人的合法权益造成实质损害，是无效保险条款的本质特征。[1]

就该条款本身来说，即《中国人民财产保险股份有限公司机动车第三者责任保险条款》第12条约定：“主车和挂车连接使用时视为一体，发生保险事故时，由主车保险人和挂车保险人按照本保险合同上载明的机动车第三者责任保险责任限额的比例，在各自的责任限额内承担赔偿责任，但责任金额总和以主车的责任限额为限”，该条款存在免除己方责任的性质，理由如下：

（1）投保人分别对主车与挂车投保了商业三责险，目的是在发生保险事

〔1〕刘学生：“保险条款的效力评价——新《保险法》第十九条的理解与适用”，载《保险研究》2009年第6期。

故时可以尽可能的分散风险以减轻自身的经济负担，体现了商业保险保多赔多，保少陪少的特点。但上述的“买二赔一”条款将主挂车在连接使用时发生保险事故后的赔偿金额限定在主车的赔偿限额，而没有将挂车的赔偿限额包括在内，对此笔者持有疑问，“两车视为一体”的结论如何得出？“视为”在法律上该如何认定？为什么主挂车连接视为一体后主挂车分别投保的两份保险赔偿限额不能叠加？当然，不计保险费率、机械的简单相加也许不尽合理，但将挂车保险赔偿限额完全排除，显然在出现赔偿责任时对投保人是不公平的。

（2）有些观点认为，“主车和挂车连接使用时视为一体，发生保险事故时，由主车保险人和挂车保险人按照本保险合同上载明的机动车第三者责任保险责任限额的比例，在各自的责任限额内承担赔偿责任”这样的表述主要是针对主挂车分别在不同保险公司投保的情形，因此各保险公司按比例赔付；“但赔偿金额总和以主车的责任限额为限”的表述则针对的是主挂车视为一体而言，理由是主挂车连接使用发生保险事故，不论车头还是车尾引起的事故，交警部门只会以主车为单位进行责任认定，而不会单独划分主车和挂车二者之间的责任。这样的理由是值得商榷的。主挂车连接使用出险，主挂车分别在不同保险公司投保只是各保险公司之间赔付比例的责任划分，这里的责任划分是保险公司之间的问题，与投保人出险后要求在主挂车分别投保赔偿限额内主张赔偿没有必然联系；同样，交警部门对主挂车连接使用造成损害赔偿只会认定主车的责任，这也只是责任划分实际操作技术上的问题，并不能作为影响投保人保险赔偿限额仅以主车赔偿限额为限的理由，保险公司不能将自己的责任转嫁到投保人身上。主挂车连接使用与个体单独存在固然会相对的改变单个个体的机动能力，从物理学角度来看主挂车连接使用过程中两车彼此会产生相互作用，在绝大部分情况下（除车辆静止时）主挂车连接使用难以准确地定性是主车或是挂车的问题，故交警部门作出主车责任的认定也只是技术上的认定，不能机械地理解为是主车的责任就应在主车投保的商业三责险责任限额内承担责任，这是犯了现实中由于技术的限制逆推为责任机制划分上的逻辑错误，进而导致此格式条款内容上权利义务的失衡。

2. 违反最大诚信原则

意思自治领域并非所有形式上的承认都是对不公平条款的接受。如王泽鉴所言：“如何在契约自由体制下规制不合理的交易条款，维护契约正义，是经济上之强者，不能假契约自由之名，压倒弱者，是现代法律所应负担的任务。”[1]由于投保人与保险人地位上、信息上的不对等，投保人在保险合同订立过程中不太可能有与保险人对保险条款磋商的机会。大多数保险公司只会告诉投保人几个特定条件下的免责声明，如醉酒驾车、无证驾驶、允许没有驾驶资格的人驾驶机动车等，在投保人不追问的情况下，保险人不会对提供的保险合同中格式条款作进一步的说明，只是例行公事的让投保人在相应的单据上签上投保人的姓名以及抄写对保险合同了解的声明，这些都是实践中实际存在的做法，而且这种现象非常普遍。保险作为一个专业性很强的领域，对于大多数人而言不具有对保险合同条款熟悉的能力，特别是对一些需要进行明确说明的免责条款，这类条款包括保险法中规定的须明确说明的、也可能是涉及专业词汇或条款表述不尽详细的。所以，尽管保险人应尽明确说明义务而未为之，致使投保人对保险合同中的重要条款不了解，即使是存在《合同法》第40条规定的情形，签字即发生对契约合意之效力；除非有欺诈、错误等情形，不得以“未注意到改签名之文件载（格式条款）”为由主张抗辩。[2][3]笔者认为仅仅因为投保人在保险人提供的相关单据上签字就认定是合同意思自治而使保险合同有效，这显然不是保险领域追求的意思自治的本意，更是对保险领域风险分散价值追求的违背。

### （二）“投保人声明”一栏签字不必然证明保险人已履行明确说明义务

#### 1. 以现行法律法规为视角

《合同法》第39条规定：“采用格式条款订立合同的，提供格式条款的一方应当遵循公平原则确定当事人之间的权利和义务，并采取合理的方式提请对方注意免除或者限制其责任的条款，按照对方的要求，对该条款予以说明。”《最高人民法院关于适用〈中华人民共和国合同法〉若干问题解释（二）》（以下简称《合同法司法解释二》）第6条第1款规定：“提供格式条款的一方对格式条款中免除或者限制其责任的内容，在合同订立时采用足以引起对方注意的文字、符号、字体等特别标识，并按照对方的要求对该格式条款予以说明的，人民法院应当认定符合合同法第三十九条所称‘采取合

〔1〕（台）王泽鉴：《民法学说与判例研究（第七册）》，北京大学出版社2009年版，第57页。

〔2〕 G. H. Treitel, *The Law of Contract*, Stevens&Sons, 1983, p. 167.

〔3〕（台）刘宗荣：《定型化契约论文专辑》，三民书局1989年版，第19页。

理的方式'。"可见，依照该司法解释的规定，关于格式条款免责或者限制提供方责任的内容，必须以特殊的方法加以标识，否则即使交易相对人在格式条款上签字，法院也不能够认可这些格式条款的效力。[1]就江西金轮汽车租赁有限公司诉中人财保江西省分公司保险合同纠纷案被申请人提交的证据中的保险单及投保单申请人的签字，只能证明投保人在保险单的"重要提示"一栏及"投保人声明"栏签字，并不能证明保险人对"买二赔一"条款进行了必要的提示以及说明，以排除上述实践中存在的争议，故此处的签字不能直接证明保险人已尽明确说明义务。

2. 以法院审判中立为视角

商业三责险中"买二赔一"条款的存在，使实践中出现了大量的主挂车造成外界第三者损害的保险合同纠纷，保险公司均以此条款限制自身赔偿限额，这种做法对于被保险人而言显然不公平。

因此，该条款在理论界受到质疑的同时，也在实务界引起了广泛关注。某些地方法院在审判实践中并不认同保险公司对"买二赔一"条款的主张，通过判决结果及发布指导意见的方式否定该条款的效力。如《浙江省高级人民法院关于审理财产保险合同纠纷案件若干问题的指导意见》（浙高法［2009］296号）第21条规定，牵引车、挂车分别投保了机动车第三者责任险，牵引车或挂车造成保险事故，被保险人主张按牵引车和挂车保险总金额要求保险人承担保险责任的，应予支持。江苏省高院在苏高法审委［2011］1号会议纪要第三部分"保险免责条款的效力"中第8条规定，对于下列保险条款，人民法院应当依照《合同法》第40条、《保险法》第19条的规定认定无效：……第（四）款"主车与挂车连为一体发生事故，两车的保险赔偿限额以主车的保险限额为限"的保险条款。

3. 以举证责任为视角

如前文所述，对于保险人与投保人签订的保险合同，《合同法》及《保险法》对合同中出现的格式条款规定有特殊的提示及说明义务的，在保险人与投保人之间发生保险纠纷时，应就不同的争议焦点根据争议当事人之间所提交的证据作出不同的责任认定。如果是对合同一般性条款发生争议，保险人完全可以投保人在保险合同上签名为由抗辩投保人的请求。但涉及《合同法》

[1] 王利明：《合同法研究·第一卷》（修订版），中国人民大学出版社2011年版，第421页。

第39条、40条的内容条款应采用更加严格的证据规则，以达到公平、合理处理双方争议的司法要求。依照《合同法司法解释二》第6条第1款规定，关于格式条款免责或者限制提供方责任的内容，合同文本中必须以特殊的方法加以标识，对于投保人要求解释的条款，保险人还应该对条款履行准确的说明义务。

在格式合同中将免除或者限制其责任的内容以“足以引起对方注意的文字、符号、字体等特别标识”的做法并不难，但实践中难以操作的是“按照对方的要求对该条款予以说明”。[1]实践中投保人的社会阅历不同、文化水平也不同，在面对同样的条款可能产生不一样的认识。至于是否履行了提请注意的义务，原则上应坚持无论是否阅读过该格式条款，只要在合同文本上签字便可认定当事人对该格式条款予以认可并将同意将其纳入合同之中。如果此时让保险人承担额外举证责任证明保险人对免责条款已尽提请注意义务，保险人太过苛刻。投保人在保险人履行提请注意义务时应对自己负责，如果其没有询问格式条款内容并让保险人解释条款内容的，是投保人自己的过失，应视为其对条款的认可，法律不应对当事人自己放弃的权利予以保护。

4. 笔者的对解决说明义务的建议

(1)“按照对方的要求对该条款予以说明”具体操作。《合同法司法解释二》对格式条款提示及说明义务作了进一步的明确和责任分配，但是在实践中还是会出现操作难题。试想，如果保险人对格式条款履行了提请注意的义务，而在投保人要求保险人对格式条款予以解释说明时，保险人没有说明或解释有误，此时如何对保险人尽了解释说明义务举证？当然，实践中投保人要求解释而保险人不予解释的情况微乎其微，在这种情况下投保人完全可以拒绝签字来保障自己在合同订立过程中的权利。但当保险人对格式条款进行解释并不充分、存在错误解释等情况下，投保人信以为真并在保险合同上签字后，投保人的期待利益可能存在将来受偿不能的风险。如何避免这一情况的发生以及发生后保险人如何抗辩，从经济成本及便捷性考虑，现阶段最好的方式是对合同签订过程录音，录音资料由保险人保留，当双方发生争议，投保人主张保险人履行其要求，对格式条款内容进行解释义务时，根据民事

〔1〕 汤小夫、刘振：“保险免责条款效力认定中的20个审判难点问题”，载《人民司法》2010年第15期。

举证责任分配制度，此时保险人可以用此录音内容作为证据进行抗辩。因此，对《合同法司法解释二》及《保险法》中涉及格式条款的提示及说明义务是否履行，保险人可以用“字体加大、加黑或加红等引起注意的特殊标记+签字+录音”这一证据链条进行举证和抗辩。

（2）规范上述行为的必要性。

①减少不必要的纠纷，使保险签订过程中处于弱势地位的被保险人的利益得到充分保障。

②维护保险公司自身形象，避免保险公司自身的经营秩序受到了损害。由于条款的解释说明不到位、条款本身存在瑕疵，导致纠纷增多，增加社会负面影响。

③从法律层面规范保险行业行为准则，促进保险业务人员业务素质，保障保险行业健康有序的发展。

## 四、主车与挂车互碰不属于车损险免责范围

### （一）以车损险设立目的为视角

车损险设立目的与交强险有所不同，交强险具有社会公益目的，旨在一定范围内补偿投保人的损失；而车损险虽然也体现损失补偿的性质，但其核心价值在于通过意思自治分散社会活动的风险，“风险分散和经济补偿是保险最基本的功能”，[1]即通过保险合同分配保险人与被保险人之间的权利义务，分散将来由机动车出现交通事故后的不利益。车损险作为较为典型的机动车商业险种之一，投保人在投保强制险时可自愿选择是否投保车损险。实践中，大多数车主会投保此类保险，主要目的是在发生交通事故后，交警部门认定己方有过错需要承担责任时从经济上减少损失。主挂车在交通运输中扮演重要角色，其在发挥自身载重优势及成本优势的同时也伴随着驾驶操作难度大和车辆安全性能下降的不足，因此在实际运输过程中，主挂车投保车损险也是比较常见的。然而在发生主挂车互碰事故后，保险公司通常主张主挂车相连视为一体，不符合车损险赔偿条件“碰撞”的范围而拒绝理赔。

笔者认为，保险公司拒赔的理由在法律层面缺乏说服力。常人对“碰撞”的理解并非仅限于车辆与外界物体之间的接触，保险公司将“碰撞”解释为

〔1〕 徐学鹿：《商法学》（修订版），中国人民大学出版社 2008 版，第 512 页。

"瘦身"，从合同订立之初就意在减少自己的责任，加大投保人的风险，将责任转移到投保人身上，这对于投保人来说过于苛刻。[1][2]笔者之所以这么认为，原因在于保险人没有必要对车损险的"碰撞"作如此的"狭义解释"，[3]理由如下：第一，车损险的赔偿只是补偿性的，出险后保险人会对损失情况进行核保，投保人不会因此获得额外利益；第二，主挂车的投保人一般都是从事货物运输的企业或个人，车辆出险后的定损和修理往往会消耗一定时限，这对运输者来说是不愿看到的。投保人投保的目的仅是出现车辆损失时尽量减少己方损失而投保车损险，完全是分散运输过程中的风险，不会有意制造对自己没有利益的车辆损失，即不存在道德风险。[4]因此，车损险对"碰撞"的解释不仅违背车损险制度设立的初衷，也加重了投保人的责任，有失公平。

（二）以车损险"碰撞"解释的法律效力为视角

《中国平安财产保险股份有限公司机动车辆保险条款》（2007版）第四部分，对"碰撞"一词的解释是保险公司单方提供，属于格式条款，该条款不仅指保险合同中"责任免除"中的条款，还包括散落于各章节的限制责任或免除责任的条款。[5]格式条款之解释优先于该条款之有效性之审查，[6]保险公司提供的解释在普通车辆适用车损险合同中是一般格式条款，但是在主挂车连接使用的特殊车辆使用状态下，这样的解释实质上属于免除己方责任的条款。从《保险法》对免责条款说明义务的角度看，保险人一般不会对这些词语的解释作出明确的提示说明并进行详尽情况的阐述，所以从说明义务的角度出发，这一解释在适用主挂车连接使用互碰出险时是无效条款，不应以此作为拒绝理赔的理由。[7]

---

〔1〕 F. Bydlinski, *Juristische Methodenlehre und Rechtsbegriff*, Wien/New York, Springer Verlag, 1982, p. 442.

〔2〕 Philippe Malaurie, Laurent Aynes, Pierre-Yves Gautier, *Les contrats spéciaux*, Paris: Defrénois, 2003, p. 189.

〔3〕《机动车车辆损失保险》中规定的"碰撞"含义，即"保险车辆或其符合装载规定的货物与外界固态物体之间发生的、产生撞击痕迹的意外撞击"。

〔4〕 孙积禄：《保险法》，高等教育出版社2008年版，第4页。

〔5〕 奚晓明：《最高人民法院商事审判裁判规范与案例指导（2010年卷）》，法律出版社2010年版，第444页。

〔6〕 詹森林：《民事法理与判决研究》，中国政法大学出版社2002年版，第18页。

〔7〕 韩长印、韩永强：《保险法新论》，中国政法大学出版社2010年版，第63页。

同时，主挂车连接使用作为车辆使用过程中特殊的状态，车损险保险合同中并没有对主挂车出险免责作出特别规定，而是在机动车保险条款[1]第四部分解释中对碰撞的含义进行解释，如果将此解释适用到车损险合同中，难免太过笼统，缺乏针对性。

（三）以投保人期待利益为视角

对于车损险“碰撞”的解释，这样的规定在适用一般意义上的车辆（如轿车、卡车、客车等非由两个单独的个体车辆连接而使用的机动车）时没有异议，原因是上述车主在投保车损险时只对单个车辆投保，而在主挂车分别投有车损险的情况下主车与挂车连接使用发生互碰时，虽然从物理状态上看主挂连接为一体，但是从投保人为车辆投保车损险的目的看，是对单个的机动车享有出险时获得赔偿期待利益的，基于一个有效地合同或一个可执行的允诺，当允诺人不履行合同或者不遵守允诺时，可以让受诺人得到相当于合同履行完毕或允诺被执行时可以获得利益的数额的赔偿。[2]实践中，两个非连接使用的车辆互碰出险时彼此投有车损险可以获得赔偿，但连接使用后发生意外彼此互碰出险后得不到车损险限额内的赔偿，这样简单机械的从物理状态下判断主、挂车互碰时车损险不予赔偿，否定投保人对车辆享有车损险限额内获得赔偿的期待利益是片面的。原因有二：其一，保险合同是最大诚信合同，原、被告应当按合同约定全面、适当履行各自的权利和义务。《营业用汽车损失保险条款》第4条明确约定了“碰撞”所造成的车辆损失保险人应负赔偿责任。《营业用汽车损失保险条款》第37条对何谓“碰撞”作了约定，即“指被保险机动车与外界物体直接接触并发生意外撞击，产生撞击痕迹的现象”。从保险条款约定来看，“外界物体”是针对“被保险机动车”而言的，牵引车与挂车虽连接使用，但在车辆管理部门分别登记，分别上牌，拥有不同的机动车登记编号和行驶证，为两辆独立的机动车。将两辆车作为各自独立的保险标的进行承保并签发了两份保险单，无论从物理形态还是法律概念上，两辆车应当互为外界固态物体，两车相互碰撞应当属于车辆损失险中的碰撞情形，属于保险公司赔偿责任范围。[3]其二，在半拖挂式主挂车

〔1〕《中国平安财产保险股份有限公司机动车辆保险条款》（2007版）。

〔2〕［美］L. L. 富勒、小威廉 R. 帕杜：《合同损害赔偿中的信赖利益》，韩世远译，中国法制出版社2004年版，第6页。

〔3〕参见一审（2010）甬海商初字第901号；二审（2010）浙甬商终字第1079号。

出险互碰的情况，由于车体连接结构的原因，两者在发生碰撞时大多数情况会出现短时间彼此脱落的状态存在，那么此时主车完全符合非连接为一体的单个个体发生碰撞，符合《中国平安财产保险股份有限公司机动车辆保险条款》（2007版）中第四部分解释中的碰撞含义。

## 五、主车与挂车出险理赔的启示

### （一）新《交强险条例》第42条利益天平向保险人倾斜

机动车交通事故责任强制保险（简称“交强险”）是我国首个由国家法律规定实行的强制保险制度，其法律来源可追溯到《中华人民共和国道路交通安全法》（以下简称《道路交通安全法》）的实施。[1]在《道路交通安全法》的第17条规定：“国家实行机动车第三者责任强制保险制度，设立道路交通事故社会救助基金。具体办法由国务院规定。”《机动车交通事故责任强制保险条例》（以下简称《交强险条例》）规定：交强险是由保险公司对被保险机动车发生道路交通事故造成受害人（不包括本车人员和被保险人）的人身伤亡、财产损失，在责任限额内予以赔偿的强制性责任保险。交强险从本质上与商业保险的区别可以总结为以下特点：国家强制性、非营利性、无过错赔付。从交强险的特点及功能上看，其设置的初衷是出于社会管理职能的需要，即通过交强险的实施，在发生交通事故造成损失后，无论肇事者经济条件如何都能得到一定金额的赔偿，可以有效地避免出现肇事者无钱赔付时受害人无法得到及时救济的尴尬；与此同时，交强险的设置也方便了道路交通中的肇事者，在发生损害赔偿的情况可以减轻其经济上的负担，交强险的出现为机动车主提供了必要的保障。[2][3]

《交强险条例》第1条[4]开宗明义，明确了该条例颁布实施的目的及宗旨，该条例的制定保障了交通事故受害者及时得到尽可能的赔偿，彰显了该条例的社会效益。而2016年最新修订的《机动车交通事故责任强制保险条

---

〔1〕 周梅：“浅议交强险实施中的问题及对策”，载《经济问题》2007年第3期。

〔2〕 杨立新：《道路交通事故责任研究》，法律出版社2009年版，第20~30页。

〔3〕 张丽娟：“论我国交强险制度对受害人利益保护的不足与完善”，载《山西高等学校社会科学学报》2010年第8期。

〔4〕《机动车交通事故责任强制保险条例》第1条规定：“为了保障机动车道路交通事故受害人依法得到赔偿，促进道路交通安全，根据《中华人民共和国道路交通安全法》、《中华人民共和国保险法》，制定本条例。”

例》新增一条作为第 42 条，即："挂车不投保机动车交通事故责任强制保险。发生道路交通事故造成人身伤亡、财产损失的，由牵引车投保的保险公司在机动车交通事故责任强制保险责任限额范围内予以赔偿；不足的部分，由牵引车方和挂车方依照法律规定承担赔偿责任。"这一条文的增加无疑对主挂车发生交通事故后的赔偿产生重大影响。如：主挂车分别在不同保险公司投保交强险，A 车是牵引车，B 车是挂车，如果发生交通事故造成 C 受伤，损失为 100 万元，保险公司需承担赔偿额中的 24.4 万元，剩余的 75.6 万元部分则由 A 车和 B 车根据责任比例进行赔偿。但若 B 车没有投保交强险，A 车的保险公司在交强险限额内支付 12.2 万元，剩余的 87.8 万由 A 和 B 根据责任比例进行赔偿。同样一起交通事故造成的损害赔偿，根据交强险修订前后的不同规定，受损失者得到交强险保险金额却相差甚远。如果 A 和 B 的车主赔偿能力有限，根据新修订的交强险条例进行赔偿则意味着受害者得到的赔偿大打折扣，不利于对伤者的保护。

新修订的《交强险条例》为什么会特意增加一条主挂车的规定，一方面让人们不由想起 2011 年保监会公布的交强险巨额亏损的报道。若真如此，立法者则在试图改变这种国家亏损的情况，把道路交通中高危运输工具作为标靶，由此减轻国家经管的交强险带来的经济损失。另一方面，卢梭曾指出，"在缺乏合理制度设计的情况下，政府的每个成员都首先是他自己本人，然后才是行政官，再然后才是公民，而这种级差是与社会秩序所要求的级差直接相反的。"[1]由于人为立法的固有缺陷，立法中参与立法的主体直接或间接地追求利益最大化是立法过程中不能避免的客观现实。主拄车连接使用发生保险赔偿，保险公司将承担交强险限额内的损失，若有不足则剩下的赔偿责任落在了商业保险的肩上。对挂车免投交强险的规定，促使车主们为了尽可能地避免交通运输中意外事故造成的损失而加大对商业保险的保额，这样的投保倾向无疑为商业保险的发展提供了再次发展的空间。主挂车均投保交强险的情况下，主挂车连接使用中发生交通事故后的损害赔偿，由主车和挂车在二份交强险保险责任限额内承担责任已在司法界达成统一共识，对交通事故受害者的损失赔偿起到了很好的司法效果和社会效果，新《交强险条例》第 42 条的规定减少了受害者从交强险责任限额内获得无风险赔偿的途径和数额，

---

〔1〕［法］让·雅克·卢梭：《社会契约论》，何兆武译，商务印书馆 2003 年版，第 79 页。

弱化了交强险立法目的本意，该条款在司法实践应用中任重而道远。

（二）原保监会需加强对机动车保险合同的审批

机动车保险合同由保险公司单方制定，尽管《保险法》规定投保人可以和保险人协商保险条款，但是大多数情况下保险人不会接受投保人的要求修改保险条款。因此，原保监会在保险公司单方面制定的保险合同推行上市之前应进行严格审查，确保避免保险公司借助强势地位，制定减轻或免除己方责任等保险法不容许出现的权利义务不对等的合同条款。之所以要求原保监会在保险合同审查过程中严格把关，是因为投保人在保险合同订立阶段，投保人专业知识有限、保险业务人员疏于尽职、双方信息不对称以及保险公司强势地位等因素，都会影响投保人对保险合同内容的理解以及是否投保的判断。加之商业保险合同位于合同意思自治范畴之列，实践中保险人在合同中都要求投保人手书承诺对保险内容理解及愿意投保，因此保险人很容易借形式上的平等自愿与投保人订立不利于投保人的保险合同，待到发生保险理赔事故时，保险公司提出种种免赔或少赔的主张和理由，投保人此时才明白保险合同中相关条款的意思和法律后果，最终不得不通过诉讼的方式主张权利，诉讼中产生的诉累对投保人来说又是一次精力和财力的消耗。因此，原保监会作为保险行业的监管部门，在保险合同推向市场之前保证保险合同内容公平合理，使投保人处在对保险条款内容公平合理没有异议即只关心是否投保的状况，而非表现为“投保人需考虑保险条款内容是否权利义务对等，保险人需通过意思自治对抗投保人主张”的对抗状态，将保险合同中增加投保人责任，减轻、免除保险人义务的条款根除在保监会合同审批过程中。

根据《保险法》第六章“保险业的监督管理部分”第135条〔1〕和原中国保监会于2012年颁布的《关于加强机动车辆商业保险条款费率管理的通知》中的规定，〔2〕虽然二者均对保险监管部门审批保险公司提交的保险条款

---

〔1〕《保险法》第六章“保险业的监督管理部分”第135条规定：“关系社会公众利益的保险险种、依法实行强制保险的险种和新开发的人寿保险险种等的保险条款和保险费率，应当报国务院保险监督管理机构批准。国务院保险监督管理机构审批时，应当遵循保护社会公众利益和防止不正当竞争的原则。其他保险险种的保险条款和保险费率，应当报保险监督管理机构备案。保险条款和保险费率、审批、备案的具体办法，由国务院保险监督管理机构依照前款规定制定。”

〔2〕《关于加强机动车辆商业保险条款费率管理的通知》中明确规定：“保险公司拟订的商业车险条款费率应当报保监会批准”“保险公司拟订商业车险条款应当遵循依法合规、公平合理、诚实信用、通俗易懂原则。”“商业车险合同自愿、协商一致订立，并遵循公平原则确定各方的权利和义务。”

时规定了审批规范及要求，但只是原则性规定，并没有实质而具体的审批程序和内容，这样的条款即使以法律的形式颁布，对保险监管部门的约束来说也是大打折扣的；同时，由于没有相应惩罚性条款的约束，对保险合同的审批完全由保监会一家鸣说，这样从一定程度上削弱了保监会履行职责的积极性。至于原保监会颁布的《关于加强机动车辆商业保险条款费率管理的通知》中涉及的对保险公司保险条款审核不符规定的处罚也只是提示保险公司象征性的整改，例如："保险公司使用的商业车险条款和费率违反法律、行政法规或者下列规定的，保监会将责令停止使用，限期修改；情节严重的，可以在一定期限内禁止申报新的保险条款和保险费率"，这样的规定对保险公司来说可以完全出于自身利益制定保险合同条款报保监会审批，即使不能通过审批也不会有让保险公司望而却步的制裁措施。所以，这样缺乏敦促矫正和威慑作用的规定，不能指导和规范保险公司出于自身利益考量而制定权利义务不对等的保险合同条款。[1]一个完整的保险监管体系包括内部的有效控制和外部的监督管理。其中外部监管又包含三个层次，即国家监管、行业自律和社会监督。各层次所拥有的权力并不完全相同，因而所发挥的效力也不尽相同。[2]因此，对原保监会来说，制定实而有效的监督性管理规范势在必行。

（三）统一司法审判标准

对于主挂车商业三责险和车损险理赔纠纷诉讼中，不同地区法院对诉讼中双方当事人的主张持不同态度，同时对相关法律条款的理解也存在差异，最终导致同案不同判的诉讼结果。出现同案不同判的结果不仅使诉讼中主张合法权益的当事人得不到应有的司法救济，为得到有效救济的权利就会被"大打折扣"，审判的权威也就难以树立，[3]还会消损司法审判的权威。造成上述结果的原因是多方面的，主要包括但不限于：第一，原保监会缺乏对涉及主挂车相关保险的重视，在主挂车保险领域没有进行特殊的业务指导和规

---

(接上页)"商业车险条款不得出现免除保险人依法应承担的义务或者加重投保人、被保险人责任的条款，不得出现排除投保人、被保险人依法享有的权利的条款。"以及"对保险条款中免除保险公司责任的条款作出足以引起投保人注意的提示，并采用通俗易懂的方式，对该条款的内容以书面或者口头形式向投保人作出明确说明"。

〔1〕 李玉泉：《保险法学——理论与实务》（第二版），高等教育出版社2010年版，第416~419页。

〔2〕 黄华明：《中外保险案例分析》，对外经济贸易大学出版社2004年版，第361页。

〔3〕 王国龙："守法主义与审判权威"，载《法律方法》2013年第1期。

范，忽视主挂车车体结构、运载风险和保险利益等特殊性，导致没有针对主挂车投保的特定保险合同，在发生保险理赔纠纷时，常常会出现保险人主张保险合同的意思自治，而投保人主张应考虑主挂车保险利益特殊性的争议；第二，立法层面缺乏对主挂车出险赔偿的司法解释，在出现主挂车商业三责险和车损险理赔纠纷诉讼中，法院或是根据公平原则支持某一当事人的主张，或是以合同意思自治的态度支持一方当事人的诉讼请求，再有就是通过在审判前调解的方式将双方的争议化解，但纠纷的解决都没有建立在法律明文规定的基础上，不是一个法治国家法制健全应有的表现；第三，对主挂车出现赔偿纠纷没有法律法规明确规定的条件下，最高院或地方高院应提高认识，发布针对主挂车出险赔偿类的指导案例，统一下级法院对此类案件的共识。

上述原因可以揭示主挂车出险赔偿纠纷产生的原因及同案不同判的审判结果。要解决主挂车商业三责险和车损险理赔中存在的争议，并非“一剂猛药可以治愈所有病症”，需立法界到实务界统一司法标准，需保险监管机构在审核保险公司制定的保险合同中协调投保人和保险人的各方利益，需保险人员提高业务水平和履行职业操守，充分向投保人尽到风险提示义务，也同样需投保人加强自身对所投保险种及内容的认知能力。只有如此，才能有效地避免主挂车出险赔偿纠纷的出现，以及高效的解决纠纷。

## 六、结语

主挂车已是现在公路货物集散不可或缺的运输方式，从小处看关乎着运输者的切身利益，从大处着眼更关乎着诸多企业货物流通的生命线。笔者在论述整篇文章中，以案例为导读，以“提出问题——思考问题——解决问题”的写作思路贯穿全文，以多视角、多层次的分析内容呈现了笔者所要论述的主挂车出险理赔中存在的争议及其产生的原因，并以此为基石提出在司法实践中应对此类纠纷应采取司法态度的建议，为司法实践层面对此类案件纠纷的解决提供了指导和思路，打破了保险公司在诉讼中强势地位影响判决走向的惯性。

在构建法治国家的今天，立法者应本着完善法律体系的思想，践行填补法律空白的精神，以对健全法律体系“能为之而不为”零容忍的态度，积极发现问题，公平处理纠纷，营造和谐社会关系。虽然笔者建议立法部门制定相关法律或出台相关司法解释，以调整保险领域主挂车这类特殊结构车体出险理赔的法律关系和可实践性的司法操作流程，但因立法技术、立法成本等原因，现阶段难以达到发达法治国家的水平。笔者认为，虽然我国不是判例法国家，没有遵从先例的司法要求，但最高法或各省高院在最高法的指导下，通过判决的形式对投保车损险的主挂车互碰赔偿纠纷作出公平合理的判决，不仅是对下级法院审理此类案件的积极指引，更是对投保人积极主张合法权益的最大肯定。

# 交强险中车上人员与第三者身份转化案例研究

李苹苹[*]

## 一、绪论

### （一）相关理论依据与司法指导存在问题

1. 规范层面的转化标准模糊

2015 年 1 月 27 日，公安部交管局发布消息，数据显示，截至 2014 年年底，全国机动车保有量达到了 2.64 亿辆。近几年来，我国机动车的数量迅猛增长，随之而来的是不容忽视的安全隐患。频发的交通事故剥夺了人的健康、生命和财产，毁掉了万千个幸福的家庭。交通事故造成的后果对于受害者的家庭和侵害者的家庭都是一场灾难。交通事故除了有对生命健康的一次性侵害，还会留下永久性的生理和心理上的创伤。对于有赔偿责任的侵权者来说，他们需要支付巨额赔偿来弥补受害人的损失，赔偿后可能导致倾家荡产。在相关责任人没有足够的财力支撑整个赔偿时，受害者及其家庭的损失就将得不到弥补，经济损失与精神创伤将影响整个家庭。若千千万万个家庭受影响，这就变成了一个值得关注的社会问题。幸运的是，我国从 2006 年正式开始实施机动车交通事故责任强制保险制度，该制度为受害人提供了更加有力的保护，为机动车驾驶人分散了承担责任的风险。赔偿需求开启了责任保险的时代。

2004 年 5 月 1 日，《中华人民共和国道路交通安全法》（以下简称《道路交通安全法》）正式开始实施，《道路交通安全法》第 17 条中国家首次提出

---

* 李苹苹，东北证券股份有限公司股转业务总部信息披露督导员。

建立“第三者责任强制保险制度”。2006 年 3 月 21 日，国务院颁布了《机动车交通事故责任强制保险条例》（以下简称《交强险条例》），该条例于 2006 年 7 月 1 日正式开始实施。至此，交强险制度基本确立。

2012 年修订的《交强险条例》第 3 条、第 21 条第 1 款与《机动车交通事故责任强制保险条款》第 5 条、《交强险条例》第 41 条，将被保险人定义为“投保人及其允许的合法驾驶人”。所以，交强险的赔偿对象不包括投保人。换言之，交强险的保障对象“第三者”或“第三人”与“投保人”是对立的概念。但《最高人民法院关于审理道路交通事故损害赔偿案件的司法解释》（以下简称《交通事故损害赔偿解释》）第 17 条规定了一个特例，在投保人受到其允许的驾驶人驾驶的机动车的伤害时，投保人可以请求保险公司在交强险种类中进行赔偿。

《交强险条例》与《交通事故损害赔偿解释》看似是相矛盾冲突的，实则不然，在《交通事故损害赔偿解释》规定的情形中，投保人不属于车上人员，其已转化为了“第三者”。那么我们不禁有个疑问，投保人能够在特殊情形下转化为“第三者”，车上人员是否也可以转化为“第三者”，受到交强险的保护呢？那么又在何种情形下发生转化，何种情形下未发生转化？总之，在制度设计层面上，本车人员的范围以及本车人员是否存在身份转化的可能性及转化标准并未明确。相应地导致在司法实践中，“第三者”的确定也在“车上人员”与“第三者”身份转化的问题上存在模糊之处。实践中，已经有大量的“车上人员”转化成为“第三者”，进而由交强险进行赔偿的案例，但是也有一部分判例中，法官仍严格区分车上人员与第三者的概念，主张车上人员是不能转化为第三者的。在大量主张能够转化的判例中，“车上人员”向“第三者”转化的标准和条件也是不完全一致的，出现了“同案不同判”的情形。车上人员与第三者身份转化相关问题的立法空白，使得司法实践人员在类似问题的处理上无所适从。因此，公众对司法判决的公信力产生了怀疑。

2. 最高人民法院的相关指导冲突

2008 年 7 月，最高人民法院首次公布了“车上人员”转化为“第三者”的指导案例，这一指导案例成为法院与仲裁机构在司法实践中认定“车上人员”是否转化为“第三者”的主要依据。该案例的裁判要旨为“第三者和车上人员的身份均是临时性的，可以因特定时空条件的变化而转化；以在事故发生时是否身处保险车辆之上为依据判定身份。"[1] 本文称之为"时空标准"。依此裁判标准，"被甩出车辆又被车辆碾压"案中的受害人被认定为"第三者"，"车上人员"已经转化为"第三者"。2010 年，最高人民法院民一庭出具《"被保险车辆中的'车上人员'能否转化为机动车第三者责任强制保险中的'第三者'"的意见》，该意见倾向性地表明：当被保险车辆发生交通事故，如本车人员脱离了被保险车辆，不能视其为机动车第三者责任强制保险中的"第三者"，不应当将其作为机动车第三者责任强制保险限额赔偿范围的理赔对象。

由此可见，最高院的两种认定显然是截然相反的。更让人惊讶的是，最高院在 2008 年公布的指导案例中提供的判断依据自身都存在模糊性，需要进一步解释或定义，主要是"事故发生时"的界定。交通事故的发生过程是一个在时间上连续不断的过程，具体哪一个时刻点是"事故发生时"，仍是不明确的。这个界定不明确，导致的后果就是即使根据指导案例的判决理由来判断交通事故案件（不包括完全符合指导案例类型的案件）中相关人员是否转化的问题，都可能得到截然相反的结论。

### （二）具有不同认定理由与结论的判例对比及分析

#### 1. 依据事故情形的判例分类及对比列表

回顾已有判例，在交通事故过程的情形方面，不同事故情形，往往法院采取的判决理由与结论不同。本文在此章节依据对交通事故情形的不同，将判例归纳分类为以下四种案件类型："驾驶员车下受伤案"、"被动脱离机动车受伤案"、"被动脱离机动车二次伤害案"与"主动脱离车辆案"。"驾驶员车下受伤案"的交通事故主要情形为机动车驾驶人在车下被所驾驶的机动车伤害；"被动脱离机动车受伤案"的交通事故主要情形为机动车在行驶过程中突发事故将车上人员甩出机动车，车上人员落地而受到伤害；"被动脱离机动车二次伤害案"的交通事故主要情形主要为车上人员被机动车甩出后，又被所乘坐机动车碰撞而受伤害的判例类型；"主动脱离车辆案"的交通事故主要情形为车上人员在机动车行驶过程中因跳车而受伤害。

---

[1] "郑克宝诉徐伟良、中国人民财产保险股份有限公司长兴支公司道路交通事故人身损害赔偿纠纷案"，载《最高人民法院公报》2008 年第 7 期。

**表 1.1 判例总结**

<table>
<tr><th>序号</th><th colspan="2">类型</th><th>判定结论</th><th>判决理由</th><th>判例来源及案号</th></tr>
<tr><td rowspan="5">1</td><td colspan="2" rowspan="5">驾驶员车下受伤案</td><td rowspan="2">第三者</td><td>事故发生前是车上人员，而事故发生时已经置身于保险车辆之下，则属于“第三者”；受害人发生交通事故时，不在被保险车辆的车上，而是在车下。</td><td>黑龙江省拜泉县人民法院民事判决书（2015）拜商初字第 91 号</td></tr>
<tr><td>发生事故时，驾驶人停止了对自身车辆的操作和控制，事故车辆没在运行</td><td>河北省丰宁满族自治县人民法院民事判决书（2015）丰民初字第 1119 号</td></tr>
<tr><td rowspan="3">非第三者</td><td>受害人——驾驶人不能成为自己权益的侵害者及责任承担主体</td><td>重庆市第五中级人民法院民事判决书（2014）渝五中法少民终字第 01268 号</td></tr>
<tr><td>驾驶员有支配和控制机动车的义务，不因暂时脱离车辆而转化为第三者</td><td>浙江省绍兴市越城区人民法院民事判决书（2015）绍越民初字第 2062 号</td></tr>
<tr><td>驾驶员属于被保险人，不能成为第三者</td><td>杭州市滨江区人民法院民事判决书（2015）杭滨商初字第 921 号</td></tr>
<tr><td rowspan="3">2</td><td rowspan="3">被动脱离机动车案</td><td rowspan="3">被动脱离机动车受伤案</td><td rowspan="2">第三者</td><td>受害人在车外躺着并经 120 抢救人员证实当场死亡，已在保险车辆之下</td><td>山西省黎城县人民法院民事判决书（2013）黎民初字第 375 号</td></tr>
<tr><td>交通事故发生前，受害人为“车上人员”，交通事故发生时，受害人被甩出车外当场死亡，其身份发生了变化</td><td>江西省安远县人民法院刑事附带事判决书（2013）安刑初字第 80 号</td></tr>
<tr><td>非第三者</td><td>被甩出受伤，不存在“车上人员”转化为“第三人”的问题</td><td>新疆维吾尔自治区呼图壁县人民法院民事判决书（2015）呼民初字第 1230 号</td></tr>
</table>

续表

| 序号 | 类型 | | 判定结论 | 判决理由 | 判例来源及案号 |
| --- | --- | --- | --- | --- | --- |
| | | | | 受害人在发生交通事故时正身处车内，从车内摔出车外后，未受到事故车辆再次伤害 | 四川省泸州市纳溪区人民法院民事判决书（2014）纳溪民初字第2238号 |
| | | 被动脱离机动车二次伤害案 | 第三者 | 涉案事故发生应以受害人碾压的一瞬间始，而非掉落时计；交强险的社会救助、补偿功能；格式合同的不利解释 | 湖南省益阳市中级人民法院民事判决书（2015）益法民三终字第77号 |
| | | | | 交通事故分为甩出和碾压两个阶段，甩出阶段受害人为车上人员，碾压阶段受害人转换为第三者 | 贵州省毕节市七星关区人民法院民事判决书（2015）黔七民初字第3301号 |
| | | | 非第三者 | 因交通事故的撞击等原因导致车上人员脱离本车的，不存在"转化"为第三人的问题，否则有悖于交强险设立的目的 | 湖南省益阳市中级人民法院民事判决书（2015）益法民三终字第27号 |
| 3 | 主动脱离车辆案 | | 第三者 | 受害人脱离车辆前并未受伤，脱离车辆后下落过程中受伤应当视为车上人员转化为第三人 | 湖南省岳阳市中级人民法院民事判决书（2013）岳中民三终字第216号 |
| | | | 非第三者 | 因交通事故中跳车等原因导致车上人员脱离本车致伤的，不存在转化为第三者的 | 重庆市第五中级人民法院民事判决书（2014）渝五中法民终字第01789号 |

注：表格中"格式合同的不利解释"是指，交强险合同是格式合同，根据《合同法》格式合同的解释原则，该格式合同两种解释中，应采取不利于格式条款提供方的解释。被甩下车又被该机动车碾压的情形中，"事故发生时"有两种理解：受害人掉落瞬间；受害人遭碾压的瞬间。按照该理由，应采取后一种解释。

“被动脱离机动车案”中有一种特殊的情形，即受害人在脱离机动车前并非处于合法乘坐或驾驶位置，例如在车厢中的卸货人因机动车突然发动而落地受伤。部分法院将“卸货人落地受伤”与正常“乘坐人员”的情形区分开来，二类情形判决理由不尽相同。在“朱某与灵璧县中粮运输有限公司、中国人民财产保险股份有限公司宿州市分公司机动车交通事故责任纠纷”一案中（安徽省灵璧县人民法院（2015）灵民初字第01960号民事判决书），受害人在货车上卸货，货车突然启动致使受害人从车上跌下受伤。安徽省灵璧县人民法院认为受害人在车上卸货时，不是乘坐机动车人员，也不是驾驶人员，因而不属于车上人员。部分学者同样认为，“车上人员”只包括在法律允许位置乘坐的人员，而不是包括全部在车体上的人员。

2. 判决依据分类

通过上述列表的对比，我们发现可以将判例按照判决理由分为两大类：一是依据受害人的特殊职责或其在交强险法律关系中法律主体的身份固定，判断特殊身份的车上人员不能够转化为第三者的判例；二是在明确可以转化的前提下，根据“事故发生时，车上人员的位置”判断是否发生了转化，也就是时空标准。实际上，这两类理由所适用的车上人员的范围不尽相同，在逻辑关系上也并非是并列的。第一类判决的理由主要针对驾驶员作为受害人进行的判断；第二类判决的理由，包括所有的车上人员，包含驾驶员。对于受害人为驾驶员的案件情形来说，采用第一类理由直接可以判断其不能转化为第三者；采用第二类理由，则认定其在理论上能够进行转化，但在具体的案件中，与其他乘坐人员一样需要依据同样的理由进行判断。

第二大类判决的判决依据，还可以细化分类更多的小类。正如表格所列示的，“事故发生时”可以分为“危险发生时”“事故发生开始时”与“损害后果发生时”等。鉴于此种情形，部分法院另辟蹊径，抛开最高法院的指导案例与民一庭的倾向性意见，提出“事故发生前”标准、“近因原则”标准等裁判依据。

由此可见，正如上一节从理论规范与司法指导出发所分析的那样，司法实践中，有关车上人员与第三者转化问题的判断一片混乱，没有统一的判断标准，甚至没有统一的理由选择依据标准。本文将不同的判决理由与具体的案件类型相结合进行分析，得出各类案件应该采用的判决理由及认定结论。

## 二、身份转化的主体性因素分析：以驾驶员身份转化为中心

### （一）驾驶员唐某与某保险公司机动车交通事故责任纠纷案

#### 1. 案情与三次裁判介绍

案例一，选自浙江省高级人民法院（2015）浙民申字第738号民事裁定书，（2014）浙杭民终字第2108号判决书。唐某驾驶雇主钱某的货车行驶过程中，中途停车，下车查看情况。此时，该货车从后溜坡与在车辆右侧旁边的唐某及大门柱相撞，造成唐某当场死亡、车辆损坏的交通事故。经公安交警部门调查认定，唐某未按操作规范停车，负事故全部责任。该货车在保险公司投保交强险122 000元，投保商业三者险30万元并购买了不计免赔。本案交通事故发生在保险期限内。

一审主要判决内容：保险公司在保险责任范围内支付给死者亲属410 000元。其中交强险部分，由保险公司在死亡赔偿金110 000元的范围内赔付，精神抚慰金在其中优先赔付，商业三者险部分，由保险公司在30万元的范围内赔付。判决理由："车上人员仅指发生意外事故时，身处保险车辆之上的人员，意外事故发生时已经置身于保险车辆之下，则不属于保险车辆的车上人员，二者可以因特定时空条件的变化而变化。本案，涉案交通事故的事实是唐某下车查看情况时，被涉案保险车辆从后溜坡造成唐某当场死亡，该事故发生前，唐某系涉案保险车辆的驾驶员，属于车上人员，但由于其下车查看情况，随后被涉案车辆从后溜坡造成其当场死亡，因此，涉案交通事故发生时，唐某不是在涉案保险车辆之上，而是在该车辆之下，如果唐某在交通事故发生时是涉案保险车辆车上人员，则根本不可能被车碰撞致死。"另外，从法益平衡原则出发，一审法院指出"法律赋予社会保险的功能便是在弱者受到侵害后，对于其本人及家属所承受的巨大经济压力、身体及精神折磨给予救济，并竭尽全社会的力量降低受害者的负担"，从该角度论证唐某在涉案交通事故发生时已经从车上人员转化为第三者。

二审主要判决内容：撤销杭州市余杭区人民法院（2014）杭余民初字第740号民事判决。判决理由：首先，根据侵权法的基本原理，侵权人不得因侵权行为而获益。《交强险》规定，交强险是对被保险机动车发生道路交通事故造成本车人员、被保险人以外的受害人人身伤亡、财产损失，在责任限额内予以赔偿。其次，"从驾驶员唐某支配和控制机动车的作用和职责分析，即使

其因检查车辆状况等原因停车后行至车外，其仍负支配和控制该机动车的义务，不能因这种暂时的与机动车运行在空间上的脱离，认为其已经不是本车人员而转化为第三人”。

再审裁定书主要内容：驳回再审申请。裁定理由：从驾驶员支配和控制机动车的作用和职责出发，认为驾驶员仅以其人在车外被自驾车辆伤害为由请求交强险赔偿不能支持。

2. 案例争议焦点分析——驾驶员身份能否阻碍其转化

该案是典型的驾驶员下车后，溜车致使驾驶员伤亡案。经过一审、二审和再审，该案最终定论，驾驶员唐某不能作为“第三者”得到交强险的赔偿。一审法院与二审法院的判决截然相反。主要的区别点在于，一审法院完全不考虑唐某驾驶员的特殊身份，将其当作普通的车上人员来看待，采用“时空标准”认为在交通事故发生时，驾驶员的空间位置是在车下，根据《交强险条例》，此时唐某不属于“车上人员”范围，当然能够得到交强险的赔偿。而二审法院则采取“身份相对确定”标准，认为即使唐某是在车下，但由于其身份的特殊性，其支配控制车辆的职责，与《交强险条例》中“第三者”无法支配控制车辆且不能为免受伤害做出根本性的改变车辆运行轨迹，有本质性的区别，并且此交通事故的发生是由于唐某未正确履行职责，未按操作规范停车导致。交强险保护的是在交通事故的发生过程中处于弱势地位的一方，而不是有能力与有责任控制侵权工具的一方。此时，不能简单依靠在时间与空间的标准来判断受害人是否属于交强险中“第三者”。再审法院同样主张驾驶员由于其身份特殊，具有特定的职责，无论在何种情形下，都不能转化为第三者。

在（2015）烟民四终字第801号判决书中，驾驶员因操作不当，驾车驶入路左与相向而行的另一辆车相撞，致使驾驶员被甩出车外后被自己驾驶的车碾压而死。该案中，一审、二审法院均以时空标准来判断驾驶员是否能够得到赔偿，即与案例中一审法院的主张相一致。

无论是溜车案中驾驶员主动下车而被机动车伤害，还是驾驶员被甩出车外受伤，有关驾驶员是否转化成第三者的判决理由并未有本质的差别。前者主要是由于机动车受自身重力与摩擦力影响，后者主要是机动车受到明显的外力撞击，二者都是因为机动车受了外力而非自身的发动机的牵引力导致驾驶员在车外受伤。两类案例情形的判决理由也有部分重合，不重合部分主要集中于驾驶员被甩出车外受伤案中时空条件的确定，该部分将会在下面一章中进行讨论。所以，该章节将两类情形合并讨论。

（二）驾驶员身份转化的正当性理由

1. 分别反驳驾驶员基于身份不能转化的三个理由

总体看来，对于驾驶员转化成“第三者”问题的观点分歧集中于表 1.1 所列理由，本文将对三个理由一一进行反驳。

驾驶员不能转化为第三者的理由之一：受害人——驾驶人不能成为自己权益的侵害者及责任承担主体。这是从侵权法的基本原理出发，论证驾驶员不能得到交强险的赔偿。我认为该理由是不能成立的。理由如下：尽管侵权损害赔偿与保险赔偿之间的关系被有些学者描述为“孪生双子星”，〔1〕但侵权损害赔偿法律关系与保险赔偿法律关系是不相同的。在侵权损害赔偿法律关系中，一般情况下，事故的责任主体就是民事赔偿的主体，但在保险赔偿法律关系中，事故责任主体与民事赔偿主体不一定是重合的。所以，接受赔偿的主体不一定与事故责任主体相互独立。例如，在有过错的机动车与非故意的非机动车、行人之间的交通事故，事故的责任主体是非机动车方或者行人，但总是先由保险公司在交强险责任限额范围内进行赔偿，不足部分仍然由没有过错的机动车一方进行有限制的赔偿责任，有过错的非机动车方或行人是事故的责任主体，同时也成为交强险的赔付对象。所以，要将交强险赔偿法律关系与侵权赔偿法律关系区分开来。同理，以驾驶员过错最明显的单车事故——溜车案为例来说，驾驶员是这场交通事故的责任主体，但这并不妨碍驾驶员成为交强险的赔付对象。

驾驶员不能转化为第三者的理由之二：驾驶员有支配和控制机动车的义务，不因暂时脱离车辆而转化为第三者。该种理由主要在“溜车案”中体现。在“溜车案”中，驾驶员一般由于自身过错未将车辆稳妥停靠而下车等行为，导致所驾驶的机动车将自己致伤损。同样，我认为该理由是不成立的。理由如下：首先，驾驶员确实有支配和控制机动车的义务，但驾驶员下车后已经没有能力再继续支配控制车辆。法律是一种行为规范，这种理由旨在要求驾驶员去继续控制和支配机动车。显然，这种目标在客观上是不能达到的，所

〔1〕 Kenneth S. Abraham, *The Liability Century: Insurance and Tort Law from the Progressive Era to 9/11*, Massachusetts: Harvard University Press, 2008.

谓的指引作用失去了意义。其次，倘若仍然以驾驶人存在过错为理由，要求自负责任，那么，我的理由仍如反驳理由之一所说的那样，保险赔偿法律关系不同于侵权赔偿法律关系，需要单独去认定。

驾驶员不能转化为第三者的理由之三：驾驶员属于被保险人，不能成为第三者。在陈某等与中国太平洋财产保险股份有限公司苏州分公司等机动车交通事故责任纠纷案中，法院认为：《交通事故损害赔偿解释》第 17 条规定的情形属于特殊情形，在投保人和投保人允许的驾驶人同时存在时，被保险人应从中择其一而定，此时，被保险人应为投保人允许的驾驶人，投保人的地位则从被保险人转化为"第三者"；"由于卢某（本案受害人）兼具投保人与实际驾驶人的身份，故不存在被保险人可以从'投保人'与'投保人允许的驾驶人'中择一确定的问题……不应成为第三者"。[1]我认为该法院的判决理由是不成立的。理由如下：案件不符合《交通事故损害赔偿解释》第 17 条规定的适用条件，只能得出不能适用该条司法解释的结论，不能断定该情形是唯一例外情形，因此不能支撑驾驶员不能转化为第三者的结论。相反，该条司法解释给我们释放出一个积极信号——被保险人是可以有条件地转化为第三者的。

2. 驾驶员可以转化的理由

归根结底，支持驾驶员不能转化为第三者的理由都是从驾驶员这一特殊身份出发的。而支持驾驶员可以转化为第三者的理由中，驾驶员这一特殊身份被抛弃了，与其他乘坐人员的地位并没有根本性的区别。至于在支撑驾驶员可以转化为第三者的理由内部发生的争议，我们将在下一章节将驾驶员包含在"车上人员"范围内进行讨论。

驾驶员的身份并不能成为阻挡其转化为第三者的障碍。除上述列举的反驳理由外，我认为驾驶员在车下受伤时，其所处的境况是与普通的第三者一样的。同样不受车体的保护，同样不能控制机动车，同样面对机动车所带来的风险与伤害。不能仅因驾驶员的特殊身份而扼杀其得到交强险赔付的可能。从交强险的立法目的与其应发挥的社会功能方面来说，驾驶员都应该得到交强险的保护。具体内容，我们将在下文中与车上人员进行合并分析。

---

〔1〕 江苏省南通市港闸区人民法院（2014）港唐民初字第 00120 号民事判决书。

## 三、身份转化的主观性因素分析：被动脱离与主动脱离

### （一）实践中多重含义的时空标准与近因原则的适用

在表1.1中，“被动脱离案”情形又分为两种情形加以归纳：一种是脱离机动车接触地面或其他物体而受伤，另一种是脱离机动车后又被所乘坐的机动车碾压碰撞。这两类案例，法院的判决理由主要集中在以下几个方面：首先，不存在转化问题；其次，以时空标准来判断是否转化；最后，从近因原则方面来判断。实际上，“不存在转化问题”与“时空标准”并不冲突。“不存在转化问题”可以理解为将事故发生时的时刻提到最前面，靠近在车上乘坐时。所以，主要有两大类理由：一是时空标准，即通过判断事故发生时，受害人的空间位置来判断是否转化；二是从近因原则出发来判断。有实践人员提出“可将第三者责任险保险标的归纳为：因机动车运行的‘外部风险’引起的应由被保险人承担的责任，而车上人员责任险的保险标的则是由机动车运行的‘内部风险’引起的被保险人应承担责任。”[1]而是否能够得到交强险的赔付则取决于所受得承保损失是否来源于所承包的“外部风险”，即二者之间是否有因果关系。在法院的实际判例中，也有类似的表述，即受伤的直接原因为机动车的碾压。

看似是两种理由之间的取舍或二者兼用，就可解决问题。但实际上，正如前文所提到的那样，同样采用“时空标准”，所得到的结论也有可能截然相反。因为，时空标准本身就是一个模糊的、不明确的标准。而近因原则在某些情形下也有自己适用的弊端，这将在本章节下面的内容部分进行讨论。所以，在目前的情况下，并没有一个绝对可以使用的依据。

### （二）被动脱离机动车受伤案与二次伤害案

#### 1. 两例案件案情与判决介绍

案例二，2014年8月17日，张某驾驶小型普通客车沿道路行驶过程中，与路面护栏相撞，造成乘车人李某摔出车外受伤。

判决相关主要内容：驳回李某要求承保交强险的保险公司赔偿的诉讼请求。判决主要理由：交通事故中的第三者和车上人员的身份是可因特定时空

---

〔1〕 黄得说：“近因原则下‘车上人员’与‘第三者’的界定”，载《保险职业学院学报》2015年第4期。

条件的变化而变化的，判断属于第三者还是车上人员，必须以受害人在事故发生当时这一特定的时间处在保险车辆之上还是之下为依据。李某在发生事故时正处在车内，且从车内摔出后，事故车辆并未对其再次伤害，所以，李某为车上人员。[1]

案例三，2013年8月24日，王某驾驶小型普通客车沿道路行驶过程中，车辆失控翻车，造成乘坐人刘某在事故车辆下被事故车辆砸压，刘某当场死亡。

法院相关主要判决：承保交强险的保险公司在交强险限额内进行赔偿。判决理由：事故发生时，刘某被压在事故车辆下，死亡原因是事故车辆砸压，刘某死亡时系车外人员。[2]

2. 争议焦点分析——多层次含义的时空标准

正如前文所述，时空标准是指“受害人在交通事故发生时身处保险车辆之上还是保险车辆之下，身处保险车辆之上即为车上人员，身处保险车辆之下即为第三者”。时空标准的具体应用主要在于“事故发生时”的确定。交通事故是行为在时间上的累积，应用时间段来描述。“事故发生时”应该是一个时刻点，在交通事故发生的时间段中存在无穷多个时刻点。时间段的两个端点分别为“危险发生”与“损害结果发生”。

案例二中，法院采用时空标准来认定受害人的身份，而且认为“事故发生时”为从“危险发生”至“摔出车外”之前的某个时刻点，我把它称之为“事故发生开端”。案例三中，法院认为“事故发生时”为“损害结果发生时”，法院在认定身份分析中最后的落脚点是“死亡时”。这显然是荒谬的，倘若受害人在摔出前就死亡了，那就被认定为车上人员么？实践中，判断死亡时间的困难度还是比较大的。更何况，“死亡时”显然交通事故发生的过程已经接近尾声了，按时间逻辑来说，事故发生——加害行为——损害结果，不符合“事故发生时”的文义解释。

在表1.1中，还有法院认为“事故发生时”为受害人“脱离车体瞬间”。总体来看，“事故发生时”主要有以下几个标准：一是危险发生时；二是事故发生开端；三是脱离车体瞬间；四是损害结果发生时。当然还可能存在以其

---

〔1〕 四川省泸州市纳溪区人民法院（2014）纳溪民初字第2238号民事判决书。

〔2〕 乌鲁木齐市新市区人民法院（2014）新民一初字第1656号民事判决书。

他的时刻点为标准，但总体来说分为两类：一类是脱离车体之前的时刻点，另一类是脱离车体之后的时刻点。这两类时刻点的取舍不同，认定结论不同。当然，实质上，时刻点的选取越靠前，越靠近危险发生时，那么，受害人得到交强险赔偿的可能性越小；相反，越靠后，越接近损害结果发生时，受害人得到交强险赔偿的可能性越大。针对“被动脱离案”，我认为“交通事故发生时”应属于第一类时刻点的范围，受害人就是车上人员，在此类型中不转化为第三者。同样是处于交强险的立法目的，但更多的出于衡量我国现实社会情况的因素考虑，不能盲目地扩大交强险的保障范围，其不能代替车上人员险等险种。本文在第四章节，将会对“事故发生时”的具体界定与其合理性进行详细的分析。

（三）二次碰撞与否不影响身份转化

1. 近因原则的可适用性分析

案例二与案例三的区别点在于受害人被甩出保险车辆后是否又被保险车辆碾压碰撞。案例二中，法院身份认定理由中有一条是“受害人摔出保险车辆后，事故车辆并未对受害人再次伤害”，该事实成为车上人员未转化为第三者的理由之一。照此逻辑，我们似乎可以得出“如果受害人摔出保险车辆又被保险车辆二次伤害，那么车上人员可能转化为第三者”的结论。无独有偶，河南省西峡县人民法院（［2014］西民一初字第175号民事判决书）认为“从‘车上人员’转化为‘第三者’，应有严格的时空条件限制，首先应在事故发生当时位于车体之外，其次应在车体之外与本车发生了碰撞接触，在此严格条件限制下，才可能发生‘车上人员’向‘第三者’的转化。”

部分采用时空标准的法院就像上述列举的那样，严格区分二类案件，不同的案件，“事故发生时”是不同的，至少第一类案件不存在“碾压”时刻标准，相应的认定结论也可能不同。而在上文所提到的“近因原则”标准下认定身份时，这两类案件的认定结论也是不同的。第一类案件的风险是“车内风险”，受害人应认定为车上人员；第两类案件的风险来源于“车外风险”，受害人应认定为第三者。

在第二类案件中，受害人被认定转化为了第三者法院常使用的理由是，“事故发生时”为“碾压时”。正如表1.1中所列，有的法院甚至将交通事故明确划分为两个阶段，第一阶段为摔出阶段，该阶段受害人仍为车上人员，第二阶段为碾压阶段，该阶段受害人就转化为了第三者。实质上，该“两阶段”理论里存在近因原则的影子。大部分情形下，第二阶段的碾压是造成受害人受伤或死亡的原因链条中最直接的、最近的原因。

本人认为上述判决理由是不成立的。在“中国太平洋财产保险股份有限公司顺德支公司与王某、赵某等交通事故纠纷案”（江苏省淮安市中级人民法院［2014］淮中民终字第0310号民事判决书）中，乘坐人员杨某在机动车转弯时摔地后因头部严重损伤死亡，杨某摔地后，被该车的后轮刮上，但无法确定刮碰了身体的何部位，也无法明确头部受伤的原因。该案原审法院简单地认为杨某已经身处车外，已经转化为第三者，二审法院支持了该认定，维持原判。我们暂且抛开该案的判决内容，单看该案情。假设，杨某是因摔在地上而致头部重伤进而引起死亡，刮碰只是稍微蹭到身体一点点，并未对身体造成严重伤害，那么，该案件就近似于第一类案件。此时，显然不能认为所谓的“第二阶段”——刮碰为事故发生时，因为在极端情况下，刮碰可能根本就未造成任何伤害。再假设，杨某头上的伤只是由于刮碰造成的，我们援引“两阶段”理论，杨某此时转化成了第三者。再进行假设，杨某头上的伤是摔地和刮碰共同造成的，那么，我们是否要采用黄得说在其同篇文章中提到的“比例因果关系”方法，即划分损失由“车内风险”与“车外风险”造成的比例，在损失不可分时，采用原因力的比例。

上述三种假设，我们在理论上都有对应的认定方法。但是，上述理论并不能完全指导司法实践。就在上述特殊案例情形中，杨某头部受伤死亡，但没有证据证明其属于我们的哪一种假设。相信这种情形是最常见的结果，毕竟机动车的交通事故往往几乎是在一瞬间就发生的。在这种情形下，我们只能抛弃近因原则，即抛弃“受害人死亡原因是车辆砸压”的观点。那么，关于二次碰撞的情形就没有一个可以明确的指导实践的理论标准。

2. 格式条款解释原则的误用

从表1.1中，我们发现湖南省益阳市中级人民法院用格式条款的不利解释原则来论证，被二次伤害的受害人属于车上人员。在有关车上人员转化为第三者问题的解答中，很多法院都引用了此条理由，但是，我们不得不说大部分法院的引用并不能达到他们所要论证的目的。湖南省益阳市中级人民法院根据不利解释原则来解释“事故发生时”，但事实上，《机动车交通事故责任强制保险条款》并未涉及“事故发生时”这一概念，在《交强险条例》中也不存在。甚至存在于“车上人员”的概念在相关的交强险合同体系中都不存在，更不用说存在于“车上人员”概念内的“事故发生时”了。退一步说，即使存在，也不应该采用合同法的解释原则。

湖南省益阳市中级人民法院对格式条款不利解释原则的运用，似乎不太具有典型代表意义。那么在“江西省莲乡物流有限责任公司等与杨某等道路交通事故人身损害赔偿纠纷一案”中，格式条款解释原则的运用就具有代表意义了。在该案中，一审法院的理由：根据机动车商业保险条款的约定，车上人员是指发生意外的瞬间，在被保险车辆车体内的人员，包括正在上下车的人员；正在上下车的人员可分为身体已在车体内和身体还在车体外，对此格式条款应依法作出不利于格式条款提供者的解释，即车上人员不包括正在上下车、身体在车体外的人员；车上人员责任险还约定，保险公司对车上人员在车下所受的人身伤亡不负赔偿责任。根据机动车第三者责任保险与车上人员险的“车上人员”范围来确定交强险的车上人员，这种情况在司法实践中，不是罕见的。

我们应该明确这种做法是不正确的。交强险、商业三者险、车上人员险是具有先天性的不同的。商业三者险与车上人员险属于双方当事人自由约定的范畴，而交强险具有强制性，当事人不能自由作出意思表示。交强险制度本身带有其自身的目的与特性。在适用过程中，始终要围绕着交强险的目的来作出判断，不仅仅是合同双方的利益衡量，更多的是要注重交强险的公益特性的发挥。〔1〕

总之，借用其他种类的保险中车上人员的范围来衡量定义交强险中的车上人员范围，这是毫无道理可言的。

3. 二次伤害不具有实质性影响的理由

部分法院主张“一次伤害”与“二次伤害”是不相同的，“一次伤害”中，受害人为车上人员，“二次伤害”中，受害人是第三者。在杨某案件情形中，倘若杨某未被刮碰到，杨某就是车上人员；杨某被车轮刮碰到了，就是第三者。那么，照此逻辑，是不是交通事故中被甩出车外的受害人都要努力向车辆靠近，被车辆再碰一次，就能够得到交强险的赔偿呢？尤其是未投保车上人员险的车辆的乘坐人。即使身体不受控制，也要努力借力靠近车辆。

---

〔1〕 贾林青：“厘清交强险和商业三责险之保障功能”，载《金融时报》2011年12月7日，第9版。

更何况，“二次伤害”的程度范围和伤害方式并没有限制。倘若轻微擦伤碰伤也属于“二次伤害”的话，那摔在地上和摔在地上顺便蹭到车辆的受害人就有了区别。显然上述结论都是荒谬的。另外，受害人被甩出摔在地上与被甩出摔在车身上，有何本质区别呢？摔在车身上时，车身可能只是体现了任何其他物体所具有的硬质特性。

实际上，受害人被甩出车外与被甩出车外又被车辆碰撞碾压，这是一个连续不断的过程，是一个客观发展的过程，不能人为地割裂开来，不能分割为两个阶段。事故在受害人离开车提前就发生了，受害人离开车体只是一个事故延续，事故车辆对受害人是否进行二次伤害不影响其身份的认定。

### （四）主动与被动脱离类型的区别

#### 1. 预见危险主动跳车案案情介绍及分析

案例四，选自重庆市第五中级人民法院（2014）渝五中法民终字第01789号民事判决书，2012年3月11日，陈某驾驶中型厢式货车沿道路行驶，因违反安全驾驶、文明驾驶操作规范等原因致使车辆失控，坐在副驾驶位置的刘某预见危险后，主动跳车避险，但因避险不当导致被机动车碾压致伤。

法院相关主要判决：一审判决承保交强险的保险公司不在交强险范围内承担赔偿责任，二审法院维持原判。判决理由：交通事故中跳车等原因导致车上人员脱离本车致伤的，不存在转化为第三者的问题。

刘某预见危险，主动跳车，跳车后才被机动车碾压。刘某在跳车动作刚开始时，机动车只是发生了危险，危险不等同于交通事故，此时交通事故并未发生，当刘某离开车辆后，刘某与机动车从一个整体变为分离的两个部分，二者之间不存在关联关系，刘某已经转化为第三者。当刘某被碾压时，对刘某来说事故才发生。假如说，刘某跳车后离机动车距离较远，机动车失控后碰撞等发生其他事故并未伤害到刘某，那么客观上来说交通事故是发生了，但对于刘某来说，伤害到他的交通事故并未发生。所以，刘某的主动跳车的行为使其从车上人员身份变为了第三者，在机动车碾压时，是碾压的以第三者身份存在的刘某。在预见危险而选择跳车，跳车后才伤害的情形中，受害人已经转化为了第三者。

从另外一个角度来说，刘某在遇见危险后主动跳车，此时仅是危险发生了，交通事故未发生，那么，刘某脱离车辆之后的受伤，通常不能得到车上人员险的赔偿。倘若刘某也不能得到交强险的赔偿，那么，考虑到机动车商业三责险通常处于排在交强险之后的保障位置，刘某可能得不到任何种类的保险的保障。对于刘某来说，他最好的选择就是留在车里等待事故的发生。但是，这显然是违背人的天性的，人生来就有趋利避害的本能，而一旦选择跳车，就得不到任何保障，这属于保险的空白区域。这样显然不是最好的认定方式。将预见危险而选择跳车的受害人认定为第三者则是更好的选择。

2. 其他类型主动脱离车辆案

本小节所要讨论的主动下车案主要分为以下几类：包括驾驶员在内的车上人员主动下车后，被所乘坐的机动车伤害；预见危险后，主动选择跳车后，被机动车伤害；主动下车过程中被机动车伤害。上述三类情形的共同点是受害人完全主动依靠自身行动选择离开车辆后，被所乘坐的机动车伤害。

我们在第二章节中，进行了驾驶员车下受伤案的分析，该类案件中有一类“溜车案”。“溜车案”中，驾驶员多属于本章节所讨论的驾驶员先主动下车，后又被所驾驶的车辆碾压。正如本文第二章所讨论结果的那样，驾驶员主动下车后被机动车伤害，驾驶员本身所面临的机动车带来的风险与普通的第三者是相同的，而交强险是一种保险，保险承保的就是风险，我们没有将驾驶员与第三者区别对待的理由。

第二类情形在上文中已经讨论过这种情形。在“中国太平洋财产保险股份有限公司荆州中心支公司与曾某、曾某甲等交通事故纠纷案”中，受害人（乘车人）邹某，在车辆减速未停稳的过程中，下车后摔倒在地上死亡。〔1〕这种情形中，受害人在打开车门下车过程摔倒时已经不能看为与机动车辆为一体。因为受害人正在做出脱离机动车的行为，并且能够确定受害人至少已经部分脱离了机动车，否则，机动车在向前滑行时受害人应该与车辆保持同样的移动距离，但受害人又并未完全脱离，否则机动车不会带倒受害人。受害人已经部分脱离，其相对地面的移动速度已经不能与机动车保持一致，这时交通事故发生，受害人就已经转化成了第三者。

通过以上分析可知，主动脱离车辆与被动脱离车辆二类类型是不同的。被动脱离车辆类型的案件中，受害人一般不转化为交强险第三者，往往仍是车上人员的身份，不能得到交强险的赔偿。而在主动脱离车辆类型的案件中，不管是完全主动自愿下车，还是迫于危险主动选择跳车，受害人均已转化为

〔1〕 湖南省岳阳市中级人民法院（2013）岳中民三终字第216号民事判决书。

第三者，可以得到交强险的赔付。

## 四、身份转化的时间因素分析：时空标准的统一

### （一）“事故发生时”的界定

#### 1. 交通事故过程动态分析

经过前文案例的总结分析，可以整体将有争议性的案例分为两类：一类是主动脱离车辆；另一类是被动甩出车辆。总结这两类案件，时空标准虽然有自身模糊性的特点，但总的来说，用时空标准来判断车上人员是否转化为第三者，这个出发点是合情合理的。本文也从这个角度来尝试提出受害人身份判断的标准。时空标准在实践中适用的关键问题在于“事故发生时”的确定。在确定“事故发生时”的时刻前，我们应该先分析交通事故发生的整个动态过程，进而尝试借鉴物理学上的运动学知识来界定这一临界时刻。

以乘坐人员因交通事故被甩出车辆案为例，分析交通事故中机动车与受害人的运动过程。一般说来，无论是单车事故还是机动车相撞，交通事故的发生，都是车辆突然受到外力冲击或者突然踩刹车或加油门，从而改变自身的运动状态。即使是在车辆失控的情形下，如果车辆不受到突然产生的外力的冲击，那么车辆仍保持原有运动状态运行，不会发生伤亡事故与财产损失。而运动状态主要体现在速度方面，包括速度的大小和方向。未发生交通事故前，车辆与乘坐人的运动状态是相同的（不考虑乘坐人在车上主动走动的情形），也就是我们俗话说的“一体”状态。交通事故发生时，机动车改变了运动状态，乘坐人员由于惯性而保持原有的机动车的运动速度，二者产生差异存在相对运动趋势。受害人与机动车直接接触，机动车至少会对受害人产生摩擦力从而欲使受害人保持与其同样的运动状态。受害人与机动车之间的摩擦力不足以使其与机动车保持一致，于是二者之间存在相对运动，受害人可能碰撞车辆，也可能直接被甩出车辆。到此阶段，类型最简单的交通事故就发生了。事故发生前，受害人与机动车保持同样的运动状态，事故发生后，受害人与机动车的从二者相互脱离开始位移不同，进而导致位置不同。而事故发生后的位移不同是由于事故发生过程中的速度产生了差异。

根据动量定理，产生速度差异的时刻、施加摩擦力的时刻与机动车受外力作用的时刻，三者之间的先后顺序是机动车受外力撞击，然后引起速度的改变，同时受害人与机动车产生速度差异。在机动车速度变化的同时，机动

车会对受害人施加摩擦力，从而意欲使受害人保持同样的速度。当然，在不同情形下的交通事故中，机动车对受害人施加非常规的力的形式是不同的。在本文所列举的情形中，受害人均与机动车直接接触，受到了来自机动车的外力、压力与摩擦力，常见的复杂情形是合力。

简而言之，交通事故的发生过程：机动车受突然外力的冲击或自身加油门、刹车——机动车运动状态改变——机动车对受害人施加并非正常形式状态下存在的力——受害人受力不足致使相对机动车运动——撞击机动车或直接脱离车辆——受伤。受害人与机动车的运动状态也由相同变为了不同。

2. 基于动态分析的“事故发生时”的界定

分析上述过程中哪一步是造成受害人被甩出车辆受伤这一结果的直接原因，对于“事故发生时”的界定是关键的。受害人之所以被动地脱离车辆，就是因为其运动状态与车辆发生了差异及受害人相对机动车运动。而差异产生的时刻为机动车运动状态改变而受害人的运动状态来不及改变的时刻。事实上，机动车受力、机动车运动状态改变与受害人受力三者几乎是在同一时刻发生的，受害人甩出车辆的过程，才能体现出时间的累积，是时间段。所以，“事故发生时”就是在受害人与机动车产生速度差异的那一刻，更精确的说是在机动车给予受害人非常规的外力——摩擦力的那一刻。部分受害人在与机动车产生运动状态差异过后，还可能碰撞机动车，进而由于机动车的撞击力被甩出车外。在此种情形下，在被甩出车辆前，交通事故也已经发生了，无论是在受到机动车摩擦力的时刻还是在受到机动车撞击力的时刻。不影响是否转化为第三者的判断。“事故发生时”这一时刻的确定在客观逻辑上是合理的，也是合乎交强险制度的设立目的与社会现实的。

将上述“事故发生时”的界定时刻点推广开来，适用在各类交通事故案件中，也是可以的，包括且不限于主动脱离车辆类型的案件。根据此标准判断，被动脱离车辆的受害人，在事故发生时，仍为车上人员，不转化为第三者。主动脱离车辆的受害人，机动车对受害人撞击时为事故发生时，此时，受害人在车体之外。重要的是，在撞击之前的短暂时间内，受害人与机动车的运动状态并不相同。因此，该类情形下，受害人转化为第三者。

（二）判决所代表的价值取向分析

1. 不同判决的价值倾向不同

本文前三个章节，分析了司法实践中交强险中有关车上人员是否转化成第三者问题的不同观点。各不同法院的不同判决书中，看似是因为列举的理由不同而得出不同的结论，实质上是因为法官所在的立场不同，持有的价值取向不同，就更不用说相同的理由推导出相反的结论了。一般说来，存在两种价值倾向，一种是保护受害人的利益，使受害人尽可能地得到赔偿；另一种是严格限制“第三者”的范围，倾向于保护保险人的利益。（2015）益法民三终字第 77 号民事判决书中，法院认为，出于交强险的立法目的——使受害人能够得到赔偿，分散被保险人的经济赔偿风险，被从机动车上甩出又被机动车碾压的受害人应该获得交强险的赔偿。但在（2015）益法民三终字第 27 号民事判决书中，法院认为，受害人从车上被甩出后被车辆碾压，不能转化为第三者，否则会扩大第三者的范围，这与交强险的设立目的是相违背的。巧合的是，这两个判决书均来自湖南省益阳市中级人民法院民三庭，而且审判长和其中一位审判员均相同，更有趣的是，两份判决书的判决时间仅相差两天。两个相反的结论，均可以由交强险的立法目的来支撑。虽然这是两例个案，但不能否认司法实践中存在这两种观点。经过对比，这两例案件很好地体现了价值取向不同是造成不同判决的根本原因。

2. 合适的价值选择分析

价值的选择需要从交强险的设立目的与发展进程方面出发，确保能够达到交强险设立的初衷，同时能够符合交强险制度的发展的历史进程，即站在现在的社会综合大环境下去选择合适的价值。

交强险是一种特殊的保险，保险的基本功能在于经济补偿。交强险的特殊之处在于，交强险是一种责任险，其保障的是被保险人可能对保险合同的第三人所承担的侵权损害赔偿责任。[1]经济补偿的对象往往不是被保险人，而是因为承保被保险人的赔偿责任而补偿给被保险人的赔付对象。以被保险人向第三人转移某种利益或为给付的责任为承保风险，是第三者责任险与第一者保险的不同之处。[2]交强险制度在适用过程中，一是可以使受害人的损失得到补偿；二是可以使被保险人的赔付风险得到分散，免于因赔偿金额过大而产生巨大经济负担。“第三者”的范围越大，越能够保障受害人的利益，越伤害保险公司的利益。那么在二者之间如何取得平衡，我们就要从交强险

〔1〕 John F. Dobbyn, *Insurance Law in a Nutshell*, 4th edition, St. Paul: West Thomson, 2003, p. 43.

〔2〕 W. I. B. Enright, *Professional Indemnity Insurance Law*, London: Sweet & Maxwell, 1996, p. 77.

的立法目的出发去分析，达到交强险的立法目的是最低的标准。交强险制度的功能有很多，能同时带来很多的效果，但我们追求的目的只有一个“使交通事故的受害者能够得到及时赔偿”。《交强险条例》第一条就说明交强险的立法目的是“为了保障机动车道路交通事故受害人依法得到赔偿，促进道路交通安全”。所以，驾驶员在车下受到机动车伤害，能够转化为第三者得到交强险的赔偿，是符合保险法的立法目的的。

另外，从近几年我国交通事故的发生现状中，我们可以看出近几年交通事故发生数量是下降的趋势的，适度的扩大第三者的范围也是可行的。见下表：

**表 2.1　2012~2013 年交通事故数量**〔1〕

| 年度 | 交通事故数量（起） | 死亡人数（人） | 受伤人数（人） | 直接财产损失（万元） |
| --- | --- | --- | --- | --- |
| 2012 年 | 204 196 | 59 997 | 224 327 | 117 490 |
| 2013 年 | 198 394 | 58 539 | 213 724 | 103 897 |
| 2014 年 | 196 812 | 58 523 | 211 882 | 107 543 |

虽然，保险法的立法目的是使受害人能够得到赔偿，但是，也不能无限制的扩张第三者的范围。第三者终究是有区别于驾驶员和本车人员的。对于被动脱离车辆的受害人，将其认定为车上人员是更合理的。毕竟司法实践是处在现有法律的角度去实现现行有效的法律。至于在立法上怎样改革，那是立法方面的问题，在目前的司法实践中，不能超越现有法律。更何况，交强险具有公益性，它要求保险公司不得具有营利的目的，以不亏损、不营利为原则。若将这些本属于车上人员的受害人纳入到交强险的赔付范围中，首先影响到的就是普通的第三者的利益，使本应能够得到利益保障的受害人得不到充分的保障；在保险费率及投保普遍性不变的情形下，保险公司可能会不堪重负。总之，现阶段，我国还没有足够的经济实力与社会环境去支撑受害人范围大规模的扩展，还不适宜将被甩出车辆受伤的车上人员认定为第三者

〔1〕 数据来源于中华人民共和国国家统计局“公共管理、社会保障及其他”一栏中“交通事故”一类，载国家统计局网，http://data.stats.gov.cn/easyquery.htm? cn=C01，最后访问日期：2016年1月20日。

纳入交强险的保障范围。[1]

但参考借鉴外国相关保险制度发展与现状，还是能够看出我国交强险制度的发展方向的。在英国，对交通事故中的受害人提供保障的是《第三方（对承保人的权力）法案》，该法案，如果交通事故的过错方不具有赔偿的能力，那么，受害人可以直接向保险人请求赔偿。[2]正是这一理念推动着英国的交强险制度的发展进程。交强险的受害人范围经过了“驾驶人、乘客以及正在上下车乘客以外的第三人”到“所有乘客”的发展过程。但仍是不包括被保险人与车辆实际驾驶人。相对于英国的严格保守，美国交强险制度的受害人范围就广泛得多。投保人、驾驶人及被保险人都可能得到交强险的赔付。日本交强险中受害人的范围，相对于英国来说，更为狭窄，但也并非完全排除车上乘客，在衡量是否对受损害的车上乘客进行赔偿时，是根据其对于机动车是否有控制支配并享有运行利益来判断的。我国的交强险制度在设计上将会按照日本——英国——美国模式，一步步扩大受害人的范围，这样才能最大限度地保护受害人的利益。[3]

## 五、结语

驾驶员的驾驶与控制机动车的义务职能并不能阻碍其成为机动车交通事故责任强制保险中的第三人。驾驶员在车下受到所驾驶的机动车的伤害与普通的乘坐人员和普通的第三者在判断是否能够得到交强险的赔偿时，适用的标准是没有任何区别的。乘坐人员被甩出车辆又被所乘坐的车辆碾压等二次伤害的情形与乘坐人员被甩出车辆撞地受伤，在判断受害人是否转化为第三者时，适用标准也是相同的，二者没有本质的区别。毕竟，被所乘坐车辆二次伤害只是交通事故的一部分，是被甩出行为的客观延续，不影响受害人在事故发生时的身份判断。主动下车案则与被甩出车辆案不同，受害人应该认定为交强险中的第三者，得到交强险的赔付。此时的受害人面临的风险与普通第三者是相同的，不应加以区别对待，应同等得到保护。通过个案中车辆

〔1〕 王卫国：“交强险中‘第三者’的认定”，载《中国保险》2014年第11期。

〔2〕 Malcolm A. Clarke, *The Law of insurance contracts*（*third edition*）, Peking Universty press, 2002, p. 5.

〔3〕 李飞艳：“机动车交通事故本车人员转化为交强险受害人的法律问题研究”，安徽大学2015年硕士学位论文。

及受害人在交通事故过程中的运动状态分析，本文认为，将“交通事故发生时”认定为“机动车对受害人施加非常规外力时”，即机动车给予受害人在正常状态下不存在的摩擦力或碰撞力时，是合乎情理的。

借鉴外国的立法经验，交强险的“第三者”范围是终将扩大的，扩展至车上人员，建立“大三者”责任保险制度是一种趋势。但是，在我国现在的国情下，在现在的制度背景下，不能盲目地照搬国外的制度，我们只能一步步摸索、尝试怎样能够达到交强险制度最佳效果。

# 从三起司法判例看域名混淆的认定原则及案件办理注意事项

高建州　沈小秀*

新修订的《反不正当竞争法》亮点之一便是与时俱进地新增了关于互联网领域不正当竞争行为的规定。新法第6条第（三）项规定，擅自使用他人有一定影响的域名主体部分，引人认为是他人商品或者与他人存在特定联系的构成不正当竞争行为。对于域名混淆行为，工商和市场监管部门在新法实施以前并无查处权力，而在司法审判中则早有先例。因此，研究相关司法判例，对于工商和市场监管部门的案件办理具有十分重要的参考意义。下面，笔者将结合三起司法判例帮助执法人员掌握域名混淆认定的一般原则以及案件办理过程中的注意事项。

## 一、三起司法判例简介

### 案例一：开心麻花案

原告北京开心麻花娱乐文化传媒股份有限公司（以下简称“开心麻花公司”）成立于2003年，在全国话剧市场具有一定知名度。2009年11月9日，原告取得了域名kaixinmahua. com. cn，并沿用至今。但其随后发现被告北京艺海星河文化传媒有限公司（以下简称“艺海星河公司”）已经恶意注册了域名kaixinmahua. cn，并利用该域名建立网站，向消费者提供“开心麻花”的演出信息并进行票务销售，遂起诉至法院。

一审法院经审理认为被告的行为既侵犯了原告的合法权益，构成侵权行

* 高建州，北京市工商行政管理局丰台分局副主任科员；沈小秀，天津工业大学管理学院讲师。

为，又扰乱了社会经济秩序，构成不正当竞争。被告不服一审判决，提出上诉。2016 年 8 月 20 日，北京知识产权法院作出（2016）京 73 民终 275 号民事判决书，驳回上诉，维持原判。

### 案例二：梅西公司案

梅西西部商店有限公司（Macy's WestStores，Inc. 以下简称“梅西百货”）是美国著名的连锁百货公司，至今已成立 150 多年，“MACY’S”作为其商标和企业字号在各种商业活动中被使用。梅西百货于 1994 年注册域名“macys. com”，并进行了实际使用。北京国网信息有限责任公司分别在 1999 年和 2003 年注册了“macys. com. cn”和“macys. cn”域名，完整包含了“MACY’S”商标和企业字号，但并未投入使用。梅西百货遂将国网公司起诉至法院。

2016 年 5 月 9 日，北京知识产权法院作出（2014）京知民初字第 9 号民事判决书，认定被告行为构成不正当竞争，被告北京国网信息有限责任公司将“macys. cn”“macys. com. cn”域名转移给梅西西部商店有限公司。

### 案例三：19 楼论坛案

《都市快报》由杭州日报报业集团于 1999 年 1 月 1 日创办。2001 年，都市快报创办网络论坛 19 楼空间（www. 19floor. net）。2006 年 10 月 10 日，杭州都快网络技术有限公司成立，都市快报社以“非专利技术－19 楼论坛（www. 19floor. net）网站技术”进行出资。2007 年 7 月 23 日，该公司更名为原告杭州都快网络传媒有限公司（以下简称“都快传媒”）。被告王林阳于 2005 年 6 月注册“19floor. com”，该网站论坛无论是在栏目设置还是色彩选择上都和被上诉人有许多的相同、相似之处。

2007 年 6 月，都快传媒向杭州市中院提起诉讼，控告王某经营、使用的网站 19 楼论坛侵权，请求法院判令被告停止侵权，注销侵权域名，并赔偿原告相应经济损失；2008 年 6 月，杭州市中院依法判决王某注销“www. 19floor. com”，并向原告赔偿经济损失和法律费用 6 万元；其后，王某提起上诉。2008 年 11 月 24 日，浙江省高级人民法院作出（2008）浙民三终字第 286 号民事判决书，驳回上诉，维持原判。

## 二、域名混淆的认定原则

上述三起判例在认定被告构成不正当竞争行为时都参照了《最高人民法院关于审理涉及计算机网络域名民事纠纷案件适用法律若干问题的解释》第4条和第5条的规定。该解释对于工商和市场监管部门在执行新修订的《反不正当竞争法》关于域名混淆规定具有重要参考价值。笔者认为，认定域名混淆应当具备以下四个要素。

第一，权利人域名主体部分应当为合法在先权利。

工商和市场监管部门在接到权利人举报时，应当对于权利人的域名是否为合法在先权利进行判断。比如，在开心麻花案中，艺海星河公司成立于2011年6月23日，域名kaixinmahua. cn的注册时间为2011年11月8日，均晚于开心麻花公司合法域名的注册及使用时间。另外两个案例中被告域名注册时间也均晚于原告合法域名的注册时间。

在判断域名权利人时，应以中国互联网络信息中心、中国国家顶级域名证书为准，在无法取得相关证书时，根据《互联网信息服务管理办法》以及《非经营性互联网信息服务备案管理办法》的相关规定，国家对经营性互联网信息服务实行许可制度，对非经营性互联网信息服务实行备案制度，以网站主办者为单位进行网站备案。因此，如当事人没有相反证据，则可认定以备案人为域名权利人。

第二，权利人域名主体部分应当具有一定影响。

对于具有一定影响的判断，可以参考《最高人民法院关于审理涉及计算机网络域名民事纠纷案件适用法律若干问题的解释》第4条第2项，被告域名或其主要部分构成对原告驰名商标的复制、模仿、翻译或音译；或者与原告的注册商标、域名等相同或近似，足以造成相关公众的误认。法院在判定过程中，一般需要论证两点：一是权利人须具有一定知名度，二是权利人的域名主体部分也具有一定知名度。比如在梅西公司案中，法院在有关梅西公司拥有的商号、商标和域名的事实部分和梅西公司商标、商号知名度的相关事实部分，对于梅西公司如何具有知名度从公司发展历程、商标注册情况、媒体报道等进行了大量论述，最终认定权利人及其域名主体部分均具有一定影响力。

第三，当事人须为擅自使用权利人域名主体部分。

当事人擅自使用权利人域名主体部分即当事人未经权利人许可或者授权而进行使用。此项判断可以借鉴《最高人民法院关于审理涉及计算机网络域名民事纠纷案件适用法律若干问题的解释》第5条关于被告具有恶意的判断。比如在开心麻花案中，艺海星河公司不仅注册了与原告域名主体部分相同的域名，还注册并备案了大量与“北京刘老根大舞台”、“红剧场”、“朝阳剧场”、“老舍茶馆”等有关的域名，这些都证明艺海星河公司具有抢注域名的恶意。在19楼论坛案中，王林阳在www.19floor.com网站的开办和实际经营中，违反诚实信用原则，使用与19floor.net域名相近似的19floor.com域名，并且在使用中采用与都快网络公司网站相近似的栏目设置，在论坛栏目的设置上，19floor.net网站论坛的第一个栏目是公告区，19floor.com网站论坛也是；19floor.net网站论坛还设置了拉风E派、时尚沙龙、孩子爸孩子妈聊天室、数码时代等栏目，19floor.com网站论坛也设置了同样内容的栏目，并且两个论坛在基本色彩上都是绿色，法院因此认定被告明显存在故意混淆的恶意。

第四，当事人的擅自使用造成了混淆后果。

新修订的《反不正当竞争法》加强了对于消费者权益的保护，更加注重对于混淆行为结果的考量。比如在19楼论坛案中，原告举证确实出现了网民以为进入的是19floor.net网站论坛，而实际进入的是19floor.com网站论坛，对两个论坛产生了误认的情况。在开心麻花案中，法院认定，艺海星河公司在经营管理www.kaixinmahua.cn网站的过程中，并未表明其仅系“开心麻花”系列舞台剧演出票销售者的真实身份，反而用注明“开心麻花隶属艺海星河公司”或干脆不标明该网站实际经营者的手段，暗示网络用户其系“开心麻花”品牌的拥有者和“开心麻花”系列舞台剧的经营推广者，暗示网络用户艺海星河公司网站系“开心麻花”系列舞台剧的官方网站，使网络用户将艺海星河公司提供的产品、服务及艺海星河公司网站与开心麻花公司提供的产品、服务及开心麻花公司网站相混淆，误导网络用户访问其网站，截取了本应由开心麻花公司网站获得的访问流量，进而截取了本应由开心麻花公司获得的经营收入，造成了混淆后果。

## 三、案件办理过程中的注意事项

第一，举报材料核查。要求权利人对于其具有一定影响以及造成混淆的情形进行举证，同时建议权利人通过公证的方式将当事人的擅自使用域名进行不正当竞争行为进行公证。

第二，擅自使用判断。在判定当事人是否为擅自使用时，一方面要看其是否为在后权利，是否同权利人具有商业往来，是否注册域名后自己并不使用也未准备使用，而有意阻止权利人注册该域名等；另一方面可通过工业和信息化部 ICP/IP 地址/域名信息备案信息系统（www. miitbeian. gov. cn），对当事人备案信息进行查询，看其是否抢注了其他域名，以佐证其是否为擅自使用。

第三，法律责任承担。根据新《反不正当竞争法》第 18 条之规定，经营者实施混淆的，责令停止违法行为，没收违法商品并处罚款。对于域名混淆行为如何没收违法商品，笔者建议参考司法判例，根据权利人诉求要求当事人在一定期限内注销涉案域名，或者将涉案域名转至权利人名下。

第四，加强部门联动。要加强与通信管理部门的沟通协调，鉴于当前域名注册的多样性，不仅有英文域名，还有中文域名，以及网站备案的固有缺陷，工商和市场监管部门在案件办理过程中要加强与通信管理部门的联系，以更好的调查取证，保护好权利人和消费者利益，进一步净化网络环境。

第五，审慎包容监管。互联网虽然无国界，但是域名的影响力有时还是具有区域性。当事人如果举证证明在纠纷发生前其所持有的域名已经获得一定的知名度，且能与权利人的域名相区别，或者具有其他情形足以证明其不具有恶意的，工商和市场监管部门可以不认定其具有恶意。

综上所述，法院判例对于工商和市场监管部门更好的执法提供了重要参考。然而互联网技术不断发展，域名注册也在呈现新的形式。对于将他人驰名商标注册为域名是否可以认定为混淆以及销售者在有生产者引发的域名混淆案中承担什么样的责任等问题，还需要总局及时出台相关解释以加强工作指导。

# 现代商法论坛2017年会暨《互联网时代的商人自治与市场规制》学术研讨会会议综述

吕来明　王慧诚*

2017年10月28日，由北京工商大学法学院、北京工商大学商法研究中心、北京市企业法治与发展研究会主办的2017年现代商法论坛年会如期举行。本次年会的主题是：互联网时代的商人自治与市场规制。来自国家工商总局、中国消费者协会、中国政法大学、对外经济贸易大学、北京外国语大学、北京邮电大学、中国社会科学院大学、首都经济贸易大学、首都师范大学、北京建筑大学、北京市高级人民法院、中国电子商务协会、阿里巴巴集团等单位的六十多名专家学者参加了本次会议。与会专家围绕互联网时代的商人自治与规制的关系、企业自治创新的法律保护、网络交易的市场规制与自治、平台责任、大数据法律调整等问题展开了热烈的讨论，主要内容如下：

## 一、商人自治理念、模式与规制界限

中国政法大学周昀教授认为，当今时代，互联网经济已经融入社会的各个领域，如何在商人领域适应新经济的要求，传统的商事领域和制度面临着新的审视。互联网为小微商人和中型商人提供了信息对称和交易的机会，同

---

* 根据会议发言录音整理，部分内容未经本人审阅。

吕来明，北京工商大学法学院教授；王慧诚，北京工商大学法学院硕士研究生。

时为大商人带来更多的机遇。例如：阿里巴巴、百度、京东等大企业依靠大数据的收集与处理，在营利方面有重大的推动作用。但互联网催生大数据、电子商务的同时也面临着一些问题，如大企业利用其享有收集大数据的竞争优势进行垄断。所以，在互联网时代政府应当对大商人有所规制，以创造公平、安全的交易秩序，使得中小企业也可以获得更多发展的机会。周昀教授认为，互联网时代应当建立健全以下制度：一是企业的合并制度。此处的“合并”为广义上的合并，不仅包括股份收购、资产收购，也包括对企业员工的安置问题。企业合并成本不宜过大，否则难以培养企业家精神。二是防止大商人滥用市场支配地位。特别是价位、强制交易方面。三是反垄断协议的规制。在我国，反垄断协议规制的特点一方面表现为坚持本身违法原则，另一方面则以合理性原则作为判断标准。在互联网时代，规制的反垄断行为不仅包括《反垄断法》第 13 条规定的行为，还应当包括企业联合组织的决议和《反垄断法》规制的协同行为。

对外经济贸易大学王国军教授就互联网时代商人自治和市场规制的治理要素及相互关系作了分析。他提出，中国电子商务市场是世界上最大的电子商务市场，网络交易依靠的是信任。早期阿里巴巴依靠支付宝解决商家与用户之间付款与发货的问题，从而推动淘宝、天猫等大电子商务市场的发展。关于如何强化信任问题，王国军教授认为：第一，靠法律制度。任何经济体的发展都需要法律的规制，虽然我国《电子商务法》尚未出台，但其他相关法律已存在，如《网络交易管理办法》中关于“七天无理由退货”和“三包”政策的规定。第二，靠文化道德。文化道德最可靠，但却有成效慢的特点。王教授通过共享单车屡遭破坏的例子来说明文化道德与科学技术的关系。如果人们文化道德没问题，共享单车就不会遭到破坏。在文化技术相近的情况下，共享单车被破坏，说明文化道德影响了法律制度，也影响了科学技术。所以，但短期内仅靠文化道德营造良好的环境是不可信的。第三，靠科学技术。不论是阿里巴巴、腾讯、京东等大电商还是其他小电商，靠的是科学技术基础之上的诚信。王教授通过对毕业生毕业论文检测的例子说明科学技术在治理诚信问题最为可靠，并且科学技术在互联网时代扮演着越来越重要的角色。此外，王教授通过对“易互助”“抗癌组织互助”的例子说明，好的法律制度应当顺应科学技术和文化道德的发展。在现有文化道德的基础上顺应科学技术的发展，并通过科学技术来确定道德规范。只有把法律制度负面的影响消除，把正面的影响放大出来，才能使法律制度更加适应当前的文化道德水平，更适应科学技术的发展。法律制度、文化道德、科学技术的关系应当是友好相处，而不是仅依靠粗暴的法律制度来解决科学技术的问题，甚至不顾道德规范强行推行不现实的制度。

北京外国语大学王文华教授就互联网时代的商人自治与刑事法治问题分析了互联网时代，商人自治与刑事法治的关系。商人自治是市场经济的必然，尊重商人自治是一个基本原则。但市场经济有其固有的缺陷，所以应当有必要的规制。但是在哪些方面进行规制，以及规制到什么程度是一个值得探讨的问题。刑事法治在经济刑罚与网络刑罚领域存在的问题。在封建社会，我国采取重农抑商的经济政策。而在计划经济时代，国家对民企的重视度也不够，刑法对企业规制门槛很高。加之我国一直以来重实体、轻程序的法律态度，这些认识的不足导致立法的不公平。刑事立法在经济方向的目的是什么？传统刑法的任务是："打击犯罪，保障人权"。刑法完成其自身任务都存在一定距离，那么其在引领经济发展、平衡公平与效益、培养企业家精神的时候又该如何规制？刑事法治与商人自治二者关系如何？商人自治如何在刑事法治的框架内做得更好是一个值得关注的问题。

北京工商大学法学院李仁玉教授认为，互联网时代的特征是互联网让世界真正成为地球村，使交易突破地域、突破国际，平台成为经济发展的重要载体，有可能出现赢者通吃的局面，不利于社会经济的持续发展，因此应当对平台实行惩罚性赔偿责任制度。二是人类即将进入人工智能时代，智能机器人不仅影响人们的生活，在商事活动也发挥巨大的作用。所以，我们面临的问题是：是否赋予智能机器人法律地位？赋予其何种法律地位？

国家工商总局研究中心徐东升处长针对网络交易中的企业社会责任提出，企业的社会责任是企业对利害关系人应负的责任。企业的目标不只是营利，提供与维持社会公共利益也应当是企业的重要目标。企业不仅要承担"法律、慈善、经济、道德"的四种社会责任，还要关注社区、员工的健康以及消费者和环境的责任。同时，电子商务自治规则的制定也要对社会需求作出回应。此外，从企业履行社会责任的角度上看，网络自治规则的制定应当遵循以下原则：第一，经济效益原则。第二，尊重法律法规原则。第三，安全原则，即自治规则应保障网络交易安全。第四，尊重社会道德原则。自治规则的制定应当充分考虑他人的权益。

北京工商大学白慧林副教授认为，建立现代企业制度的过程中，商人自治是时代发展的趋势，但也面临着被管制的问题。那么企业自治与政府管制的界限在哪儿？白慧林副教授认为，在不损害社会公共利益、不损害他人利益、不违反交易秩序的前提下，应以激励、保护的态度对待商人自治。其次，政府应当对互联网经济进行扶持。

北京市合川律师事务所主任朱崇坤律师认为，互联网给人类文明形态带来了变化，给人们生活带来了巨大的变化，互联网时代应当更强调商人自治。当然不只是自治的问题，还面临着自治规则、道德、法律的重构问题。

中国电子商务协会法律政策委员会副主任阿拉木斯认为，互联网发展给社会带来了巨大变化，我们应当区分哪些是“法律真命题”。以下几个方面是互联网时代自治与规制的真命题：一是平台的性质是什么？二是科技与法律的关系是什么？原来科技是服务于法律的一种工具，但如今，科技可能引发新的法律问题，因此，应当处理好科技与法律的关系。三是在互联网时代什么是权利？权利的来源是什么？四是秩序是不是我们追求的最终目标？在非秩序情况下效率更高，我们是否还需要秩序？

北京工商大学法学院侯雪梅副教授认为，一个好的法律制度必须建立在洞察人性基础之上，既能顺应技术的发展，又能引导人性向善。互联网时代，作为一个社会人与普通消费者，在强大的互联网技术面前是弱而愚的形象。传统民法救济手段对于互联网环境下的私权利保护显得有些力不从心。在此背景下，加强商人自治与政府管制是必然的选择。商人自治与市场规制应和谐并存，这一点应该已经达成共识，需要认真思考的是：商人自治的边界与限度，市场规制对商人自治干预的条件与程度。在互联网环境下，由于消费者寻求私力救济的难度在增大，寻求高成本的公力救济又不太现实，商人的自治功能与优势凸显。因此，如何更好地实现商人自治，自治规则如何制定，是目前急需深入探讨的重要课题。

## 二、互联网时代的创业投资与金融服务的市场自治与规制问题

北京建筑大学李志国教授针对互联网时代创业投资与公司自治问题提出：在互联网时代，互联网的关联性在于互联网成长的高风险性、爆发性及高成长性的形成。创业公司的股权结构出现创业者不出全资、投资者出全资的现象。在持股比例方面，创业者可持有 70%～80%的股份，而投资者的股份仅占

20%~30%。在分红时候却严格按照持股比例进行分红。这些现象说明，现如今，“人力资本价值”已经成为创业者和投资者承认的一种出资方式。在这种投资模式中，双方可以约定投资者在清算方面享有优先权和共同出售权。这些现象同时也说明，现在的立法应该意识到人格信用的作用。如果这种投资模式的创新在制度上存在障碍，不仅会导致资源的浪费，也会导致面临着许多风险。因此，呼吁立法机关有条件地承认“人力资本”的出资方式，对创业者的创业投资理念给予制度上的保障。

中国社会科学院大学梁鹏教授针对私家车变网约车的保险纠纷问题进行了分析。他认为：私家车从事网约车如何判断危险是否显著增加，需要从三个方面进行考虑：第一，如果该车司机为兼职司机而非专职司机，只是上下班途中从事网约车行为，并不会导致危险显著增加。第二，看经营活动是否具有持续性，在南京张某网约车保险案中，张某为兼职司机而非专职司机，其行为没有一直持续，仅是上下班途中载客，因此并不会导致危险的显著增加。第三，该危险为不可预见的危险。南京张某案并不满足第一、第二个条件，因此不属于危险显著增加。私家车变成网约车，保险公司拒绝赔付是否公平？该车辆只是投的保费不够，以未通知的后果直接归属于拒绝赔付是不公平的。此外，我国《保险法》对危险增加的类型规定为危险的显著增加和非显著增加。梁教授认为危险增加可以分为三种：危险的轻微增加、危险的一般增加和危险的严重增加。在实践中针对私家车从事网约车发生事故的问题，可以采用“按比例赔付”的方式进行赔付，即按投保人实际交的保费与营运车辆应交保费的比例进行赔付，而不应全部拒赔。

中国人民财产保险股份有限公司梁超经理就保险公司互联网保险业务的合规经营与用户信息保护问题进行如下阐述：信息安全指的是未经允许，信息不得被访问、使用、修改、毁损等。而对于数据的保护，我国《网络安全法》的制定实现了我国对隐私权保护的飞跃。隐私权指的是个人隐私不被打扰的状态。在互联网时代面临着数据收集者没有意识到该如何使用数据的问题。数据收集者在使用、传输、处理数据的时候，应当遵循数据所有人自决的原则。此外，数据应当公开使用并明确使用范围。中国人民保险公司保护数据的相关措施是：首先，在传统保险业务中，对保单上的客户签名应当公开收集，并在官网显著位置提供查阅。其次，在与第三方平台的合作中，由第三方进行数据收集，中国人民保险公司对用户信息进行处理与使用。此时，明确第三方平台应获得用户的个人信息使用的授权。最后，在对外披露过程中，用户信息进行透明化处理，使披露的数据不能被反推到具体个人身上。

北京工商大学法学院陈敦副教授就互联网时代信托业面临的机遇与挑战问题作了分析。信托业目前的工作是作为资金供给方与资金需求方的媒介，从中赚取差价。互联网经济给信托业带来的冲击，改变了信托的交易模式。一方面，互联网经济改变了资金的供给方。互联网带来了新的资金提供方，如余额宝等资金平台，但也带来了新的问题，如将信托受益权拆分转让是否合法合规。另一方面，互联网经济也改变了资金的需求方，如互联网企业。互联网技术的发展也给传统信托公司的交易模式提出了挑战。假设几大互联网巨头联合成立一家互联网信托公司，利用大数据分析工具，互联网信托公司可以准确定位优质的资金供给方与优质的资金需求方，从而有针对性地进行业务活动。如此一来，传统的信托公司垄断性将被打破。因此，信托业在互联网经济下应当着眼于变革。就信托业未来的发展，他提出两个发展方向：一方面，信托业应当增强自身实力，勇敢搏击国际金融市场；另一方面，推动信托制度进入寻常百姓家。只有将信托制度确立为基础性制度，真正走进寻常百姓家，而非将其作为“少数富人的提款机”，信托业才能立于不败之地。

## 三、互联网时代大数据与隐私保护问题

首都经济贸易大学吴高臣教授认为，信息时代，我们失去个人隐私，企业获得更多用户信息。人们在对互联网带来的便利自得其乐的同时，失去了对隐私的控制。一方面是人们主动提供，如三大电商平台用户信息注册时提供的基本信息；另一方面表现为网络企业的信息追踪。网络企业不需用户姓名、地址就能准确锁定每一个人。但如此也引发一个问题，网络企业的信息追踪是否合法？大数据带来的两个变化：一是“人格权财产化”，主要表现为互联网企业将用户信息打包处理并转让。二是“个人信息所有权知识产权化”，如电饭煲、电视机等智能产品人们似乎享有所有权，但其实已被互联网“空壳化”。对于未来如何保护个人信息与隐私：第一，个人信息应当依法获取，网络企业在获取个人信息时，应当征得信息所有者的同意。第二，个人信息应当依法使用。

北京邮电大学崔聪聪副教授就数据权属与竞争问题提出：在互联网时代，

企业之间围绕数据的竞争日益激烈，相关纠纷也越来越多。如新浪与陌陌、腾讯与华为之间数据权属的纠纷。要解决相关问题，首先应当明确数据的权属。而数据权属的难点在两个方面：第一，信息的特征。个人信息的特征类似于“树与树荫”的关系，树的权属很明确，但树荫的归属却是不明确的。第二，信息承载不同主体的利益，包括个人、企业和国家的利益。由于其承载不同主体的利益，数据权益的归属难上加难。一方面，作为信息所有者，信息主体享有个人信息控制权及保密、查询、更正、删除、处理等权利，这些权利的属性为人格权。另一方面，企业作为信息的收集者和处理者，其对信息享有两项权能：一个是企业对数据库的权能，即企业享有按约定使用数据和防止他人不法侵害的权能。另一个表现为企业对信息分析处理后产生的信息产品的权能。此外，从国家角度看企业的信息财产权，国家对个人信息的权利表现为对个人信息的管理。明确数据权属是解决相关纠纷的基础。

## 四、网络交易中的自治与市场规制

国家工商总局网监司白谨毅处长通过共享单车小橙（摩拜）与小黄（ofo）“好人”与“坏人”角色的对比来说明商人自治与政府管制的关系。关于市场自治与政府管制，二者不是非黑即白的关系，二者不相冲突也缺一不可。政府在社会管理领域，应当把“好”放大出来，电子商务法的制定也应当厘清自治与管制的关系。《电子商务法》确定商人自治的三个原则分别是：规范行为、促进发展和保障权益。表面上这三者之间可能会产生冲突，主要表现为：第一，规范行为。涉及的问题是大经营者通过规则自治是否会侵犯到小经营者的利益和扰乱市场秩序？第二，促进发展。促进谁的发展应当明确，是大经营者还是小经营者？当二者发生冲突时，政府是否应当介入给予调整？第三，保障权益。保障谁的权益？是消费者的权益还是经营者的权益？当二者权益发生冲突时又该如何选择？实质上三者的目标是一致的，都是为了平衡效益、安全的价值目标。现代社会的管理者与被管理者应当是同心圆的关系而不是对立面的关系，二者应当协力共同促进互联网经济的发展。

中国消费者协会法律部陈剑主任就网络交易规则与消费者权益保护，分析了关于互联网交易是否应当规制的问题。任何一个产业的创新与发展不仅仅是发展，而是规范下的发展。此外，立法应当更关注消费者的权益保护。并且任何新经济体的模式的发展都应当是自治与管制的并重。比如平台的网络交易规则，该规则的制定依据主要是《网络交易管理办法》中关于平台应当建立的内部交易规则、交易安全保障、消费者权益保护及不良信息处理等管理制度。这些制度应当在网站上显示，且要便于消费者阅读和保存。交易规则的效力及处罚主要是依据合同法的规定。关于交易规则的类型从交易主体上看，一方面是第三方平台制定的交易规则，如天猫、淘宝；另一方面，平台既作为平台，同时又作为销售者和服务提供者，如网约车。这些规则的内容主要包括准入规则、交易规则、营销规则、消费者保护规则及处罚规则等。此外，平台制定的规则应当是合法、合乎约定的。并且应当符合民法上平等、公平、诚实信用等原则。但同时可能会出现平台利用其优势地位制定不利于消费者的规则。对此，网络交易规则的制定应当遵循以下原则：第一，不得损害消费者权益。平台的自治规则不得加重消费者责任，免除自身义务。第二，不得妨碍市场竞争。第三，不得滥用市场支配地位损害他人利益。第四，不得损害社会公共利益。第五，规则的制定、修改应当公开透明。第六，对于涉及消费者重大利益的，应当设立双重确认制度，并且建立消费者异议投诉制度。第七，行政部门应当加强监管、平台应当加强自律、消费者协会应当加强监督。

首都经济贸易大学法学院张世君教授对我国法律电商的现状与问题进行了探讨。他提出，互联网催生法律电商这种新的商业模式，该商业模式可以把标准化的法律服务搬到互联网平台。用户只需进行信息注册与填写，平台便可生成相关的法律报告。作为新生经营模式，法律电商同样面临着自治与管制的问题。传统的法律服务由律师提供，并由司法行政部门进行监管。而法律电商虽然也向工商局领取营业执照，但服务质量是一个大问题。此外，对法律电商应当如何进行监管也是一个重要问题。一方面，出于对新商业模式的鼓励，应当以宽容的态度对待。另一方面，针对法律电商提供服务的高专业性与高技术性，如果给予多度的监管可能会造成资源的浪费，同时也不利于新生商业模式的发展。对此，张世君教授认为，对待新生的经营模式，还是以宽容的态度对待为好，当然也要给予适当的管制。

阿拉巴巴集团平台治理部专家孟兆平就平台监管责任问题提出，网络平台的责任类型有：基础信息安全保障责任、《信息网络传播权条例》规定的网络服务提供者的责任及代监管责任。网络平台提供的三种服务模式有：第一，提供独立 app 线上服务，消费者可以进行线上下单并支付的交易闭环模式。

第二，商户利用信息传输、上传、编辑商品或服务信息供消费者浏览。第三，通过扫描口碑网点菜、下单、支付的服务模式。不同的服务模式的责任，应当加以区分：一是，对于信息的基础安全不可突破，这类责任平台应当承担。二是，对于单纯的网络信息服务提供者，要承担信息基础安全责任和网络服务提供者的责任。三是，对于传统的电子商务交易，线上下单，线上支付，不仅有保障信息基础安全责任、网络服务提供者责任，还有代监管的责任。

北京市高级人民法院赵彤法官就网络交易平台的责任认定问题与消费者权益法的适用问题提出如下观点：有关《消费者权益保护法》第44条关于网络交易平台如何界定的问题。首先，应当区分网络交易平台与非交易平台。网络交易平台应当不包括网络媒介和社交的平台。因为网络非交易平台提供的主要是信息服务而不是交易服务。但是某些情况下这些平台角色可能会发生转化，如非交易平台提供广告服务，当非交易平台提供类似于平台责任的服务时则适用《消费者权益保护法》第44条的规制。其次，应当区分网络平台是否参与到实际的经营活动。《消费者权益保护法》第44条指的交易平台不包括平台自身经营商品或提供服务的情形，如京东自营。最后，应当区分网络交易平台对第三方经营者或者服务提供者是否具有支配、控制的地位。对于具有支配控制地位的，《消费者权益保护法》第44条应当加大平台责任，由平台与服务的提供者承担连带或者补充责任。关于如何理解《消费者权益保护法》第44条第1款的规定。首先，在责任承担上，应当理解为平台承担不真正的连带责任。但在实践中，如果诉讼前有证据证明网络交易平台有故意拖延提供信息的，应当承担责任。此外，如有证据证明平台与商家通谋的，应当承担共同侵权责任的连带责任。如在诉讼后平台仍不如实履行披露义务的，则给予妨碍民事诉讼的处罚。其次，关于平台提供责任的形式与标准，是形式审查还是实质审查，以及平台是否有跟踪审查的义务。赵法官认为，平台提供的信息能使消费者能够明确找到唯一的被告，平台就完成了其披露义务。关于网络交易平台能否适用《消费者权益保护法》第44条、第45条关于广告发布者与广告经营者责任的问题，以及如果适用该如何衔接的问题。如果平台与经营者身份重合时，该用哪一条进行规制；涉及经营者的审查义务，平台是否适用以及平台是否有与广告发布者共同联络、共同侵权的问题有待探讨。最后，还涉及网络交易平台是否适用《消费者权益保护法》第55条关于惩罚性赔偿的问题。网络交易平台与经营者有共同欺诈行为的，二者应当承担连带责任。

北京工商大学法学院吕来明教授在会议发言中就自治与规制的次序、互联网时代的新型权利以及平台责任问题进行了阐述。第一，互联网时代自治与规制不可偏废，二者的关系除了重视界限问题以外还要考虑次序问题。在新商业模式初步发展阶段应当首先考虑充分自治，不要急于规制，或者给予轻度规制，因为面对互联网时代技术的进步和商业形态的迭代更新，很多问题我们无法认识或预知其发展方向。需要经过发展去认识，但是，经过发展发现有害于秩序或人们权益的问题时，就应当针对问题予以必要的严格规制，此时，就不应当再以新业态等理由规避或否认市场规制的必要性。第二，互联网时代如何协调各方权利。如数据各方权利如何分配的问题应当是关注的重点。第三，平台责任如何划分要结合平台的类型、功能以及平台介入交易程度考虑。针对不同类型的平台确定相应的责任界限。平台应当承担一定的监督治理义务，但也不应当是无限度的连带或加重责任，而应当是有限度的责任。对于涉及公众健康、安全的特殊的交易平台给予更重的平台责任。此外，应当区分和明确平台的监控义务和治理义务以及私法上的责任。第四，对于人工智能的发展，我们无法预知、也无法预测，但我们应当从战略上、高度上把握科技、伦理的问题，把握人类生存的问题，并持有谨慎的态度。

与会专家普遍认为，与技术的进步相结合，互联网时代不断涌现新的商业形态和模式、新的经营者形态，传统的法律制度的滞后性问题更加明显，一方面需要充分尊重商人自治；另一方面，法律需要顺应技术的进步和时代的发展，并予以变革，针对互联网经济中的新问题作出回应，促进社会经济的规范发展。